Günther Hönn · Examens-Repetitorium Wettbewerbs- und Kartellrecht

# UNIREP JURA

Herausgegeben von Prof. Dr. Mathias Habersack

# Examens-Repetitorium Wettbewerbs- und Kartellrecht

von

Dr. Günther Hönn
Universitätsprofessor Saarbrücken

3., neu bearbeitete Auflage

 C.F. Müller

*Günther Hönn*, Jahrgang 1939, Studium der Rechtswissenschaften in Freiburg/Br., Wien und Frankfurt/M., 1. Juristische Staatsprüfung in Frankfurt/M, Assessorexamen 1968 in Wiesbaden, Promotion 1969 Frankfurt/M., war zunächst 1969 bis 1973 im Unilever-Konzern als Firmenjurist der Lever-Sunlicht GmbH im Hamburg vor allem auf dem Gebiet des Wettbewerbsrechts tätig. Er habilitierte sich an der Universität Mainz 1980. Von 1981 bis 1984 war er Professor an der Freien Universität Berlin, ehe er 1984 einem Ruf an die Universität des Saarlandes in Saarbrücken folgte. 1991 war er dort Vizepräsident für Lehre und Studium und in den Jahren 1992 bis 2000 Präsident der Universität, ehe er im letztgenannten Jahr auf seinen Lehrstuhl zurückkehrte. Auch nach seinem Ausscheiden aus dem aktiven Dienst im Jahr 2004 betätigt er sich weiterhin in der Forschung und bis 2014 in der Lehre.

*Ausgewählte Veröffentlichungen:* Die Anwendbarkeit des Art. 86 EWG-Vertrag von Kartellen und vertikalen Wettbewerbsbeschränkungen, Diss. Frankfurt 1969; Kompensation gestörter Vertragsfreiheit. Ein Beitrag zum inneren System des Vertragsrechts, 1980; Kommentierung § 826 BGB in Soergel, BGB, 13. Auflage 2005; Kommentierung §§ 662–675 BGB in juris-Praxiskommentar, 7. Auflage 2014; Klausurenkurs im Wettbewerbs- und Kartellrecht, 6. Auflage 2013.

Bibliografische Information der Deutschen Nationalbibliothek
Die Deutsche Nationalbibliothek verzeichnet diese Publikation in der Deutschen Nationalbibliografie; detaillierte bibliografische Daten sind im Internet über <http://dnb.d-nb.de> abrufbar.

Bei der Herstellung des Werkes haben wir uns zukunftsbewusst für umweltverträgliche und wiederverwertbare Materialien entschieden. Der Inhalt ist auf elementar chlorfreies Papier gedruckt.

ISBN 978-3-8114-9366-7

E-Mail: kundenservice@hjr-verlag.de
Telefon: +49 6221/489-555
Telefax: +49 6221/489-410

© 2014 C.F. Müller, eine Marke der Verlagsgruppe Hüthig Jehle Rehm GmbH
Heidelberg, München, Landsberg, Frechen, Hamburg

www.cfmueller-campus.de
www.cfmueller.de

Dieses Werk, einschließlich aller seiner Teile, ist urheberrechtlich geschützt. Jede Verwertung außerhalb der engen Grenzen des Urheberrechtsgesetzes ist ohne Zustimmung des Verlages unzulässig und strafbar. Dies gilt insbesondere für Vervielfältigungen, Übersetzungen, Mikroverfilmungen und die Einspeicherung und Verarbeitung in elektronischen Systemen.

Satz: Gottemeyer, Rot
Druck: CPI Clausen & Bosse, Leck

# Vorwort

Wettbewerbs- und Kartellrecht sind hochaktuelle Rechtsmaterien, deren Erarbeitung wegen der Komplexität von ökonomischen Grundlagen und internationalen Bezügen erhebliche Ansprüche an die Studierenden stellt. Eine permanente Veränderung der Gesetzesvorschriften und eine umfangreiche Judikatur haben das Schrifttum weitgehend segmentiert und teilweise massiv aufgebläht. Umso wichtiger ist das Verständnis der Zusammenhänge als Basis erfolgversprechender Normanwendung unter Verzicht auf unnötige Segmentierung des Rechtsstoffes. Dem dient auch die hier versuchte und durch die Funktionsbezogenheit auf den Wettbewerb gerechtfertigte gemeinsame Darstellung von Lauterkeitsrecht einerseits und Recht gegen Wettbewerbsbeschränkung andererseits. Vor diesem Hintergrund bietet das vorliegende Buch auf beschränktem Raum Orientierungswissen zur Vorbereitung auf die Prüfung im einschlägigen Schwerpunktbereich, ohne auf wissenschaftliche Tiefe zu verzichten. Eine eingehende Auseinandersetzung mit speziellen Problemen wird dabei nicht angestrebt; sie hat Orientierungswissen freilich gerade zur Voraussetzung.

Das Examens-Repetitorium ist nicht als Einführung in die Rechtsmaterie gedacht, sondern setzt die Lektüre eines einführenden Lehrbuchs bzw. den Besuch einer entsprechenden Lehrveranstaltung voraus und fühlt sich auch im Übrigen der Konzeption der Reihe **Unirep Jura** verpflichtet. Der Lernstoff wird durch etwa 30 Fallbeispiele greifbar dargestellt. Da gerade im Wettbewerbs- und Kartellrecht zudem eine besonders große Anzahl von kurzen Beispielen erforderlich ist, um Begriffe oder Situationen zu veranschaulichen und die Rechtsmaterie lebendig zu machen, wird an dieser Stelle auf eine breitere Darstellung in der Art einer Fallbesprechung verzichtet. Der Leser sei insoweit auf meinen Klausurenkurs im Wettbewerbs- und Kartellrecht (6. Auflage 2013) verwiesen, in dem 15 Fälle (mit Musterlösungen) einen praxisorientierten Einblick in Fragestellungen und Lösungswege geben. Dem gegenüber bieten die hier etwa 30 kurz geschilderten Fallbeispiele sowie die vielen weiteren skizzierten Beispiele allemal einen für Studienzwecke angemessenen Überblick über den Stand der Judikatur, naturgemäß unter bewusstem Verzicht auf kommentarartige Vollständigkeit. Aufgenommen in die Darstellung wurden darüber hinaus Hinweise aus der Tagespresse mit aktuellem Bezug.

Die 3. Auflage bringt das Examens-Repetitorium auf den Stand von 2014. Gegenüber der Vorauflage von 2009 waren hinsichtlich des europäischen Rechts die Änderungen durch die **Lissabonner Verträge** zu berücksichtigen; auf der nationalen Ebene ging es vor allem um die **8. Kartellnovelle von 2013**, durch die das nationale Verbot des Missbrauchs von Marktmacht übersichtlicher formuliert und die nationale an die europäischen Fusionskontrolle weiter angeglichen wurden. Inhaltlich wurden darüber hinaus wegen der steigenden praktischen Bedeutung **Aspekte des Vergaberechts und der Beihilfen** verstärkt angesprochen. Darüber hinaus wurden weitere aktuelle Entwicklungen aufgegriffen, und es wurde natürlich versucht, Mängel der Vorauflage zu beseitigen.

*Vorwort*

Konzeptionell ist das Repetitorium in der Neuauflage unverändert. Der 1. Teil (Grundlagen) des Buches mit seinen Ausführungen zu „Markt und Wirtschaftsordnung" und „Der Schutz des Wettbewerbs" soll das Verständnis der Zusammenhänge erleichtern. Dabei geht es einmal um grundlegende Vorstellungen über den Gegenstandsbereich des Wettbewerbs- und Kartellrechts, die, wie der Verfasser noch aus seiner eigenen Studienzeit zu wissen glaubt, dem Studenten nicht ohne Weiteres geläufig sind, ohne die aber die Sinnzusammenhänge und Wertungsgrundlagen der gesamten Rechtsmaterie dem Verständnis verschlossen bleiben; es versteht sich von selbst, dass damit kein Anspruch auf Darstellung des Standes der ökonomischen Forschung erhoben wird. Darüber hinaus sollen die Schutzbedürftigkeit und Schutzwürdigkeit des Wettbewerbs, seine Gefährdung und die Strukturen beim Zusammenspiel von Privatrecht und öffentlichem Recht sowie von nationalem und europäischem Recht vergegenwärtigt werden. Entgegen einer neuerdings in der europäischen Entwicklung zu beobachtenden Tendenz in Richtung Verbraucherschutz des Lauterkeitsrechts, aber entsprechend der langjährigen Entwicklung in Deutschland, wird, wie bereits erwähnt, das Lauterkeitsrecht dabei zugleich als Bestandteil des gesetzlichen Schutzes des Wettbewerbs verstanden. – Die Teile 2 bis 5 erörtern die eigentliche Rechtsmaterie. Der abschließende Teil 6 enthält Verständnis- und Kontrollfragen mit skizzierten Antworten und bietet sich für die Überprüfung des Erfolgs der Lektüre des Buches an.

Für Rückmeldungen ist der Verfasser dankbar: g.hoenn@mx.uni-saarland.de

Ich wünsche allen Lesern Erfolg bei der Arbeit.

Saarbrücken, im Juli 2014 *Günther Hönn*

# Inhaltsverzeichnis

|  | Rz. | Seite |
|---|---|---|
| *Vorwort* . . . . . . . . . . . . . . . . . . . . . . . . . . . . . . . . . . . . . . . . . . . . . . . |  | V |
| *Abkürzungen* . . . . . . . . . . . . . . . . . . . . . . . . . . . . . . . . . . . . . . . . . . . . |  | XXI |
| *Literatur (Auszug)* . . . . . . . . . . . . . . . . . . . . . . . . . . . . . . . . . . . . . . . |  | XXII |
| *Wichtige europäische Texte* . . . . . . . . . . . . . . . . . . . . . . . . . . . . . . . . |  | XXIII |
| *Wichtige Bekanntmachungen des BKartA* . . . . . . . . . . . . . . . . . . . . . . |  | XXV |
| *Materialien zum deutschen Wettbewerbs- und Kartellrecht* . . . . . . . . . . |  | XXVI |
| *Elektronische Fundstellen für Rechtstexte und Entscheidungen* . . . . . . . . |  | XXVI |
| *Textausgaben* . . . . . . . . . . . . . . . . . . . . . . . . . . . . . . . . . . . . . . . . . . . . |  | XXVI |

Erster Teil
**Grundlagen**

|  | Rz. | Seite |
|---|---|---|
| **§ 1 Markt und Wirtschaftsordnung** . . . . . . . . . . . . . . . . . . . . . . . . . . . | 1 | 1 |
|   I. Markt und Marktwirtschaft . . . . . . . . . . . . . . . . . . . . . . . . . . . . . | 1 | 1 |
|     1. Markt als Regelkreis . . . . . . . . . . . . . . . . . . . . . . . . . . . . . . . . | 1 | 1 |
|     2. Allgemeine Rechtsordnung als Rahmen . . . . . . . . . . . . . . . . . . | 5 | 2 |
|       a) Institutioneller Rahmen . . . . . . . . . . . . . . . . . . . . . . . . . . . . | 5 | 3 |
|       b) Privatautonomie . . . . . . . . . . . . . . . . . . . . . . . . . . . . . . . . . | 6 | 3 |
|     3. Zusammenfassung . . . . . . . . . . . . . . . . . . . . . . . . . . . . . . . . . | 10 | 4 |
|   II. Wirtschaftsordnung und Wirtschaftsrecht . . . . . . . . . . . . . . . . . . . | 12 | 5 |
|     1. Wirtschaftsordnung und Wirtschaftspolitik . . . . . . . . . . . . . . . . | 12 | 5 |
|     2. Rechtsrahmen . . . . . . . . . . . . . . . . . . . . . . . . . . . . . . . . . . . . | 17 | 6 |
|       a) Grundgesetz . . . . . . . . . . . . . . . . . . . . . . . . . . . . . . . . . . . . | 17 | 6 |
|       b) Europarecht . . . . . . . . . . . . . . . . . . . . . . . . . . . . . . . . . . . . | 22 | 7 |
|       c) Internationale Abkommen . . . . . . . . . . . . . . . . . . . . . . . . . . | 25 | 8 |
|       d) Herausforderungen der Globalisierung . . . . . . . . . . . . . . . . . | 26 | 8 |
|     3. Zum Begriff des Wirtschaftsrechts . . . . . . . . . . . . . . . . . . . . . . | 27 | 8 |
|       a) Staatszentrierter Begriff des Wirtschaftsrechts . . . . . . . . . . . . | 28 | 9 |
|       b) Wirtschaftsrecht als Marktrecht und Deregulierungstendenzen . . . . . . . . . . . . . . . . . . . . . . . . . . . | 29 | 9 |
|       c) Marktbezogene Regelungen außerhalb des Wettbewerbsrechts . . . . . . . . . . . . . . . . . . . . . . . . . . . . . . . . | 33 | 10 |
|     4. Begriff der Wirtschaftsverfassung . . . . . . . . . . . . . . . . . . . . . . . | 37 | 11 |
| **§ 2 Der Schutz des Wettbewerbs** . . . . . . . . . . . . . . . . . . . . . . . . . . . . . | 40 | 13 |
|   I. Wettbewerb . . . . . . . . . . . . . . . . . . . . . . . . . . . . . . . . . . . . . . . . . | 40 | 13 |
|     1. Wettbewerb als Rivalität zwischen den Wirtschaftssubjekten . . . | 40 | 13 |
|     2. Sog. Marktformen . . . . . . . . . . . . . . . . . . . . . . . . . . . . . . . . . | 41 | 13 |

|   |   |   |   |   |   |
|---|---|---|---|---|---|
| | 3. | Wettbewerbstheorien und -leitbilder | | 42 | 13 |
| | | a) Überblick | | 42 | 13 |
| | | b) „more economic approach" | | 43 | 14 |
| | 4. | Wettbewerbsfunktionen | | 46 | 15 |
| | 5. | Wettbewerb als Entdeckungsverfahren | | 48 | 16 |
| II. | Beeinträchtigung des Wettbewerbs | | | 49 | 16 |
| | 1. | Durch staatliche Maßnahmen | | 50 | 16 |
| | | a) Vergabe öffentlicher Aufträge | | 51 | 16 |
| | | b) Verbotene Beihilfen | | 52 | 17 |
| | 2. | Durch die Wirtschaftssubjekte | | 53 | 17 |
| | | a) Horizontale oder vertikale Verhaltensabstimmung | | 54 | 17 |
| | | b) Missbrauch von Marktmacht | | 57 | 18 |
| | | c) Unternehmenszusammenschlüsse | | 58 | 19 |
| | | d) Unlauterer Wettbewerb | | 60 | 19 |
| | 4. | Zusammenfassende Übersicht | | 61 | 20 |
| III. | Schutz des Wettbewerbs zwischen Privatrecht und öffentlichem Recht | | | 62 | 21 |
| | 1. | Schutzwürdigkeit des Wettbewerbs | | 62 | 21 |
| | | a) Entwicklung | | 62 | 21 |
| | | b) Skizzen | | 63 | 21 |
| | | | aa) Verträge zwischen Unternehmen am Markt mit Wettbewerb | 63 | 21 |
| | | | bb) Schutz des Wettbewerbs | 63 | 21 |
| | 2. | Privatrechtlicher Lauterkeitsschutz | | 64 | 22 |
| | 3. | Kartellrecht zwischen Privatrecht und öffentlichem Recht | | 66 | 22 |
| | | a) Öffentlich-rechtlicher Zwang | | 66 | 22 |
| | | b) Neben privatrechtlicher Durchsetzung | | 67 | 23 |
| | | c) Bei einheitlichem Zivilrechtsweg | | 68 | 23 |
| | | d) Auch für Vergabesachen | | 69 | 24 |
| | 4. | Zusammenfassende Übersicht | | 70 | 24 |
| IV. | Schutz des Wettbewerbs zwischen nationalem und europäischem Recht | | | 71 | 24 |
| | 1. | Internationalisierung und Europäisierung im Wirtschaftsrecht | | 71 | 24 |
| | 2. | Vorrang des europäischen Rechts | | 76 | 25 |
| | | a) Kartellrecht ohne Zusammenschlusskontrolle | | 78 | 26 |
| | | b) Zusammenschlusskontrolle | | 79 | 27 |
| | | c) Lauterkeitsrecht | | 80 | 27 |
| | | | *Fallbeispiel: Clinique* | 81 | 27 |
| | | Exkurs: Herkunfts- und Bestimmungslandprinzip im Lauterkeitsrecht | | 83 | 28 |
| | | d) Besondere Pflichtenbindung des Staates | | 84 | 29 |
| | 3. | Raum für nationales Recht | | 85 | 29 |
| | | a) Kartellrecht | | 85 | 29 |
| | | b) Zusammenschlusskontrolle | | 87 | 30 |
| | | c) Lauterkeitsrecht | | 88 | 30 |

|  |  |  |
|---|---:|---:|
| d) Gewerblicher Rechtsschutz | 89 | 30 |
| 4. Anpassung der unterschiedlichen Rechtsvorschriften | 90 | 31 |
| 5. Internationales Wettbewerbsrecht als Kollisionsrecht | 91 | 31 |
| a) Kartellrecht einschließlich Zusammenschlusskontrolle | 92 | 31 |
| b) Lauterkeitsrecht | 93 | 32 |
| 6. Zusammenfassende Übersicht | 94 | 32 |

## Zweiter Teil
# Lauterkeitsrecht

|  |  |  |
|---|---:|---:|
| **§ 3 Materielles Lauterkeitsrecht, insbesondere UWG** | 96 | 34 |
| I. Überblick | 96 | 34 |
| 1. Entwicklung | 96 | 34 |
| 2. Gegenstandsbereich | 98 | 35 |
| 3. Geltungsbereich | 100 | 35 |
| *Fallbeispiel: Kauf im Ausland* | 101 | 36 |
| 4. Einwirkung europäischen Rechts | 103 | 37 |
| a) Richtlinien | 103 | 37 |
| b) Vorschriften über den Binnenmarkt | 106 | 38 |
| *Fallbeispiel: Hünermund* | 108 | 39 |
| c) Verbraucherleitbild und Liberalisierung des deutschen Lauterkeitsrechts | 109 | 39 |
| 5. Zweck | 110 | 40 |
| 6. Regelungsstruktur nach der 1. UWG-Novelle von 2008 | 111 | 40 |
| 7. Unternehmer- und Verbraucherbegriff | 115 | 42 |
| 8. Anspruchsgrundlagen und Klagebefugnis | 116 | 42 |
| 9. Zur Darstellung der Judikatur | 117 | 43 |
| 10. Zusammenfassung | 118 | 43 |
| II. Allgemeiner Verbotstatbestand des § 3 UWG | 119 | 44 |
| 1. Bedeutung des § 3 I UWG | 119 | 44 |
| a) Zentrale Verbotsnorm | 119 | 44 |
| b) Doppelfunktion | 120 | 44 |
| 2. Tatbestand des § 3 I UWG | 121 | 45 |
| a) Geschäftliche Handlung | 121 | 45 |
| aa) Zentraler Handlungsbegriff | 121 | 45 |
| bb) Begriff | 122 | 45 |
| cc) Abgrenzungsproblematik | 125 | 46 |
| *Fallbeispiel: Constanze* | 126 | 47 |
| *Fallbeispiel: Warentest* | 127 | 47 |
| b) Unlauterkeit | 128 | 48 |
| aa) Begriff | 128 | 48 |
| bb) Konkretisierung durch Beispielskatalog | 129 | 48 |
| cc) Eigenständige Anwendung des § 3 I UWG | 130 | 49 |
| dd) Subjektive Voraussetzungen | 132 | 49 |

c) Eignung zur Beeinträchtigung von Interessen von Mitbewerbern, Verbrauchern oder sonstigen Marktteilnehmern ... 133 50
  *Fallbeispiel: Werbeblocker* ............................. 135 50
d) Spürbarkeit ........................................... 136 51
e) Keine Regelung weiterer Rechtsfolgen .................. 137 51
f) Kein Verbotsgesetz .................................... 138 51
3. § 4 UWG mit allgemeinen Beispielen der Unlauterkeit ........ 139 51
  a) Überblick ........................................... 139 51
  b) Unlautere Geschäftspraktiken gegenüber den Abnehmern .. 140 52
    aa) Beeinträchtigung der Entscheidungsfreiheit durch unangemessene unsachliche Einflussnahme nach § 4 Nr. 1 UWG ..................................... 140 52
      (1) Druck ........................................ 142 53
      (2) Menschenverachtung ........................... 143 53
      (3) Überblick über typische Fallkonstellationen ........ 144 53
    bb) Schutz vor Ausnutzung bestimmter Schwächen gemäß § 4 Nr. 2 UWG ..................................... 145 54
    cc) Transparenzgebot und Unlauterkeit der Schleichwerbung nach § 4 Nr. 3-5 UWG ............................. 146 55
    dd) Kaufzwang bei Preisausschreiben gemäß § 4 Nr. 6 UWG ..................................... 147 55
  c) Unlautere Geschäftshandlungen gegenüber Mitbewerbern .. 148 56
    aa) Geschäftsehrverletzung und Schmähkritik ............ 148 56
    bb) Ergänzender Leistungsschutz ....................... 149 56
    cc) Gezielte Behinderung von Mitbewerbern ............. 151 57
      *Fallbeispiel: Direktansprache am Arbeitsplatz* .......... 153 58
  d) Verstoß gegen bestimmte Rechtsvorschriften ............. 154 59
4. Unlauterkeit irreführender geschäftlicher Handlungen gemäß §§ 5, 5a I UWG ..................................... 157 60
  a) Zusammenhang mit § 3 I UWG ...................... 157 60
  b) Irreführung bei unwahren Angaben oder sonstigen zur Täuschung geeigneten Angaben ........................ 158 60
    aa) Angaben ........................................ 158 60
    bb) Unwahrheit und Eignung zur Täuschung ............. 159 61
    cc) Katalog des § 5 I 2 Nr. 1-7 UWG ..................... 160 61
    dd) Verwechslungsgefahr durch Marken .................. 161 62
    ee) Angaben bei vergleichender Werbung und konkludente Angaben ........................................ 162 62
    ff) Beweiserleichterungen bei Mondpreiswerbung ......... 163 62
  c) Irreführung durch Unterlassen .......................... 164 62
  d) Normatives Leitbild des Adressaten .................... 165 63
5. Unlauterkeit bei Werbevergleichen nach § 6 II UWG .......... 166 63
  a) Grundsätzliches ...................................... 166 63
  b) Entwicklung in Deutschland .......................... 167 64
  c) Voraussetzungen und Grenzen ........................ 168 64

       d) Vergleich gegenüber dem Verbraucher im Besonderen ...... 169   65
       e) Richtlinienkonforme Auslegung der Beispielstatbestände ... 170   65
  6. Zusammenfassung........................................ 171   65
III. Verschärfung des allgemeinen Verbots des § 3 I UWG
     im Bereich Unternehmer/Verbraucher ....................... 172   66
  1. Allgemeines............................................ 172   66
       a) Eigenständige Verbotstatbestände ...................... 173   66
       b) Verbraucherbezogene Unlauterkeit ..................... 174   66
  2. Verbraucherbezogenes allgemeines Verbot § 3 II UWG ........ 175   66
       a) Geschäftliche Handlungen gegenüber Verbrauchern ........ 175   66
       b) Maßstab der fachlichen Sorgfalt des Unternehmers ......... 178   68
       c) und Eignung zur spürbaren Beeinträchtigung der Fähigkeit
          des Verbrauchers zur informationsbasierten Entscheidung
          und zur Veranlassung einer Fehlentscheidung .............. 179   68
       d) Verbraucherleitbild ................................... 180   68
  3. Verbraucherbezogene Konkretisierung der Unlauterkeit als
     Ergänzung der allgemeinen Verbote ....................... 181   68
  4. „Schwarze Liste" – Per se-Verbot verbraucherbezogener
     geschäftlicher Handlungen nach § 3 III UWG mit Anlage ...... 182   69
IV. Verbot der unzumutbaren Belästigung von Marktteilnehmern
     nach § 7 I UWG ........................................ 183   72
  1. Allgemeines............................................ 183   72
  2. Unzumutbare Belästigung nach den Beispielen des
     § 7 II Nr. 1, 2 und 4 UWG ............................... 187   73
  3. Unzumutbare Belästigung durch den Einsatz automatischer
     Geräte nach § 7 II Nr. 3 UWG mit den Rückausnahmen nach
     § 7 III UWG ........................................... 188   74
V. Wettbewerbsrechtliche Straftatbestände..................... 189   75
  1. Progressive Kundenwerbung .............................. 190   75
  2. Geheimnisverrat ........................................ 191   75
VI. Lauterkeitsrechtlich relevante Regelungen außerhalb des UWG ... 192   75
  1. Rechtsvorschriften ...................................... 191   75
       a) Straftaten gegen den Wettbewerb nach den §§ 298-302 StGB   193   76
       b) Gewerblicher Rechtsschutz ............................ 194   76
       c) Sonstige Regelungen mit Rechtscharakter ................ 195   76
          aa) Produktbezogene Regelungen (Auszug) ............... 196   76
          bb) Medienbezogene Regelungen ...................... 197   77
          cc) Berufsspezifische Regelungen...................... 198   77
          dd) EU-Richtlinien (Hinweis) .......................... 199   77
  2. Regelungen ohne Rechtscharakter ......................... 200   77
       a) Wettbewerbsregeln ................................... 200   77
       b) Standesregeln ....................................... 201   77
       c) Soft Law ........................................... 202   78
VII. Rechtsfolgen unlauteren Wettbewerbs (§§ 8-11 UWG) .......... 203   78
  1. Allgemeines............................................ 203   78

## 2. Anspruch auf Beseitigung und Unterlassung nach den §§ 8, 3-7 UWG ... 204 ... 78
a) Beseitigungsanspruch ... 204 ... 78
b) Unterlassungsanspruch ... 205 ... 78
   aa) Veränderung der Sachlage ... 206 ... 79
   bb) Veränderung der Rechtslage ... 207 ... 79
   *Fallbeispiel: Einseitige Änderung von Versicherungsbedingungen* ... 208 ... 79
c) Haftung des Unternehmensinhabers für Mitarbeiter/Beauftragte und Problematik einer Störerhaftung bzw. einer wettbewerbsrechtlichen Verkehrspflicht ... 209 ... 80
   *Fallbeispiel: Jugendgefährdende Medien bei eBay* ... 210 ... 80
d) Aktivlegitimation ... 211 ... 81
   *Fallbeispiel: Prüfzeichen* ... 214 ... 82
e) Missbräuchliche Geltendmachung von Ansprüchen ... 215 ... 83
   aa) Mehrfachverfolgung ... 215 ... 83
   bb) Unclean-hands oder Abwehreinwand ... 216 ... 83
   cc) Aufbrauchfrist ... 217 ... 83

## 3. Schadenersatzanspruch nach den §§ 9, 3 oder 7 UWG ... 218 ... 83
a) Subjektive Voraussetzungen ... 219 ... 83
b) Geltendmachung der Ersatzansprüche ... 220 ... 84
c) Inhalt der Ersatzansprüche ... 221 ... 84
   *Fallbeispiel: Tchibo/Rolex* ... 222 ... 84

## 4. Gewinnabschöpfungsanspruch ... 223 ... 85
## 5. Verjährung ... 224 ... 85

# § 4 Verfahrensregeln des Lauterkeitsrechts ... 225 ... 86

## I. Allgemeines ... 225 ... 86
1. Verfahren vor den Zivilgerichten und der Einigungsstelle ... 225 ... 86
2. Informelles Vorverfahren ... 226 ... 86
   a) Abmahnung ... 227 ... 86
   b) Schutzschrift ... 229 ... 87

## II. Leistungs- und Feststellungsklage ... 230 ... 88
1. Zuständigkeit ... 230 ... 88
2. Klage und Anspruch ... 231 ... 88
   a) Leistungsklage ... 231 ... 88
   b) Feststellungsklage ... 232 ... 89
   c) Stufenklage ... 233 ... 89
   d) Auskunftsanspruch ... 234 ... 89
   e) Rechtsschutzinteresse ... 235 ... 89
3. Beweisfragen ... 236 ... 90
4. Instanzenzug ... 237 ... 90
5. Vollstreckung ... 238 ... 90
6. Änderung der Sach- oder Rechtslage nach Prozessbeginn ... 239 ... 90
   a) Einseitige Klageumstellung ... 240 ... 91

|   |   |   | | |
|---|---|---|---|---|
| | b) Übereinstimmende Erledigungserklärung | 241 | 91 |
| | c) Wegfall des Anspruchs nach Rechtskraft | 242 | 91 |
| | d) Unterlassungsverpflichtung | 243 | 92 |
| 7. | Kosten | 244 | 92 |
| III. | Einstweilige Verfügung | 245 | 92 |
| | 1. Bedeutung im wirtschaftlichen Wettbewerb | 245 | 92 |
| | 2. Voraussetzungen: Verfügungsanspruch und Verfügungsgrund | 246 | 93 |
| | 3. Erlass der einstweilen Verfügung | 248 | 94 |
| | 4. Rechtsbehelfe | 249 | 94 |
| | a) Beschwerde oder Berufung bei Ablehnung des Antrags | 249 | 94 |
| | b) Widerspruch oder Berufung bei Anordnung | 250 | 94 |
| | 5. Frist zur Klage | 251 | 94 |
| | 6. Vollziehung | 252 | 95 |
| | 7. Abschlussschreiben und Abschlusserklärung | 253 | 95 |
| | 8. Schadenersatz | 254 | 96 |
| | 9. Aufbrauchfrist | 255 | 96 |

## Dritter Teil
## Recht gegen Wettbewerbsbeschränkungen (ohne Zusammenschlusskontrolle)

| | | | |
|---|---|---|---|
| **§ 5 Mehrseitige Wettbewerbsbeschränkungen** | | 256 | 97 |
| I. | Art. 101 AEUV und §§ 1-3 GWB im Überblick und der Vorrang des europäischen Rechts | 256 | 97 |
| | 1. Verbotstatbestände im Überblick und Anwendungsbereich der Vorschriften | 256 | 97 |
| | 2. Vorrang des europäischen Rechts | 257 | 98 |
| | 3. Art. 101 AEUV als zentrale Norm | 259 | 99 |
| II. | Verbotstatbestand, dargestellt primär an Art. 101 I AEUV | 260 | 99 |
| | 1. Verhaltensabstimmung zwischen Unternehmen | 261 | 99 |
| | a) Unternehmen | 261 | 100 |
| | *Fallbeispiel: Eurocontrol* | 261 | 100 |
| | b) Verhaltensabstimmung | 263 | 101 |
| | *Fallbeispiel: Teerfarbenkartell* | 263 | 101 |
| | c) Empfehlungen als Verhaltensabstimmung | 265 | 102 |
| | 2. Auswirkungen auf den Wettbewerb auf dem europäischen bzw. nationalen Markt | 266 | 103 |
| | a) Wettbewerbsbeschränkung | 267 | 104 |
| | *Fallbeispiel: Consten/Grundig* | 268 | 104 |
| | b) Relevanter Markt | 269 | 105 |
| | c) Spürbarkeit der Wettbewerbsbeschränkung | 270 | 106 |
| | d) Bündeltheorie | 271 | 106 |
| | *Fallbeispiel: Delimitis* | 271 | 106 |
| | 3. Immanente Grenzen des Verbotes | 272 | 107 |

|   |   |
|---|---|
| 4. Regelbeispiele in Art. 101 AEUV .......................... 273 | 108 |
| 5. Zu § 1 GWB ............................................ 274 | 108 |
| III. Zwischenstaatlichkeitsklausel ................................ 275 | 108 |
|    1. Beeinträchtigung des zwischenstaatlichen Handels ............ 275 | 109 |
|    2. Spürbarkeit der Handelsbeschränkung ...................... 277 | 109 |
|    3. Bündeltheorie bei vertikalen Vereinbarungen ................. 278 | 110 |
| IV. „Einzelfreistellung" nach Art. 101 III AEUV und § 2 I GWB ...... 279 | 110 |
|    1. Voraussetzungen nach Art. 101 III AEUV..................... 279 | 110 |
|    2. Freistellung gemäß § 2 I GWB.............................. 280 | 111 |
|    3. Bedeutung der Einzelfreistellung ........................... 281 | 111 |
|       *Fallbeispiel: Citroen* ...................................... 281 | 111 |
| V. Gruppenfreistellung........................................ 283 | 111 |
|    1. Bedeutung ............................................. 283 | 111 |
|      a) Rechtsgrundlage für den Erlass der Gruppenfreistellungs- | |
|         verordnungen (GFVO)................................. 283 | 112 |
|      b) Übersicht über die Gruppenfreistellungsverordnungen ..... 284 | 112 |
|    2. Freistellung durch Gruppenfreistellungsverordnung | |
|       am Beispiel der VO Nr. 330/2010 .......................... 285 | 112 |
|      a)  Geltungsvoraussetzungen ............................. 285 | 112 |
|      b) Reichweite der Privilegierung und die Bedeutung von | |
|         Kernbeschränkungen (= schwarze Klauseln)............... 286 | 113 |
|         aa) Kernbeschränkungen nach Art. 4 GFVO-Vertikal- | |
|            vereinbarungen Nr. 330/2010 ...................... 287 | 113 |
|         bb) Kernbeschränkungen in weiteren GFVOen ............ 288 | 114 |
|    3. Problematik der dynamischen Verweisung in § 2 II GWB ...... 289 | 114 |
| VI. Regelbeispiele der europäischen Leitlinien ..................... 290 | 115 |
|    1. Bestimmte Vereinbarungen nach den Leitlinien über | |
|       horizontale Zusammenarbeit (LLH) ......................... 291 | 115 |
|      a) Analytischer Rahmen und Aufbau ...................... 292 | 115 |
|      b) Forschung und Entwicklung ........................... 293 | 116 |
|      c) Produktionsvereinbarungen | |
|         (einschließlich Spezialisierungsvereinbarungen)............ 294 | 116 |
|      d) Einkaufsvereinbarungen .............................. 295 | 116 |
|      e) Vermarktungsvereinbarungen .......................... 296 | 117 |
|      f) Vereinbarungen über Normen ......................... 297 | 117 |
|    2. Vereinbarungen nach den Leitlinien für vertikale | |
|       Beschränkungen (LLV) ................................... 298 | 117 |
|      a) Markenzwang...................................... 299 | 118 |
|      b) Alleinvertrieb ....................................... 300 | 118 |
|      c) Kundenbeschränkungen .............................. 301 | 118 |
|      d) Selektiver Vertrieb ................................... 302 | 118 |
|      e) Franchising ........................................ 303 | 119 |
|      f) Alleinbelieferung .................................... 304 | 119 |
|      g) Koppelungsbindungen ............................... 305 | 119 |
|      h)  Beschränkungen für den Weiterverkaufspreis ............. 306 | 119 |

VII. Anwendungsbereich und Auslegung des nationalen Kartellrechts .. 307  119
    1. Anwendungsbereich ........................................ 307  119
        a) Allgemein ............................................ 307  119
        b) Mittelstandskartelle .................................... 308  120
        c) Wettbewerbsregeln .................................... 309  120
        d) Weitere Sonderregeln .................................. 310  120
    2. Inhaltliche Anpassung an europäisches Recht ................ 311  120
        *Fallbeispiel: Schaufensterplakat* .......................... 311  120
    3. Europafreundliche Anwendung ............................ 312  122
    4. Relevanz der Zwischenstaatlichkeitsklausel .................. 313  122
VIII. Rechtsfolgen im Überblick ...................................... 314  122
IX. Überblick zu mehrseitigen Wettbewerbsbeschränkungen ......... 315  123

## § 6 Missbrauch von Marktmacht ..................................... 317  125
    I. Art. 102 AEUV *(Art. 82 EGV)*, die §§ 18-21 GWB im Überblick
       und der Freiraum des nationalen Rechts ...................... 317  125
      1. Funktion; Verbotstatbestände im Überblick .................. 317  125
        a) Funktion ............................................ 317  125
        b) Verbotstatbestände im Überblick ........................ 318  125
      2. Vorrangige Anwendung des Art. 102 AEUV und der Freiraum
        des nationalen Gesetzgebers ............................... 319  126
        a) Vorrangige Anwendung des Art. 102 AEUV ............... 319  126
        b) Freiraum des nationalen Gesetzgebers für strengere
           Regelungen bei einseitigen Handlungen gemäß
           Art. 3 II 2 EG-KartVerfVO ............................ 320  126
           *Fallbeispiel: Depotkosmetik* .......................... 322  127
      3. Folgerung für die weitere Darstellung ....................... 323  128
    II. Art. 102 AEUV ............................................... 324  128
      1. Beherrschende Stellung auf dem Binnenmarkt oder einem
        wesentlichen Teil desselben ............................... 325  128
        a) Relevanter Markt .................................... 325  128
        b) Wesentlicher Teil .................................... 326  129
        c) Beherrschende Stellung ............................... 327  130
           *Fallbeispiel: Chiquita-Bananen* ....................... 328  130
      2. Missbräuchliche Ausnutzung und Beispielskatalog
        des Art. 102 AEUV ...................................... 330  131
        *Fallbeispiel: Fortsetzung Chiquita-Bananen* ................ 331  132
      3. Zwischenstaatlichkeitsklausel .............................. 333  132
      4. Überblick über die Rechtsfolgen eines Verstoßes gegen
        Art. 102 AEUV ......................................... 334  133
      5. Übersicht .............................................. 335  133
    III. Verbotenes Verhalten von marktbeherrschenden Unternehmen
       (§§ 18, 19 GWB) ............................................. 336  133
      1. Marktbeherrschung gemäß § 18 GWB ...................... 336  133

XV

2. Beispielskatalog für Missbrauch ........................... 337   135
IV. Erweitertes Behinderungs- und Diskriminierungsverbot
    nach § 20 GWB *(§ 20 II-VI GWB a.F.)* ........................ 339   136
    1. Unternehmen mit relativer Marktmacht, § 20 I GWB .......... 340   136
       *Fallbeispiel: Rossignol* .................................. 341   137
       *Fallbeispiel: Opel* ....................................... 343   138
    2. Geschützte Unternehmen .................................... 346   139
    3. Diskriminierung und Behinderung ........................... 347   139
    4. Unbilligkeit und sachlich gerechtfertigter Grund .......... 348   140
    5. Missbrauch von Marktmacht im Horizontalverhältnis ......... 349   140
V. §§ 21, 29 GWB ................................................. 350   141
VI. Rechtsfolgen des Missbrauchs im Überblick .................... 351   141
VII. Übersichten ................................................. 352   142

## § 7 Rechtsfolgen, Akteure und Verfahren im Recht gegen Wettbewerbsbeschränkungen ................................ 354   144

I. Rechtsfolgen eines Verstoßes gegen Kartellrecht ............... 354   144
   1. Nichtigkeit .................................................. 354   144
      *Fallbeispiel: Tennishalle* ................................. 355   145
      *Fallbeispiel: Südlotto* .................................... 356   145
   2. Zivilrechtliche Ansprüche .................................. 357   146
      *Fallbeispiel: „follow-on"* ................................ 358   146
      *Fallbeispiel: ORWI-KG* .................................... 359   147
   3. Von der EU-Kommission verhängte Geldbußen und
      Zwangsgelder ............................................... 361   149
      a) Kumulative Bestrafung? .................................. 362   149
      b) Kronzeugenregelung ...................................... 363   149
      c) Zwangsgeld .............................................. 364   150
   4. Bußgeld und Zwangsgeld nach GWB ............................ 365   150
   5. Vorteilsabschöpfung gemäß § 34 GWB ......................... 366   151
   6. Beweislast ................................................. 367   151
II. Überblick über Akteure und Verfahren im Recht
    gegen Wettbewerbsbeschränkungen ............................. 368   151
III. Unternehmen ................................................. 369   152
IV. Kartellbehörden ............................................. 370   152
    1. Europäische Ebene: Kommission ............................. 370   152
    2. Deutschland ............................................... 371   152
V. Europäische und nationale Gerichte in Kartellsachen .......... 373   153
   1. Europäische Gerichte ...................................... 373   153
   2. Deutsche Gerichte in Kartellsachen ........................ 374   154
      a) Umfassende Zuständigkeit der Zivilgerichte ............. 374   154
      b) Kartellsenate .......................................... 375   154
      c) Anwendung europäischen Rechts durch die nationalen
         Gerichte ............................................... 376   155
      d) Kooperation mit der Kommission ......................... 377   155

VI. Entscheidungen, Maßnahmen und Befugnisse der europäischen
    Kommission ................................................. 378   155
    1. Entscheidungen und Maßnahmen ........................ 378   155
       a) Feststellung und Abstellung von Zuwiderhandlungen nach
          Art. 7 EG-KartVerfVO ................................ 378   155
       b) Sanktionen ......................................... 379   156
       c) Einstweilige Maßnahmen nach Art. 8 EG-KartVerfVO ...... 380   156
       d) Entgegennahme von Verpflichtungszusagen ............... 381   156
          Fallbeispiel: Deutsche Bundesliga ...................... 381   157
       e) Feststellung der Nichtanwendbarkeit .................... 382   157
       f) Entzug des Rechtsvorteils in Einzelfällen ................ 383   157
       g) Beratungsschreiben .................................. 384   158
    2. Befugnisse ............................................. 385   158
       a) Ermittlungsbefugnisse ................................ 385   158
       b) Auskunftsverlangen .................................. 386   158
       c) Nachprüfungsbefugnisse .............................. 387   158
       d) Zusammenarbeit mit nationalen Gerichten ................ 388   159
       e) Zusammenarbeit mit nationalen Behörden ................ 389   159
    3. Verfahrensgrundsätze und Anfechtungsmöglichkeiten ......... 390   159
VII. Entscheidungen, Maßnahmen und Befugnisse der
     deutschen Kartellbehörden .................................. 391   159
    1. Kompetenz zur Anwendung europäischen Rechts ............. 391   159
    2. Entscheidungen und Maßnahmen ......................... 392   159
    3. Verwaltungsverfahren nach dem GWB .................... 393   160
    4. Kooperation und Abstimmung ............................ 394   160
       a) Mit der Europäischen Kommission ..................... 394   160
       b) Mit nationalen Kartellbehörden anderer Länder ........... 395   161
       c) Netzwerk der europäischen Wettbewerbsbehörden ......... 396   161
VIII. Übersichten ................................................ 397   161

Vierter Teil
**Unternehmenszusammenschlüsse**

**§ 8 Fusionskontrolle im europäischen Recht** ........................ 400   163

I. Europarechtlicher Regelungsbereich im Überblick .............. 401   163
    1. Rechtsgrundlagen ...................................... 401   163
       Fallbeispiele: Continental Can und Philipp Morris ........... 402   164
    2. Abgrenzung zum nationalen Regelungsbereich .............. 403   164
II. Zusammenschluss von gemeinschaftsweiter Bedeutung
    als Aufgreiftatbestand ..................................... 404   165
    1. Aufgreiftatbestand: Anmeldepflicht und Vollzugsverbot ....... 404   165
    2. Unternehmen .......................................... 405   165
    3. Zusammenschluss ...................................... 406   165
       a) Zusammenschlusstatbestand .......................... 407   165

| | | |
|---|---:|---:|
| b) Formen des Zusammenschlusses | 408 | 166 |
| aa) Horizontale Zusammenschlüsse | 409 | 166 |
| bb) Vertikale Zusammenschlüsse | 410 | 166 |
| cc) Konglomerate Zusammenschlüsse | 411 | 166 |
| c) Gemeinschaftsunternehmen | 412 | 167 |
| 4. Gemeinschaftsweite Bedeutung qua Umsatzziffer | 413 | 167 |
| a) Umsatzziffern | 413 | 167 |
| b) Umsatzberechnung | 414 | 168 |
| III. Materielles Verbot (Eingreiftatbestand) | 415 | 168 |
| 1. Kriterien | 415 | 168 |
| 2. Konkreter Verbotstatbestand des Art. 2 III EG-FKVO | 416 | 168 |
| a) Verbotskriterien | 417 | 168 |
| b) Problematik konglomerater Zusammenschlusstatbestände | 418 | 169 |
| *Fallbeispiel: Tetra Laval/Sidel* | 418 | 169 |
| c) Oligopolwirkungen | 419 | 170 |
| 3. Problematik von Gemeinschaftsunternehmen | 420 | 170 |
| 4. Auswirkungsprinzip | 421 | 171 |
| IV. Verfahrensfragen | 422 | 171 |
| 1. Alleinige Zuständigkeit der Kommission | 422 | 171 |
| 2. Verfahren | 423 | 171 |
| 3. Verweisungen zwischen europäischer und nationaler Ebene | 425 | 172 |
| a) Verweisung an die nationalen Kartellbehörden | 425 | 172 |
| b) Verweisung an die Kommission | 426 | 173 |
| V. Übersicht | 427 | 174 |
| **§ 9 Fusionskontrolle nach deutschem Recht** | **428** | **175** |
| I. Geltungsbereich in Abgrenzung zum europäischen Recht | 428 | 175 |
| 1. Abgrenzung zum europäischen Recht | 428 | 175 |
| 2. Eigenständiger Anwendungsbereich qua Umsatzziffern | 429 | 175 |
| II. Unternehmenszusammenschluss als Aufgreiftatbestand nach deutschem Recht | 430 | 175 |
| 1. Aufgreiftatbestand: Anmeldepflicht und Vollzugsverbot | 430 | 175 |
| 2. Unternehmen | 431 | 176 |
| 3. Zusammenschlusstatbestand | 432 | 176 |
| a) Vermögenserwerb | 433 | 176 |
| b) Kontrollerwerb | 434 | 177 |
| c) Anteilserwerb | 435 | 177 |
| d) Verbindungen mit wettbewerblich erheblichem Einfluss | 437 | 178 |
| e) Ausnahme: Emissionskonsortien | 438 | 179 |
| 4. Umsatzerlöse des § 35 I GWB und ihre Berechnung | 439 | 179 |
| *Fallbeispiel: Springer/ProSiebenSat.1* | 440 | 179 |
| 5. Einschränkungen | 441 | 180 |
| a) § 35 II 1 GWB: Anschlussklausel | 441 | 180 |
| b) § 35 II 2 GWB: Zusammenschlüsse im Rahmen einer kommunalen Gebietsreform | 442 | 180 |

III. Verbot des Zusammenschlusses
   (Eingreiftatbestand des § 36 GWB) ............................ 443   180
   1. Anpassung an Art. 2 III EG-FKVO: erhebliche Behinderung
      wirksamen Wettbewerbs ..................................... 443   180
   2. Marktbeherrschende Stellung ................................ 444   181
      *Fallbeispiel: Deutsche Bahn/KVS Saarlouis* ................. 445   182
   3. Nachweis und Prognose ...................................... 446   182
      a) Horizontale Zusammenschlüsse ........................... 446   182
      b) Vertikale und konglomerate Zusammenschlüsse ........... 447   182
         *Fallbeispiel:  Springer/Pro SiebenSat. 1*
                         *Fortsetzung zu Rn. 440* .................. 448   183
   4. Rechtfertigung des Zusammenschlusses ...................... 449   183
      a) Überwiegende Verbesserung der Wettbewerbsbedingungen
         (§ 36 I 2 Nr. 1 GWB n.F.) ................................ 449   183
      b) Bagatellmarkt (§ 36 I 2 Nr. 2 GWB n.F.) .................. 450   184
         aa) Bündeltheorie ....................................... 450   184
            *Fallbeispiel: Deutsche Bahn/KVS Saarlouis*
                           *Fortsetzung zu Rn. 445* ................ 450   184
         bb) Aber keine Berücksichtigung der Auslandsumsätze ..... 451   185
            *Fallbeispiel: duPont/Pedex* ........................... 451   185
   5. Praktische Lösung von Zusammenschlussproblemen .......... 452   186
   6. Auswirkungsprinzip des § 130 II GWB ....................... 453   186
IV. Verfahrensfragen ............................................ 454   187
   1. Zuständige Behörde: BKartA ................................ 454   187
   2. Anmeldeerfordernis, Prüfverfahren und Freigabe ............ 455   187
   3. Vollzugsverbot und eventuelle Entflechtung ................ 456   187
   4. Rechtsmittel ............................................... 457   188
   5. Ministererlaubnis .......................................... 458   188
   6. Verweisungen im Verhältnis zur Kommission ................. 459   188
V. Übersicht ................................................... 460   189

## Fünfter Teil
## Vergaberecht und Recht der Beihilfen

### § 10 Vergaberecht ............................................... 461   190

I. Bedeutung des Vergaberechts .................................. 461   190
   1. Umfang des öffentlichen Auftragswesens .................... 461   190
   2. Haushaltsrecht und Kartell-Vergaberecht ................... 462   190
II. Rechtliche Struktur des Kartell-Vergaberechts ................ 464   191
   1. Europäisches Primär- und Sekundärrecht .................... 464   191
   2. Nationales Kartell-Vergaberecht ............................ 466   192
III. Anwendungsbereich der Vergabeverfahren ..................... 467   193
   1. Öffentliche Auftraggeber und öffentliche Aufträge .......... 467   193
   2. Schwellenwerte, Teillose und Fachlose ..................... 468   194

3. Einschränkung des Vergaberechts ........................ 469  194
   Fallbesprechung: Landkreis G........................... 469  195
IV. Vergabegrundsätze und Vergabekriterien .................... 470  195
   1. Wettbewerb, Transparenz und Gleichbehandlung
      (§ 97 I, II GWB) ....................................... 470  195
   2. Eignungskriterien: fachkundige, leistungsfähig, gesetzestreue
      und zuverlässige Unternehmen (§ 97 IV 1 GWB) ............. 471  195
   3. Zuschlagskriterium (§ 97 V GWB) .......................... 472  196
V. Arten der Vergabe und Ablauf des Vergabeverfahrens ........... 473  197
   1. Arten der Vergabe ....................................... 473  197
   2. Ablauf des Vergabeverfahrens bei offenem Verfahren ........ 474  197
VI. Primärrechtsschutz des Bieters ............................. 476  198
   1. Nachprüfungsverfahren ................................... 476  198
   2. Bedeutung der Vergabekammern ............................ 477  199
VII. Sekundärrechtsschutz des Bieters .......................... 478  199
VIII. Rechtsschutz unterhalb der Schwellenwerte .................. 479  199
IX. Übersicht ................................................. 480  200

**§ 11 Hinweis auf das Recht der Beihilfen** ......................... 481  201

   *Fallbesprechung: Flughäfen Saarbrücken und Zweibrücken* ........ 482  201


Sechster Teil
**Kenntnis- und Verständnisfragen**

   I. Zum Lauterkeitsrecht ..................................... 203
   II. Zum Kartellrecht ......................................... 208
      1. Europäisches Kartellrecht .............................. 208
      2. Nationales Kartellrecht ................................ 210
   III. Fusionskontrolle ........................................ 212
      1. Europäische Fusionskontrolle ........................... 212
      2. Fusionskontrolle nach GWB ............................. 213
   IV. Vergaberecht ............................................ 215

*Sachverzeichnis* ............................................... 217

# Abkürzungen

| | |
|---|---|
| a.a.O. | am angegebenen Ort |
| ABl. | Amtsblatt der Europäischen Union (bzw. der EG oder EWG) |
| AEUV | Vertrag über die Arbeitsweise der Europäischen Union (ABl. C 83/47 v. 30.3.2010; BGBl. II 2009, 1223) |
| Amtl. Begr. UWG | Regierungsentwurf eines Gesetzes gegen Unlauteren Wettbewerb (BT-Drucks. 15/1487 vom 22.8.2003) |
| BGB | Bürgerliches Gesetzbuch |
| BGBl. | Bundesgesetzblatt |
| BKartA | Bundeskartellamt |
| EGBGB | Einführungsgesetz zum Bürgerlichen Gesetzbuch |
| EG-FKVO | EG-Fusionskontrollverordnung Nr. 139/2004 des Rates vom 20.1.2004 |
| EG-KartVerfVO | Kartellverfahrensverordnung (EG) Nr. 1/2003 des Rates vom 16.12.2002 |
| *EGV* | *Vertrag zur Gründung der Europäischen Gemeinschaft von 1957 – aufgegangen in EUV und AEUV* |
| EuG | Europäisches Gericht |
| EuGH | Europäischer Gerichtshof |
| EUV | Vertrag über die Europäische Union (Lissabon- ABl. C/83/13 v. 30.3.2010) – Fassung von *Nizza ist überholt* |
| FS | Festschrift |
| GFVO | Gruppenfreistellungsverordnung der EG bzw. EU |
| GG | Grundgesetz |
| GVG | Gerichtsverfassungsgesetz |
| GWB | Gesetz gegen Wettbewerbsbeschränkungen i.d.F. der 8. GWB-Novelle vom 26.6.2013 (BGBl. I S. 1738, 1750) |
| LLH | Leitlinien der Kommission über horizontale Zusammenarbeit |
| LLV | Leitlinien der Kommission für vertikale Beschränkungen |
| RegE UWG | Regierungsentwurf eines Gesetzes gegen den Unlauteren Wettbewerb (BT-Drucks. 15/1487 vom 22.8.2003) |
| RegE 1. UWG-Novelle | Regierungsentwurf eines 1. Gesetzes zur Änderung des UWG (BT-Drucks. 16/10145) |
| RL | Richtlinie |
| RL 2005/29/EG | Richtlinie vom 11.5.2005 über unlautere Geschäftspraktiken gegenüber Verbrauchern |
| Slg. | Amtliche Sammlung von EuGH und EuG |
| UWG | Gesetz gegen den unlauteren Wettbewerb vom 3.7.2004 i.d.F. der 1. UWG-Novelle v. 22.12.2008 (BGBl. I S. 2949) |
| VO | Verordnung |
| VwGO | Verwaltungsgerichtsordnung |
| WuW/E | Entscheidungssammlung der Zeitschrift Wirtschaft und Wettbewerb |

# Literatur (Auszug)

| | |
|---|---|
| *Bechtold* | Kartellgesetz, Kommentar, 7. Aufl. 2013 |
| *Bechtold/Bosch/Brinker/ Hirsbrunner* | EG-Kartellrecht, Kommentar, 2. Auf. 2009 |
| *Bunte* | Kartellrecht, mit neuem Vergaberecht, 3. Aufl. 2014 |
| *Emmerich* | Unlauterer Wettbewerb, 9. Aufl. 2012 (zit.: WettbR) |
| *Emmerich* | Kartellrecht, 12. Aufl. 2012 (zit.: KartellR) |
| *Fritsche* | Wettbewerbs- und Kartellrecht, 2013 |
| *Glöckner* | Kartellrecht – Recht gegen Wettbewerbsbeschränkungen, 2012 |
| *Harte-Bavendamm/ Henning-Bodewig* | Gesetz gegen den unlauteren Wettbewerb, Kommentar, 3. Aufl. 2013 |
| *Hönn* | Klausurenkurs im Wettbewerbs- und Kartellrecht, 6. Aufl. 2013 |
| *Immenga/Mestmäcker (Hrsg.)* | Wettbewerbsrecht, GWB und EU, 3 Bde. (4 Bücher), 5. Aufl. 2012/2013 |
| *Jänich* | Lauterkeitsrecht, 2014 |
| *jurisPK-UWG* | juris Praxiskommentar UWG, 3. Aufl. 2013 |
| *Karenfort/Weitbrecht* | Entscheidungen zum Europäischen Kartellrecht, 2010 |
| *Köhler/Bornkamm* | Wettbewerbsrecht, Kommentar, 32. Aufl. 2014 |
| *Ch. König/K. Schreiber* | Europäisches Wettbewerbsrecht (mit Vergaberecht), 2010 |
| *Langen/Bunte* | Kommentar zum deutschen und europäischen Kartellrecht, 2 Bde., 12. Aufl. 2014 |
| *Lettl* | Kartellrecht, 3. Aufl. 2013 |
| *Lettl* | Wettbewerbsrecht, 2. Aufl. 2013 |
| *Mäger (Hrsg.)* | Europäisches Kartellrecht, 2. Aufl. 2011 |
| *Mestmäcker/Schweitzer* | Europäisches Wettbewerbsrecht, 3. Aufl. 2014 |
| *Müller-Wrede* | GWB-Vergaberecht, 2009 |
| *Ohly/Sosnitza* | UWG, Kommentar, 6. Aufl. 2014 |
| *Rittner/Dreher/Kulka* | Wettbewerbs- und Kartellrecht, 8. Aufl. 2014 |
| *Säcker/Wolf* | Kartellrecht in Fällen, 2. Aufl. 2014 |
| *Schwintowski* | Wettbewerbs- und Kartellrecht (PdW), 5. Aufl. 2012 |
| *Schröter/Jakob/Klotz/ Mederer* | Kommentar zum europäischen Wettbewerbsrecht, 2. Aufl. 2014 |
| *Schwarze/Weitbrecht* | Grundzüge des europäischen Kartellverfahrensrechts. Die Verordnung (EG) Nr. 1/2003, 2004 |

Weitere Literatur zur Vertiefung vor den einzelnen Paragraphen.

# Wichtige europäische Texte

Die nachfolgenden Texte sind im Netz über *EUR-Lex* abrufbar!

Der jeweils aktuelle Stand ist im Netz überdies zusammengestellt bei *European Commission – Competition* unter *Antitrust – Legislation*

## A. EU-Vertrag, Ratsverordnungen und Richtlinien

| | |
|---|---|
| Vertrag von Lissabon | Vertrag zur Änderung des Vertrags über die Europäische Union und des Vertrags zur Gründung der Europäischen Gemeinschaft vom 13.12.2007, ABl. Nr. C Nr. 306 S. 1 v. 17.12.2007; in Kraft seit dem 1.12.2009 |
| AEUV | Vertrag über die Arbeitsweise der Europäischen Union in der Fassung der Lissabonner Verträge, in Kraft seit 1.12.2009 |
| *EGV* | *Vertrag zur Gründung der europäischen Gemeinschaft vom 25.3.1957 in seiner durch den Vertrag von Nizza geänderten Fassung seit dem 1.12.2009 außer Kraft* |
| EUV | Vertrag über die Europäische Union in der Fassung der Lissabonner Verträge, in Kraft seit 1.12.2009 |
| EG-KartVerfVO Nr. 1/2003 | Verordnung (EG) Nr. 1/2003 des Rates vom 16.12.2002 zur Durchführung der in den Art. 81 und 82 EGV niedergelegten Wettbewerbsregeln, ABl. Nr. L 1 vom 4.1.2003, S. 1 |
| VO Nr. 19/65/EWG des Rates | Vom 2.3.1965 über die Anwendung von Artikel 85 Abs. 3 des Vertrages auf Gruppen von Vereinbarungen und aufeinander abgestimmte Verhaltensweisen, ABl. 36 vom 6.3.1965, S. 533 |
| VO (EWG) Nr. 2821/71 des Rates | Vom 20. 12. 1971 über die Anwendung von Artikel 85 Abs. 3 des Vertrages auf Gruppen von Vereinbarungen, Beschlüsse und aufeinander abgestimmte Verhaltensweisen, ABl. L 285/46 vom 29.12.1971 |
| *VO (EWG) Nr. 17/62 des Rates* | *Vom 6.2.1962, Erste Durchführungsverordnung zu den Art. 85 und 86 EWG-Vertrag, ABl. 13 vom 21.2.1962, S. 204 – seit dem 1.5.2004 nicht mehr in Kraft* |
| EG-FKVO Nr. 139/2004 | Verordnung (EG) Nr. 139/2004 des Rates vom 20.1.2004 über die Kontrolle von Unternehmenszusammenschlüssen, ABl. Nr. L 24 vom 29.1.2004, S. 1 |
| RL 84/450/EWG | Richtlinie 84/450/EWG des Rates vom 10.9.1984 über irreführende und vergleichende Werbung, ABl. Nr. L 250 v. 19.9.1984, S. 17 |
| RL 2005/29/EG | Richtlinie 2005/29/EG des Europäischen Parlaments und des Rates v. 11.5.2005 über unlautere Geschäftspraktiken im binnenmarktinternen Geschäftsverkehr zwischen Unternehmen und Verbrauchern, ABl. Nr. L 149 v. 11.6.2005, S. 22 |

## B. Gruppenfreistellungsverordnungen und Bekanntmachungen der Kommission

## I. Nicht sektorspezifische Regeln

### 1. Bekanntmachungen aller Art

| | |
|---|---|
| Bekanntmachung 1997 zum relevanten Markt | Bekanntmachung der Kommission über die Definition des relevanten Marktes im Sinne des Wettbewerbsrechts der Gemeinschaft, ABl. C 372 vom 9.12.1997, S. 5 |
| de minimis-Bekanntmachung 2001 | Bekanntmachung der Kommission über Vereinbarungen von geringer Bedeutung, die den Wettbewerb gemäß Artikel 81 Abs. 1 des Vertrags zur Gründung der Europäischen Gemeinschaft nicht spürbar beschränken (de minimis), ABl. C 368 vom 22.12.2001, S. 13 |
| Leitlinien 2004 über den zwischenstaatlichen Handel | Leitlinien über den Begriff der Beeinträchtigung des zwischenstaatlichen Handels in den Artikeln 81, 82 EGV, ABl. C 101 vom 27.4.2004, S. 81 |
| Leitlinien 2004 zu Art. 81 III EGV | Leitlinien zur Anwendung von Artikel 81 Abs. 3 EG-Vertrag, ABl. C 101 vom 27.4.2004, S. 97 |
| Leniency-Bekanntmachung 2006 | Mitteilung der Kommission über den Erlass und die Ermäßigung von Geldbußen in Kartellsachen (2006/C 289/11), ABl. C 298/11 vom 8.12.2006, S. 17 |
| Mitteilung 2009 betreffend Prioritäten | Mitteilung der Kommission – Erläuterungen zu den Prioritäten der Kommission bei der Anwendung von Art. 82 des EG-Vertrages auf Fälle von Behinderungsmissbrauch durch marktbeherrschende Unternehmen, ABl. C 45 vom 24.2.2009, S. 7 |

### 2. Vertikale Vereinbarungen

| | |
|---|---|
| GFVO-Vertikalvereinbarungen Nr. 330/2010 | Verordnung (EU) Nr. 330/2010 *(früher EG Nr. 2790/1999)* vom 20.4.2010 über die Anwendung von Artikel 101 Abs. 3 AEUV auf Gruppen von vertikalen Vereinbarungen und aufeinander abgestimmten Verhaltensweise, ABl. L 102 vom 23.4.2010, S. 1 |
| Leitlinien für vertikale Beschränkungen 2010 | Leitlinien für vertikale Beschränkungen, ABl. C 130 vom 19.5.2010, S. 1 (zit. LLV) |

### 3. Horizontale Kooperationsvereinbarungen

| | |
|---|---|
| GFVO-Spezialisierungsvereinbarungen Nr. 1218/2010 | Verordnung (EU) Nr. 1218/2010 *(früher Nr. 2658/2000)* vom 14.12.2010 über die Anwendung von Artikel 101 Abs. 3 AEUV auf Gruppen von Spezialisierungsvereinbarungen, ABl. L 335 vom 18.12.2010, S. 43 |
| GFVO-FuE Nr. 1217/2010 | Verordnung (EU) Nr. 1217/2010 *(früher Nr. 2659/2000)* vom 14.12.2010 über die Anwendung von Artikel 101 Abs. 3 AEUV Gruppen von Vereinbarungen über Forschung und Entwicklung, ABl. L 335 vom 8.12.2010, S. 36 |
| Leitlinien über horizontale Zusammenarbeit 2011 | Leitlinien *(früher von 2001)* zur Anwendung von Artikel 101 AEUV auf Vereinbarungen über horizontale Zusammenarbeit, ABl. C 11 vom 14.1.2011, S. 1 (zit. LLH) |

**4. Lizenzvereinbarungen über Technologietransfer**

| | |
|---|---|
| GFVO Technologietransfer Nr. 316/2014 | Verordnung (EU)Nr. 316/14 *(früher 772/2004)* vom 21.3.2014 zur Anwendung von Artikel 101 Abs. 3 AEUV auf Gruppen von Technologietransfer-Vereinbarungen, ABl. L 93, vom 28.3.2014 |
| Leitlinien Technologietransfer 2014 | Leitlinien *(früher 2004)* zur Anwendung von Artikel 101 AEUV auf Technologietransfer-Vereinbarungen (2014 C 89/3), ABl. C 89 vom 28.3.2014, S. 3 |

## II. Sektorspezifische Regeln

**1. Versicherungssektor**

| | |
|---|---|
| GFVO-Versicherungssektor Nr. 267/2010 | Verordnung (EU) 267/2010 *(früher Nr. 358/2003)* vom 24.3.2010 über die Anwendung von Artikel 101 Abs. 3 AEUV auf Gruppen von Vereinbarungen, Beschlüssen und aufeinander abgestimmten Verhaltensweisen im Versicherungssektor, ABl. L 83 vom 30.3.2010, S. 1 |

**2. Kraftfahrzeugsektor**

| | |
|---|---|
| GFVO-Kfz-Sektor Nr. 461/2010 | Verordnung (EU) Nr. 461/2010 *(früher1400/2002)* vom 27.5.2010 über die Anwendung von Artikel 101 Abs. 3 AEUV auf Gruppen von vertikalen Vereinbarungen und aufeinander abgestimmte Verhaltensweisen im Kraftfahrzeugsektor, ABl. L 129 vom 28.5.2010, S. 52 |
| Leitlinien Kfz-Sektor 2010 | Ergänzende Leitlinien für vertikale Beschränkungen über den Verkauf und die Instandsetzung von Kfz. und den Vertrieb von Kfz-Ersatzteilen (2010/C 138/05), ABl. C 138 vom 28.5.2010, S. 16 |

# Wichtige Bekanntmachungen des BKartA

(jeweils abrufbar über BKartA)

Bagatellbekanntmachung vom 13.3.2007
Bonus-Regelung vom 7.3.2006
Bußgeld-Leitlinien vom 25.6.2013
Diverse Merkblätter, Mustertexte etc.
Tätigkeitsberichte

# Materialien zum deutschen Wettbewerbs- und Kartellrecht

| | |
|---|---|
| BT-Drucks. 15/1487 v. 22.8.2003 | RegE eines Gesetzes gegen den unlauteren Wettbewerb (UWG), zit.: RegE UWG |
| BR-Drucks. 441/4 v. 28.5.2004 und BT-Drucks. 15/3640 v. 12.8.2004 | RegE eines Gesetzes zur Änderung des Gesetzes gegen Wettbewerbsbeschränkungen, zit.: RegE GWB |
| BT-Drucks. 16/10145 v. 20.8.2008 | RegE eines Ersten Gesetzes zur Änderung des UWG, zit.: RegE 1. UWG-Novelle |
| BT-Drucks. 17/9852 v. 31.5.2012 und BT-Drucks. 17/13720 v. 5.6.2013 | RegE 8. GWB-Novelle |

# Elektronische Fundstellen für Rechtstexte und Entscheidungen

| | |
|---|---|
| juris | http://www.juris.de |
| EUR-Lex | http://eur-lex.europa.eu |
| Google | https://www.google.de |

# Textausgaben

Wettbewerbsrecht und Kartellrecht, 34. Aufl. 2014 (dtv)
Wettbewerbsrecht, Gewerblicher Rechtsschutz und Urheberrecht (C.F. Müller), 4. Aufl. 2012 – inkl. 8. Kartellrechtsnovelle

Erster Teil

# Grundlagen

## § 1 Markt und Wirtschaftsordnung

### I. Markt und Marktwirtschaft

**Literatur zur Vertiefung:** Allgemein etwa *Bartling/Luzius*, Grundzüge der Volkswirtschaftslehre, 2008[16]; *Eucken*, Die Grundlagen der Nationalökonomie, 1939/1965[8]; *Kurz*, Adam Smith für jedermann, 2013; *Schmidt, Ingo*, Wettbewerbspolitik und Kartellrecht, 2013[10]; *Spremann*, Wirtschaft und Finanzen, Einführung in die BWL und VWL, 2013[6]; *Woll*, Allgemeine Volkswirtschaftslehre, 2007[15].
Eingehende Nachweise zum grundlegenden kartellrechtlichen Schrifttum bei *Emmerich*, Kartellrecht, 2012[12], bei § 1.

#### 1. Markt als Regelkreis

Als weltweit erfolgreich erwiesen hat sich trotz der Turbulenzen der Finanzkrise der letzten Jahre das westliche Wirtschaftssystem, das sich als **Marktwirtschaft** versteht. Synonym wird zuweilen auch der Begriff der Verkehrswirtschaft verwandt. Marktwirtschaft versteht sich im Kontrast zur **Zentralverwaltungswirtschaft**, nach deren Muster die Wirtschaftsordnungen des früheren Ostblocks ausgestaltet waren. Es geht darum, wie die Wirtschaftspläne der einzelnen Unternehmen koordiniert werden. Bei der Marktwirtschaft erfolgt diese Koordinierung grundsätzlich eigenständig über den Markt, bei der Zentralverwaltungswirtschaft steuert prinzipiell die Zentrale das Wirtschaftsgeschehen der einzelnen Unternehmen hierarchisch.

**1**

Über den Markt wird das Wirtschaftsgeschehen durch eine „**unsichtbare Hand**" (Adam Smith)[1] gelenkt. Markt bezeichnet insoweit das Zusammentreffen von Angebot und Nachfrage von Gütern oder Dienstleistungen. In sachlicher Hinsicht gibt es eine große Zahl von Märkten: für Kfz, für Güter allgemein, für Dienstleistungen oder Arbeitsmärkte; die Märkte für Finanzprodukte (insbesondere Wertpapiere) haben seit 2008 weltweit für große Probleme gesorgt, die auf die Güter- und Dienstleistungsmärkte übergreifen[2]. Auch in örtlicher Hinsicht ist zu differenzieren: die New York Stock Exchange, der Wochenmarkt auf dem St. Johanner Markt in Saarbrücken, der Markt für Architektenleistungen betreffend den Bau von Wolkenkratzern; Märkte können also einerseits sehr klein sein und andererseits die Dimension eines Weltmarktes haben.

**2**

---

1 *Adam Smith*, An Inquiry into the Nature and Causes of the Wealth of Nations, 1776, übersetzt von *Recktenwald*, 1983[3].
2 Vgl. *Möschel*, Finanzkrise und Marktwirtschaft, WuW 2008, 1283 ff., der davon ausgeht, dies sei keine Krise der Marktwirtschaft, sondern des Staates; man müsste dann aber an sich von einer Krise der Staaten bzw. der Staatengemeinschaft sprechen.

**3** Die Märkte bewirken einen **Regelkreis** und funktionieren insoweit als ein kybernetisches Modell. Im Prinzip wirkt der Markt wie folgt: Bei relativ (im Verhältnis zur Nachfrage) hohem Angebot fällt der Preis, etwa bei Fernsehgeräten mit Flachbildschirmen. Bei relativ niedrigem **Angebot** steigt der **Preis**, wie man das zeitweise auf dem Heizöl- oder Kraftstoffmarkt beobachten kann; zugleich sinkt durch den höheren Preis die **Nachfrage**. Ein fallender Preis erhöht dagegen die Nachfrage; zugleich veranlasst er die Unternehmen zur Reduzierung der Angebote, so dass beispielsweise bestimmte Früchte nicht mehr geerntet werden. Die Reduzierung des Angebots führt dann wiederum zu einer Steigerung des Preises, der seinerseits ein erhöhtes Angebot zur Folge hat. Denn bei steigenden Preisen wird mehr produziert oder es werden neue Unternehmen auf den Markt kommen (soweit eine Mehrproduktion überhaupt oder binnen angemessener Zeit möglich ist), was dann zu einem vermehrten Angebot und damit wiederum zur relativen Reduktion von Preisen führt. Grundsätzliche Untergrenze für Preise sind freilich die **Selbstkosten** der Anbieter, genau genommen deren **Grenzkosten**; denn zusätzliche Angebote sind für ein Unternehmen schon dann sinnvoll, wenn die zusätzlich entstehenden Kosten abgedeckt werden, ohne dass es insoweit auf die allgemeinen Selbstkosten ankommt. Unterhalb dieser Kosten unterbleiben Angebote grundsätzlich (natürlich gibt es Ausnahmen aus den verschiedensten Gründen), und Unternehmen, die insoweit nicht mithalten können, scheiden ggf. aus dem Markt aus, bzw. werden insolvent.

**4** Über den geschilderten **Preismechanismus** erfolgen zugleich **Anreize** in Richtung einer **Dynamisierung der Wirtschaft**, weil die Unternehmen angeregt werden, möglichst gut und kostengünstig anzubieten und die diesbezüglich erfolgreichen Unternehmen die **Investitionen** in den wachsenden Bereich steuern werden. Die Marktwirtschaft kann deshalb das Wirtschaftsgeschehen weitgehend der individuellen Initiative überlassen. Die Zentralverwaltungswirtschaft vertraut demgegenüber mehr auf einen zentralen Plan, dessen Durchsetzung freilich erheblichen staatlichen Zwang mit sich bringt. Zentralverwaltungssysteme für den staatlichen Bereich haben sich trotz heutiger Datenverarbeitungstechnik grundsätzlich als nicht sehr effizient erwiesen (auch innerhalb von Unternehmen spielen dezentrale Entscheidungen zunehmend eine wichtige Rolle). Vor allem sind sie mit beträchtlichen Einschränkungen der Freiheit der Wirtschaftssubjekte verbunden.

Reine Zentralverwaltungswirtschaften soll es früher im Inkareich sowie im Jesuitenstaat in Paraguay des 17. und 18. Jahrhunderts gegeben haben.

Die heutigen Wirtschaftssysteme sind, auch wenn sie sich als Marktwirtschaft bezeichnen, letztlich **Mischsysteme**, die aber primär der Marktsteuerung unterliegen.

## 2. Allgemeine Rechtsordnung als Rahmen

Eine funktionierende Marktwirtschaft setzt eine Rechtsordnung voraus, die den Rahmen für selbstgesteuertes Handeln vorgibt.

## a) Institutioneller Rahmen

Dies gilt zunächst institutionell. Erforderlich ist Geld, also ein **Währungssystem**. Erforderlich sind **Gerichte**, mit denen man Verträge ggf. durchsetzen kann, und ein entsprechendes **Vollstreckungsrecht**. Zur erforderlichen Infrastruktur gehören selbstverständlich auch eine **Polizei** und ein **Steuerwesen** zur Finanzierung der Infrastruktur. **Rechtliche Rahmenregeln** müssen vorgegeben werden: Wie kommen Verträge zustanden? Wie werden Prozesse geführt, und wie erfolgt erforderlichenfalls eine Vollstreckung? Im Zuge des zunehmend weltweiten Wirtschaftsgeschehens erlangen Kollisionsrecht, Rechtsvereinheitlichung und internationale Institutionen eine immer größere Bedeutung: Rechts- und Gerichtszuständigkeiten für den grenzüberschreitenden Güter- und Leistungsaustausch, das internationale Währungssystem, eine internationale Schiedsgerichtsbarkeit[3].

## b) Privatautonomie

Speziell in der Marktwirtschaft muss die Rechtsordnung darüber hinaus Sorge tragen, dass die einzelnen Wirtschaftssubjekte auch in der Lage sind, die ihnen übertragene Rolle autonom wahrzunehmen. Dies wird durch die Privatautonomie gewährleistet. Unter dieser verstehen wir das Prinzip, dass natürliche oder juristische Personen in dem ihnen zustehenden bzw. zugewiesenen Bereich des Privatrechts die Rechtslage nach ihrem individuellen Willen gestalten können und insoweit erforderlichenfalls Hilfe zur Durchsetzung durch die staatlichen Gerichte erhalten.

Wichtigster Teil der Privatautonomie ist die **Vertragsfreiheit**. Ihre rechtliche Ausgestaltung findet sich im BGB. Als Vertragsfreiheit bezeichnen wir den Grundsatz, dass natürliche oder auch juristische Personen die Freiheit haben, im Konsens mit einem Vertragspartner Verträge grundsätzlich beliebigen Inhalts zu schließen, deren Durchsetzung erforderlichenfalls über staatliche Gerichte erzwungen werden kann. Zur Vertragsfreiheit gehört nicht nur die Freiheit zur Eingehung eines Vertrages bzw. Unterlassung eines Vertragsschlusses und die Freiheit zur beliebigen Ausgestaltung des Inhalts des Vertrages, sondern auch die Freiheit zur Änderung und Aufhebung eines Vertrages, natürlich grundsätzlich im Einverständnis mit den Vertragspartnern.

Die ebenfalls zur Privatautonomie gehörende **Eigentumsfreiheit** gestattet es, mit dem Eigentum grundsätzlich allein nach eigener Vorstellung zu verfahren. Das Privateigentum, insbesondere auch an den Produktionsmitteln, ermöglicht dadurch die eigenverantwortliche vertragliche Koordination der einzelwirtschaftlichen Pläne. Und die ebenfalls zur Privatautonomie zählende **Testierfreiheit** ermöglicht individuelle Entscheidungen über den Tod hinaus.

**Grenzen der Privatautonomie** zieht bereits das BGB, und zwar insbesondere durch den Verweis auf die guten Sitten (§ 138 BGB). Und darüber hinaus gibt es vielfältige Beschränkungen der Vertragsfreiheit im BGB und außerhalb desselben (vgl. nur § 134 BGB).

---

3  Vgl. etwa *Herdegen*, Internationales Wirtschaftsrecht, 2014[10].

§ 1  *Markt und Wirtschaftsordnung*

## 3. Zusammenfassung

**10** In einer Marktwirtschaft ermöglicht der Markt die dezentrale Koordination des wirtschaftlichen Verhaltens der einzelnen Wirtschaftssubjekte. Als Markt bezeichnen wir allgemein den ökonomischen Ort des Tausches. Der Preis steuert dabei **allgemein** über Angebot und Nachfrage selbsttätig die Produktion und Versorgung mit Gütern und Dienstleistungen. Der Markt lässt sich als kybernetisches Modell verstehen, durch das flexible Selbststeuerung wirtschaftlicher Tätigkeiten gewährleistet wird. Natürlich braucht der Markt institutionelle Rahmenbedingungen (Geld, Gerichtswesen, Polizei, Steuern, Rechtsordnung), und natürlich ist der Markt auch kein Zauberinstrument. Eine erforderliche Anpassung der Marktbedingungen kann Zeit in Anspruch nehmen, und auch im Übrigen kann aus gesamtstaatlichen oder sozialen Gründen eine Begrenzung des Marktmechanismus erforderlich sein. Staatliche Einwirkungen auf das Marktgeschehen haben aber häufig auch negative Auswirkungen auf den Marktmechanismus. Für die **konkreten Auswirkungen** auf ein bestimmtes Wirtschaftssubjekt kommt es auf den jeweils konkreten (relevanten) einzelnen Markt an, den wir in sachlicher und örtlicher Hinsicht nach dem Bedarfsmarktkonzept bestimmen können; der Bedarf des konkreten Nachfragers bestimmt insoweit den jeweiligen einzelnen Markt.

**11** **Skizze:** Vertragsschluss zwischen Unternehmen U1/U2 am Markt:

| Markt | Allg. Rechtsordnung mit Privatautonomie |
|---|---|
| U1 | U2 |

### Die rechtlichen Voraussetzungen einer Marktwirtschaft

**Privatautonomie**

Das Prinzip, dass natürliche oder juristische Personen in dem ihnen zustehenden bzw. zugewiesenen Bereich die Rechtslage nach ihrem individuellen Willen gestalten können. Sie umfasst:

| **Eigentumsfreiheit** | **Vertragsfreiheit** | **Testierfreiheit** |
|---|---|---|
| Beinhaltet die Freiheit, mit dem Eigentum grundsätzlich allein nach eigener Vorstellung zu verfahren | Siehe Modul II; Grundsatz, dass Personen die Freiheit haben, im Konsens mit einem Vertragspartner Verträge beliebigen Inhalts zu schließen | Ermöglicht die individuelle Entscheidung über den Tod hinaus |

## II. Wirtschaftsordnung und Wirtschaftsrecht

**Literatur zur Vertiefung:** *Herdegen*, Internationales Wirtschaftsrecht, 2014[10]; *Kilian*, Europäisches Wirtschaftsrecht, 2010[4]; *Müller-Armack*, Wirtschaftsordnung und Wirtschaftspolitik, 1966; *Rinck/Schwark*, Wirtschaftsrecht, 1986[8]; *Rittner/Dreher*, Europäisches und deutsches Wirtschaftsrecht, 2008[3]; *Rittner/Dreher/Kulka*, Wettbewerbs- und Kartellrecht, 2014[8]; *Steindorff*, Einführung in das Wirtschaftsrecht der Bundesrepublik Deutschland, 1985.

### 1. Wirtschaftsordnung und Wirtschaftspolitik

Auch vor dem Hintergrund der grundsätzlich bejahten Marktwirtschaft und des unstreitig erforderlichen Rechtsrahmens für eine solche ist die konkrete gesetzliche Ausgestaltung der Wirtschaftsordnung in vielen Bereichen **rechtspolitisch außerordentlich umstritten**. Das betrifft die Frage, was der Markt bewirken kann bzw. inwieweit wegen „Marktversagen" gesetzliche Regelungen des Marktgeschehens erforderlich sind (vgl. auch die unter § 2 näher besprochenen Wettbewerbstheorien und Leitbilder). Um es drastisch auszudrücken: An sich kann der Markt genau so wenig „versagen" wie das Wetter; soweit man sich vor negativen Auswirkungen schützen will, muss man aktiv werden – beim Markt durch entsprechende rechtliche Regelungen[4]. Streit besteht aber – national wie international – darüber, was sinnvollerweise getan werden kann, ohne die positiven Auswirkungen des Marktmechanismus zu gefährden.

12

Bei der Frage nach den Funktionsbedingungen des Marktes steht auf der einen Seite eine häufig als **„neoliberal"** bezeichnete bzw. kritisierte Auffassung, die im Grundsatz jede Einwirkung auf das Marktgeschehen für kontraproduktiv hält. Auf der anderen Seite finden sich Positionen, die im Hinblick auf **Allgemeininteressen** und aus sozialen Gründen **verstärkte gesetzgeberische Einwirkungen** auf das Marktgeschehen für unerlässlich halten. Dass bestimmte Konsequenzen des Marktgeschehens einen sozialen Ausgleich notwendig machen können, ist im Wesentlichen unstreitig. Die marktliberale Position will den diesbezüglichen Ausgleich aber möglichst ohne Beeinträchtigung des Marktgeschehens über steuerfinanzierte Transferleistungen bewerkstelligen und sieht auch das Aufbringen der erforderlichen Steuermittel und die Zahlung der Transferleistungen selbst als das Marktgeschehen beeinträchtigende Faktoren.

13

Die Gegenposition rechtfertigt verstärktes Einwirken auf das Marktgeschehen, insbesondere auch auf den Arbeitsmarkt (auf dem es um abhängige Arbeit geht, im Gegensatz zu den selbständige Arbeit erfassenden Dienstleistungsmärkten), in Deutschland letztlich mit der Sozialstaatsklausel des Artikel 20 I GG. Der **Arbeitsmarkt** folgt schon aus historischen und verfassungsrechtlichen Gründen (Tarifautonomie) einem eigenständigen Modell. Dass auch die **Finanzmärkte** einer stärkeren gesetzlicher Regelung bedürfen, ist der Allgemeinheit praktisch erst infolge der weltweiten Finanzkrise der letzten Jahre bewusst geworden.

14

Das in historischer Sicht nach dem zweiten Weltkrieg in Deutschland außerordentlich erfolgreiche Modell der **„sozialen Marktwirtschaft"**[5] ist heute dem Druck der Euro-

15

---

4 Vgl. auch *Möschel*, WuW 2008, 1283.
5 Begriff nach *Alfred Müller-Armack*, Wirtschaftsordnung und Wirtschaftspolitik, 1966.

päisierung und Globalisierung ausgesetzt, mit der Folge, dass vor dem Hintergrund des weltweiten Wettbewerbs die neoliberale Sichtweise verstärkt in den Vordergrund tritt. Die durch die Globalisierung verschärfte Gegensatz von neoliberaler Position einerseits und dem „europäischen Sozialmodell" (falls es so etwas gibt, denn zwischen den Auffassungen etwa in Großbritannien und auf dem Kontinent bestehen beträchtliche Divergenzen) andererseits ist der Hintergrund vieler Meinungsverschiedenheiten in der Wirtschaftspolitik, aber auch von Kontroversen bei der Interpretation wirtschafts- und insbesondere kartellrechtliche Vorschriften (etwa Freihandelsabkommen bzw. Reichweite des Kartellverbots).

16   Die deutsche, durch das europäische Recht entscheidend beeinflusste Wirtschaftsordnung beruht also zwar noch immer weitgehend auf dem Prinzip der sozialen Marktwirtschaft. Durch die Globalisierung, d.h. das zunehmende Entstehen weltweiter Güter-, Dienstleistungs- und Finanzmärkte, haben sich aber die **Funktionsbedingungen der Marktwirtschaft in Deutschland erheblich verändert**. Werfen wir insoweit im Hinblick auf die Ausgestaltung des Rechtsrahmens zunächst einen kurzen Blick auf die verfassungsrechtlichen und europarechtlichen Vorgaben.

### 2. Rechtsrahmen

*a) Grundgesetz*

**Artikel 2 II GG**

17   Die Privatautonomie ist im Grundgesetz nicht ausdrücklich gewährleistet. Doch ist sie als Teil der **allgemeinen Handlungsfreiheit** durch Artikel 2 II GG geschützt, wonach jeder das Recht auf die freie Entfaltung seiner Persönlichkeit hat, soweit er nicht die Rechte anderer verletzt und nicht gegen die verfassungsmäßige Ordnung oder das Sittengesetz verstößt; dieser Schutz gilt auch für inländische juristische Personen (vgl. Artikel 19 III GG).

**Artikel 9 GG**

18   Von zentraler Bedeutung für die Wirtschaftsordnung ist darüber hinaus die durch Artikel 9 GG geschützte **Vereinigungsfreiheit**. Dies gilt zunächst gemäß Artikel 9 I GG für das Recht, Vereine und Gesellschaften zu bilden, das letztlich ein funktionsfähiges Gesellschaftsrecht gewährleistet, das seinerseits für eine optimale Gestaltung der einzelnen Wirtschaftssubjekte von zentraler Bedeutung ist. Mit Artikel 9 III GG, dem Schutz des Rechts, zur Wahrung und Förderung der Arbeits- und Wirtschaftsbedingungen Vereinigungen zu bilden, das für jedermann und für alle Berufe gewährleistet ist, ist namentlich die Koalitionsfreiheit abgesichert, d.h. das Recht zur Bildung von Gewerkschaften einerseits und Arbeitgeberverbänden andererseits. Durch die Judikatur des Bundesverfassungsgerichts wurde dieser Verfassungsnorm eine herausragende Bedeutung für die **Tarifautonomie** zugebilligt. So schützt diese Vorschrift über ihren Wortlaut hinaus auch ein Tarifvertragssystem, gewährleistet ein Recht zum Arbeitskampf und schließt eine Regelung von Arbeits- und Wirtschaftsbedingungen unmittelbar durch den Staat grundsätzlich aus. Den Tarifverträgen zwischen Arbeitgeberverbänden einerseits und Gewerkschaften andererseits kommt insoweit für die deutsche Wirtschaftsordnung ein kaum zu überschätzendes Gewicht zu.

**Artikel 12 GG**
Artikel 12 GG schützt, nach dem Wortlaut zunächst nur für alle Deutschen, das Recht, **Beruf, Arbeitsplatz und Ausbildungsstätte** frei zu wählen, wobei die Berufsausübung durch Gesetz oder auf Grund eines Gesetzes geregelt werden kann. Vielfältige wirtschaftsrechtliche Einzelregelungen werden durch diese Vorschrift legitimiert. Im Kern wird aber auch durch Artikel 12 GG die Funktionsfähigkeit einer Marktwirtschaft abgesichert.

19

**Artikel 14 GG**
Die **Eigentumsfreiheit** ist in Artikel 14 I GG gewährleistet, wobei Inhalt und Schranken ausdrücklich durch die Gesetze bestimmt werden können. Artikel 14 II GG formuliert in Form einer Proklamation:

20

*Eigentum verpflichtet. Sein Gebrauch soll zugleich dem Wohle der Allgemeinheit dienen.*

Damit ist das auch an Produktionsgütern grundsätzlich gewährleistete Eigentum hinsichtlich seiner Schranken regelbar. Die **Gemeinwohlklausel** birgt dabei die Möglichkeit in sich, Belange der Allgemeinheit in besonderer Weise zum Tragen zu bringen.

**Artikel 20 I GG**
Schließlich zählt die **Sozialstaatsklausel** des Artikels 20 I GG zu den verfassungsrechtlichen Grundlagen der deutschen Wirtschaftsordnung.

21

*b) Europarecht*

Die in Deutschland bestehende Wirtschaftsordnung ist heute darüber hinaus ganz maßgeblich durch das Recht der Europäischen Union vorgeprägt. Der Rang des europäischen Rechts kann dabei praktisch sogar dem des deutschen **Grundgesetz**es vorgehen (vgl. unten Rz. 76 f. sowie Artikel 23 GG).

22

**Art. 3 EUV** (vgl. *früher Art. 2 EGV*) definiert die **Ziele der Europäischen Union** und spricht dabei die Errichtung eines **Binnenmarktes** sowie das Ziel einer „in hohem Maße wettbewerbsfähigen sozialen Marktwirtschaft" an. Der frühere *Art. 3 I lit. g EGV*, der hinwies auf ein *„System, das den Wettbewerb innerhalb des Binnenmarktes vor Verfälschungen schützt"*, wurde zwar weder durch EUV noch durch AEUV übernommen; doch kommt dem angesichts der in den Art. 101 ff. AEUV klar geregelten Zuständigkeit für das Kartellrecht keine praktische Bedeutung zu. Überdies formuliert Art. 119 AEUV hinsichtlich der Wirtschaftspolitik u.a. die Verpflichtung auf den „Grundsatz einer offenen Marktwirtschaft mit freiem Wettbewerb".

23

Nach der Regelung des **Art. 3 I lit. b AEUV** hat die Union u.a. die **ausschließliche Zuständigkeit** für die Festlegung der für das Funktionieren des Binnenmarktes erforderlichen Wettbewerbsregeln. Derartige Wettbewerbsregeln finden sich vor allem in den **Art. 101 ff. AEUV** sowie in den Vorschriften über staatliche Beihilfen **(Art. 107 f. AEUV)** und sind inzwischen ergänzt durch Regelungen über die Vergabe öffentlicher Aufträge. Eine **geteilte Zuständigkeit** ist nach **Art. 4 AEUV** u.a. vorgesehen für den **Binnenmarkt** und den **Verbraucherschutz** (vgl. insoweit auch Art. 169 AEUV). Es gilt dabei der Grundsatz der **Subsidiarität (Art. 5 III EUV)**.

24

§ 1   *Markt und Wirtschaftsordnung*

Im Übrigen gilt im Rahmen der Zuständigkeit der Union der Grundsatz der **begrenzten Einzelermächtigung** (Art. 5 I, II EUV). Nach **Art. 18 AEUV** ist grundsätzlich jede **Diskriminierung aus Gründen der Staatsangehörigkeit** verboten. Ins Einzelne gehende **wettbewerbsrechtliche** Regelungen enthalten u.a. die **Art. 101 ff. AEUV** nebst Durchführungsverordnungen und die Vorschriften über den freien Warenverkehr **(Art. 34 ff. AEUV)**, die unmittelbare Bedeutung für das nationale Wettbewerbs- und Kartellrecht besitzen.

*c) Internationale Abkommen*

25   Schließlich sind bei den Vorgaben für die Ausgestaltung des Rechtsrahmens durch den Gesetzgeber internationale Abkommen zu beachten. Besonders wichtig sind das allgemeine Zoll- und Handelsabkommen GATT (General Agreement on Tariffs and Trade) mit der zentralen Institution WTO (World Trade Organisation), das UN-Kaufrecht und das TRIPS-Abkommen (**T**rade **R**elated Aspects of **I**ntellectual **P**roperty Right**s**) über den Schutz des geistigen Eigentums[6].

*d) Herausforderungen der Globalisierung*

26   Sie sollten als praktisch wichtigste Vorgaben für den Gesetzgeber nicht übersehen werden.

*Übersicht*

| Die verfassungsrechtlichen Vorgaben für die Ausgestaltung des Rechtsrahmen | | |
|---|---|---|
| **Recht der europäischen Gemeinschaft** | **Grundgesetzliche Vorgaben** | |
| Artikel 2 EUV | Artikel 2 GG | (allgemeine Handlungsfreiheit) |
| Artikel 3 EUV | Artikel 9 GG | (Koalitionsfreiheit) |
| Artikel 4 EUV | Artikel 12 GG | (Berufsfreiheit) |
| Art. 18, 34, 101 f., 119 AEUV | Artikel 14 GG | (Eigentumsfreiheit) |

### 3. Zum Begriff des Wirtschaftsrechts

27   Mit dem Begriff des Wirtschaftsrechts versucht man einerseits, gewissermaßen wertneutral, das auf die Wirtschaftsordnung **einwirkende Recht in seiner Gesamtheit** zu erfassen. Daneben wird der Begriff Wirtschaftsrecht aber häufig mit einer gewissen **wertbezogenen und inhaltlichen Ausrichtung aufgeladen**, und zwar entsprechend der jeweiligen Wirtschaftsordnung bzw. deren Selbstverständnis. Und so wundert es nicht, dass das Verständnis von Wirtschaftsrecht in den letzten Jahrzehnten einem beträchtlichen Wandel unterworfen wurde, der nicht zuletzt auf Europäisierung, Globalisierung und das zunehmende In-den-Vordergrund-Treten marktmäßiger Betrachtung des Wirtschaftsgeschehens zurückzuführen ist.

---

6   Näheres hierzu etwa bei *Herdegen*, Internationales Wirtschaftsrecht, 2014[10], §§ 10, 13, 15.

*a) Staatszentrierter Begriff des Wirtschaftsrechts*

In den Jahrzehnten nach dem zweiten Weltkrieg entwickelte sich in der Bundesrepublik Deutschland eine intensive Diskussion über den Begriff des Wirtschaftsrechts. Der Begriff war auf die **gesamtwirtschaftliche Orientierung** wirtschaftsrechtlicher Normen ausgerichtet. Der Staat wurde dabei als Hüter des Gemeinwohls akzeptiert, so dass staatliches Handeln und hoheitliche Gestaltung stark im Vordergrund der Betrachtung standen.

28

Mit dem sich zunehmend durchsetzenden Verständnis vom Wettbewerb als „zentraler Einrichtung" der freien Wirtschaftsordnung[7] richtete man den Blick verstärkt auf die privatrechtliche Gestaltung des Wirtschaftsgeschehens durch die Unternehmen selbst. Das Postulat einer **„sozialen Marktwirtschaft"**, das u.a. von dem Volkswirt und Staatssekretär im Bundeswirtschaftsministerium *Alfred Müller-Armack*[8] geprägt wurde, verwies dabei aber immer noch auf die Gemeinwohlverantwortung des Staates.

*b) Wirtschaftsrecht als Marktrecht und Deregulierungstendenzen*

In einem wertungsbezogenen Sinne versteht man entsprechend der skizzierten Entwicklung **heute** unter Wirtschaftsrecht insbesondere das **Marktrecht**, also die Gesamtheit der Rechtsnormen, die speziell das marktbezogene Verhalten von Unternehmen regeln. Im Zentrum steht das Wettbewerbsrecht im weiteren Sinne[9]. Dabei geht es vor allem um das Recht gegen Wettbewerbsbeschränkungen, das sog. Kartellrecht, und das Recht gegen unlauteren Wettbewerb. Auch Art. 106 und die Art. 107-109 AEUV über die Betätigung öffentlicher Unternehmen am Markt sowie über die Unzulässigkeit staatlicher Beihilfen sind Marktrecht. Soweit der Staat das Wirtschaftsgeschehen gestalten will, ohne auf die Marktkräfte zu vertrauen, erfolgt dies insbesondere mit den Mitteln des Wirtschaftsverwaltungsrechts, das sich rechtspolitisch und europarechtlich naturgemäß auf seine Berechtigung befragen lassen muss.

29

**Deregulierungstendenzen** kennzeichnen entsprechend der allgemeinen Entwicklung insbesondere das Marktrecht, wobei die globale Finanzmarktkrise seit den Jahren 2008/9 für die Finanzmärkte (siehe unten Rz. 35) an sich umgekehrt zu verstärkter Regulierung hätte führen müssen, um gesamtwirtschaftlich schädlichen Folgen fehlender Transparenz auf diesen Märkten zu begegnen. Die Anwendung des UWG gibt Unternehmen freilich zunehmend mehr Freiraum, indem der mündige und nicht mehr der besonders schutzbedürftige Verbraucher das Schutzniveau bestimmt. Während es das GWB in früheren Fassungen noch dabei beließ, dass bestimmte wirtschaftliche **Bereiche starkem Staatseinfluss** unterliegen und nur in beschränktem Umfang dem Marktgeschehen ausgesetzt sein sollen, hat sich in jüngerer Zeit insbesondere durch die Europäische Union ein **Wandel** ergeben. Bislang weitgehend staatlich geregelte Bereiche wie Verkehr, Versicherungs- und Kreditwesen, Energiesektor und Medien werden zunehmend den allgemeinen Regelungen über Markt und Wettbewerb unter-

30

---

7 So *Franz Böhm*, Freiheit und Ordnung in der Marktwirtschaft, hrsg. von *Mestmäcker* 1980, S. 233, 260 f. (Beitrag von 1958).
8 S. schon oben Rz. 14 f.
9 Als Wettbewerbsrecht im engeren Sinne bezeichnet man das Recht gegen unlauteren Wettbewerb, das Lauterkeitsrecht.

stellt (vgl. Art. 106 AEUV). Subventionen werden als Beihilfen im Hinblick auf ihre Vereinbarkeit mit der wettbewerblichen Struktur des europäischen Marktes zunehmend in Frage gestellt (vgl. Art. 107-109 AEUV). In der aktuellen Diskussion spricht man von Deregulierung, die von den wirtschaftlichen Zwängen der Globalisierung und vom europäischen Recht gleichermaßen gefordert wird. Umgekehrt bedarf es zur Ermöglichung von Wettbewerb auf bislang dem Wettbewerb nicht unterworfenen Märkten häufig bestimmter neuer staatlicher Regelungen, und insoweit ist dann von **Regulierung** bzw. Regulierungsbehörden (etwa im Hinblick auf den Zugang zu den **Leitungsnetzen** im Energiebereich) die Rede[10]. Eine politisch hochaktuelle Streitfrage ist es, ob man den großen Energieversorgungsunternehmen die ihnen weitgehend gehörenden Netze wegnehmen und verselbständigen soll, um ungehinderten Wettbewerb auf dem Energiesektor zu ermöglichen bzw. zu verstärken. Unbeschadet der allgemeinen Marktorientierung insbesondere des europäischen Wirtschaftsrechts darf dabei zugleich nicht übersehen werden, dass gerade **europäische Richtlinien** Vorgaben zu vielfältigen Einzelregelungen enthalten, die dem Grundgedanken der Deregulierung zuweilen massiv **widersprechen**. Zu den Finanzmärkten s. Rz. 31, 35.

31 Die Frage, inwieweit auf den Märkten Wettbewerb ohne staatliche Einschränkungen stattfinden soll, gehört alles in allem zu den heute umstrittensten Fragen. So ist etwa mit der europarechtlich vorgegebenen Dienstleistungsfreiheit der Wirtschaftssubjekte im Hinblick auf ihre unbehinderte Tätigkeit in allen Mitgliedstaaten die Problematik eines **befürchteten** Arbeitsplatz- und Sozialabbaus verbunden. Ob ein solcher durch geeignete marktorientierte Regelungen aufgefangen werden kann bzw. ob schon die Marktkräfte den entsprechenden Nachteil überkompensieren, darüber besteht kein Konsens (vgl. etwa die Diskussionen um die europäische Dienstleistungsrichtlinie)[11]. Übereinstimmend wird freilich für die Finanzmärkte verstärkte Kontrolle für notwendig erachtet. Mit der diesbezüglichen rechtspolitischen Problematik können sich die nachfolgenden Ausführungen nicht näher befassen.

32 Die Abschätzung von Risiken und Chancen der Entwicklung ist eine ökonomisch-politische, keine juristische Aufgabe. Die Notwendigkeit eines Kartell- und Lauterkeitsrechts ist jedenfalls unbestritten. Und für die Beantwortung der Frage, inwieweit in der Wirtschaft bzw. auf den Märkten insgesamt zufrieden stellende Verhältnisse bzw. „Gerechtigkeit" herrschen, wären viele weitere Einflussfaktoren zu berücksichtigen, wenn ein solches Gesamturteil denn überhaupt möglich und sinnvoll sein sollte.

*c) Marktbezogene Regelungen außerhalb des Wettbewerbsrechts*

**Gewerblicher Rechtsschutz**

33 Der Schutz geistigen Eigentums durch das Urheberrecht spielt nicht nur für Schriftsteller eine Rolle, sondern hat auch im Wirtschaftsverkehr eine wichtige Funktion. Noch weitaus bedeutsamer sind hier die gewerblichen Schutzrechte (Patent, Gebrauchsmuster, Geschmacksmuster, Marke), die ihrem Inhaber legitime Vorsprünge

---

10 Hierzu *Basedow*, Wirtschaftsregulierung zwischen Beschränkung und Förderung des Wettbewerbs, Festschrift für *Immenga*, 2004, S. 3 ff.
11 Vgl. *Wiedmann/Wiesner*, ZRP 2005, 1210 ff.

im Wettbewerb sichern sollen. Das Lauterkeitsrecht (UWG) wird im Hinblick auf seine Entstehungsgeschichte (Schutz allein der Wettbewerber) teilweise als Materie des gewerblichen Rechtsschutzes aufgefasst. Es bestehen jedenfalls sowohl Überschneidungen mit dem Lauterkeitsrecht als auch vielfältige internationale Regelungen.

**Vergaberecht**
Zum marktorientierten Wirtschaftsrechts gehört auch das in den §§ 97-129 GWB und in den diesen Regelungen zugrunde liegenden EU-Richtlinien geregelte Vergaberecht. Nach § 97 GWB müssen **öffentliche** Auftraggeber Waren, Bau- und Dienstleistungen (bei einem Volumen ab ca. 0,2 Mio. Euro von Dienstleistungen bzw. 5 Mio. Euro bei Bauaufträgen) nach Maßgabe bestimmter Vorschriften im Wettbewerb und im Wege transparenter Vergabeverfahren beschaffen (Auftragsvergabe der öffentlichen Hand unterhalb dieser Schwellenwert ist nach Maßgabe von Haushaltsrecht auszuschreiben[12]). Wenngleich es insoweit um eine sektoral beschränkte Regelung für öffentliche Auftraggeber geht, wobei der Begriff des öffentlichen Auftraggebers bei weitem nicht auf juristische Personen des öffentlichen Rechts beschränkt ist, handelt es sich hierbei doch um spezifische marktbezogene Regelungen. Da diese Regelungen aber primär mit den Mitteln des Verwaltungsrechts durchgesetzt werden, werden sie nachfolgend nur relativ knapp behandelt.   34

**Kapitalmarktrecht (Finanzmarktrecht)**
Nicht mit den Güter- und Dienstleistungsmärkten, sondern mit den Kapital- bzw. Finanzmärkten befasst sich das Kapitalmarktrecht bzw. Finanzmarktrecht, das das Handels- und Gesellschaftsrecht ergänzt (Wertpapiererwerbs- und Übernahmegesetz – WpÜG) und speziell den Handel mit Wertpapieren an der Börse betrifft (Börsengesetz – BörsG; Gesetz über den Wertpapierhandel – WpHG; Finanzdienstleistungsaufsichtsgesetz – FinDAG). Das Verhältnis zwischen Kapitalmarktrecht und Kartellrecht ist unbeschadet der jeweils unterschiedlichen Aufsichtsregelungen weitgehend ungeklärt.[13]   35

**Sonstige Normen sowie wirtschaftlich relevante Rechtsinstitute**
Vor allem in jüngerer Zeit werden neben Handels- und Gesellschaftsrecht auch weitere bestimmte Rechtsinstitute, insbesondere die Unternehmensmitbestimmung und die Tarifautonomie, aber auch spezielle Normen des Arbeitnehmerschutzrechts wie Kündigungsschutz unter dem Blickwinkel der Marktwirtschaft rechtspolitisch kritisch hinterfragt. Hierauf soll an dieser Stelle nicht näher eingegangen werden.   36

## 4. Begriff der Wirtschaftsverfassung

In der Diskussion über wirtschaftlich relevante Regelungen des Privatrechts spielt in Deutschland zuweilen der Begriff der Wirtschaftsverfassung[14] eine Rolle. Da insoweit Missverständnisse nahe liegen, sei hierauf kurz eingegangen:   37

---

12 Für gerichtliche Überprüfung ist nach BVerfGE 129, 9 der ordentliche Rechtsweg gegeben.
13 Vgl. hierzu, am Beispiel der Libor-Manipulationen, die Bemerkungen von *Zimmer*, dem Vorsitzenden der Monopolkommission, WuW 2013, 811.
14 Allerdings spricht auch die Überschrift vor Art. 119 AEUV von einer Europäischen „Wirtschaftsverfassung".

Man kann einmal den Begriff der Wirtschaftsverfassung i.S. der **verfassungsrechtlichen Festlegung des Grundgesetzes** in wirtschaftspolitischer Hinsicht verstehen (s. schon oben Rn. 17 ff.). Das Bundesverfassungsgericht hatte in dieser Hinsicht ausdrücklich aufgeführt, das Grundgesetz garantiere „weder die wirtschaftspolitische Neutralität der Regierungs- und Gesetzgebungsgewalt noch eine nur mit marktkonformen Mitteln zu steuernde soziale Marktwirtschaft"[15]. Insoweit ging es darum, dass bei der seinerzeit noch umstrittenen Frage, inwieweit auch in der Bundesrepublik Deutschland ein Wirtschaftssystem auf zentralverwaltungswirtschaftlicher Grundlage oder zumindest ein Mischsystem verfassungsrechtlich möglich sei, die verfassungsrechtliche Offenheit einer solchen wirtschaftspolitisch grundlegenden Entscheidung zum Ausdruck gebracht wurde.

**38** Wie sich bereits oben gezeigt hat, haben freilich einzelne Grundrechte de facto eine derart weitgehende Bedeutung für die Gestaltung des Wirtschaftssystems, das man von einer wirtschaftspolitischen Neutralität des Grundgesetzes letztlich heute nicht mehr sprechen kann. Selbstverständlich ist damit nicht das derzeit existierende System in vollem Umfang verfassungsrechtlich abgesichert. Und unbeschadet dessen werden die Regelungen des Grundgesetzes durch die zentralen wirtschaftspolitischen Normen des EGV überlagert, die im Konfliktfall praktisch sogar Vorrang vor Einzelregelungen des GG beanspruchen könnten (vgl. unten Rz. 76 f.). Insoweit kann man heute sagen, dass mit verfassungsrechtlicher Dignität eine freiheitliche marktorientierte Wirtschaftsverfassung vorgeschrieben ist.

**39** Soweit der Begriff der Wirtschaftsverfassung in der privatrechtlichen Diskussion verwandt wird, geht es in der Regel um etwas anderes, d.h. nicht um Verfassungsrecht im engeren Sinne. Es geht vielmehr dabei um Verfassung i.S. von Gesamtverfassung bzw. **Gesamtsystem der Wirtschaftsordnung.** Insbesondere hat *Mestmäcker*[16] darauf hingewiesen, man müsse eine Gesamtordnung des Wirtschaftsgeschehens als Wertentscheidung i.S. einer auf Privatautonomie und Marktfreiheit basierenden Gesamtsicht anerkennen. Diese Wertentscheidung durchziehe die gesamte Rechtsordnung. Diese Sichtweise hat rechtsdogmatische Konsequenzen bei der Interpretation rechtlicher, insbesondere privatrechtlicher Vorschriften, indem ein Postulat marktkonformer Interpretation aufgestellt wird. Im Übrigen ergeben sich aus dem so verstandenen Begriff der Wirtschaftsverfassung natürlich rechtspolitische Forderungen.

---

15  BVerfGE 4, 7, 17 – *Investitionshilfe*.
16  Die sichtbare Hand des Rechts, 1978.

# § 2 Der Schutz des Wettbewerbs

## I. Wettbewerb

**Literatur zur Vertiefung:** *Emmerich*, KartellR, 2008[11], §§ 1, 2; *Fezer*, UWG, Einleitung E Rz. 39 ff.; *Köhler*, in: Köhler/Bornkamm, Wettbewerbsrecht, 2013[31], Einl. UWG; *Möschel*, Recht der Wettbewerbsbeschränkungen, 1983; *Rittner/Dreher/Kulka*, Wettbewerbs- und Kartellrecht, 2014[8], § 5.

### 1. Wettbewerb als Rivalität zwischen den Wirtschaftssubjekten

Soweit auf einem Einzelmarkt mehrere Unternehmen tätig sind oder in Erscheinung treten können, sprechen wir insoweit von Wettbewerbern bzw. potentiellen Wettbewerbern. Die zwischen ihnen bestehende **Rivalität** verhindert, insbesondere bei unelastischen Marktangeboten (also solchen, bei denen die Nachfrage auch bei Preiserhöhung nicht oder nur wenig zurückgeht, *klassisches Beispiel ist Salz; Benzin*?), die Erzielung einer sog. Monopolrente durch einen Einzelanbieter. Denn bei mehreren Anbietern wird der einzelne Anbieter nicht in der Lage sein, das Mengen/Preis-Verhältnis in einem monopolistisch-egoistischen Interesse in Richtung des sog. ***Cournot*'schen Punktes** zu optimieren; vielmehr wird es von Seiten der Wettbewerber einen **Druck** auf die Preise **in Richtung** auf die Selbst- bzw. **Grenzkosten** (*Grenzkosten sind die Kosten* ***zusätzlicher*** *Produktion pro Einheit, die meist unter den Selbstkosten liegen*) geben. Wettbewerb ist also notwendig, um die **Ausbeutung** der Marktgegenseite durch einen Monopolisten **auszuschließen**.

40

### 2. Sog. Marktformen

Üblicherweise werden hinsichtlich der Wettbewerbsverhältnisse die „**Marktformen**"
– Monopol,
– Oligopol und
– Polypol
unterschieden, je nachdem ob ein einzelner Anbieter, wenige Anbieter oder viele Anbieter auf einem Einzelmarkt tätig sind; ggf. spricht man vom Teilmonopol, wenn neben einem einzigen monopolistisch großen Anbieter eine Reihe kleinerer Anbieter auf dem Markt sind, die ersterem keine echten Rivalen sein können. Für das sog. Teil-Oligopol gilt entsprechendes.

41

### 3. Wettbewerbstheorien und -leitbilder

*a) Überblick*

Unter volkswirtschaftlichem Blickwinkel wurden die Funktionsbedingungen und der Wert des Wettbewerbsprinzips im Laufe der Entwicklung unterschiedlich einge-

42

schätzt. Insbesondere lassen sich dabei stichwortartig die folgenden Phasen, Theorien und Leitbilder unterscheiden:

- Klassik *(Adam Smith, David Ricardo)*
- Lehre vom „vollkommenen" Wettbewerb und statische Preistheorie *(Cournot, E. H. Chamberlin, Joan Robinson)*
- Dynamische Wettbewerbstheorie („workable competition", insbesondere *John Maurice Clark*, in Deutschland *Kantzenbach*)
- Ordo- und Neoliberalismus – der letztgenannte Begriff wird heute mit unterschiedlichem Bedeutungsgehalt verwendet – *Walter Eucken, Franz Böhm:* gewisser Zusammenhang mit dem Konzept der „sozialen Marktwirtschaft" (dazu oben Rz. 14 f., 28); eher im Sinne eines „freien" Wettbewerb *von Hayek* und *Hoppmann*
- Chicago-School *(R. A. Posner)*
- Gegenmachtprinzip *(Galbraith)*
- Phase der Deregulierung im Zuge der Globalisierung
- Kriterium der maximalen Effizienz („more economic approach") als aktuelle Streitfrage (USA, EU, nationale Positionen; vgl. dazu unten Rz. 43 f.).

Wegen Einzelheiten muss auf die weiter führende volkswirtschaftliche Literatur[1] verwiesen werden.

*b) „more economic approach"*

43 Die aktuelle Entwicklung ist gekennzeichnet durch einen vor allem seitens der EU-Kommission praktizierten **„more economic approach"** bei der Anwendung des Kartellrechts insgesamt, besonders aber bei der Fusionskontrolle; entsprechend dem Vorbild des amerikanischen Rechts soll damit die Steigerung der Effizienz durch Zusammenarbeit und durch Unternehmensverbindungen zum Kriterium werden, das Beeinträchtigungen des Wettbewerbs u.a. zwecks Verbraucherschutz in Kauf nimmt. Diese auf die Preistheorie zurück gehende Sichtweise wird insbesondere von deutschen Juristen außerordentlich kritisch gesehen, weil man den Verbraucherschutz längerfristig durch den Wettbewerb am besten gewährleistet sieht und daher kurzfristige Verbrauchervorteile nicht als Rechtfertigung für den Ausschluss wirksamen Wettbewerbs akzeptieren will[2].

44 Die Meinungsverschiedenheiten hatten sich in jüngerer Zeit zugespitzt. So hatte die **europäische Kommission** im Dezember 2005 ein **Diskussionspapier** über die Anwendung des damaligen *Art. 82 EGV* auf Missbräuche einer beherrschenden Stellung ins Internet gestellt (http://ec.europa.eu/competition/antitrust/art82/index.html; abgerufen am 16.1.2009). In diesem Papier vertrat sie dezidiert die Auffassung, Verhaltensweisen, die an sich einen **Behinderungsmissbrauch** gegenüber einem anderen Unternehmen darstellten, könnten **gerechtfertigt** sein, wenn sie zu **Effizienzgewinnen** führten, die letztlich den Verbrauchern zu Gute kämen. Die deutsche Bundesregierung, das BKartA und das überwiegende Schrifttum in Deutschland hatten dem Diskussions-

---

1 Sowie insoweit zusammenfassend etwa *Emmerich*, KartellR, § 1; *Hönn*, Klausurenkurs, 3. Themenklausur, jeweils mit weiteren Nachweisen.
2 Vgl. etwa hierzu kritisch *Immenga*, WuW 2006, 463; *Bueren*, WRP 2004, 567; *Wirtz/Möller*, WuW 2006, 226; *Christiansen*, WuW 2005, 285; befürwortend *Schmidtchen*, WuW 2006, 6.

papier vehement widersprochen[3]. Haupteinwände gegen diese Konzeption waren die zu kurzfristige Sichtweise hinsichtlich der Verbrauchervorteile, die die längerfristigen Gefahren wirtschaftlicher Macht unterschätzt und die mangelnde Eignung des Effizienzkriteriums für die rechtliche Beurteilung; insoweit befürchtete man eine Schwächung der Kartellrechtsdurchsetzung[4]. Eine **neue Fassung** vom 9.2.2009 beschränkt sich ausdrücklich auf die Erläuterung der Kommission zu ihren **Prioritäten** bei der Anwendung des *Art. 82 EGV* beim Behinderungsmissbrauch (ABl. C 45 vom 24.2. 2009, S. 7), ist gegenüber dem Diskussionspapier gestrafft und hinsichtlich der Rechtfertigung durch den Aspekt der Effizienz **abgeschwächt**. Die zugrunde liegende Kontroverse, inwieweit das Kartellrecht am Schutz des Wettbewerbs oder am Ziel der Effizienz ausgerichtet sein soll, ist damit aber nicht beigelegt.

Für die Interpretation wettbewerbsrechtlicher Vorschriften ist die Theoriediskussion an sich nicht maßgebend, wohl aber für das Verständnis der **rechtspolitischen** Diskussion der wettbewerbsrechtlichen Regelungen, die natürlich nicht ohne Einfluss auf die Auslegung einschlägiger Vorschriften bleibt; im Falle des „more economic approach" sind beträchtliche Auswirkungen auf die Interpretation der Verbotstatbestände möglich. 45

### 4. Wettbewerbsfunktionen

Hinsichtlich der durch Markt und Wettbewerb erwarteten positiven Auswirkungen für das Marktgeschehen spricht man, letztlich nicht ganz präzise, von **Wettbewerbsfunktionen**[5]. Funktion ist hier als Zweck zu verstehen, und da der Wettbewerb als ein empirisches Geschehen keinen Zweck haben kann, ist damit gemeint, dass das Wettbewerbsrecht den Wettbewerb im Hinblick auf die diesbezüglich erwarteten und begrüßten Folgen von Wettbewerb schützen will. Unter diesem Blickwinkel sind die nachfolgend aufgeführten Wettbewerbsfunktionen aber von großer rechtspolitischer Bedeutung: 46
– Druck auf die Preise in Richtung **Grenzkosten**,
– **Faktor-Allokation**, d.h. Wanderung der Produktionsfaktoren in die gesamtwirtschaftliche sinnvolle Richtung,
– Zusammensetzung der **Angebote nach Käuferpräferenzen**,
– **Neutralisierung der Macht** großer Unternehmen,
– angemessene **Einkommensverteilung nach Leistung**,
– **dynamische Fortentwicklung der Wirtschaft**.

Überwiegend handelt es sich um **wirtschaftspolitische** Funktionen. Soweit es um die Neutralisierung von Macht geht, handelt es sich um eine **gesellschaftspolitische Funktion**. Akzeptiert man diese, dann kann man die Entstehung oder den Missbrauch von Marktbeherrschung jedenfalls nicht ohne Weiteres mit Verbraucherschutz rechtfertigen![6] 47

---

3 Zusammenfassend *Dreher*, WuW 2008, 23 ff.
4 Näher hierzu *Schmidtchen* (Hrsg.), The more economic approach to European competition law, 2007, mit verschiedenen Beiträgen; *Hönn*, FS Kreutz, 2009.
5 *Emmerich*, KartellR, § 1 Rz. 7 ff.
6 Näher dazu oben Rz. 43 f. sowie unten Rz. 317, 417.

## 5. Wettbewerb als Entdeckungsverfahren

**48** Man versteht den Wettbewerb heute im Anschluss an *Friedrich August von Hayek*[7] als **„Entdeckungsverfahren"**, womit die Einschätzung verbunden ist, dass der Staat die Wettbewerbsverhältnisse grundsätzlich nicht steuern sollte. Das entscheidende **Ziel** jeder Wettbewerbspolitik solle die **Offenhaltung der Märkte** für „Newcomer", also für potentielle Wettbewerber sein. Konsequenz hieraus ist etwa, dass bei überhöhten Preisen auf einem Markt nicht eine Preisherabsetzung von Staats wegen, sondern die Sicherstellung künftig funktionierenden Wettbewerbs das Ziel sein muss.

## II. Beeinträchtigung des Wettbewerbs

**49** Wenn die gesamtwirtschaftlich wichtige Steuerung des Marktgeschehens auf den Märkten durch Wettbewerb erfolgen soll und wenn Wettbewerb letztlich in der **Rivalität der Marktbeteiligten** zu sehen ist, dann muss verhindert werden, dass diese Rivalität in **unangemessener Weise relativiert, verfälscht oder gar ausgeschaltet** und damit der Marktmechanismus in seiner Funktion beeinträchtigt wird.

### 1. Durch staatliche Maßnahmen

**50** Soweit eine Beeinträchtigung der Wettbewerbsverhältnisse durch **staatliche Maßnahmen** (z.B. Zölle und Subventionen, bürokratische Vorschriften allgemein) erfolgt, werden diese durch öffentliche Interessen bzw. einen erforderlichen Sozialschutz gerechtfertigt. Doch ist die Frage der richtigen Grenzziehung außerordentlich schwierig zu beantworten und umstritten. In der neueren Entwicklung gibt es eine Tendenz zum verstärkten Abbau staatlicher Wettbewerbsbeeinträchtigungen (Stichworte: Globalisierung, Europäisierung, Deregulierung, Regulierungsbehörden), und der EGV sieht insoweit namentlich in den Art. 106 ff. AEUV restriktive Vorschriften für staatliche Monopole, für Beihilfen und steuerliche Diskriminierung vor.

**Beispiel**[8]: Die ausschließliche Zuständigkeit der früheren Bundesanstalt für Arbeit für die Vermittlung von Führungskräften war mit dem heutigen Art. 106 AEUV *(Art. 86 EGV)* nicht vereinbar.

Auf der Ebene der Weltwirtschaft ist die Beeinträchtigung der Wettbewerbsverhältnisse durch staatliche Maßnahmen – trotz entsprechender Bemühungen der World Trade Union (WTO) – nur schwer zu bekämpfen.

### a) Vergabe öffentlicher Aufträge

**51** Man schätzt, dass in Deutschland jährlich **öffentliche Aufträge** im Umfang von etwa 200-250 Mrd. Euro vergeben werden, so dass dieser Sektor von eminenter gesamtwirtschaftlicher Bedeutung ist. Da die Motivation der öffentlichen Hand bei der Auftragsvergabe mangels Ausrichtung auf Gewinnerzielung sich von der eines privaten Wirtschaftssubjekts unterscheidet, hat der Auftraggeber nicht schon ein eigennütziges

---

7 Der Wettbewerb als Entdeckungsverfahren, 1968.
8 EuGH, Slg. 1991, S. I–1979 – *Höfner/Macrotron*; aktuell EuGH NJW 2007, 281 – *Cipolla*, betr. Anwaltsgebühren.

Interesse, sich den günstigsten unter den möglichen Auftragnehmern zu suchen; der Wettbewerbsmechanismus wirkt hier also nicht zugunsten des geeignetsten Auftragnehmers. Will man diesem potentiellen Auftragnehmer faire Geschäftschancen einräumen, bedarf es eines Verfahrens zu dessen Information von der geplanten Auftragsvergabe und bestimmter Regeln bei der Auswahl unter mehreren Interessenten. Diese Aufgabe wird heute durch das Vergaberecht wahrgenommen, das man erst in neuerer Zeit – funktional zu Recht – als Teil des Wettbewerbsrechts versteht (vgl. dazu 5. Teil: Vergaberecht und Recht der Beihilfen).

*b) Verbotene Beihilfen*

**Staatliche Beihilfen** an private Wirtschaftssubjekte sind in der Verfolgung gewollter staatlicher Ziele (etwa Betrieb eines Flughafens) dort üblich, wo sich die staatlich gewollte geschäftliche Aktivität allein unter Wettbewerbsbedingungen anscheinend nicht selbst trägt. Staatliche Subventionen sind in vielerlei Hinsicht praktisch unerlässlich. Subventionen stellen aber Einflussnahmen auf die Marktbedingungen dar und sind daher unter dem Blickwinkel einer marktgesteuerten Wirtschaft ambivalent. Das europäische Recht versucht hier eine Grenzziehung zwischen aus den verschiedensten Gründen gerechtfertigten Beihilfen einerseits und den Wettbewerb verfälschenden Beihilfen andererseits im Falle der Beeinträchtigung des Handels zwischen den Mitgliedstaaten (vgl. zu den Art. 107 ff. AEUV unten 5. Teil: Vergaberecht und Recht der Beihilfen).

52

## 2. Durch die Wirtschaftssubjekte

Es ist die zentrale Aufgabe des Wettbewerbsrechts, **privatrechtlich organisierte Beeinträchtigungen des Wettbewerbs zu verhindern**. Öffentliche Unternehmen und Behörden unterliegen dabei, soweit sie als Anbieter oder Nachfrager am Markt privatrechtlich tätig werden, grundsätzlich in vollem Umfang den Vorschriften. Die Sozialpartner sind aber ausgenommen. Dass ein Unternehmen aus sich heraus wächst und auf einem bestimmten Markt eine Monopolstellung erlangt, ist nicht verboten; Tüchtigkeit soll nicht bestraft werden.

53

*a) Horizontale oder vertikale Verhaltensabstimmung*

Im Grundsatz verboten nach Art. 101 AEUV *(früher Art. 81 EGV)* sowie § 1 GWB gleichermaßen ist eine **Verhaltensabstimmung zwischen mehreren im Übrigen selbstständig bleibenden Unternehmen**.

54

Eine solche Verhaltensabstimmung zwischen Wettbewerbern, etwa hinsichtlich der Preise, Gebiete oder Liefermengen, kann zu einer monopol**artigen** (Marktbeherrschung ist aber nicht nötig!) Gestaltung des Angebots führen und ist daher grundsätzlich verboten. Es ist gleichgültig, ob die Koordinierung durch Vertrag oder in sonstiger Weise erfolgt. In beiden Fällen handelt es sich, sofern die Verhaltensabstimmung zwischen Wettbewerbern erfolgt, um eine Wettbewerbsbeschränkung auf horizontaler Ebene **(horizontale Wettbewerbsbeschränkung)**.

**Beispiel:** Sprechen etwa Wettbewerber ihre Preise ab, ist insoweit ein Preiswettbewerb ausgeschlossen; die Wettbewerber können dann ähnlich wie ein Monopolist mutmaßlich höhere Preise durchsetzen.

**55** Demgegenüber geht es bei einer Verhaltensabstimmung zwischen Lieferant und unternehmerisch tätigem Abnehmer (der Verbraucher ist kein Unternehmer!) um eine **vertikale Wettbewerbsbeschränkung**. Beispiele sind Alleinvertriebsverträge, die – je nach Sachlage – beim Alleinvertriebsberechtigten ebenfalls zu einer monopolartigen Situation (hinsichtlich des dem Vertrag unterliegenden Gutes) führen können.

**Beispiel:** Ist dem Unternehmen AV vom Hersteller die Alleinvertriebsberechtigung für ein bestimmtes schlecht transportierbares Produkt etwa für Rheinland-Pfalz eingeräumt, so erhalten Wettbewerber von diesem Hersteller dieses Produkt für den Vertrieb in Rheinland-Pfalz nicht. Falls sie sich dieses Produkt nicht auf Umwegen kostengünstig beschaffen können, sind Abnehmer in Rheinland-Pfalz allein auf AV, das insoweit eine Art Monopolstellung besitzen kann, angewiesen, was sich für sie nachteilig auswirken kann.

Solche vertikalen Verträge haben aber häufig auch wichtige positive Auswirkungen, etwa in der Erschließung neuer Märkte.

**Beispiel:** Unternehmen AV wird eventuell einen erforderlichen Service nur dann aufbauen, wenn es zumindest zunächst keine Wettbewerber hat.

**56** Auch bei der (außerhalb des Büchermarktes[9] weitgehend verbotenen) sog. vertikalen Preisbindung geht es um die Bildung einer monopolartigen Struktur auf dem Markt, auf dem der Abnehmer tätig ist; denn das der **jeweiligen** der Preisbindung unterliegende **Gut eines Anbieters** hat dann überall im Handel den gleichen Preis und ist insoweit dem Wettbewerb entzogen. Man sagt, der „**intra**-brand-Wettbewerb" (der „Wettbewerb innerhalb der Marke"), ist ausgeschaltet; Gegensatz ist „**inter**-brand-Wettbewerb" (der Wettbewerb zwischen verschiedenen Produkten von vor allem verschiedenen Unternehmen).

**Beispiel:** Harry Potter Bd. 5 bei Karstadt und Thalia-Buchhandlung = „intra"-...; Persil und Sunil bei Karstadt = „inter"-..., da nicht das gleiche Produkt, überdies auch nicht vom selben Hersteller.

Die europäischen wie nationale gesetzliche Regelungen versuchen gleichermaßen, durch angemessene Differenzierung die Spreu vom Weizen zu trennen.

*b) Missbrauch von Marktmacht*

**57 Markt-Machtmissbrauch** im Sinne von Art. 102 AEUV, §§ 19 f. GWB knüpft bereits an eine Situation reduzierter Wettbewerbskontrolle auf einem Markt an (**Marktbeherrschung** im Sinne von § 18 GWB, nach § 20 GWG auch besondere Marktstärke (**„relative"** bzw. **„überlegene" Marktmacht**), aus welchem Grund diese Situation auch entstanden sein mag). Das gesetzliche Verbot will hier eine weitere Schädigung dieses Marktes und anderer Märkte verhindern. Auch insoweit geht es mithin um eine Verschlechterung der Marktbedingungen und um eine Reduzierung der Rivalität zwischen Marktpartnern. Das Gesetz muss hier eine Grenze ziehen zwischen dem legitimen Gebrauch von Marktmacht, der zulässig bleibt, einerseits und dem verbotenen Missbrauch der Marktmacht, andererseits. Letzterer ist speziell in der weiteren Beeinträchtigung der Marktverhältnisse zu sehen.

---

9 Nach dem Gesetz über die Preisbindung für Bücher vom 2.9.2002, BGBl. I, S. 3448, ist hier die Preisbindung ausdrücklich zugelassen; für Zeitungen und Zeitschriften gilt über § 30 GWB eine weitgehende Freistellung.

**Beispiel**[10]: Der Hersteller von Katzenfertigfutter, der eine marktbeherrschende Stellung besitzt, missbrauchte diese durch ein bestimmtes Jahresbonussystem, weil er damit die Wettbewerbsmöglichkeiten seiner Konkurrenten ohne sachlich gerechtfertigten Grund behindert.

Das kartellrechtliche Diskriminierungs- und Behinderungsverbot, das seitens zumindest marktstarker Anbieter und Nachfrager gegenüber kleineren Wettbewerbern und Marktpartnern besteht, ist ein wichtiger Anwendungsfall; Näheres dazu später.

c) *Unternehmenszusammenschlüsse*

Eine sozusagen **strukturelle Verhaltensabstimmung**, durch die die Rivalität auf den Märkten reduziert wird, ist der Ansatz für die in der europäischen Fusionskontrollverordnung (EG-FKVO) sowie in den §§ 35 ff. GWB gleichermaßen geregelten **„Zusammenschlusskontrolle"** (häufig, an sich nicht ganz präzise, als „Fusionskontrolle" bezeichnet). Auch hier wird die Rivalität von Wettbewerbern, nunmehr strukturell, aus der Welt geschafft und damit der Wettbewerb auf dem Markt verändert. Insbesondere ist das **Verbot** der Herbeiführung einer **marktbeherrschenden Stellung** durch Unternehmenszusammenschlüsse die gesetzlich vorgesehene Konsequenz. Marktbeherrschung setzt kein (Teil-)Monopol voraus, sondern kann auch auf Oligopolmärkten bestehen (§ 18 V, VI GWB) oder im Falle einer **„überragenden Marktstellung"** (§ 18 I Nr. 3, III GWB) durch das Zusammenwirken unterschiedlicher Faktoren gekennzeichnet sein.

58

**Beispiel** für Marktbeherrschung[11]: Der führende Hersteller von Lernmitteln erwirbt den zweitgrößten Konkurrenten durch Mehrheitsbeteiligung.

Freilich ist die Abgrenzung zwischen zulässigen und unzulässigen Unternehmenszusammenschlüssen schwierig; einerseits werden durch Unternehmenszusammenschlüsse (anders als bei bloßen Verhaltensabstimmungen) häufig besondere, auch gesamtwirtschaftlich sinnvolle Größenvorteile (sog. „economies of scale") geschaffen, und zum anderen sind einzelne Unternehmen ja häufig auf mehreren Märkten tätig, so dass sich komplexe Entscheidungskonstellationen ergeben. Demzufolge ist hier auch kein unmittelbar geltendes gesetzliches Verbot vorgesehen, sondern es geht um **Eingriffskompetenzen der Kartellbehörden**, die letztlich mit der Möglichkeit einer Abänderung eines geplanten Zusammenschlusses in Richtung einer wettbewerbsrechtlichen Unbedenklichkeit verbunden sind. Zur europäischen und nationalen Fusionskotrolle s. unten §§ § 8 und § 9.

59

d) *Unlauterer Wettbewerb*

Neben dem Kartellrecht regelt das Recht gegen unlauteren Wettbewerb (= Lauterkeitsrecht) als weitere wichtige Komponente des Wirtschaftsrechts das Geschehen auf den Märkten im wirtschaftlichen Wettbewerb. Im Gegensatz zum Kartellrecht geht es hierbei weniger um die Aufrechterhaltung der wettbewerblichen Struktur der Märkte insgesamt, als darum, dass wettbewerbliches Handeln ein **Mindestmaß an Anständigkeit im Verhältnis zum Wettbewerber und zum Verbraucher** nicht unterschreiten darf. Das UWG von 1909 benannte als Maßstab den Verstoß gegen die guten Sitten.

60

---

10 KG BB 1981, 1110 – *Fertigfutter*.
11 KG AG 2000, 563, Bestätigung eines Verbots des BKartA.

Das heute geltende **UWG** von 2004 stellt stattdessen im Einklang mit dem internationalen Sprachgebrauch auf die **Unlauterkeit** ab, ohne dass damit eine wesentliche inhaltliche Veränderung verbunden wäre. Für das Recht gegen unlauteren Wettbewerb haben Regelungen europäisches Recht die Bedeutung eines Rahmens, der das nationale Recht in beträchtlichem Umfang vorstrukturiert Die Richtlinie über unlautere Geschäftspraktiken von 2005[12] hat durch die 1. UWG-Novelle 2008 insbesondere bei Betroffenheit von Verbrauchern eine weitgehende Vereinheitlichung gebracht (vgl. unten Rz. 111 ff.). Während die Durchsetzung des Kartellrechts mit staatlichem Zwang verbunden ist, wird zur Durchsetzung des Rechts gegen unterlauteren Wettbewerb lediglich private Initiative mobilisiert; als betroffener Wettbewerber bzw. Verband kann man klagen. Obwohl das Recht gegen unlauteren Wettbewerb mithin primär individualbezogen strukturiert ist, trägt es zur Ausgestaltung des Wettbewerbs auf den Märkten und damit zum Wirtschaftsgeschehen insgesamt Wesentliches bei und ist insoweit auch auf Kartellrecht und auf die Gesamtwirtschaft bezogen. Daneben spielt **in jüngerer Zeit**, vor allem auf europäischer Ebene, zunehmend der Aspekt des **Verbraucherschutzes** eine Rolle.

### 4. Zusammenfassende Übersicht

**61**

| **Wettbewerb und Wettbewerbsbeschränkungen** |
|---|
| **Die Funktionen des Wettbewerbs ...** |
| • Druck auf die Preise in Richtung Grenzkosten • Faktor-Allokation • Zusammensetzung der Angebote nach Käuferpräferenzen   • Neutralisierung der Macht großer Unternehmen • angemessene Einkommensverteilung nach Leistung • dynamische Fortentwicklung der Wirtschaft |
| **... werden durch Wettbewerbsbeschränkungen unterlaufen ...** |
| Abgestimmte Verhaltensweisen   Missbrauch von Marktmacht   Zusammenschlüsse mit bestimmter Marktmacht |
| **... und durch das Wettbewerbsrecht wieder hergestellt.** |
| Art. 101 AEUV, §§ 1 ff. GWB   Art. 102 AEUV, §§ 19 ff. GWB   EG-FKVO, §§ 35 ff. GWB |

Entsprechendes gilt für den Wettbewerb und unlautere geschäftliche Handlungen nach dem Lauterkeitsrecht (UWG).

---

[12] Richtlinie 2005/29/EG des Europäischen Parlaments und des Rates vom 11. Mai 2005 über unlautere Geschäftspraktiken im binnenmarktinternen Geschäftsverkehr zwischen Unternehmen und Verbrauchern, ABl. EG Nr. L 149 vom 11.6.2005, S. 22.

## III. Schutz des Wettbewerbs zwischen Privatrecht und öffentlichem Recht

### 1. Schutzwürdigkeit des Wettbewerbs

*a) Entwicklung*

Dass der Wettbewerb des gesetzlichen Schutzes bedarf, war nicht immer selbstverständlich. So sprach etwa das Reichsgericht im Jahre 1890 in Bezug auf ein **Rabattkartell des Börsenvereins der Deutschen Buchhändler** noch von einer „genossenschaftlichen Selbsthilfe" gegenüber „Ausschreitungen, die für schädlich erachtet werden"[13], womit ein Wettbewerbsverhalten gemeint war. Und 1897 akzeptierte das Reichsgericht ein **Verkaufssyndikat des Sächsischen Holzstoff-Fabrikanten-Verbandes** mit der ausdrücklichen Zwecksetzung, in Zukunft einen „verderblichen Wettbewerb der Fabrikanten untereinander zu verhindern", als mit der GewO vereinbar.[14] Auch die §§ 138, 826 BGB wurden nicht angewandt, solange kein (inhaltlich zu beanstandender) Monopolmissbrauch vorlag. Erst nach dem 2. Weltkrieg wurde in Deutschland, insbesondere 1957 mit der Schaffung des **GWB**, vor dem Hintergrund der **amerikanischen**[15] Rechtsentwicklung die Notwendigkeit anerkannt, den Wettbewerb als Institution der Wirtschaftsordnung zu schützen.

62

Das Erfordernis eines besonderen **Lauterkeitsschutzes** war in Deutschland bereits seit 1896 akzeptiert, und in dem berühmten **Benrather Tankstellen-Fall** entschied das Reichsgericht 1930, dass ein Preiskampf in Vernichtungsabsicht als unlauterer Wettbewerb verboten ist.[16]

Heute ist der Schutz des Wettbewerbs durch GWB und AEUV abgesichert.[17]

*b) Skizzen*

*aa) Verträge zwischen Unternehmen am Markt mit Wettbewerb*

63

*bb) Schutz des Wettbewerbs*

---

13 RGZ 28, 238, 243 f.
14 RGZ 38, 155, 161.
15 Vgl. insbesondere den Sherman-Act von 1890 und den spektakulären Fall US v. Standard Oil, 221 US 1 (1911) betreffend die Zerschlagung des Rockefeller-Imperiums.
16 RGZ 134, 342.
17 Zusammenfassend zur Geschichte des Wettbewerbs- und Kartellrechts bei *Hönn*, Klausurenkurs, Thema 3, mit weiteren Nachweisen.

## 2. Privatrechtlicher Lauterkeitsschutz

**64** Nach § 1 UWG vom 3.7.2004 (BGBl I S. 1414) dient das **UWG dem Schutz der Mitbewerber**, der Verbraucherinnen und der **Verbraucher** sowie der sonstigen **Marktteilnehmer** vor unlauterem Wettbewerb; es schützt zugleich das Interesse der **Allgemeinheit** an einem unverfälschten Wettbewerb. Obwohl hier Individual- und Allgemeininteressen gleichermaßen den Schutzzweck des Gesetzes bestimmen, folgt das UWG klar dem privatrechtlichen Regelungsmodell. Entsprechende Verwaltungsbehörden sind nicht vorgesehen. Vielmehr normiert § 8 UWG Ansprüche auf **Beseitigung und Unterlassung** unlauteren Verhaltens, wobei klageberechtigt nicht nur Mitbewerber sind, sondern zugleich Gewerbeverbände, Berufsverbände, Verbraucherverbände sowie die Industrie- und Handelskammern. Daneben ist geschädigten Mitbewerbern nach § 9 UWG ein **Schadenersatzanspruch** eingeräumt. Und schließlich sieht § 10 UWG bei vorsätzlichem Verstoß eine Gewinnabschöpfung durch Verbände (zugunsten des Bundeshaushalts) vor; die Sinnhaftigkeit der letztgenannten Vorschrift unterliegt erheblichen Zweifeln. Wegen der Eilbedürftigkeit, die im Hinblick auf die Unterbindung unlauteren Verhaltens im Wettbewerb regelmäßig vorhanden ist, erleichtert § 12 UWG die Durchsetzung von Unterlassungsansprüchen im Wege eines **Eilverfahrens**. All diese Bestimmungen mobilisieren letztlich Privatrechtssubjekte zur Durchsetzung des entsprechenden Rechts, wobei das UWG davon ausgeht, dass damit zugleich den Allgemeininteressen an der Unterbindung unlauteren Wettbewerbs in adäquater Weise Rechnung getragen wird. Hier erkennt man das Modell des Marktes als unsichtbare Hand.

**65** Der Staat und sonstige Hoheitsträger (Körperschaften und Anstalten des öffentlichen Rechts) sind, soweit sie sich am Markt als Anbieter oder Nachfrager betätigen, der entsprechenden Regelung gleichermaßen unterworfen. Natürlich stellt der Staat als Hoheitsträger zugleich – öffentlich rechtlich organisiert – die entsprechenden **Zivilgerichte** und ein funktionierendes **Vollstreckungsverfahren** zur Verfügung; gleichwohl ist Recht gegen unlauteren Wettbewerb Privatrecht. Im Übrigen wird der privatrechtliche Regelungsbereich des Rechts gegen unlauteren Wettbewerb erst dort verlassen, wo es um ganz massive Verstöße gegen das Allgemeinwohl geht, etwa bei den **Wirtschaftsstraftaten** gemäß den §§ 298–302 StGB, bei Betrug oder Bestechung (§§ 263, 299 StGB), bei dem praktisch nicht sehr relevanten Fall strafbarer Werbung (§ 16 UWG) sowie bei der Strafsanktion im Hinblick auf **Betriebsspionage** (vgl. § 17 UWG). Aus dem Bereich des eigentlichen Lauterkeitsrecht ist allein die unlautere Telefonwerbung ein Bußgeldtatbestand (§ 20 GWB).

## 3. Kartellrecht zwischen Privatrecht und öffentlichem Recht

### a) Öffentlich-rechtlicher Zwang

**66** Während das Recht gegen unlauteren Wettbewerb auf dem Markt sozusagen die Aufrechterhaltung eines bestimmten qualitativen Standards von Wettbewerbsverhalten mit privatrechtlichen Mittel gewährleisten will, geht es im Kartellrecht um die **Aufrechterhaltung der Marktstruktur**. Für die wirtschaftspolitischen Interessen des Staates ist diese Zielsetzung von besonderer Bedeutung, und gleichermaßen stellt sich die

Situation zwischen den einzelnen Wirtschaftssubjekten in einer Weise dar, dass hier mit der individuellen Verfolgung von Interessen durch die Unternehmen allein keine hinreichende Gewähr für die Aufrechterhaltung der Marktstruktur gegeben ist. Denn es kann im egoistischen Interesse von Unternehmen liegen, durch Absprachen die Marktstruktur zu schädigen, etwa bei Preiskartellen oder bei Unternehmenszusammenschlüssen, die den letzten Wettbewerb auf dem Markt beseitigen. Insoweit vertraut das Kartellrecht daher auf **Verwaltungszwang**. Entsprechende Behörden, wie etwa das Bundeskartellamt auf nationaler Ebene, sind eingerichtet, und diese Behörden ermitteln eigenständig bei entsprechenden Rechtsverstößen, fällen Verbotsentscheidungen, setzen diese ggf. mit Verwaltungszwang durch oder erteilen Genehmigungen.

*b) Neben privatrechtlicher Durchsetzung*

Unbeschadet dessen sieht Kartellrecht auch die Nichtigkeit von Vereinbarungen vor, die gegen das Kartellverbot verstoßen, und es gibt insoweit auch **Unterlassungs- und Schadenersatzansprüche**. Öffentlich rechtlicher Zwang und privatrechtliche Mobilisierung, sofern diese erfolgt, wirken in der gemeinsamen Zwecksetzung dann durchaus nebeneinander, indem sie wettbewerbsbeschränkende Absprachen verbieten, für nichtig erklären und ggf. entsprechende Ansprüche Betroffener gewähren. 67

Soweit einzelne marktstarke Unternehmen andere Unternehmen schädigen, ist ein **Grenzbereich** zwischen allgemeinem Zivilrecht und Kartellrecht betroffen. Wenn es darum geht, marktstarke Unternehmen daran zu hindern, durch Schädigung anderer Unternehmen die Marktstruktur weiter zu gefährden, liegt es im allgemeinen Interesse, sozusagen im Kartellrechtsinteresse, derartige Verhaltensweisen zu unterbinden. § 20 GWB ist hierfür ein wichtiges Beispiel. Ergänzend mobilisiert das GWB hier aber zugleich Individualinteressen, indem es den betroffenen Unternehmen Unterlassungs- und Schadenersatzansprüche einräumt. Der **individuelle Schutz** des Unternehmens ist dabei freilich vom Kartellrecht **nur abgeleitet**: Nur soweit die Wertung des Kartellrechts im Hinblick auf die Marktstruktur den Schutz des Unternehmens verlangt, genießt letzteres den entsprechenden Schutz. Hingegen erfolgt kein Schutz allein wegen der verletzten Interessen des betroffenen Unternehmens. Man sagt insoweit, **§ 20 GWB gewährt keinen Sozialschutz**. Soweit mithin kartellrechtliche Allgemeininteressen durch die Schädigung eines Unternehmens nicht betroffen sind, verbleibt es für das Unternehmen bei dem bloßen Schutz nach dem allgemeinen Deliktsrecht.

*c) Bei einheitlichem Zivilrechtsweg*

Wir stellen mithin beim Kartellrecht eine Gemengelage zwischen Privatrecht und öffentlichem Recht fest. Für die Frage des Rechtswegs hat dies freilich keine Auswirkungen, weil kartellrechtliche Rechtsstreitigkeiten nach den §§ 63 IV, 74, 83 f., 87 GWB ausdrücklich und umfassend den **Zivilgerichten** zugewiesen sind. Der innere Grund dafür, dass letztlich auch verwaltungsrechtliche Entscheidungen der Kartellbehörden der gerichtlichen Kontrolle der Zivilgerichte unterliegen, ist in der erforderlichen Konzentration des Sachverstandes bei einheitlichen Spruchkörpern zu sehen. 68

### d) Auch für Vergabesachen

**69** Rechtsstreitigkeiten im Bereich des Wirtschaftsverwaltungsrechts sind Streitigkeiten des öffentlichen Rechts und unterliegen daher der Jurisdiktion der Verwaltungsgerichte. Das bereits oben erwähnte Vergaberecht (§§ 97 ff. GWB) stellt wiederum einen Grenzbereich dar. Einerseits sind Vergabekammern für die Kontrolle des Vergabeverfahrens zuständig (vgl. §§ 104, 107 GWB), andererseits ist die rechtliche Kontrolle aus den soeben erwähnten Gründen nach § 116 III GWB den Oberlandesgerichten, also den **Zivilgerichten** zugewiesen, die für eine sofortige Beschwerde gegen Entscheidungen einer Vergabekammer zuständig sind.

### 4. Zusammenfassende Übersicht

**70** *Wettbewerbsrecht zw. Privatrecht und öffentlichem Recht*

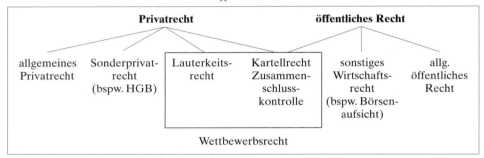

## IV. Schutz des Wettbewerbs zwischen nationalem und europäischem Recht

### 1. Internationalisierung und Europäisierung im Wirtschaftsrecht

**71** Nach den Lehren der Ökonomie führt der freie Handel zwischen den Staaten zu zusätzlichem Reichtum (Lehre von den komparativen Kostenvorteilen)[18]. Dies ist letztlich der Grund dafür, dass seit Jahrzehnten Zölle und Handelsschranken zwischen den Staaten abgebaut werden, zunächst im Ansatz weltweit auf der Basis des **GATT** (**G**eneral **A**greement on **T**ariffs and **T**rade) und heute durch die **WTO** (**W**orld **T**rade **O**rganisation), die Welthandelsorganisation.

**72** Parallel dazu wurde in Europa durch einen internationalen Vertrag von 1957 die **Europäische Wirtschaftsgemeinschaft** geschaffen (EWG), der die Aufgabe zukam, einen gemeinsamen Markt für Waren und Dienstleistungen zu errichten und die Wirtschaftspolitik der Mitgliedstaaten schrittweise aneinander anzunähern.[19] Vorausgegangen war bereits seit 1951 die Schaffung der „Montanunion", der Europäischen Gemeinschaft für Kohle und Stahl (EGKS), und hinzu kommt die hier nicht näher

---

18 Sie geht auf die Ökonomen *D. Ricardo* und *J. St. Mill* zurück; vgl. Handwörterbuch der Wirtschaftswissenschaft Bd. 1, 1977, S. 404 ff.
19 Vgl. *Rittner*, Wirtschaftsrecht, 1987², § 4 Rz. 3.

interessierende europäische Atomgemeinschaft (EURATOM). Aus den Anfängen eines Gemeinsamen Marktes für alle Waren und Leistungen, unter Zugrundelegung einer Zollunion zwischen den sechs Gründungsstaaten, ist über die **Europäische Gemeinschaft** eine Wirtschafts- und Währungsunion geworden, die auf die Schaffung eines echten Binnenmarktes in Europa gerichtet ist[20] und die sich durch die Verträge von Lissabon inzwischen zur **Europäischen Union** von nunmehr 28 Mitgliedern (weitere Zunahme an Mitgliedern möglich) gewandelt hat.

Aus den insoweit für das Wirtschaftsrecht im Vordergrund stehenden **Art. 3, 5 EUV und den Art. 3-5, 34 ff., 101 ff. 107 f., 173 AEUV** ergeben sich vielfältige Einwirkungen auf das nationale Recht, insbesondere das Wirtschaftsrecht. Für das heute in Artikel 101 AEUV geregelte **Kartellverbot** stand ursprünglich der Gedanke im Vordergrund, angesichts des Abbaus staatlicher Handelshemmnisse zwischen den Mitgliedstaaten solle verhindert werden, dass entfallende staatliche Beschränkungen (vor allem Zölle) durch Kartelle von Unternehmen ersetzt würden und dadurch der Gemeinsame Markt beeinträchtigt werde. Mit dem Erstarken des Binnenmarktgedankens auf der Grundlage wettbewerbsgesteuerter Märkte gewann später der Aspekt des Schutzes der Märkte der Gemeinschaft insgesamt zunehmend an Bedeutung. 73

Das **Kartellrecht** der Europäischen Gemeinschaft beschränkt sich in seinem Geltungsanspruch von vornherein auf Wettbewerbsbeschränkungen, die den **Handel zwischen den Mitgliedstaaten** beeinträchtigen; daneben bestehen die nationalen Kartellrechtsordnungen fort. Das (nationale) **Lauterkeitsrecht** war ursprünglich von der Europäisierung weniger betroffen, doch hat auch hier die Verfolgung des Binnenmarktkonzepts zu einer Steigerung europäischer Einflüsse auf das diesbezügliche Rechtsgebiet geführt. 74

Trotz einschlägiger Bemühungen (vor allem EU und USA) gibt es bis heute kein weltweit geltendes Kartell- bzw. Lauterkeitsrecht für die Güter- und Dienstleistungsmärkte. Die Existenz weltweiter internationaler Kartelle (z.B. OPEC!) und das Bestehen von Wettbewerbsverzerrungen durch einzelstaatliche Handelsrestriktionen sind nach wie vor ungelöste Probleme, die den weltweiten Wettbewerb verfälschen, von der Korruption in vielen Ländern einmal ganz abgesehen. Eine eigenständige Problematik zeigt sich auf den Finanzmärkten, wo man seit der Krise von 2008/9 um mehr Transparenz durch Schaffung einer internationalen Finanzmarktarchitektur bemüht ist. 75

## 2. Vorrang des europäischen Rechts

Wie eine eventuelle Kollision bzw. das Nebeneinander zwischen nationalem und europäischem Recht aufzulösen bzw. zu regeln ist, war lange Gegenstand intensiver Diskussion (etwa das Verhältnis zwischen GWB und europäischem Kartellrecht). Ursprünglich ging man teilweise davon aus, dass sich jeweils **schärfere Verbotsvorschriften** des europäischen Rechts einerseits bzw. des nationalen Rechts andererseits durchsetzen, d.h. dass jeweils eventuelle Verbote Vorrang haben. Im Laufe der Entwicklung 76

---

20 Vgl. näher *Herdegen*, Internationales Wirtschaftsrecht, 2014[10]; *Streinz*, Europarecht, 2008[8], § 2 Rz. 19 ff.

gewann das Prinzip des **Vorrangs des europäischen Rechts** zunehmend an Gewicht, so dass im Falle des Nichteingreifens eines Verbots auf europäischer Rechtsgrundlage ein Verbot nach nationalem Recht auszuschließen ist. Eine parallele Anwendung europäischen Rechts einerseits und nationalem Rechts andererseits, wenn beides zum selben Ergebnis führt, wurde und wird aber für unbedenklich gehalten. Den Vorrang des europäischen Rechts im Konfliktfall hat der Europäische Gerichtshof ausdrücklich bestätigt[21].

77 Auch das Bundesverfassungsgericht hat inzwischen anerkannt, dass europäisches Recht gegenüber nationalem Recht Vorrang beanspruchen kann; es will seine Gerichtsbarkeit insoweit nicht mehr ausüben, „solange" die Europäischen Gemeinschaften in sich hinreichend rechtsstaatliche Substanz besitzen[22]:

„Solange die Europäischen Gemeinschaften, insbesondere die Rechtsprechung des Gerichtshofs der Gemeinschaften einen wirksamen Schutz der Grundrechte gegenüber der Hoheitsgewalt der Gemeinschaften generell gewährleisten, der dem vom Grundgesetz als unabdingbar gebotenen Grundrechtsschutz im Wesentlichen gleich zu achten ist, zumal den Wesensgehalt der Grundrechte generell verbürgt, wird das Bundesverfassungsgericht seine Gerichtsbarkeit über die Anwendbarkeit von abgeleitetem Gemeinschaftsrecht, das als Rechtsgrundlage für ein Verhalten deutscher Gerichte oder Behörden im Hoheitsbereich der Bundesrepublik Deutschland in Anspruch genommen wird, nicht mehr ausüben und dieses Recht mithin nicht mehr am Maßstab der Grundrechte des Grundgesetzes überprüfen; entsprechende Vorlagen nach Art. 100 I GG sind somit unzulässig."

Der **EuGH** ist danach **gesetzlicher Richter** i.S. von Artikel 101 GG[23], und die **Verfassungsbeschwerde** nach dem GG ist **gegen europäische Rechtsakte unzulässig.**[24]

*a) Kartellrecht ohne Zusammenschlusskontrolle*

78 Im Kartellrecht normiert inzwischen Artikel 3 der **EG-Kartellverfahrensverordnung** (EG-KartVerfVO Nr. 1/2003 des Rates) ausdrücklich den Vorrang des europäischen Rechts: Ein Verbot von Wettbewerbsbeschränkungen nach nationalem Recht ist ausdrücklich ausgeschlossen, wenn die Wettbewerbsbeschränkung nach europäischem Recht erlaubt ist und der Geltungsbereich des europäischen Rechts (Beeinträchtigung des Handels zwischen Mitgliedstaaten) betroffen ist. Und ein nationales Kartellverbot darf in diesen Fällen nur dann angewandt werden, wenn das europäische Verbot zugleich angewandt wird. Deutschland hat freilich im Bereich von einseitigen Marktmachtmissbräuchen einen breiteren eigenständigen Anwendungsbereich seiner Rechtsvorschriften aufrechterhalten können (dazu unten Rz. 86). § 22 GWB stellt die Geltung dieser Regelung für das deutsche Recht klar.

---

21 EuGH Slg. 1964, 1251 – *Costa/ENEL* = NJW 1964, 2371; EuGH Slg. 1969, 1, 13 – *Walt Wilhelm* = NJW 1969, 1000.
22 BVerfGE 73, 339 – *Solange II* = NJW 1987, 577 – LS 2; zurückhaltender BVerfGE 89, 155, 195, 210 – *Maastricht* unter Hinweis auf die Art. 20 I, II, 79 III GG, ohne den vorstehenden Grundsatz aufzugeben.
23 Das Unterlassen einer nach Art. 267 III AEUV *(= 234 III EGV)* erforderlichen Vorlage an den EuGH ist ein Verstoß gegen Art. 101 I 2 GG; so BVerfGE 73, 339 – *Solange II*.
24 BVerfG a.a.O.

## b) Zusammenschlusskontrolle

Für den Bereich der Zusammenschlusskontrolle (= Fusionskontrolle) ist nach der **EG-Fusionskontrollverordnung** (EG-FKVO Nr. 139/2004 des Rates) bei Unternehmenszusammenschlüssen von gemeinschaftsweiter Bedeutung allein europäisches Recht maßgebend, wobei die gemeinschaftsweite Bedeutung durch bestimmte Umsatzziffern der beteiligten Unternehmen definiert wird. Nationales Recht ist insoweit unanwendbar. Abgesichert wird der Vorrang des europäischen Rechts in den genannten Fällen durch Artikel 103 Abs. 2 lit. e AEUV, wonach durch Verordnungen u.a. das Verhältnis zwischen den innerstaatlichen Rechtsvorschriften einerseits und den europarechtlichen Vorschriften andererseits festgelegt werden kann.

79

## c) Lauterkeitsrecht

Obwohl das Recht gegen unlauteren Wettbewerb durchaus für den Gemeinsamen Markt relevant ist (vgl. den früher geltenden *Art. 3 I lit. g EGV*), gab es zunächst auf diesem Rechtsgebiet keine vergleichbare Vorrangregelung. Die notwendige Rechtsangleichung erfolgte über Richtlinien.

80

Soweit sich derartige europäische **Richtlinien** mit dem Recht gegen unlauteren Wettbewerb befasst hatten, hatte das überdies früher für Deutschland mit seinem strengen Lauterkeitsrecht in der Regel keine allzu große Relevanz; lediglich die Zulässigkeit vergleichender Werbung innerhalb bestimmter Grenzen wurde europarechtlich klargestellt, was für Deutschland angesichts früherer sehr restriktiver Regelungen nicht ohne Bedeutung war.

Das Ziel des **Binnenmarktes** machte aber zusätzliche Vereinheitlichungen erforderlich. Es geht darum, dass nicht durch unterschiedliche nationale Rechtsvorschriften gegen unlauteren Wettbewerb neue Handelsschranken entstehen bzw. Handelsschranken aufrechterhalten werden.

> **Fallbeispiel:**[25] Das Unternehmen *Estee Lauder Cosmetics* vertrieb seine Kosmetika auf dem europäischen Markt unter der Marke **Clinique**, in Deutschland hingegen aus lauterkeits- und gesundheitsrechtlichen Gründen unter dem Namen Linique. Da dies Zusatzkosten bei Werbung und Verpackung mit sich brachte, beschloss das Unternehmen, auch in Deutschland unter dem Namen Clinique aufzutreten. Hiergegen klagte ein Gewerbeverband auf Unterlassung. Das Landgericht Berlin erwog, eine Meinungsumfrage über das Verständnis des Namens Clinique bei den angesprochenen Verbrauchern einzuholen, meinte aber, das sei dann überflüssig, wenn die Unterlassungsklage bereits nach europarechtlichen Vorschriften unbegründet sei im Hinblick auf die heutigen Art. 34 und 36 AEUV (damals noch *Art. 30, 36 EWG-Vertrag*), und legte die Sache dem EuGH vor. Dieser sah in einem möglichen Verbot von Einfuhr und Vertrieb von Kosmetika mit der Marke Clinique in Deutschland einen Verstoß gegen das Verbot von Einfuhrbeschränkungen bzw. **Maßnahmen gleicher Wirkung,** der sich auch nicht unter Hinweis auf Erfordernisse des Gesundheitsschutzes rechtfertigen lasse, zumal eine gesundheitsbezogene Konnotation bei den nicht in Apotheken vertriebenen Kosmetika nicht zu befürchten sei und sich in den übrigen Mitgliedstaaten keinerlei Probleme ergeben hätten.

81

---

25 Nach EuGH, Slg. 1994 I, S. 317 = NJW 1994, 1207 – *Clinique*; vgl. auch schon EuGH, Slg. 1979, 649 = GRUR Int. 1979, 468 – *Cassis de Dijon* und EuGH, Slg. 1974, 837 = GRUR Int. 1974, 467 – *Dassonville*.

> Als Maßnahmen gleicher Wirkung im Sinne des heutigen Art. 34 AEUV hatte der EuGH entsprechend der *Dassonville*-Formel[26] **jede Regelung der Mitgliedstaaten** betrachtet, **die geeignet ist, den innergemeinschaftlichen Handel zwischen den Mitgliedstaaten unmittelbar oder mittelbar, tatsächlich oder potenziell zu behindern.**

82  Auch nationales Recht gegen unlauteren Wettbewerb kommt also unter Umständen als Hemmnis für den freien Warenverkehr und damit ggf. als Verstoß gegen die Artikel 34 ff. AEUV in Betracht. Das galt vor allem für Deutschland und sein strenges Lauterkeitsrecht, das von einem besonders schutzbedürftigen Verbraucher ausging. Insofern gab die Regelung des heutigen Artikel 34 AEUV einen Impuls zur Entwicklung eines **einheitlichen europäischen Verbraucherleitbilds** in dem Sinne, dass man die Schutzbedürftigkeit des Verbrauchers in Europa im Hinblick auf seine Gefährdung durch irreführende Werbung einheitlich interpretiert, was für Deutschland mit einem Abbau der bisher zugunsten des Verbrauchers sehr hohen Schutzschranken verbunden war (Näheres hierzu unten § 3).

Eine **Richtlinie** des Europäischen Parlaments und des Rates vom 21.5.2005 über **unlautere** Geschäftspraktiken im binnenmarktinternen Geschäftsverkehr zwischen Unternehmen und **Verbrauchern**[27], hat das Lauterkeitsrecht aber – speziell unter dem Blickwinkel des Verbraucherschutzes – weiter harmonisiert, und zwar zunächst durch das den Entwurf der RL schon berücksichtigende UWG von 2004. Die UWG-Novelle von 2008 hat das nationale Lauterkeitsrecht umgekehrt der Richtlinie weiter angepasst (vgl. näher unten Rz. 97).

Das jeweils national bleibende Recht gegen unlauteren Wettbewerb in den einzelnen Mitgliedstaaten wird also mittelbar durch europäisches Recht im Sinne einer Vereinheitlichung beeinflusst, die teils durch den Gesetzgeber, teils qua richtlinienkonformer Auslegung durch den Rechtsanwender erfolgt. Man geht im Lauterkeitsrecht inzwischen sogar von einer **Vollharmonisierung** im Sinne der unmittelbaren Wirkung der genannten Richtlinie aus.

83  **Exkurs: Herkunfts- und Bestimmungslandprinzip im Lauterkeitsrecht (das mangels Vereinheitlichung der Rechtsvorschriften anzuwenden wäre)**

> Aus dem Blickwinkel eines in mehreren Ländern Europas werblich tätigen Unternehmens wäre an sich das **Herkunftslandprinzip** vorzugswürdig, das das Unternehmen nur den wettbewerbsrechtlichen Anforderungen seines Sitzlandes unterwirft.
>
> *Soweit der Hersteller die für ihn geltenden Rechtsvorschriften beachtet, müssen das alle anderen Mitgliedstaaten beim Vertrieb der Ware akzeptieren. Dies kann zu niedrigen Standards führen („race to the bottom").*
>
> Betrachtet man den Schutz des durch unlauteren Wettbewerb betroffenen Verbrauchers, so ist hingegen das **Bestimmungslandprinzip** vorzugswürdig, denn der Verbraucher kann sich dann auf alle in seinem Land geltenden Vorschriften berufen, woher auch immer das werbende Unternehmen stammt. Das ist lästig für die Unternehmen.
>
> *Strengeres nationales Recht würde sich hier durchsetzen.*

---

26  A.a.O. Rz. 5.
27  ABl. 2005 Nr. L 149 vom 11.6.2005, S. 22.

> Freilich beeinträchtigt das Bestimmungslandprinzip tendenziell den Handel zwischen den Mitgliedstaaten, weil hier ein Hersteller jeweils unterschiedliche Rechtsvorschriften beachten muss.
>
> Das Herkunftslandprinzip stärkt also den Freihandel, während das Bestimmungslandprinzip den Schutz optimiert (Öffentlich diskutiert wurde die Problematik von Herkunftsland- versus Bestimmungslandprinzip vor allem im Zusammenhang mit der europäischen Dienstleistungsrichtlinie unter dem Blickwinkel des Zugangs preisgünstiger Anbieter von Dienstleistungen aus osteuropäischen Ländern). Freihandel und Schutz gleichermaßen werden am ehesten erreicht, wenn die nationalen Vorschriften gegen unlauteren Wettbewerb inhaltlich einander **angeglichen** sind. Hier müssen die eventuellen Erschwernisse für die Unternehmen gegen die Schutzerfordernisse der Verbraucher einheitlich abgewogen werden. Diesen Weg beschreiten die RL 2005/29/EG und das UWG i.d.F. der 1. UWG-Novelle im Verhältnis Unternehmer/Verbraucher.

#### d) Besondere Pflichtenbindung des Staates

Nach Europarecht sind die Mitgliedstaaten verpflichtet, grundsätzlich auch auf **öffentliche Unternehmen** die kartellrechtlichen Vorschriften anzuwenden (vgl. Art. 106 AEUV); soweit Unternehmen mit Dienstleistungen von allgemeinem wirtschaftlichen Interesse betraut sind (z.B. Bahn, Wasserversorgung) oder den Charakter eines Finanzmonopols haben, gelten die Vorschriften nur eingeschränkt (vgl. auch Art. 14 AEUV, der insbesondere die sog. Daseinsvorsorge betrifft). Die Abgrenzung zum nationalen Recht ergibt sich hier aus den in Bezug genommenen Vorschriften; inhaltlich ist das gegebenenfalls anwendbare nationale Recht weitgehend gleich. Das Verbot staatlicher Beihilfen (Art. 107-109 AEUV) existiert nur auf der europäischen Ebene. Das Vergaberecht (vgl. schon oben Rz. 52) gibt es als Wettbewerbsrecht ebenfalls nur auf der über den Umfang der Vergabe abgegrenzten europäischen Ebene; falls die diesbezügliche Regelung nicht eingreift, kommt bei Vergaben eventuell nationales Haushaltsrecht zur Anwendung

84

### 3. Raum für nationales Recht

#### a) Kartellrecht

Durch den Vorrang des europäischen Kartellrechts hat die Bedeutung des **deutschen materiellen Kartellrechts** erheblich **abgenommen**. Soweit durch Wettbewerbsbeschränkungen der zwischenstaatliche Handel beeinträchtigt ist, kann deutsches Kartellrecht zu einem Verbot nur neben einem ausdrücklich angewendeten Verbot europäischen Rechts eingreifen, womit das nationale Verbot insoweit erheblich an Bedeutung verliert. Als Grundsatz gilt: Nur Wettbewerbsbeschränkungen, die den zwischenstaatlichen Handel nicht beeinträchtigen, also von rein nationaler, regionaler oder gar lediglich örtlicher Bedeutung sind, unterliegen nach wie vor in vollem Umfang den Vorschriften des deutschen GWB. Nach der Einschätzung von Praktikern ist dies aber nur ein sehr geringer Teil aller Wettbewerbsbeschränkungen.

85

Auf Grund von Artikel 3 II 2 der EG-KartVerfVO ist dem **nationalen Gesetzgeber** im Bereich **einseitiger Wettbewerbsbeschränkungen** aber ein **breiterer Regelungsspielraum** verblieben. Nach dieser Vorschrift ist es nämlich den Mitgliedstaaten nicht verwehrt, in ihrem Hoheitsgebiet strengere innerstaatliche Vorschriften zur Unterbin-

86

dung oder Ahndung einseitiger Handlungen von Unternehmen zu erlassen oder anzuwenden. Praktische Bedeutung hat dies für die Fälle des Missbrauchs einer marktbeherrschenden Stellung sowie für das nationale Diskriminierungs- und Behinderungsverbot der §§ 19, 20 GWB, wobei die letztgenannte Vorschrift bereits im Vorfeld der eigentlichen Marktbeherrschung eingreifen kann. Hier kann deutsches Recht also auch dann angewandt werden, wenn der Handel zwischen Mitgliedstaaten betroffen ist und europäisches Recht nicht zu einem Verbot führen würde.

Für die **Anwendung** des Kartellrechts haben die **nationalen Kartellbehörden** aber generell erheblich an **Bedeutung gewonnen**, weil die Durchsetzung auch des europäischen Kartellrechts heute primär durch nationale Kartellbehörden erfolgt, für die (durch europäisches Recht) eine netzwerkartige Struktur zur Gewährleistung einer gewissen Einheitlichkeit vorgesehen ist.

*b) Zusammenschlusskontrolle*

87 Für den Bereich der Fusionskontrolle (= Zusammenschlusskontrolle) bleibt das GWB hingegen nur unterhalb der **Schwelle** anwendbar, die für Zusammenschlüsse von gemeinschaftsweiter Bedeutung definiert wurde. Diese Schwelle liegt im Grundsatz bei weltweitem Gesamtumsatz aller beteiligten Unternehmen von über 5 Mrd. EURO, falls mindestens zwei der Unternehmen einen gemeinschaftsweiten Umsatz von je über 250 Mio. EURO haben und der gemeinschaftsweite Umsatz sich nicht in einem der Mitgliedstaaten konzentriert (vgl. Art. 1 II EG-FKVO). Für die Anwendung der Regeln über die europäische Fusionskontrolle bleibt, anders als dies beim Kartellrecht im Übrigen der Fall ist, grundsätzlich allein die europäische **Kommission** zuständig; doch sind in gewissem Umfang Verweisungen an nationale Kartellbehörden vorgesehen.

*c) Lauterkeitsrecht*

88 Das nationale UWG, das als Privatrecht von den Zivilgerichten angewandt wird, ist, wie sich gezeigt hat, einem beträchtlichen Vereinheitlichungsdruck im Rahmen der EU ausgesetzt. Das Lauterkeitsrecht im Verhältnis Unternehmer/Verbraucher ist in vollem Umfang **harmonisiert**. Hier, aber auch im Übrigen spielt richtlinienkonforme Auslegung eine große Rolle. Bei Zweifeln an der Vereinbarkeit nationalen Rechts mit den Vorgaben europäischer Richtlinien kommt eine Vorlage an den EuGH gemäß Art. 267 AEUV (früher *Art. 234 EGV*) in Betracht[28].

*d) Gewerblicher Rechtsschutz*

89 Für den Bereich des gewerblichen Rechtsschutzes, also insbesondere für Patent- und Markenrecht, ist grundsätzlich nationales Recht maßgebend. Doch gibt es hier auf internationaler Ebene – auch über die EU hinaus – Vereinheitlichungen und zum Teil auch eigenständige europäische Regelungen, die neben den nationalen Vorschriften bedeutsam sind. Hierauf wird nachfolgend nicht weiter eingegangen.

---

28 So hat der BGH mit Beschluss vom 5.6.2008 dem EuGH die Frage vorgelegt, ob das in § 4 Nr. 6 UWG enthaltene generelle Verbot einer Koppelung einer Gewinnspielteilnahme an ein Absatzgeschäft mit Art. 5 Abs. 2 der RL 2005/29/EG vereinbar ist; vgl. BGH WRP 2008, 1175 – *Millionen-Chance*.

## 4. Anpassung der unterschiedlichen Rechtsvorschriften

Wie sich gezeigt hat, findet im Bereich des Rechts gegen den unlauteren Wettbewerb eine inhaltliche Anpassung der nationalen Vorschriften, also Rechtsangleichung, statt. Für den Bereich des Kartellrechts ergibt sich wegen dem Nebeneinander von nationalen und europäischen Vorschriften das Problem, wie dort zu verfahren ist, wo **Unsicherheit hinsichtlich der Beeinträchtigung des Handels zwischen Mitgliedstaaten** besteht. Dieses Gefahrenpotential ist beträchtlich. Und aus diesem Grunde ist es praktisch sinnvoll, dass die nationalen Kartellrechtsvorschriften im Regelungskonzept dem des europäischen Kartellrechts folgen, um im Falle der Unsicherheit Friktionen zu vermeiden. In der praktischen Konsequenz scheint in diesem Sinne die **Entwicklung** überdies auch auf EU-weit einheitliche nationale **Kartellrechtsvorschriften** hinauszulaufen, die der europarechtlichen Struktur entsprechen[29]. Unter didaktischem Blickwinkel ist es daher auch gerechtfertigt, die diesbezüglichen europäischen und nationalen Regelungen jeweils gemeinsam zu besprechen.

90

## 5. Internationales Wettbewerbsrecht als Kollisionsrecht

Soweit Wettbewerbsbeschränkungen und unlauteres Wettbewerbsverhalten **mehrere Rechtsordnungen** berühren, stellt sich die Frage, welche Rechtsordnung anzuwenden ist. Zum Verhältnis zwischen den nationalen Rechten einerseits und dem europäischen Recht andererseits ist diese Frage rechtlich klar geregelt (siehe oben). Sie ist noch offen für das Verhältnis zwischen dem europäischen Rechtsbereich insgesamt und Unternehmen aus Nichtmitgliedstaaten einerseits sowie zwischen denen aus Mitgliedstaaten und Drittstaaten oder zwischen den Mitgliedstaaten untereinander (letztere Gruppe ist wegen der insoweit parallelen Entwicklung weniger bedeutsam). Die diesbezügliche Frage wird die jeweilige Kartellbehörde bzw. das zuständige Gericht nach seinem jeweils eigenen Kollisionsrecht beantworten.

91

### a) Kartellrecht einschließlich Zusammenschlusskontrolle

Für den Bereich des europäischen Kartellrechts gilt insoweit das **Auswirkungsprinzip**. Jede Wettbewerbsbeschränkung, die sich im Bereich der europäischen Gemeinschaft, also auf dem Binnenmarkt, auswirkt, verlangt insoweit nach der Anwendung europäischen Rechts (natürlich nur bei Beeinträchtigung des zwischenstaatlichen Handels bzw. gemeinschaftsweiter Bedeutung). Für das deutsche GWB ist das Auswirkungsprinzip ausdrücklich in § **130 II GWB** normiert.

92

Das Auswirkungsprinzip ist auch **international** weitgehend **anerkannt**, weist freilich im Hinblick auf die damit verbundene exterritoriale Anwendung des Geltung beanspruchenden Kartellrechts eine beträchtliche **Problematik** auf. Konfliktlagen gegenüber anderen (Kartell-)Rechtsordnungen sind vorprogrammiert und haben etwa zwischen EU und den USA auch schon zu Kontroversen geführt (z.B. *Microsoft*); zumindest setzt das Völkerrecht dem Auswirkungsprinz enge Grenzen[30]. Das Auswirkungsprinzip wurde inzwischen auch durch eine **europäische VO** legifiziert[31].

---

29 Vgl. zum Wettbewerb der Rechtsordnungen in diesem Zusammenhang *Hönn*, FS Ress, 2005, S. 505.
30 Vgl. dazu etwa *Herdegen*, Internationales Wirtschaftsrecht, 2014[10], § 17.
31 Sog. ROM II-VO, ABl. L 199 v. 31.7.2007; dazu kritisch *Immenga*, WuW 2008, 1043.

### b) Lauterkeitsrecht

**93** Für das Recht gegen unlauteren Wettbewerb ist für deutsche Gerichte an sich das deutsche internationale Privatrecht, und zwar speziell das **internationale Deliktsrecht** maßgebend (vgl. Art. 40 EGBGB). Hiernach kommt es an sich auf den Ort der Handlung bzw. der Schädigung an. Man geht insoweit davon aus, dass unlauterer Wettbewerb allein am Marktort begangen wird, wo die wettbewerblichen Interessen der Konkurrenten aufeinander stoßen[32]. Für den Bereich der EU gilt aber insoweit ebenfalls europäisches Kollisionsrecht; näher hierzu unten Rz. 100.

### 6. Zusammenfassende Übersicht

**94**

| Nationales und europäisches Recht und Zuständigkeiten ||
|---|---|
| **Grundsatz** <br> Im Konfliktfall genießt europäisches Recht Vorrang (EuGH Rs. 14/68 „Walt Wilhelm") sogar vor nationalem Verfassungsrecht! (BVerfG E 73, 339 „Solange II") ||
| **Vorrang des europäischen Rechts** | **Raum für nationales Recht und nationale Zuständigkeit** |
| **Kartellrecht** ||
| Vorrang in Art. 3 EG-KartVerfVO i.V.m. Art. 103 II lit. e AEUV normiert <br> • im Konfliktfall muss europäisches Recht angewandt werden <br> • evtl. daneben angewandtes nationales Recht darf nicht zu abweichenden Ergebnissen führen | • nationales materielles Recht hat nur bei fehlendem Zwischenstaatlichkeitsbezug einen eigenen Spielraum; Ausnahme bei einseitigen missbräuchlichen Handlungen von Unternehmen <br> • Anwendung des **europäischen** Rechts auch durch **nationale Behörden** und **Gerichte** |
| **Zusammenschlusskontrolle** ||
| Vorrang in der EG-FKVO i.V.m. Art. 103 II lit e. AEUV normiert <br> • bei gemeinschaftsweiter Bedeutung des Zusammenschlusses ist **allein** europäisches Recht anwendbar | • nationales materielles Recht nur unterhalb der Schwellenwerte, die die gemeinschaftsweite Bedeutung definieren <br> • grundsätzlich wird das europäische Recht allein von der Kommission angewandt |
| **Lauterkeitsrecht** ||
| keine ausdrückliche Regelung; aber starke Beeinflussung durch <br> • Richtlinien <br> • Binnenmarktrechtsprechung des EuGH | wegen Beeinflussung durch Europarecht nur formal nationales Recht; daher: richtlinienkonforme Auslegung und eventuell Vorlage nach Art. 267 AEUV |

---

[32] BGHZ 35, 329, 334 – *Kindersaugflaschen*; 113, 11, 15 – *Kauf im Ausland*.

| **Internationales Wettbewerbsrecht als (an sich nationales) Kollisionsrecht** | | 95 |
|---|---|---|
| \multicolumn{3}{l}{Das internationale Wettbewerbsrecht klärt nach nationalem Recht die Frage, welche Rechtsordnung für das jeweils entscheidende Gericht gilt, wenn ein Sachverhalt Bezüge zu mehreren Staaten ausweist; aber: ROM II-VO!} | | |
| **Kartellrecht** | **Lauterkeitsrecht** | |
| Auswirkungsprinzip (§ 130 II GWB); anwendbar ist das Recht des Ortes, an dem sich die Wettbewerbsbeschränkung auswirkt; heute: ROM II-VO! | internationales Deliktsrecht (vgl. Art 40 EGBGB); anwendbar ist das Recht des Ortes, an dem die Handlung /Schädigung begangen wurde (= Ort des Zusammentreffens der wettbewerblichen Interessen); für den Bereich der EU gilt eine europäische VO: ROM II-VO! | |

Zweiter Teil

# Lauterkeitsrecht

**Literatur zur Vertiefung:** *Beater*, Unlauterer Wettbewerb, 2011; *Berlit*, Wettbewerbsrecht, 2011[8]; *Boesche*, Wettbewerbsrecht, 2011[4]; *Ekey*, Wettbewerbsrecht, 2013[4]; *Emmerich*, Unlauterer Wettbewerb, 2012[9] (zit.: WettbR); *Fezer*, UWG, Kommentar, 2 Bde., 2010[2]; *Harte-Bavendamm/Henning-Bodewig*, Gesetz gegen den unlauteren Wettbewerb, Kommentar, 2013[3]; *Köhler/Bornkamm*, Wettbewerbsrecht, Kommentar, 2014[32]; *Hönn*, Klausurenkurs im Wettbewerbs- und Kartellrecht, 2013[6]; *Münchener Kommentar* zum Lauterkeitsrecht, 2 Bde., 2006/2014[1/2]; *Nordemann*, Wettbewerbsrecht, Markenrecht, 2012[11]; *Ohly/Sosnitza*, UWG, Kommentar, 2014[6]; *Juris-PK – UWG* 2013[3]; *Sosnitza*, Fälle zum Wettbewerbs- und Kartellrecht, 2011[6].

# § 3 Materielles Lauterkeitsrecht, insbesondere UWG

## I. Überblick

### 1. Entwicklung

96  Mit der Erlangung der **Gewerbefreiheit**[1] ergab sich die Notwendigkeit, Regelungen gegen **Auswüchse** gewerblichen Verhaltens zu schaffen. Nachdem sich gesetzliche Vorschriften mit speziellen Verbotstatbeständen (ein erstes, allerdings unzureichendes UWG wurde schon 1896 erlassen) angesichts der Phantasie der Gewerbetreibenden als unzulänglich erwiesen hatten, wurde **1909 das UWG** mit einer großen **Generalklausel** geschaffen, nach dessen § 1 auf Unterlassung und Schadenersatz in Anspruch genommen werden konnte, wer im geschäftlichen Verkehr zu Zwecken des Wettbewerbs Handlungen vornahm, die gegen die **guten Sitten** verstoßen.

97  Mit der Neufassung des **UWG von 2004** wurde in Anpassung an den internationalen Sprachgebrauch auf die **Unlauterkeit** von Wettbewerbshandlungen abgestellt. Unlautere **Wettbewerbshandlungen**, die geeignet sind, den Wettbewerb zum Nachteil der Mitbewerber, der Verbraucher oder der sonstigen Marktteilnehmer nicht nur unerheblich zu beeinträchtigen, waren nach § 3 I UWG unzulässig.[2] Durch das **1. Gesetz zur Änderung des UWG v. 22.12.2008** wurde die **RL 2005/29/EG** in deutsches Recht umgesetzt.[3] § 3 UWG verbietet nunmehr (weiter reichend) unlautere **geschäftliche Handlungen**.

Mit den Änderungen ist, trotz zunehmenden Umfangs der Regelungen insgesamt, eine **Liberalisierung** des Wettbewerbs erfolgt[4]. Nachdem schon im Jahre 2001 das *Rabatt-*

---

1  In Deutschland zunächst durch die Gewerbeordnung (GewO) des Norddeutschen Bundes von 1869; die GewO wurde 1871 als Reichsgesetz übernommen.
2  BGBl. I (2004), S. 2949.
3  BGBl. I, S. 2949.
4  Vgl. amtl. Begr. BT-Drucks 15/1487 vom 22.8.2003 – RegE UWG, S. 15.

*gesetz* und die *Zugabeverordnung* aufgehoben worden waren und nachdem auch die vergleichende Werbung bereits zuvor erleichtert worden war, sind 2004 noch einige spezielle restriktive Vorschriften über Sonderveranstaltungen (betr. u.a. Sommer- und Winterschlussverkauf) weggefallen. Seit der 1. UWG-Novelle 2008 ist für den Geschäftsverkehr zwischen Unternehmen und Verbrauchern vor dem Hintergrund der RL 2005/29/EG von einer **Vollharmonisierung** des Lauterkeitsrechts auszugehen. Für das Verhältnis zwischen Unternehmen untereinander, das nach wie vor vom UWG mit geregelt wird, findet keine Vollharmonisierung statt. Soweit sich das UWG heute auf „geschäftliche Handlungen" erstreckt, ist dies weiter reichend als die zuvor erfassten „Wettbewerbshandlungen", weil damit u.a. zugleich Handlungen während und nach Vertragsschluss der gesetzlichen Kontrolle durch das UWG unterfallen.

## 2. Gegenstandsbereich

Das Recht gegen unlauteren Wettbewerb (= Lauterkeitsrecht) ist einmal gegenüber dem **Kartellrecht abzugrenzen** (dazu oben Rz. 60). Im Sinne eines Oberbegriffs bezeichnet man beide Rechtsmaterien als Wettbewerbsrecht i.w.S. **98**

Lauterkeitsrecht gehört im Übrigen zum gewerblichen Rechtsschutz. Während freilich das Lauterkeitsrecht ein Vorgehen gegen unlautere geschäftliche Handlungen ermöglicht, gewähren das **Urheberrecht** und **gewerbliche Schutzrechte** (Patent-, Gebrauchsmuster-, Design- und Markengesetz) dem Inhaber des Rechts bestimmte Monopolberechtigungen an Erfindungen, Marken und Werken der Literatur, Wissenschaft, Kunst und Design. Soweit nach den Vorschriften des Urheberrechts bzw. des gewerblichen Rechtsschutzes Nachahmungsfreiheit besteht, stellt eine Nachahmung keinen unlauteren Wettbewerb dar. Gleichwohl hat das Lauterkeitsrecht hier eine Ergänzungsfunktion, wenn zur Nachahmung bestimmte Aspekte der Unlauterkeit hinzukommen (z.B. systematisches Ausspähen von Designentwicklung).

Der Gegenstandsbereich des Rechts gegen unlauteren Wettbewerb ist das **Verhalten von Unternehmen im Wettbewerb bzw. geschäftlichen Verkehr**. Zu den Unternehmen gehören auch freiberuflich Tätige sowie Unternehmen der öffentlichen Hand einschließlich öffentlich-rechtlich organisierter Unternehmen, soweit sie nicht hoheitlich handeln, sondern am Markt tätig sind. Den einzelnen Arbeitnehmern und Verbrauchern werden durch das Recht gegen unlauteren Wettbewerb weder Rechte gewährt noch Pflichten auferlegt. **99**

Das UWG wird als generelle Regelung durch bestimmte spezielle **Regelungen ergänzt**, insbesondere betreffend die Werbung im Heilmittelbereich sowie bei Lebensmitteln.

## 3. Geltungsbereich

Das UWG enthält (soweit es um das Verhältnis Unternehmen/Verbraucher geht, vollharmonisiertes) nationales deutsches Recht. Die Frage, ob und inwieweit bei Wettbewerbshandlungen deutscher Unternehmen im Ausland bzw. ausländischer Unternehmen in Deutschland deutsches Recht anwendbar ist, richtet sich nach dem **Kollisionsrecht**. **Bislang** galt folgende allgemeine Regelung: Soweit ein deutsches Gericht zuständig und mit einer Wettbewerbsstreitigkeit befasst ist, wendete es deutsches **100**

Kollisionsrecht an, hier speziell die Vorschriften des Art. 40 f. EGBGB über unerlaubte Handlungen, die allgemeine Anknüpfungsregelung für deliktsrechtlich relevantes Verhalten vorsehen. Da es um deliktsrechtlich zu beurteilende **Handlungen** geht, wurde als einschlägiger **Begehungsort** der **Marktort** angesehen, wo wettbewerbliche **Interessen der Mitbewerber aufeinander stoßen**[5]. **Künftig** ist auf die allseitige Kollisionsnorm des Art. 6 I der sog. **Rom II-VO**[6] abzustellen, wonach das Recht des Staates anzuwenden ist, in dessen Gebiet die Wettbewerbsbeziehungen oder die kollektiven Verbraucherinteressen beeinträchtigt werden, was ebenfalls auf die Relevanz des Marktortes hinaus läuft; bei ausschließlicher Schädigung eines bestimmten Wettbewerbers ist aber nach Art. 6 II die allgemeine deliktsrechtliche Kollisionsnorm des Art. 4 maßgebend. Soweit deutsche Unternehmen im Ausland mit ausländischen Unternehmen konkurrieren, gilt demzufolge das UWG grundsätzlich nicht.

**101** **Fallbeispiel:**[7] Das spanische Unternehmen S veranstaltete auf Gran Canaria eine Ausflugsfahrt, für die bei Touristen in dortigen Hotels mit einem deutschsprachigen Faltblatt für den **Kauf im Ausland** geworben wurde. In Absprache mit dem deutschen Unternehmen D wurden auf einer in diesem Rahmen stattfindenden Verkaufsveranstaltung Wollfabrikate von D unter Verwendung von Bestellformularen des S beworben, die keinen Hinweis auf ein Widerrufsrecht enthielten; die Auslieferung der bestellten Wollfabrikate sollte am Wohnort der Besteller erfolge. Herr H aus Deutschland bestellte Oberbett und Kopfkissen für teures Geld und widerrief dies später, was D nicht akzeptieren wollte. Daraufhin verklagte ein Verbraucherverband D in Deutschland auf Unterlassung diesbezüglicher Werbeaktivitäten wegen wettbewerbswidriger Ausnutzung der Unkenntnis der Verbraucher. – Sowohl bei der Frage nach der Zulässigkeit des Widerrufs[8] als auch für die Unterlassungsklage ging es um die vom (zuständigen) deutschen Richter anzuwendende Rechtsordnung, also um (deutsches) Internationales Privatrecht; heute wäre auf Art. 6 I Rom II-VO abzustellen.

Im Vordergrund des Fallbeispiels stand die Frage, ob für die Entscheidung der Unterlassungsklage durch das zuständige deutsche Gericht das deutsche UWG anzuwenden ist. Hier ging es um das deutsche Internationale Deliktsrecht der Art. 40 f. EGBGB. Maßgebend ist danach das Recht des Handlungsortes, eventuell auch des Erfolgsorts; in Wettbewerbssachen gilt insoweit kraft Spezialität allein das Recht des **Marktorts**[9]. Dieser liegt dort, wo die **wettbewerblichen Interessen** der Mitbewerber **aufeinander treffen**, und das ist insbesondere dort, wo **Maßnahmen auf den Kunden einwirken** sollen, also im Beispielsfall auf Gran Canaria, Spanien. Dass die spätere Auslieferung der Waren in Deutschland erfolgt, ist für die Beurteilung der Werbung nicht relevant. Demzufolge war die Unterlassungsklage nach Auffassung des BGH nicht nach UWG, sondern nach spanischem Recht zu entscheiden. Nach Art. 6 I Rom II-VO wäre in gleicher Weise zu entscheiden.

**102** Auch wenn der Wettbewerb im Ausland ausschließlich zwischen inländischen Unternehmen stattfindet und sich die beanstandete Maßnahme allein gegen ein inländi-

---

5 Vgl. BGH GRUR Int. 1962, 88, 91 – *Kindersaugflaschen*.
6 VO (EG) Nr. 864/2007 des Europäischen Parlaments und des Rates vom 11.7.2007 über das auf außervertragliche Schuldverhältnisse anzuwendende Recht, ABl. 2007 L 199/44 ff.; Inkrafttreten zum 11.1.2009; näher hierzu *Sack*, WRP 2008, 845 ff.
7 Nach BGHZ 113, 11 – *Kauf im Ausland*.
8 Vgl. insoweit § 312 BGB, Art. 29 EGBGB; ein Widerrufsrecht war danach wohl nicht gegeben.
9 Eingehende Nachweise bei *Köhler/Bornkamm*, Wettbewerbsrecht, Einl. UWG Rz. 5.5 ff.; in fast monographischer Breite *Hausmann/Obergfell*, in: Fezer, UWG, Einleitung I Rz. 1-316.

sches Unternehmen richtet, bleibt es beim Marktortprinzip, also hier bei der Anwendung ausländischen Rechts.[10]

Selbst wenn das UWG nach diesen Maßstäben eingreift, können freilich Besonderheiten der ausländischen Rechtsordnung zu berücksichtigen sein.

**Beispiel:** Bei Werbung im Inland (z.B. Trier) für Verkäufe im Ausland (z.B. Luxemburg) an Feiertagen, an denen der Verkauf im Inland verboten, aber im Ausland erlaubt ist, ist das UWG nach obigem Maßstab zwar anwendbar, doch fehlt es an der Unlauterkeit.[11]

Umgekehrt ist das UWG anwendbar, wenn ausländische Unternehmen auf dem inländischen Markt werblich tätig sind. Wir sehen hier eine Parallele zum Auswirkungsprinzip, das wir aus dem Kartellrecht kennen.

Besondere Probleme ergeben sich aus diesem **Marktortprinzip** dort, wo sich Marktauswirkungen eines bestimmten Verhaltens in mehreren Ländern zugleich zeigen. Besonders bedeutsam ist dies für **Online-Marketing und Fernseh-Werbung**. Um die kumulative Anwendung mehrerer nationaler Rechtsvorschriften zu vermeiden, muss hier das Marktordnungsprinzip weiter **konkretisiert** werden: der Ort der virtuellen Abrufbarkeit kann lediglich Ausgangspunkt für die Bestimmung des anzuwendenden Rechts sein; es bedarf zusätzlich der Beschränkung bei der Betrachtung der Marktauswirkungen nach der Natur des Produkts und der Vertriebspolitik, wobei die Sprache der Werbeaussage wesentliches Indiz sein kann[12]. Die erfolgte Harmonisierung des Lauterkeitsrechts sowie der Rom II-VO verringern freilich die praktische Relevanz nationaler kollisionsrechtlicher Regelungen.

### 4. Einwirkung europäischen Rechts

*a) Richtlinien*

Hinsichtlich der Einwirkung europäischen Rechts haben einschlägige **Richtlinien** für die **Interpretation** der entsprechenden **UWG**-Vorschriften Bedeutung. Die frühere *Richtlinie 84/450/EWG* über irreführende und vergleichende Werbung vom 10.9.1984[13] war im Hinblick auf **irreführende Werbung** für das UWG allerdings **nicht bedeutsam**, da die Vorschriften des UWG eher strenger als die Anforderungen der Richtlinie waren, was insoweit von dieser Richtlinie erlaubt wird (vgl. *Art. 7 I der o.a. Richtlinie*). Demgegenüber war *Art. 3a der o.a. Richtlinie* hinsichtlich der Bedingungen für die Zulässigkeit **vergleichender Werbung** insoweit **wichtig**, als seit 1997 nach Art. 7 II dieser Richtlinie beim Werbevergleich strengeres nationales Recht unzulässig war[14]. – Das neue UWG von 2004 setzt ausweislich seiner amtl. Begründung[15] u.a. die **Datenschutzrichtlinie** für **elektronische Kommunikation**[16] um.

**103**

---

10 BGHZ 185, 66 – *Ausschreibung in Bulgarien*.
11 Vgl. BGH GRUR 2004, 1035 – *Rotpreis-Revolution*.
12 Näher hierzu unter dem Blickwinkel der Rom II-VO *Sack*, WRP 2008, 845 ff.; vgl. auch *Kiethe*, WRP 2000, 616.
13 ABl. L 250/17 vom 19.9.1984, mit späteren Änderungen.
14 Insoweit in der Fassung der Richtlinie 97/55/EG vom 6.10.1997, ABl. L 290/18 vom 23.10.1997.
15 RegE UWG, S. 15.
16 Richtlinie 2002/58/EG vom 12.7.2002, ABl. Nr. L 201/37.

**104** Die **Richtlinie 2005/29/EG über unlautere Geschäftspraktiken** vom 11.5.2005[17] betrifft **nur** den Geschäftsverkehr zwischen Gewerbetreibenden und Verbrauchern („business to consumer" = „**B2C**"). Sie wird allgemein als **UGP-Richtlinie** bezeichnet (Richtlinie gegen Unlautere GeschäftsPraktiken). Werbung, die sich gegen Wettbewerber richtet, lässt sie außer Betracht (z.B. unlautere Behinderung von Wettbewerbern). Die UGP-Richtlinie sieht grundsätzlich eine **Vollharmonisierung** des Lauterkeitsrechts vor (beansprucht aber im Verhältnis zu bereits bestehenden **gemeinschaftsrechtlichen** Regelungen nur subsidiäre Geltung). Die Art. 6 und 7 der RL definieren irreführende Handlungen und Unterlassungen, die Art. 8 und 9 der RL aggressive Geschäftspraktiken sowie Belästigung, Nötigung und unzulässige Beeinflussung, und Anhang I enthält eine Liste von Geschäftspraktiken, die unter allen Umständen als unlauter gelten. Alles in allem zeigt sich, dass aus europäischer Sicht der **Verbraucherschutz** ein besonderes Anliegen des Lauterkeitsrechts ist. – Obwohl das UWG von 2004 bereits vor dem Hintergrund des Vorschlags der diesbezüglichen Richtlinie erlassen wurde, hatte sich die Notwendigkeit weiterer Anpassung des UWG an die Vorgaben gezeigt, die durch die 1. UWG-Novelle 2008 erfolgt ist.

**105** Die **Richtlinie 2006/114/EG über irreführende und vergleichende Werbung vom 12.12.2006**[18] betrifft wegen der Vollharmonisierung des B2C-Bereiches nur noch das **Verhältnis zwischen Unternehmen**; sie gibt nur einen Mindeststandard für das Verbot irreführender Werbung vor, verlangt aber für vergleichende Werbung eine Vollharmonisierung, so dass der Werbevergleich durch nationales Recht nicht weiter eingeschränkt werden darf.

*b) Vorschriften über den Binnenmarkt*

**106** Überlagert wird die nationale Regelung des UWG, abgesehen von den Richtlinien, durch **Artikel 34 ff. AEUV** (zuvor *Artikel 28 ff. EGV*). Art. 34 AEUV verbietet unter dem Vorbehalt des Art. 36 AEUV mengenmäßige Einfuhrbeschränkungen sowie alle Maßnahmen gleicher Wirkung zwischen den Mitgliedstaaten.

Nach dem *Dassonville*-Urteil[19] versteht der EuGH als Maßnahme gleicher Wirkung in diesem Sinne

*„jede Handelsregelung der Mitgliedstaaten, die geeignet ist, den innergemeinschaftlichen Handel unmittelbar oder mittelbar, tatsächlich oder potenziell zu behindern".*

Damit fällt auch unterschiedliches nationales Lauterkeitsrecht unter Art. 34 AEUV. Da Art. 36 AEUV für den Bereich des Lauterkeitsrechts keinerlei Ausnahmen vorsieht, sieht der EuGH die Geltung des Art. 34 AEUV für das Lauterkeitsrecht als immanent beschränkt an. Nach dem *Cassis*-Urteil[20]

*müssen Beschränkungen hingenommen werden, die sich aus den Unterschieden nationaler Regelungen ergeben, soweit sie notwendig sind, um **zwingenden Erfordernissen u.a. der Lauterkeit des Handelsverkehrs und des Verbraucherschutzes** gerecht zu werden.*

---

17 ABl. L 149/22 vom 11.6.2005.
18 ABl. L 376/21 vom 27.12.2006.
19 EuGH, Slg. 1974, S. 837 – *Dassonville*.
20 EuGH, Slg. 1979, 649 = GRUR Int. 1979, 468 – *Cassis de Dijon*.

Nach der Rechtsprechung des EuGH wird einzelstaatlich besonders strenges Recht gegen unlauteren Wettbewerb gegebenenfalls europarechtlich als Hindernis für den zwischenstaatlichen Handel kontrolliert und eventuell eingeschränkt – vgl. schon das Fallbeispiel *Clinique* oben Rz. 81. Der EuGH behält sich über die aufgeführten Kriterien bereits nach europäischem Primärrecht die Kontrolle über nationales Lauterkeitsrecht vor. **107**

Dabei sieht die Judikatur des EuGH einmal die besonders streng zu beurteilenden **produktbezogenen Regulierungen**: Unterschiedliche nationale Vorschriften über die Zusammensetzung, Verpackung oder Aufmachung des Produkts behindern den zwischenstaatlichen Handel massiv und sind daher – wie im Fallbeispiel *Clinique* deutlich wurde – nur unter engen Voraussetzungen zulässig.[21] Demgegenüber sind unterschiedliche nationale Regelungen betreffs **Verkaufsmodalitäten** eher hinnehmbar.

> **Fallbeispiel:**[22] Die Landesapothekerkammer in Baden-Württemberg, eine öffentlich-rechtliche Körperschaft, hatte **Werbebeschränkungen** für Apothekerwaren außerhalb der Apotheke beschlossen, die für ihre Mitglieder verbindlich waren und mit Zwang durchgesetzt werden konnten. Einige Apotheker, unter ihnen Frau Ruth *Hünermund*, strengten hiergegen ein Normenkontrollverfahren an, und der VGH Mannheim legte in diesem Verfahren gemäß dem heutigen Art. 267 AEUV (damals *Art. 234 EGV*) dem EuGH die Frage nach der Vereinbarkeit der Regelung mit dem heutigen Art. 34 AEUV vor. Eine „Maßnahme gleicher Wirkung" im Sinne des *Dassonville*-Urteils[23] konnte man insoweit sehen, als durch die Werbebeschränkung jedenfalls auch der Vertrieb von Apothekerwaren aus dem Ausland behindert wurde. Gleichwohl hielt der EuGH die Werbebeschränkung mit dem heutigen Art. 34 AEUV für vereinbar, solange dadurch keine Diskriminierung ausländischer Waren erfolge. Nicht ausländerdiskriminierende **Verkaufsmodalitäten** sind mithin zulässig. – Und in entsprechender Weise hat der EuGH für die Verkaufsmodalitäten eines in Frankreich gesetzlich verbotenen Verkaufs unter Einstandspreis[24] und für das Sonntagsverkaufsverbot für Tankstellen in den Niederlanden entschieden.[25]

**108**

*c) Verbraucherleitbild und Liberalisierung des deutschen Lauterkeitsrechts*

Konkrete Auswirkungen hatte die EuGH-Judikatur zu den heutigen Art. 34 ff. AEUV für das Verbot irreführender Werbung. Das insoweit wichtige **Verbraucherleitbild**, das früher in Deutschland vor dem Hintergrund eines als extrem schutzbedürftig angesehenen Verbrauchers zu weitgehenden Verboten führte, ist u.a. deshalb modifiziert worden: Heute kommt es auf das Leitbild eines durchschnittlich informierten und verständigen Verbrauchers an[26]; nur wenn er getäuscht bzw. unzumutbar belästigt wird, liegt eine unlautere Handlung vor. Dieses neue Leitbild ist Hintergrund der Liberalisierung des Lauterkeitsrechts. Es ist sowohl für die Beurteilung sog. **Wertreklame** (früher stark eingeschränkt durch *RabattG* und *ZugabeVO*) als auch für die Liberalisierung im Bereich der **Werbevergleiche** und der **Sonderveranstaltungen** bedeutsam. Näher hierzu unten Rz. 144 ff., 164 ff. **109**

---

21 Vgl. insoweit das Fallbeispiel *Clinique*, oben Rz. 81.
22 EuGH, Slg. 1993, S. I-6787 = NJW 1994, 781 – *Hünermund*.
23 EuGH, Slg. 1974, 837 = GRUR Int. 1974, 467 – *Dassonville*.
24 EuGH, Slg. 1993, S. I-6097 = NJW 1994, 121 – *Keck*.
25 EuGH, Slg. 1994, S. I-2355 = NJW 1994, 2141 – *Tankstelle*.
26 RegE UWG S. 19.

## 5. Zweck

**110** Nach seinem § 1 dient das UWG ausdrücklich dem **Schutz** der Mitbewerber, der Verbraucherinnen und Verbraucher sowie der sonstigen Marktteilnehmer vor unlauteren geschäftlichen Handlungen; es schützt zugleich das Interesse der Allgemeinheit an einem unverfälschten Wettbewerb. **Verbotsadressaten** sind freilich **nur Unternehmen** und eventuell deren Mitarbeiter. Arbeitnehmer und Verbraucher als solche nehmen keine „geschäftlichen Handlungen" vor, so dass ihnen durch das UWG keine Pflichten auferlegt sind. Der Hinweis auf den Schutz von Wettbewerbern und den Schutz der Allgemeinheit besagt, dass sich das UWG nicht allein oder primär als Verbraucherschutzgesetz versteht. Das UWG schützt zumindest auch Wettbewerber und die wettbewerbliche Ordnung des Wirtschaftsgeschehens.

## 6. Regelungsstruktur nach der 1. UWG-Novelle von 2008

**111** Vor dem Hintergrund RL 2005/29/EG, die in Art. 5 IV unlautere Geschäftspraktiken in irreführende und aggressive Geschäftspraktiken unterteilt, enthält das UWG nunmehr wenig übersichtlich[27] **zwei allgemeine Verbotstatbestände**. § 3 I UWG erklärt unlautere geschäftliche Handlungen für unzulässig, wenn sie geeignet sind, die Interessen von Mitbewerbern, Verbrauchern oder sonstigen Marktteilnehmern spürbar zu beeinträchtigen. Und nach **§ 7 I S. 1 UWG** ist eine geschäftliche Handlung, durch die ein Marktteilnehmer in unzumutbarer Weise belästigt wird, unzulässig. Letztlich ist in § 7 I S. 1 UWG ein spezieller Fall des § 3 I UWG normiert: Denn die unzulässige unzumutbare Behinderung ist stets zugleich verbotene unlautere geschäftliche Handlung im Sinne von § 3 I UWG[28]. Beide Verbotstatbestände gelten **ohne Rücksicht darauf, ob sich die geschäftliche Handlung gegen Wettbewerber oder Verbraucher richtet**. Denn Verbraucher gehören nach § 2 I Nr. 2 UWG zu den Marktteilnehmern. Insoweit entspricht § 3 I UWG dem *§ 3 UWG a.F.* Das Tatbestandsmerkmal der Unlauterkeit (nur dieses Tatbestandsmerkmal!) wird darüber hinaus **beispielhaft** interpretiert durch **§ 4 UWG** (Beispiele **unlauteren** Wettbewerbs) und durch die **§§ 5, 5a, 6 II UWG** (Unlauterkeit irreführender geschäftlicher Handlungen, Unlauterkeit der Irreführung durch Unterlassen, unlauterer Werbevergleich). Für § 7 I 1 UWG enthält **§ 7 I 2 UWG** das **Beispiel** der **unzulässigen** erkennbar unerwünschten Werbung, während **§ 7 II Nr. 1–4 UWG** spezielle Fälle stets unzulässiger unzumutbarer Belästigung aufführt.

**112** Diese allgemeinen Verbote werden jeweils **verschärft**, wenn sich die geschäftliche Handlung gegen **Verbraucher** richtet. Insoweit enthält **§ 3 II UWG** eine **eigenständige Generalklausel** hinsichtlich des Verbots von geschäftlichen Handlungen, die nicht dem jeweils erforderlichen Standard unternehmerischen Verhaltens entsprechen, wenn sie die **Fähigkeit zur informationsbasierte Entscheidung des Verbrauchers spürbar beeinträchtigen und diesen dadurch zu einer sonst nicht getroffenen Entscheidung veranlassen können**. Für den Fall der Beeinträchtigung der Entscheidungsfähigkeit der Verbraucher infolge Irreführung durch Unterlassen führt **§ 5a II–IV UWG** spezifische

---

27 Kritisch auch *Sosnitza*, WRP 2008, 1014, 1019.
28 Vgl. auch *Sosnitza*, WRP 2008, 1014, 1019 f., wonach die gewollte Ausschaltung der Bagatellklausel des § 3 UWG für die Fälle unzumutbarer Belästigung nicht einer grundlegenden konzeptionellen Änderung bedurft hätte und die Judikatur die Bagatellgrenze von sich aus adäquat bewältigen könne.

Fallgestaltungen auf, bei deren Vorliegen **Unlauterkeit** anzunehmen ist, was unter den weiteren Voraussetzungen des § 3 I UWG zum Verbot führt. Eine **verbotene** unzumutbare Belästigung ist nach § **7 II Nr. 2 UWG** (in Verbindung mit § 7 I 1 UWG) stets anzunehmen bei Telefonwerbung gegenüber einem Verbraucher ohne vorherige ausdrückliche Einwilligung. Schließlich enthält der **Anhang zu § 3 Abs. 3 UWG** eine Liste mit 30 Varianten geschäftlicher Handlungen gegenüber Verbrauchern, die stets unzulässig sind, ohne dass es auf weitere Voraussetzungen ankommt.

Die speziellen Regelungen lassen grundsätzlich auch eine eigenständige Anwendung der **allgemeinen Verbote** zu, wobei aber die sich aus den speziellen Normen ergebende Wertung des deutschen Gesetzgebers sowie der RL 2005/29/EG nicht außer Betracht zu lassen ist. **Überschneidungen** der einzelnen Tatbestände sind möglich und häufig die Regel. Im Übrigen ist auf die Verbote **weder § 134 noch § 823 II BGB** anwendbar. **113**

Die Anwendung der Vorschriften wird insbesondere durch die in § 2 I Nr. 1–3, 6 UWG enthaltenen **Legaldefinitionen** der Begriffe „geschäftliche Handlung", „Marktteilnehmer", „Mitbewerber"[29] und „Unternehmer" sowie durch die in § 2 II UWG in Bezug genommene Definition des § 13 BGB für „Verbraucher" erleichtert. Der Unternehmerbegriff (§ 2 I Nr. 6 UWG) weicht zwecks korrekter Umsetzung der RL 2005/29/EG von dem des § 14 BGB ab (siehe nachfolgend). Art. 2 dieser RL enthält im Übrigen einen weiteren umfassenden Katalog von Legaldefinitionen, die im Bereich der Vollharmonisierung (Verhältnis Unternehmer/Verbraucher) bindend sind. **114**

**Lernhinweise:**
– Wichtig ist die Kenntnis der komplexen Regelungsstruktur als solcher. Man muss sie nicht im engeren Sinne lernen. Es genügt im Einzelfall das Aufsuchen der spezifisch geregelten Punkte, soweit man dann den jeweiligen gesetzlichen Tatbestand präzise liest!
– Wegen der Vollharmonisierung im Verhältnis Unternehmer/Verbraucher darf die Anwendung der allgemeinen Verbote geschäftlicher Handlungen gegenüber Verbrauchern nach den §§ 3 I, 7 I 1 UWG nicht weiter gehen, als es der RL entspricht[30]! Mangels näherer Hinweise in einem gegebenen Sachverhalt wird man sich als Studierender wohl in der Regel mit der näheren Prüfung der Vorschriften des UWG begnügen können.[31]
– In dem nicht vollharmonisierten Bereich Unternehmer/Unternehmer ist zu beachten, dass eine eventuelle gespaltene Auslegung eine eigenständige Problematik darstellt.
– **Praktische Vorgehensweise für Falllösung:** Bei Betroffenheit der **Verbraucher:** zunächst Anhang (sog. **Schwarze Liste**) prüfen – dann §§ 3 I, 7 I UWG mit allgemeinen Beispielen der §§ 4-7 UWG – dann Verbrauchertatbestände der §§ 3-7 UWG – zur Absicherung Blick in die Richtlinie.

---
29  Wichtig ist der Mitbewerberbegriff u.a. für die vergleichende Werbung nach § 6 I UWG, für die in § 8 III UWG geregelte Aktivlegitimation sowie nach § 9 UWG für den Schadenersatzanspruch.
30  Zur diesbezüglichen richtlinienkonformen Auslegung am Beispiel des § 4 UWG vgl. *Köhler*, GRUR 2008, 841 ff.
31  Abgesehen von evidenten Problemlagen, wie etwa bei § 4 Nr. 6 UWG; hierzu später mehr; vgl. einstweilen BGH WRP 2008, 1175 – *Millionenchance*; EuGH WRP 2010, 232 – *Plus*.

### 7. Unternehmer- und Verbraucherbegriff

**115** Nach § 2 I Nr. 6 UWG ist **Unternehmer** jede natürliche oder juristische Person, die geschäftliche Handlungen im Rahmen ihrer gewerblichen, handwerklichen oder beruflichen Tätigkeit vornimmt und jede Person, die im Namen oder Auftrag einer solchen Person handelt. Personengesellschaften, obgleich keine juristischen Personen, sind einzubeziehen[32]. Dieser funktionale Unternehmensbegriff erstreckt sich auf staatliche nicht-hoheitliche Tätigkeit, nicht hingegen auf die Tätigkeit von Gewerkschaften auf dem Arbeitsmarkt. Auch Krankenkassen sind Unternehmen.[33] Wie aus der Definition folgt, sind auch für ein Unternehmen handelnde **Mitarbeiter** im Sinne des § 2 I Nr. 6 UWG als Unternehmer anzusehen, eine etwas unglückliche Regelung, da es in Wahrheit dabei nur um die Zurechnung des Verhaltens eines Mitarbeiters gegenüber einem Unternehmen geht, was bislang und auch künftig in § 8 II UWG adäquat geregelt ist[34].

Auch im Übrigen weicht der Unternehmerbegriff des UWG von dem des § 14 BGB partiell ab, schon weil dieser auf eine selbständige Tätigkeit abstellt; in diesem Zusammenhang bestehen Unklarheiten:[35]

**Beispiel:** Der Arbeitnehmer oder Beamte, der sich spezifische Berufskleidung oder sonstige Gegenstände für seine berufliche Tätigkeit kauft, übt keine selbständige Tätigkeit aus und ist insoweit (im Einklang mit der entsprechenden Definition von Art. 2 lit. a RL 2005/29/EG) an sich Unternehmer i.S. des UWG.

Für den **Verbraucherbegriff** verweist § 2 II UWG auf **§ 13 BGB**.

**Seltsame Konsequenz:** In obigem Beispiel ist der Arbeitnehmer nach § 2 I Nr. 6 UWG Unternehmer und zugleich nach § 13 BGB in Verbindung mit § 2 II UWG Verbraucher. Man sollte ihn im UWG als Verbraucher behandeln, da die Privilegierung eines Unternehmers im Sinne der Richtlinie durch die Richtlinie nicht verboten und daher nach UWG zulässig ist.

### 8. Anspruchsgrundlagen und Klagebefugnis

**116** **Ansprüche auf Beseitigung, Unterlassung und Schadenersatz sowie auf Gewinnabschöpfung** und die Verjährungsfrage werden in den §§ 8-11 UWG in dem Sinne geregelt, dass geschäftliche Handlungen im Sinne der §§ 3 oder 7 UWG zur Voraussetzung gemacht werden. **Anspruchsgrundlage** ist insoweit mithin in der Regel **§ 8 UWG bzw. § 9 UWG in Verbindung mit § 3 oder § 7 UWG** (und dabei in der Regel wieder § 3 UWG in Verbindung mit den §§ 4-6 UWG etc.). Zur **Geltendmachung** von Beseitigungs- und Unterlassungsansprüchen sind außer **Mitbewerbern** auch **Verbände** legitimiert. Der einzelne **Verbraucher** hat **weder Anspruch auf Unterlassung noch auf Schadenersatz**; § 10 UWG hat insoweit eine Regelung über Gewinnabschöpfung vorgesehen, deren Sinnhaftigkeit allerdings außerordentlich zweifelhaft ist.

---

[32] So zu Recht *Sosnitza*, WRP 2008, 1014, 1015.
[33] EuGH NJW 2014, 288- *BKK Mobil Oil* – unter dem Blickwinkel der RL 2005/29/EG (für das Kartellrecht hingegen bezweifelt der EuGH die Unternehmenseigenschaft von Krankenkassen; dazu später); im Verhältnis zwischen Krankenkassen und ihren Leistungserbringern gilt aber nach § 69 I SGB V das UWG nicht.
[34] Vgl. auch *Sosnitza*, WRP 2008, 1014, 1016.
[35] Vgl. etwa *Henning-Bodewig*, GRUR 2013, 26 ff.; *P. Kreutz*, DZWIR 2012, 45 ff.: die Vorschriften seien daher insoweit „mit Vorsicht" anzuwenden.

Die Rechte der **Verbraucher** werden freilich im **Allgemeinen Privatrecht** geschützt, und zwar im Kaufrecht gegenüber dem Verkäufer und im **Deliktsrecht** (Produzentenhaftung) gegenüber dem Hersteller. Irreführende Werbung des Herstellers kann auch im Rahmen der kaufmännischen Mängelgewährleistung (§ 434 I 3 BGB) Berücksichtigung finden.

### 9. Zur Darstellung der Judikatur

Lauterkeitsrecht ist weitgehend Fallrecht, wenngleich heute in speziellen gesetzlichen Fallgruppen relativ präzise beschrieben. Obwohl hierin ein großer Fortschritt gegenüber der vor 2004 bestehenden Regelung von bloßer Generalklausel des Gesetzes und Fallgruppen qua Judikatur und Schrifttum liegt, bedarf es gleichwohl mannigfaltiger Beispiele zur Verdeutlichung der Rechtsmaterie. Daher wird u.a. in der folgenden Darstellung eine größere Zahl von Entscheidungen in den **Beispielen** wiedergegeben. Diese sollen einen lebendigen **Eindruck** von der Rechtsmaterie ermöglichen, sind aber nicht im engeren Sinne Lernstoff. Wer wettbewerbsrechtliche Fälle im Grenzbereich der Unlauterkeit einigermaßen verlässlich beurteilen will, kommt letztlich nicht um eine eingehende Prüfung des Standes der Judikatur und um die Heranziehung der Kommentarliteratur herum.

### 10. Zusammenfassung

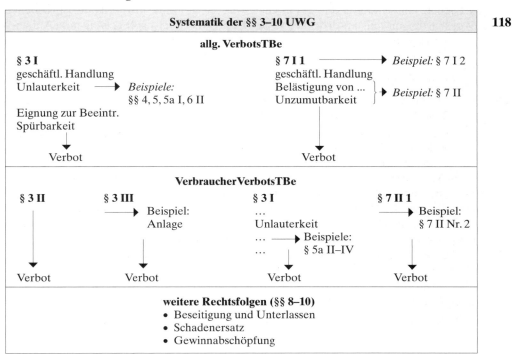

## II. Allgemeiner Verbotstatbestand des § 3 UWG

### 1. Bedeutung des § 3 I UWG

**§ 3 I UWG** lautet:

*Unlautere geschäftliche Handlungen sind unzulässig, wenn sie geeignet sind, die Interessen von Mitbewerbern, Verbrauchern oder sonstigen Marktteilnehmern spürbar zu beeinträchtigen.*

*a) Zentrale Verbotsnorm*

119 Obwohl es mit dem in § 7 I 1 UWG enthaltenen Verbot unzumutbarer Belästigung einen weiteren allgemeinen Verbotstatbestand im UWG gibt und obwohl die lauterkeitsrechtlichen Verbote bei geschäftlichen Handlungen gegenüber Verbrauchern generell verschärft sind, ist § 3 UWG mit der hier angesprochenen Unlauterkeit letztlich die zentrale Verbotsnorm, die auch dem UWG den Namen gibt. Dieses Verbot greift unabhängig davon ein, ob sich die geschäftliche **Handlung gegen Wettbewerber oder Verbraucher** richtet. **Auch** geschäftliche Handlungen, durch die Marktteilnehmer in **unzumutbarer Weise belästigt** werden (§ 7 I 1 UWG) sind letztlich **unlautere** geschäftliche Handlungen, selbst wenn es für das Eingreifen des Verbotes nicht der weiteren Prüfung bedarf, ob im Sinne von § 3 I UWG die Interessen von Mitbewerbern, Verbrauchern oder sonstigen Marktteilnehmern spürbar beeinträchtigt sind[36]. Wenngleich auch in § 3 II und III UWG mit der Verweisung auf den Anhang nicht ausdrücklich von Unlauterkeit gesprochen wird, setzen alle insoweit angesprochenen Verschärfungen teils ausdrücklich (§ 5a II-IV UWG), teils stillschweigend (Anhang) auf den Begriff der Unlauterkeit auf und definieren Beispiele unlauteren Verhaltens, das insoweit per se verboten ist.

*b) Doppelfunktion*

120 Die Anwendung der allgemeinen Verbotsnorm des § 3 I UWG wird im Hinblick auf den **Begriff der Unlauterkeit durch die Beispielskataloge** der §§ 4, 5 UWG mit der Interpretationshilfe des § 5a I UWG sowie durch die Definition unlauteren Verhaltens in § 6 II UWG (vergleichende Werbung) erheblich erleichtert. Hierdurch wird die schwierige eigenständige Begründung unlauteren Verhaltens entbehrlich. Die **weiteren Voraussetzungen des § 3 I UWG** sind daneben aber jeweils **zu prüfen**, soweit sie nicht bereits in den speziellen Normen zu Grunde gelegt sind (z.B. geschäftliche Handlung in § 5 UWG). Schon aus praktischen Gründen wird man zunächst versuchen, die Unzulässigkeit geschäftlicher Handlungen auf diesem Wege darzulegen. **Daneben** kommt, wie bisher, die **eigenständige Anwendung der Verbotsnorm** in Betracht, bei der Unlauterkeit der geschäftlichen Handlung selbständig begründet wird. Die Wertung der speziellen Vorschriften des UWG und der RL 2005/29/EG, insbesondere deren Art. 5 II und III, ist dabei allerdings zu beachten, so dass insbesondere bei Beeinträchtigung von Verbrauchern allenfalls eine Art Lückenschließung in Betracht kommt.

---

36 Vgl. auch den Hinweis im RegE 1. UWG-Novelle S. 43 auf Art. 5 II lit. a und b der RL 2005/29/EG.

## 2. Tatbestand des § 3 I UWG

### a) Geschäftliche Handlung

#### aa) Zentraler Handlungsbegriff

Im Mittelpunkt des lauterkeitsrechtlichen Verstoßes steht nicht mehr die Wettbewerbshandlung wie in *§ 3 UWG a.F.*, sondern die „geschäftliche Handlung". Nach früherer Auffassung grenzte der Begriff der Wettbewerbshandlung den Anwendungsbereich des UWG **vom allgemeinen Deliktsrecht ab**[37]. Eine entsprechende Funktion dürfte künftig dem Tatbestandsmerkmal der geschäftlichen Handlung heute zukommen.[38] Soweit eine geschäftliche Handlung vorliegt, dürfte damit künftig in einem erweiterten Bereich die Anwendung des § 823 I BGB **gegenüber einem Wettbewerber**[39] unter dem Blickwinkel des **Eingriffs in den Gewerbebetrieb ausgeschlossen** sein.

**121**

#### bb) Begriff

Unter **geschäftlicher Handlung** versteht § 2 I Nr. 1 UWG jedes Verhalten (Tun oder Unterlassen) einer Person zugunsten des eigenen oder eines fremden Unternehmens vor, während oder nach einem Geschäftsabschluss, das mit der Förderung des Absatzes oder des Bezugs von Waren oder Dienstleistungen oder mit dem Abschluss oder der Durchführung eines Vertrags über Waren oder Dienstleistungen objektiv zusammenhängt, wobei auch Grundstücke als Waren und Rechte und Verpflichtungen als Dienstleistungen gelten. Während es bislang unter dem Blickwinkel der Wettbewerbshandlung auf einen zuweilen schwer beweisbaren finalen Zusammenhang mit der Förderung von Geschäftsinteressen ankam, genügt nunmehr ein **objektiver Zusammenhang mit der** entsprechenden **Förderung von Geschäftsinteressen**. Wie zuvor der Begriff der Wettbewerbshandlung grenzt auch der Begriff der geschäftlichen Handlung den Anwendungsbereich des UWG vom allgemeinen Deliktsrecht ab.[40] Soweit eine geschäftliche Handlung vorliegt, dürfte insbesondere gegenüber Wettbewerbern die Anwendung des § 823 I BGB unter dem Blickwinkel des Eingriffs in den Gewerbebetrieb ausgeschlossen sein.

**122**

Geschäftliche Handlungen sind nicht nur Verhaltensweisen vor Geschäftsabschluss, wie das zumindest grundsätzlich beim Begriff der Wettbewerbshandlungen der Fall war. Vielmehr umfasst der Begriff Verhaltensweisen **auch während und nach Geschäftsabschluss**[41],

**123**

etwa Kundendienstleistungen in einer Fremdsprache, Anhang Nr. 8
oder unwahre Angaben über Kundendienst, Anhang Nr. 24
oder falsche Widerrufsbelehrung (vgl. § 5a II, IV UWG)
Ankündigung des Besuches eines „Inkasso-Teams".[42]

---

37 Vgl. *Köhler*, in: Hefermehl/Köhler/Bornkamm, 2008[26], Einl. UWG Rz. 7.2 ff.
38 Vgl. *Köhler*, in: Köhler/Bornkamm, Einl. UWG Rz. 7.2 ff.
39 Vgl. etwa OLG Sachsen-Anhalt v. 22.12.2006 – 10 U 60/06 – DB 2007, 911 Rn. 26; *Köhler*, in: Köhler/Bornkamm, Einl. UWG Rz. 7.4.
40 BGH NJW 2013, 945 Rn. 17.
41 Anders die bisherige Judikatur unter Berufung auf das Erfordernis der Absatzförderung, etwa BGHZ 175, 28 Rz. 15 f.; vgl. auch BGH NJW 1987, 125 Rz. 38.
42 OLG München GRUR-RR 2010, 50 – *Besuch durch Inkasso-Team*: zugleich Tatbestand des § 4 Nr. 1 UWG.

**Praktische Konsequenz:** Die Verwendung unzulässiger AGB könnte als Verstoß gegen das UWG gewertet werden, so dass umfassend Konkurrentenklagen in Betracht kommen, während zuvor gegen AGB nur ein Vorgehen auf dem Wege des Unterlassungsklagegesetzes (UKlaG) durch Verbände möglich war[43].

**124** Der Begriff erfasst **auch Verhaltensweisen im Verhältnis allein zwischen Unternehmen**, wie dies insbesondere bei horizontaler Behinderung (§ 4 Nr. 10 UWG) der Fall ist. Dem deutschen Gesetzgeber war daran gelegen, die bisherige lauterkeitsrechtliche Konzeption aufrecht zu erhalten, wonach das UWG unlauteren Wettbewerb schlechthin verbietet, gleichgültig, ob Wettbewerber oder Verbraucher primär betroffen sind. Insoweit geht das UWG über die Anforderungen von Art. 1 und 3 I der RL 2005/29 EG zulässigerweise hinaus.

Der RegE 1. UWG-Novelle (S. 40) nennt insoweit:
- Absatz- und Werbebehinderungen,
- Betriebsstörungen (etwa Betriebsspionage),
- unberechtigte Abmahnungen.

Die 1. UWG-Novelle verschärft das Verbot auch zu Lasten von Unternehmen insofern, als (wie erwähnt) unlautere geschäftliche Handlungen während und nach Geschäftsabschluss künftig ebenfalls verboten sein können, z.B. die bereits erwähnte nach Vertragsschluss erfolgende Einschränkung von Leistungen auch zu Lasten von Unternehmen[44].

*cc) Abgrenzungsproblematik*

**125** Nach Auffassung des RegE 1. UWG-Novelle (S. 41) sind **weltanschauliche, wissenschaftliche, redaktionelle oder verbraucherpolitische Äußerungen** von Unternehmen oder anderen Personen weiterhin keine geschäftlichen Handlungen und unterfallen daher **nicht dem UWG**, soweit sie in **keinem objektiven Zusammenhang mit dem Absatz von Waren** und den sonstigen Unternehmensaktivitäten stehen. Früher war insoweit der Begriff der Wettbewerbshandlung das Abgrenzungskriterium. Der nunmehr maßgebende Verweis auf den objektiven Zusammenhang mit dem Absatz von Waren könnte hier für gewisse Probleme sorgen. Für allgemeine redaktionelle Äußerungen oder auch für die Reichweitenforschung betreffend Medienkontakte mag man (mit dem RegE 1. UWG-Novelle a.a.O.) den objektiven Zusammenhang mit dem Absatz von Waren verneinen können, so dass das UWG nicht eingreift, und umgekehrt erscheint es zutreffend, dass Sponsoring[45] und Image-Werbung über § 2 I Nr. 1 UWG erfassbar sein können.

**126** Für **weltanschauliche** und verbraucherpolitische Äußerungen ist es aber **nicht ganz einfach begründbar**, dass sie künftig generell nicht unter das UWG fallen. Das zeigt sich bereits in folgendem

---

43 Vgl. unten Rz. 155; ferner *Köhler*, NJW 2008, 177; zur Frage, inwieweit das Fehlen von Pflichtangaben in der Geschäftskorrespondenz einen Wettbewerbsverstoß darstellt, vgl. *Maaßen/Orlikowsky-Wolf*, BB 2007, 561.
44 BGH Z 175, 28 Rz. 16 hatte insoweit noch ein Wettbewerbsverhältnis verneint; RegE 1. UWG-Novelle S. 41 hält diese Judikatur für durch § 2 I Nr. 1 UWG überholt.
45 Zur Spenden-Werbung vgl. *Köhler*, GRUR 2008, 281.

> **Fallbeispiel**[46]: Berühmt ist der in alten Zeiten spielende **Constanze**-Fall. Im Jahre 1949 erschien in der sog. Dekanatsbeilage für die Stadt O. des Kirchenblattes für das Bistum Münster ein nicht namentlich gekennzeichneter Artikel über eine „Lesemappe der P.-Region für jede Familie", in der u.a. die Zeitschrift Constanze als „Blüte aus dem Sumpf fragwürdiger Kulturerzeugnisse nach Art der Magazine" bezeichnet wurde und dem Leser dieser Zeitschrift vorgeworfen wurde, er vergesse, „was er der Ehre einer Frau und Tochter ... schuldig" sei. Das Kirchenblatt wurde im Auftrag des Bischofs herausgegeben. Der BGH betonte, die Wettbewerbsabsicht dürfe nicht als völlig nebensächlich hinter den eigentlichen Beweggründen zurücktreten und akzeptierte grundsätzlich die Wertung der Tatsacheninstanz, dass es hier nicht primär um ein Wettbewerbshandeln gehe, dass also im Sinne der heutigen oben wiedergegebenen Definition das Ziel der Absatzförderung fehle. Demzufolge war die Äußerung in dem aufgeführten Artikel insoweit nach allgemeinem Deliktsrecht zu beurteilen.

Die Äußerung des Bischofs hing sicher objektiv mit dem Abschluss eines Vertrags über Waren zusammen, da ja vor dem Erwerb der Zeitschrift Constanze gewarnt wurde. Entscheidend wäre mithin, ob der Bischof zugunsten eines fremden Unternehmens gehandelt hätte. Objektiv wäre dies zu bejahen gewesen, da die Leser künftig an Stelle der Constanze zumindest teilweise eine andere Zeitschrift gekauft hätten. Aber natürlich hatte der Bischof keine diesbezügliche Förderungsabsicht, und daran wird man § 2 I Nr. 1 UWG scheitern lassen müssen. Hieraus folgt, dass auch künftig zumindest im Rahmen des Verhaltens zugunsten eines Unternehmens **subjektive Aspekte nicht völlig ausscheiden** können. Zur Begründung ließe sich vielleicht ergänzend auf den Zweck des UWG verweisen und damit eine teleologische Reduktion legitimieren.

Noch heikler ist die Einordnung des **Warentests**. Er ist gewiss verbraucherpolitisch relevant und wurde bislang grundsätzlich nicht nach dem UWG beurteilt. **127**

> **Fallbeispiel**[47]: Die Herausgabe einer Warentest-Zeitschrift über Gebrauchsgüter mit einem Test, etwa zu Skisicherheitsbindungen, stellte gewiss ein Handeln eines Unternehmers im geschäftlichen Verkehr dar, war aber bei fairer Testvornahme und Berichterstattung mangels Förderungszweck **gegenüber** den Herstellern bzw. Verkäufern von Gebrauchsgütern keine Wettbewerbshandlung im Sinne von *§ 2 I Nr. 1 UWG a.F.* Es unterlag daher insoweit nicht der Beurteilung nach UWG, sondern nach dem allgemeinen Deliktsrecht; war der Test etwa schlampig durchgeführt oder hatte die Beurteilung den Charakter einer Schmähkritik, so hat das davon betroffene Unternehmen eventuell einen Ersatzanspruch aus § 824 oder § 826 BGB oder wegen Eingriffs in den Gewerbebetrieb nach § 823 I BGB[48], nicht hingegen nach dem UWG. – Anders, wenn sich der Test als verdeckte Werbung für eigene oder fremde Erzeugnisse darstellte; das war dann natürlich eine (unlautere) Wettbewerbshandlung, bedurfte aber eines speziellen Nachweises hinsichtlich des Wettbewerbszwecks[49]. – Im Verhältnis zu anderen Testzeitschriften konnte im Übrigen in der Herausgabe der Testzeitschrift durchaus eine Wettbewerbshandlung zu sehen sein, die etwa bei Angabe unzutreffender Auflagenhöhe unlauter gewesen wäre. – Und wenn ein Hersteller von Skisicherheitsbindungen, der im Test gut abgeschnitten hatte, mit dem Testergebnis warb, so lag insoweit natürlich eine Wettbewerbshandlung vor; diese war aber grundsätzlich nicht unlauter.

---

46 BGHZ 3, 270 = GRUR 1952, 410 = NJW 1952, 66.
47 Vgl. etwa BGHZ 65, 325 – *Warentest III*.
48 Vgl. näher *Köhler* (noch zu „Wettbewerbshandlungen"), in: Hefermehl/Köhler/Bornkamm, 2008²⁶, UWG Einl. Rz. 7.25 ff., 7.30.
49 Vgl. auch BGH GRUR 1986, 812 = NJW 1987, 1082 – *Gastrokritiker*.

Das Tatbestandsmerkmal der **geschäftlichen Handlung** i.S. des § 2 I Nr. 1 **UWG n.F.** scheint hier ohne Weiteres gegeben zu sein. Denn natürlich stellt die Herausgabe der Testzeitschrift ein Verhalten zugunsten des eigenen Unternehmens dar, und der Test hängt auch objektiv mit dem Absatz von Waren zusammen, da die Testergebnisse diesbezügliche Auswirkungen haben. Die Praxis scheint aber die **bisherige Abgrenzung fortführen** zu wollen.[50] Die bessere Alternative wäre an sich aber wohl die künftige Beurteilung von Warentests nach dem Maßstab irreführender geschäftlicher Handlungen gemäß §§ 5, 5a UWG, während die Bestimmungen über vergleichende Werbung in § 6 UWG insoweit weniger geeignet erscheinen.

*b) Unlauterkeit*

*aa) Begriff*

**128** Mit Unlauterkeit ist letztlich nichts anderes gemeint, als mit dem früheren Begriff der Sittenwidrigkeit. Das Reichsgericht[51] hatte den Begriff zu § 138 BGB definiert als einen „Verstoß gegen das **Anstandsgefühls aller billig und gerecht Denkenden**", was man im Sinne der Sittenwidrigkeit bei *§ 1 UWG a.F.* (vor 2004) als *„Verstoß gegen das Anstandsgefühl des verständigen Durchschnittsgewerbetreibenden"*[52] konkretisiert hatte. Das war natürlich weitgehend eine Leerformel, freilich nicht ohne jeden substanziellen Gehalt, denn die Formel verwies darauf, dass der Maßstab **sowohl empirische als auch normative Aspekte** zum Inhalt hat.

Das Anstands**gefühl** verwies auf etwas Empirisches, sozusagen die innere Stimme, die natürlich von tatsächlichen Gewohnheiten und eigenen Erfahrungen beeinflusst wird. Und der Verweis auf die **billig und gerecht** Denkenden wählt insoweit nach einem normativen Maßstab aus. Und demgemäß war und ist es unbestritten, dass weder tatsächliche Verhaltensweisen allein, noch normative Gesichtspunkte ohne Rücksicht auf die tatsächlichen Verhältnisse den richtigen Maßstab ergeben.

In der amtl. Begr. des UWG von 2004 verwies der damalige Gesetzgeber für den nunmehr maßgebenden Begriff der Unlauterkeit ausdrücklich auf **„alle Handlungen die den anständigen Gepflogenheiten in Handel, Gewerbe, Handwerk oder selbständiger beruflicher Tätigkeit zuwiderlaufen"**. Dies ist letztlich mit den früheren Formeln identisch. Die RL 2005/29/EG definiert Unlauterkeit in ihrem Art. 5 I und IV speziell für Geschäftspraktiken gegenüber Verbrauchern, was durch die §§ 3 II, III, 7 II UWG umgesetzt wird. Für § 3 I UWG kann man daher von einer Kontinuität der **Konkretisierung** der Generalklausel ausgehen. Doch darf dies nicht dazu führen, dass bei der Anwendung des § 3 I UWG im Verhältnis zu Verbrauchern ein strengerer Maßstab verwandt wird als in der RL.

*bb) Konkretisierung durch Beispielskatalog*

**129** Die schwierige Aufgabe der Konkretisierung der Generalklausel ist im Hinblick auf den Begriff der Unlauterkeit durch die Beispielskataloge erleichtert worden. Soweit

---

50 Vgl. *Köhler* (zu „geschäftlichen Handlungen"), in: Köhler/Bornkamm, 2014[32], Einl. UWG Rn. 7.28 ff.; § 6 UWG Rn. 195 ff.
51 RGZ 48, 114, 124.
52 Vgl. BGHZ 15, 356, 364.

ein Sachverhalt einen Tatbestand aus dem **Beispielskatalog** erfüllt, ist Unlauterkeit zu bejahen. **Kontrollüberlegungen**, ob das entsprechende Verhalten vor dem Hintergrund einer Marktwirtschaft als unlauter angesehen werden kann, sind damit nicht überflüssig und können die Auslegung des Wortlauts der Beispielstatbestände beeinflussen, eventuell aber auch eine Einschränkung der Norm rechtfertigen[53].

*cc) Eigenständige Anwendung des § 3 I UWG*

Umgekehrt ist bei einer **eigenständigen** Konkretisierung des Begriffs der Unlauterkeit in der Generalklausel entsprechend den bisherigen Grundsätzen auf **empirische** und vor allem **normative Gesichtspunkte** einzugehen, wobei die Existenz der Beispielstatbestände bestimmte Regelungsmuster vorzeichnet. 130

Die amtl. Begr. zum UWG 2004 erwähnt ausdrücklich, dass die **Generalklausel in bestimmten Fällen alleinige Grundlage eines Verbots** sein kann, etwa in den Fällen der **sog. allgemeinen Marktbehinderung**[54]. Die Generalklausel kann, wie schon erwähnt, in diesem Zusammenhang eine **lückenfüllende** Funktion haben. Damit ist gemeint, dass der Generalklausel der Aufgabe zukommen muss, durch die Beispielstatbestände nicht erfasste Lücken auszufüllen. Das dürfte nicht allzu häufig sein, da die Beispielstatbestände meist hinreichend flexibel sind, um scheinbar nicht geregelte Fälle zu erfassen.

**Beispiel:** Anstiftung zum Vertragsbruch ist bereits nach § 4 Nr. 10 (nicht nach Nr. 11!) UWG als gezielte Behinderung von Mitbewerbern erfassbar[55]; das bloße Ausnutzen eines Vertragsbruchs ist hingegen noch nicht unlauter.

Im Übrigen dürfen die **Beispielstatbestände nicht einfach erweitert oder ausgedehnt** werden; denn mit ihnen liegt eine gesetzliche Wertung vor. Erst wo zusätzliche eigenständige Unterlauterkeitsaspekte erkennbar sind, kann die Generalklausel eigenständig eingreifen. In Betracht kommen besonders gravierende Fälle unlauterer Geschäftspraktiken, deren Wettbewerbswidrigkeit mehr oder weniger evident ist und die im Unrechtsgehalt den Beispielsfällen vergleichbar sind[56]. 131

**Beispiele** (außer allgemeiner Marktbehinderung) für Unlauterkeit nach der Generalklausel: Werbung unter Verletzung der Menschenwürde, die über die Beispielskataloge nicht erfassbar ist[57]; eventuell auch spezifischer Wettbewerbsschutz gegenüber der öffentlichen Hand[58].

*dd) Subjektive Voraussetzungen*

Unlauterkeit setzt **nicht** voraus, dass der Handelnde sein Verhalten **selbst als unlauter einschätzt**; ein „dickes Fell" darf die Rechtsordnung zumindest für den Bereich von Unterlassungs- und Beseitigungsansprüchen nicht privilegieren. Im Übrigen wird der Verletzer insoweit jedenfalls im Prozess über die Unlauterkeit seines Verhaltens informiert. Für **Schadenersatzansprüche** bedarf es allerdings des Nachweises von **Verschulden** und damit der Vorwerfbarkeit. 132

---

53 Vgl. etwa die *Headhunter*-Fälle BGHZ 158, 174 und insbesondere BGH NJW 2006, 1665, 1666.
54 BT-Drucks. 15/1487 S. 19; vgl. dazu unten Rz. 134 f.
55 *Köhler*, in: Köhler/Bornkamm, § 4 UWG Rn. 10.36.
56 *Podszun*, in: Harte-Bavendamm/Henning-Bodewig, UWG § 3 Rz. 12; für einen weiteren Anwendungsbereich der Generalklausel im Sinne einer echten Auffangnorm hingegen *Fezer*, in: Fezer, UWG, § 3 Rz. 63.
57 *Köhler*, in: Köhler/Bornkamm, UWG § 3 Rz. 8.
58 *Köhler* a.a.O. sowie UWG § 4 Rz. 13.23 ff.

c) *Eignung zur Beeinträchtigung von Interessen von Mitbewerbern, Verbrauchern oder sonstigen Marktteilnehmern*

**133** Unlautere Geschäftspraktiken sind nicht schon deshalb verboten, weil sie den Wettbewerb als Institution einer marktwirtschaftlich organisierten Wirtschaft verfälschen bzw. beeinträchtigen, sondern erst dann, wenn sie darüber hinaus auch geeignet sind, die **Interessen** bestimmter **konkreter Dritter negativ zu beeinflussen**[59]. Hier geht es insoweit um Mitbewerber, Verbraucher oder sonstige Marktteilnehmer. Der Kreis möglicher Betroffener ist außerordentlich weit gezogen. Da „Marktteilnehmer" genügen, und da dies nach § 2 I Nr. 2 UWG alle Personen sind, die als Anbieter oder Nachfrager von Waren oder Dienstleistungen tätig sind, kommt es insoweit insbesondere auf ein konkretes Wettbewerbsverhältnis zwischen dem unlauter Handelnden und dem Benachteiligten nicht an.

**134** Die noch zu *§ 1 UWG i.d.F. vor dem 1.7.2004* diskutierte Fallgruppe der **allgemeinen Marktstörung**, die damals unter dem Blickwinkel der sittenwidrigen Beeinträchtigung des Wettbewerbs als Institution zum Nachteil der Allgemeinheit vor allem das Verschenken von Ware als Marktgefährdung problematisierte

**Beispiele:** Verschenken von Reinigungstüchern mit der Folge vorübergehender Bedarfsdeckung[60] oder die dauernde kostenlose Verteilung von Anzeigenblättern mit redaktionellem Teil bei ernstlicher Gefährdung des Bestandes der übrigen Tageszeitungen[61]

ließe sich zwar, falls man Unlauterkeit bejahen sollte, ohne Weiteres als Beeinträchtigung der Interessen der Marktteilnehmer interpretieren. Diese Fallgruppe hat allerdings mit zunehmender Liberalisierung des Wettbewerbsrechts weitgehend an **Bedeutung verloren**, zumal eine Erfassung verbotswürdiger Sachverhalte auf anderem Wege in Betracht kommt: als Bestechung der Verbraucher (§ 4 Nr. 1 UWG), als gezielte Behinderung (§ 4 Nr. 10 UWG) oder über § 20 GWB; für das Unwerturteil mag freilich durchaus eine Gesamtbewertung des Verhaltens als solchen und seiner Marktauswirkung im Sinne einer **marktbezogenen Unlauterkeit** in Betracht kommen[62]. Wie liberal heute aber insbesondere die Judikatur in diesem Bereich urteilt, zeigt.

**135** **Fallbeispiel (Werbeblocker):** Eine allgemeine Marktbehinderung kann nicht schon durch den Vertrieb eines als „Fernseh-Fee" bezeichnetes Vorschaltgerätes angenommen werden, das so programmiert werden kann, dass Werbeinseln aus dem laufenden Programm automatisch ausgeblendet werden und das dazu führen kann, dass die für private Sendeanstalten besonders wichtigen Werbeeinnahmen beeinträchtigt werden. So müssten etwa konkrete Einbußen bei ihren eigenen Werbeeinnahmen oder denjenigen ihrer Mitbewerber vorgetragen werden, um auf eine Gefährdung des Bestandes der durch Werbung finanzierten privaten Fernsehsender schließen zu können. Die Möglichkeit, dass es zu Einnahmeverlusten bei den Sendern kommen könnte, reicht auch unter Berücksichtigung der sich aus Art. 5 GG ergebenden Wertung für die Annahme eines Wettbewerbsverstoßes unter dem Gesichtspunkt einer allgemeinen Marktbehinderung nicht aus[63].

---

59 So auch schon RegE zum UWG 2004, BT-Drucks. 15/1487 S. 17.
60 BGH GRUR 1965, 489 – *Kleenex*.
61 BGHZ 51, 236, 244 f. – *Stuttgarter Wochenblatt*.
62 Vgl. etwa *Koppensteiner*, WRP 2007, 475 unter Hinweis auf *P. Ulmer*, GRUR 1977, 565, 577.
63 BGH NJW 2004, 3032 – *Werbeblocker*.

#### d) Spürbarkeit

„Spürbar" muss die Beeinträchtigung der Interessen sein. Ausweislich der amtl. Begr. zum UWG 2004, das insoweit von „nicht nur unerheblich" sprach[64], sollten damit lediglich **Bagatellfälle ausgeschlossen** werden, so dass die Schwelle insoweit nicht hoch anzusetzen ist. Die Änderung des Wortlauts will diesen an die Terminologie von Art. 2 lit. e RL 2005/29/EG anpassen. Eine inhaltliche Änderung war nicht beabsichtigt. Insbesondere bedarf es nicht einer wesentlichen Beeinträchtigung des Wettbewerbs auf dem Markt. Im Übrigen kommt es entscheidend auf die Umstände des Einzelfalles an. Neben der Art und der Schwere des Verstoßes sind die zu erwartenden Auswirkungen auf den Wettbewerb zu berücksichtigen, und auch bei Verstößen mit nur geringen Auswirkungen für die Marktteilnehmer kann verbotenes Verhalten dann anzunehmen sein, wenn eine Vielzahl von Marktteilnehmern, also eventuell von Verbrauchern, betroffen ist oder wenn eine nicht unerhebliche Nachahmungsgefahr besteht[65].

**136**

**Beispiel** für fehlende Spürbarkeit: Ware ist im Preis versehentlich zu hoch ausgezeichnet[66].

#### e) Keine Regelung weiterer Rechtsfolgen

§ 3 I UWG enthält lediglich ein Verbot, aber **keinerlei Sanktion**. Ansprüche auf Beseitigung und Unterlassung, Schadensersatz sowie Gewinnabschöpfung werden erst über die §§ 8-10 UWG normiert.

**137**

#### f) Kein Verbotsgesetz

§ 3 UWG ist auch kein Verbotsgesetz im Sinne von § 134 BGB. Denn der Zweck der Norm gebietet nicht die Unwirksamkeit eines entsprechenden Vertrages, falls der Werbende Vertragspartner ist. Selbst im Falle arglistiger Täuschung ist ein Vertragsschluss (nach den Bestimmungen des BGB) grundsätzlich nur anfechtbar. Das erklärt sich daher, dass das Vorhandensein eines Vertrages für den von unlauterem Wettbewerb Betroffenen im Hinblick auf vertragliche Ansprüche wünschenswert sein kann.[67] Auch Nichtigkeit unter dem Blickwinkel von § 138 BGB tritt in der Regel nicht ein, da es hier primär um den Inhalt von Verträgen geht, während § 3 UWG sich speziell gegen eine unlautere Anbahnung eines Rechtsgeschäfts wendet.[68]

**138**

### 3. § 4 UWG mit allgemeinen Beispielen der Unlauterkeit

#### a) Überblick

Die Beispielstatbestände des § 4 UWG betreffen jeweils nur das Merkmal der Unlauterkeit im Sinne des § 3 I UWG. Damit sich aus der letztgenannten Vorschrift die Unzulässigkeit ableiten lässt, muss jeweils eigenständig nach § 3 I UWG geprüft werden, ob es um eine geschäftliche Handlung geht, die geeignet ist, die Interessen von Mitbewerbern, Verbrauchern oder der sonstigen Marktteilnehmer spürbar zu beeinträchtigen.

**139**

---

64 BT-Drucks. 14/1487 S. 17.
65 A.a.O.
66 BGH NJW 2008, 1388.
67 Vgl. *Köhler*, in: Köhler/Bornkamm, UWG § 3 Rz. 156; zu *§ 1 UWG a.F.* BGHZ 110, 156, 161 – *HBV-Familien- und Wohnrechtsschutz*.
68 *Köhler* a.a.O.

§ 3 *Materielles Lauterkeitsrecht, insbesondere UWG*

Es empfiehlt sich zunächst, die durch das Wort „insbesondere" als nicht abschließender Beispielskatalog gekennzeichnete Vorschrift in Ruhe durchzulesen. Sie lautet:

### § 4 Beispiele unlauteren Wettbewerbs

*„Unlauter handelt insbesondere, wer*

1. *Geschäftliche Handlungen vornimmt, die geeignet sind, die Entscheidungsfreiheit der Verbraucher oder sonstiger Marktteilnehmer durch Ausübung von Druck, in menschenverachtender Weise oder durch sonstigen unangemessenen unsachlichen Einfluss zu beeinträchtigen;*
2. *Geschäftliche Handlungen vornimmt, die geeignet sind, geistige oder körperliche Gebrechen, das Alter, die geschäftliche Unerfahrenheit, die Leichtgläubigkeit, die Angst oder die Zwangslage von Verbrauchern auszunutzen;*
3. *den Werbecharakter von geschäftlichen Handlungen verschleiert;*
4. *bei Verkaufsförderungsmaßnahmen wie Preisnachlässen, Zugaben oder Geschenken die Bedingungen für ihre Inanspruchnahme nicht klar und eindeutig angibt;*
5. *bei Preisausschreiben oder Gewinnspielen mit Werbecharakter die Teilnahmebedingungen nicht klar und eindeutig angibt;*
6. *die Teilnahme von Verbrauchern an einem Preisausschreiben oder Gewinnspiel von dem Erwerb einer Ware oder der Inanspruchnahme einer Dienstleistung abhängig macht, es sei denn, das Preisausschreiben oder Gewinnspiel ist naturgemäß mit der Ware oder der Dienstleistung verbunden;*
7. *die Kennzeichen, Waren, Dienstleistungen, Tätigkeiten oder persönlichen oder geschäftlichen Verhältnisse eines Mitbewerbers herabsetzt oder verunglimpft;*
8. *über die Waren, Dienstleistungen oder das Unternehmen eines Mitbewerbers oder über den Unternehmer oder ein Mitglied der Unternehmensleitung Tatsachen behauptet oder verbreitet, die geeignet sind, den Betrieb des Unternehmens oder den Kredit des Unternehmers zu schädigen, sofern die Tatsachen nicht erweislich wahr sind; handelt es sich um vertrauliche Mitteilungen und hat der Mitteilende oder der Empfänger der Mitteilung an ihr ein berechtigtes Interesse, so ist die Handlung nur dann unlauter, wenn die Tatsachen der Wahrheit zuwider behauptet oder verbreitet wurden;*
9. *Waren oder Dienstleistungen anbietet, die eine Nachahmung der Waren oder Dienstleistungen eines Mitbewerbers sind, wenn er*
    a) *eine vermeidbare Täuschung der Abnehmer über die betriebliche Herkunft herbeiführt,*
    b) *die Wertschätzung der nachgeahmten Ware oder Dienstleistung unangemessen ausnutzt oder beeinträchtigt*
    *oder*
    c) *die für die Nachahmung erforderlichen Kenntnisse oder Unterlagen unredlich erlangt hat;*
10. *Mitbewerber gezielt behindert;*
11. *einer gesetzlichen Vorschrift zuwiderhandelt, die auch dazu bestimmt ist, im Interesse der Marktteilnehmer das Marktverhalten zu regeln."*

b) *Unlautere Geschäftspraktiken gegenüber den Abnehmern*

aa) *Beeinträchtigung der Entscheidungsfreiheit durch unangemessene unsachliche Einflussnahme nach § 4 Nr. 1 UWG*

**140** Der Tatbestand des **§ 4 Nr. 1 UWG**, der eine Art **partielle Generalklausel** darstellt[69], umfasst die **Beeinträchtigung der Entscheidungsfreiheit**, vor allem durch Druck, in menschenverachtender Weise oder „durch sonstigen unangemessenen unsachlichen

---

[69] *Emmerich*, WettbR, § 12 II.

Einfluss", und ist damit in letztgenannter Hinsicht sehr weit. Da der Werbung der Versuch einer gewissen unsachlichen Beeinflussung häufig immanent ist, ist nicht schon die unsachliche Einflussnahme unlauter, sondern erst die „unangemessene" unsachliche Einflussnahme[70]. Vor dem Hintergrund der erfolgten Aufhebung von *RabattG* und *ZugabeVO*, der gewollten Liberalisierung des Lauterkeitsrechts und des heute maßgeblichen Verbraucherleitbilds ist insbesondere die frühere Judikatur zur Fallgruppe des Kundenfangs[71] nur noch eingeschränkt relevant.

141 Bei Geschäftspraktiken gegenüber **Verbrauchern** ergibt sich aus **§ 3 II, III UWG (mit Anhang) eine Verschärfung**; bei der **Fallprüfung** wird man zweckmäßigerweise mit dem **Anhang beginnen**! Angesichts der durch die RL 2005/29/EG bezweckten **Vollharmonisierung** ist im Auge zu behalten, dass für die Beurteilung von **Geschäftspraktiken gegenüber Verbrauchern Art. 5 II und III der RL verbindlich** ist und dass man auch im Übrigen die **Wertung** der RL bzw. die Wertung des (nicht abschließenden) **§ 3 II und III UWG mit Anhang** nicht außer Acht lassen darf.

*(1) Druck*

142 Die Ausübung von Druck zur Beeinträchtigung der Entscheidungsfreiheit mag bei den sog. Kaffeefahrten eine Rolle spielen, ist aber wohl insgesamt nicht allzu bedeutsam (zum sog. Kaufzwang hingegen s. unten).

*(2) Menschenverachtung*

143 Auch die Beeinträchtigung der Entscheidungsfreiheit in **menschenverachtender Weise** wird **nur selten** eine Rolle spielen. **Schockwerbung** verletzt noch nicht ohne Weiteres die Menschenwürde und wird vom BVerfG in den *Benetton*-Entscheidungen für weitgehend schutzwürdig erachtet[72]. **Gefühlsbetonte Werbung**, etwa durch Ansprache des Verantwortungsgefühls für Umweltschutz, ist **nicht unlauter**[73].

*(3) Überblick über typische Fallkonstellationen*

144 Für die Frage der Unlauterkeit der Beeinträchtigung der Entscheidungsfreiheit durch **unangemessene unsachliche Einflussnahme** ergibt sich vorbehaltlich der schärferen Regelungen für Verbraucher (oben Rz. 141) **folgender Überblick**:
– manches ist **spezieller geregelt**, so insbesondere:
  • die Mobilisierung von Druck, Angst, Zwangslage (Nr. 2)
  • mangelnde Transparenz bei Preisausschreiben und Verkaufsförderungsaktionen wie Zugaben, Rabatten und Geschenken (Nr. 4 und 5)
  • Verschleierung von Werbung (Nr. 3)
  • irreführende Werbung (§§ 5, 5a UWG)
  • unzumutbare Belästigung (§ 7 UWG)
  • rechtlicher oder tatsächlicher Kaufzwang bei Preisausschreiben oder Gewinnspielen (Nr. 6);

---

70 RegE UWG S. 17.
71 Vgl. *Baumbach/Hefermehl*, UWG, 1999[21], § 1 Rz. 4-207.
72 Vgl. BGH NJW 1995, 2492 – *HIV positiv*; BGHZ 149, 247 – *HIV positiv II*; und hiergegen BVerfG E 102, 347; BVerfG NJW 2003, 1303 – *Benetton II*.
73 BGHZ 164, 153 – *Artenschutz*; BGH WRP 2007, 308 – *Regenwaldprojekt II*.

- unter die **Nr. 1** fällt eventuell der sog. **psychologische Kaufzwang**, der die Teilnahme am Preisausschreiben oder Gewinnspielen zwar nicht rechtlich oder tatsächlich an den Erwerb des Produkts bindet, wohl aber einen diesbezüglichen psychologischen Zwang für den Kunden schafft (ob das verboten sein kann, ist nach der Entscheidung EuGH WRP 2010, 232 – *Plus* eher zweifelhaft); in Betracht kommt aber als Irreführung die suggerierte Annahme, beim Kauf stiegen die Gewinnchancen[74];
- Werbung für **Tabakwaren ohne Warnhinweis**[75];
- des weiteren sog. **übertriebenes Anlocken**, bei dem allein wegen des Wertes einer erhaltenden Leistung die Entscheidungsfreiheit beeinträchtigt ist; solche Fälle dürften sehr selten sein[76]; wird zusätzlich Zeitdruck geschaffen, kann dies zu Unlauterkeit führen[77];
- **Koppelungsgeschäfte** können den Preis der Einzelware verschleiern; sie sind nach der neueren Judikatur aber **nur unter engen Voraussetzungen unlauter**[78];
- die missbräuchliche Inanspruchnahme behördlicher oder fachlicher **Autorität** zu Werbezwecken kann unlauter sein;
- im Grundsatz ist **Wertreklame** und sind **Koppelungsangebote** bei entsprechender Transparenz auch ohne Einzelpreisangabe **zulässig**, z.B.
    - Handy mit Netzkarte[79]
    - Skiurlaub mit Skierwerb[80]
    - Zeitschrift mit Sonnenbrille[81].

Zwei konkrete **Beispiele** aus der neueren Rspr.:

Das Angebot eines Fotostudios[82] an eine Schule, dieser einen PC zu überlassen, wenn die Schule eine Schulfotoaktion vermittelt, bei der die angefertigten Fotos Eltern oder Schülern zum Kauf angeboten werden, ist grundsätzlich keine unangemessene unsachliche Einflussnahme auf die Entscheidungen der Schule, der Schüler oder der Eltern. Hingegen Unzulässigkeit einer Werbeaktion für Cerealien[83] in einer Schulklasse unter Ausnutzung von Gruppendruck auf die Eltern.

*bb) Schutz vor Ausnutzung bestimmter Schwächen gemäß § 4 Nr. 2 UWG*

**145** Nr. 2 betrifft speziell Verbraucher. Die bisherige Erwähnung von Kindern und Jugendlichen ist aus redaktionellen Gründen entfallen, was keine Einschränkung bedeuten soll[84].

**Beispiele:** Werbung, die Jugendliche zu kostenpflichtigen Anrufen verleitet, wobei die mutmaßlichen Gesamtkosten verschwiegen werden, ist unlauter[85];

**Gegenbeispiele:** Die durch Werbung gewollte Mobilisierung von Kindern zur Beeinflussung der Eltern, etwa für Spielzeug und Leckereien, ist **nicht** ohne Weiteres **unlauter**; zulässig auch

---

74  Aber auch insoweit zurückhaltend BGH NJW 2005, 599 – *Traumcabrio*.
75  BGH WRP 2006, 1505 – *Warnhinweis II*.
76  *Emmerich*, WettbR, § 12 IV 4b.
77  OLG Hamm GRUR 2006, 86 – *Sonntagsrabatt*, bei 25 % Rabatt während 5-stündiger Küchen-Verkaufsaktion.
78  Vgl. BGHZ 151, 84 – *Koppelungsangebot I*; BGHZ 154, 105 – *Gesamtpreisangebot*.
79  BGHZ 151, 84.
80  BGHZ 154, 105.
81  BGH GRUR 2006, 161.
82  BGH NJW 2006, 225 – *Schulfotoaktion*; a.A. aber OLG Celle, NJW 2008, 164.
83  BGH WRP 2008, 214 – *Tony Taler*; vgl. insoweit künftig § 3 III UWG mit Anhang Nr. 28.
84  RefE 1. UWG-Novelle S. 44.
85  BGH WRP 2006, 885 – *Klingeltonwerbung*.

die Abgabe einer Jugendzeitschrift mit Sonnenbrille[86]. Die „**Zeugnis-Aktion**" eines Elektronik-Fachmarktes, wonach Schüler eine Kaufpreisermäßigung von 2 Euro für jede Eins im Zeugnis beim Kauf eines beliebigen Produktes aus seinem Sortiment erhalten sollten, hielt der BGH für zulässig.[87]

*cc) Transparenzgebot und Unlauterkeit der Schleichwerbung nach § 4 Nr. 3-5 UWG*

**Nr. 3** erfasst **Schleichwerbung** in jeder Form, also nicht lediglich die qua Staatsvertrag verbotene Schleichwerbung in den elektronischen Medien. Eine besonders wichtige Fallgruppe bilden die sog. Kaffeefahrten. Die Regelung bezweckt, die Marktteilnehmer in erster Linie vor einer Täuschung über den kommerziellen Charakter der Handlung zu schützen. Es genügt insoweit die bloße Gefahr einer unsachlichen Beeinflussung.

**146**

**Beispiel:** Unlauter ist es, Verbraucher unter dem Vorwand einer Meinungsumfrage zur Überlassung ihrer Adresse zu Werbezwecken zu veranlassen.

**Verkaufsförderungsaktionen** im Sinne von **Nr. 4** sind trotz eines gewissen Bestechungseffekts zulässig, soweit die Bedingungen hinreichend transparent sind und das Ausmaß der Beeinträchtigung der Entscheidungsfreiheit nicht übermäßig hoch ist; die früheren restriktiven Vorschriften über Sonderveranstaltungen sind aufgehoben.

**Nr. 5** enthält für **Preisausschreiben** und **Gewinnspiele** mit Werbecharakter ebenfalls ein Transparenzgebot.

**Beispiel:**[88] Ein Unternehmen verlangt einen finanziellen „Organisationsbeitrag" für einen in einem Gewinnspiel ausgeworfenen Gewinn, ohne deutlich werden zu lassen, wofür der Betrag verwendet wird.

*dd) Kaufzwang bei Preisausschreiben gemäß § 4 Nr. 6 UWG*

Nr. 6 erklärt entsprechend der früheren Judikatur die Verkoppelung der Teilnahme an einem Preisausschreiben mit dem Warenabsatz oder der Inanspruchnahme einer Dienstleistung für unzulässig (verbotener „**Kaufzwang**"). Die Vorschrift betrifft nur **Verbraucher**. Da die Richtlinie über unlautere Geschäftspraktiken (RL 2005/29/EG), die eine Vollharmonisierung anstrebt, in ihrem Anhang I kein spezielles diesbezügliches Verbot kennt und zweifelhaft ist, ob im Sinne von Art. 5 Abs. 2 lit. a der RL jede diesbezügliche Koppelung den Erfordernissen der „beruflichen Sorgfaltspflicht" widerspricht, hat der BGH dem EuGH die Frage vorgelegt, ob **§ 4 Nr. 6 UWG** nur dann gilt, wenn im Einzelfall Verbraucherinteressen beeinträchtigt sind[89]. Der EuGH[90] hat daraufhin entschieden, dass die Annahme der Unlauterkeit gemäß der genannten Vorschrift **ohne Berücksichtigung der besonderen Umstände des Einzelfalles grundsätzlich unzulässig** ist. § 4 Nr. 6 UWG ist daher insoweit **richtlinienkonform restriktiv** auszulegen[91]. Unbeschadet dessen greift die Norm auch dann nicht ein, wenn es alter-

**147**

---

86 BGH GRUR 2006, 161; bedenklich tolerant OLG Frankfurt/M, GRUR 2005, 1064 – *Lion-Sammelaktion*: Zulässigkeit der Wertreklame gegenüber Kindern und Jugendlichen für sukzessiven Kauf von Schokoerzeugnissen.
87 BGH vom 3.4.2014 – I ZR 96/13; vgl. auch Anhang UWG Nr. 28!!
88 BGH NJW 2005, 3716 – *Telefonische Gewinnauskunft*.
89 BGH NJW 2008, 2672 (LS) = WRP 2008, 1175 – *Millionenchance*.
90 EuGH WRP 2010, 232 – *Plus*.
91 BGHZ 187, 231 – *Millionenchance II, Werbung für eine Bonus-Aktion*: ein Unterlassungsanspruch wurde verneint.

nativ die Möglichkeit der Teilnahme ohne Koppelung gibt, was den Veranstaltern von Preisausschreiben bei entsprechender Phantasie **Handlungsspielräume** eröffnet. **Nicht** erfasst werden vom Tatbestand der Nummer 6 Fälle, in denen man ein Gewinnspiel oder ein Preisausschreiben gar nicht veranstalten kann, ohne dass der Kauf der Ware oder die Inanspruchnahme der Dienstleistung erforderlich ist; dies gilt etwa im Falle eines in einer Zeitschrift abgedruckten Preisrätsels. Gerade bei Printmedien ist diese Form der Wertreklame seit längerem im Markt eingeführt. Dies schließt indes eine Bewertung als unlauter im Einzelfall nicht aus, wenn die Kaufentscheidung durch unangemessen hohe Gewinne unsachgemäß beeinflusst wird[92]. Ein nur sog. **psychologischer** Kaufzwang ist eventuell nach der Nr. 1 und nur entsprechend richtlinienkonformer Interpretation unlauter.

c) *Unlautere Geschäftshandlungen gegenüber Mitbewerbern*

aa) *Geschäftsehrverletzung und Schmähkritik*

**148** Unter **Nr. 7** sind vor allem die Fälle der Geschäftsehrverletzung, etwa **Schmähkritik**, zu verstehen, die sich als Meinungsäußerung tarnen,

**Beispiel:** Es ist unlauter, wenn ein Presseunternehmen von einem Konkurrenzblatt behauptet, es tauge nur als Toilettenpapier.

während die in **Nr. 8** normierten **kreditschädigenden Tatsachenbehauptungen** mangels eines berechtigen Interesses bereits dann verboten sind, wenn sie nicht erweislich wahr sind; wer solche Tatsachen behauptet, muss sie grundsätzlich auch beweisen können.

bb) *Ergänzender Leistungsschutz*

**149** Nr. 9 erfasst den **wettbewerblichen Leistungsschutz** in Ergänzung der speziellen Regelungen des Urheberrechts oder des gewerblichen Rechtsschutzes. Im Grundsatz besteht mangels Eingreifens spezialgesetzlicher Verbotsvorschriften **Nachahmungsfreiheit**. Ein ergänzender Leistungsschutz kommt nicht schon allein deshalb in Betracht, weil ein Unternehmen ein Leistungsergebnis eines Mitbewerbers nachahmt und auf dem Markt anbietet. Nachahmung setzt im Übrigen Kenntnis des Vorbilds voraus[93].

Im Falle einer Nachahmung liegt nur bei Vorliegen **zusätzlicher Umstände** Unlauterkeit vor, und zwar in den Fällen der **vermeidbaren Herkunftstäuschung (a)**, der **unangemessenen Ausnutzung oder Beeinträchtigung des guten Rufs (b)** oder im Falle der **unredlichen Kenntniserlangung (c)**. Als ungeschriebenes Tatbestandsmerkmal wird bei den erstgenannten Fällen (a) eine „**wettbewerbliche Eigenart**" verlangt, wonach die konkrete Ausgestaltung der übernommenen Elemente geeignet ist, die interessierten Verkehrskreise auf die betriebliche Herkunft oder seine Besonderheiten hinzuweisen.[94] Da es um den Schutz des Wettbewerbers geht, ist anspruchsberechtigt nur der an der Leistung Berechtigte, also etwa der Hersteller des Originals[95]. Bei einer durch Werbung entstehenden **Verwechslungsgefahr** mit einer anderen Ware, Dienst-

---

92 RegE UWG S. 18.
93 BGH WRP 2008, 1510 – *ICON*.
94 Hierzu eingehend m.N. *Köhler*, in: Köhler/Bornkamm, UWG § 4 Rz. 9.24.
95 BGH GRUR 2005, 519, 520 Rz. 23 – *Vitamin-Zellkomplex*.

leistung oder Marke kann darüber hinaus über § 5 I S. 1, II UWG Irreführung und damit Unlauterkeit eintreten[96].

Ein besonders problematischer Bereich ist hier der Nachbau von Ersatzteilen und Zubehör für fremde Erzeugnisse, die nicht unter Sonderrechtsschutz stehen[97]. Ein solcher Nachbau kann wettbewerbsrechtlich durchaus legitim sein. Ob eine unzulässige **Rufausbeutung** (b) offen oder durch verdeckte Anlehnung an fremde Leistung erfolgt, ist nicht entscheidend. **150**

**Beispiele:** Werbung für ein Produkt mit einem Bild, auf dem bekannte Qualitätssymbole wie etwa die Flying Lady von Rolls-Royce prägend abgebildet werden, kann nach § 4 Nr. 9 UWG unlauter sein[98].

Problematisch stellt sich die Fallgruppe der Rufausbeutung durch Einschieben in eine fremde Serie[99] dar; geht es um einen neuen Markt, muss das Einschieben wohl zulässig sein[100].

Grundsätzlich gelten abstrakte Ideen oder Stilelemente nicht als schützenswert. Falls aber ein „individueller Überschuss" festzustellen ist, kann dieser lauterkeitsrechtlichen Schutz genießen.[101]

*cc) Gezielte Behinderung von Mitbewerbern*

Mit der gezielten[102] Behinderung von Mitbewerbern in Nr. 10 ist die individuelle Mitbewerberbehinderung gemeint. Die Einschränkung auf „gezielte" Behinderungen soll zum Ausdruck bringen, dass eine Behinderung von Mitbewerbern als bloße Folge des Wettbewerbs natürlich nicht ausreichen kann, und dies muss auch dort gelten, wo wegen der geringen Zahl von Wettbewerbern die werbliche Maßnahme im Sinne der individuellen Beeinträchtigung des Mitbewerber klar erkennbar ist. Entscheidend muss sei, dass das **Mittel** der Behinderung **einer Marktwirtschaft nicht angemessen** ist. **151**

Die Fälle möglicher Behinderungtatbestände sind Legion. *Köhler*[103] zählt folgende Fallgruppen auf, die nachfolgend zur Illustration (nicht als Lernstoff) erwähnt werden:
– Absatzbehinderung
– Nachfragebehinderung
– Werbebehinderung
– Behinderung durch Kennzeichenverwendung
– Abwerbung von Mitarbeitern
– Boykott
– Missbrauch von Nachfragemacht
– Unzulässiger Werbevergleich
– Betriebsstörung
– Preisunterbietung
– Diskriminierung.

---

96 Fragen einer irreführenden vergleichenden Werbung erörtert *Köhler*, GRUR 2013, 761 ff.
97 Vgl. *Köhler*, in: Köhler/Bornkamm, UWG § 4 Rz. 9.6 ff.
98 BGHZ 86, 90 – *Rolls Royce*.
99 BGHZ 41, 55 – *Klemmbausteine I* und BGH NJW-RR 1992, 1067 – *Klemmbausteine II*.
100 BGHZ 161, 204 – *Klemmbausteine III*; vgl. auch BGH GRUR 2005, 166 – *Puppenausstattungen*, betr. „Barbie"-Puppe.
101 BGH GRUR 1986, 673, 675 – *Beschlagprogramm*.
102 Die allgemeine Marktbehinderung, etwa durch Ausschaltung des Wettbewerbs infolge von Gratisverteilung von Produkten, ist heute ohne Bedeutung (vgl. oben Rz. 134 f.).
103 *Köhler*, in: Köhler/Bornkamm, UWG § 4 Rz. 10.24-10.219.

Das sog. **Keyword-(Adword-)Advertising** durch Suchmaschinen im Internet, bei dem ein fremdes Kennzeichen als verstecktes Suchwort zum eigenen Angebot führt, dürfte sich nur ausnahmsweise als unzulässige Behinderung darstellen, kann aber eine Markenrechtsverletzung sein[104].

152 Ob eine unzulässige gezielte Behinderung angenommen werden kann, muss in jedem Einzelfall **positiv festgestellt** werden. Eine gezielte Behinderung liegt vor allem dann vor, wenn eine Handlung von einer Verdrängungsabsicht geprägt wird[105]. Das Verbot von gezielten Behinderungen verwirklicht den Schutz von Mitbewerbern, der ausdrücklich in der Schutzzweckbestimmung des § 1 UWG genannt wird. **Entscheidend ist letztlich, ob marktadäquate Mittel** angewandt werden.

153 **Fallbeispiel:**[106] Mitarbeiter einer Personalservice-Agentur riefen im Auftrag eines Unternehmens, das Rohre herstellte und vertrieb, bei drei Außendienstmitarbeitern eines Wettbewerbers dieses Unternehmens im Wege der ***Direktansprache am Arbeitsplatz*** an und boten ihnen Stellen im Vertrieb des erstgenannten Unternehmens an. Daraufhin erhob das betroffene Unternehmen Unterlassungsklage gegen den Auftraggeber der Agentur. Der Unterlassungsanspruch könnte sich aus den §§ 8, 3, 4 Nr. 10 oder § 7 II Nr. 2 UWG ergeben, wobei das Verhalten der Agentur-Mitarbeiter dem Auftrag gebenden Unternehmen nach § 8 II UWG zugerechnet wird. Danach lag in dem Versuch der Abwerbung ohne Weiteres eine geschäftliche Handlung des verklagten Unternehmens. Es war offenbar eine gezielte Behinderung und eventuell auch eine unzumutbare Belästigung gegenüber dem klagenden Unternehmen, das ja mit diesen Anrufen mutmaßlich kaum einverstanden war.

Gleichwohl prüft der BGH eingehend, ob hier Unlauterkeit vorliegt, und er geht dabei entscheidend auf die Wettbewerbskonformität des Verhaltens ein. Der Begriff der Behinderung ist nämlich zunächst unfassbar weit! Genau genommen ist jedes Verhalten im Wettbewerb eine Behinderung der Konkurrenz. Doch kann dies nicht schon Anlass für die Annahme der Unlauterkeit sein. Daraus folgt, dass die Beispielstatbestände der Unlauterkeit stets im Sinne der Wettbewerbsordnung interpretiert werden müssen. Der BGH folgert daraus, dass entsprechend der bisherigen Rechtslage die **Abwerbung** von Mitarbeitern eines Wettbewerbers zunächst einmal **zulässig** ist, **so lange** nicht unlautere Mittel eingesetzt oder unlautere Zwecke verfolgt werden. Da eine solche Abwerbung nach Meinung des BGH (zur damaligen Zeit) praktisch nur über eine Kontaktaufnahme am Arbeitsplatz Erfolg versprechend war und insbesondere die angesprochenen Mitarbeiter auch grundsätzlich daran Interesse haben können, sieht der BGH in einer ersten kurzen Kontaktaufnahme (zwecks eventueller weiterer Gespräche außerhalb des Firmenbereichs) am Arbeitsplatz noch keinen Verstoß gegen das UWG. Dass die angerufenen Mitarbeiter möglicherweise als Verbraucher i.S. von § 13 BGB anzusehen sind, mit der möglichen Folge der Unzulässigkeit nach § 7 II Nr. 2 Alt. 1 UWG, hat der BGH nicht erörtert.

---

104 BGH NJW 2011, 3032 ff., Rn. 34 ff. – *Bananabay II*; zur Markenrechtsverletzung BGHZ 168, 28 – *Impuls*; vgl. auch *Illmer*, WRP 2007, 399, 404 ff.
105 BGH GRUR 2001, 80 – *ad-hoc-Mitteilung*; ein klassischer Fall ist der von RGZ 134, 342 entschiedene *Benrather Tankstellenfall*: Vernichtungswettbewerb durch Kartellmitglieder gegenüber einem Außenseiter mittels gezielter Preisunterbietung.
106 Vgl. BGH NJW 2006, 1665 – *Direktansprache am Arbeitsplatz II* sowie BGHZ 158, 174 = NJW 2004, 2080 – *Direktansprache am Arbeitsplatz I* (noch zu § 1 UWG a.F.); siehe hierzu auch *Hönn*, Klausurenkurs, Fall 1.

Falls zugleich das kartellrechtliche Behinderungsverbot nach den §§ 19, 20 GWG oder Art. 102 AEUV eingreift, gelten die Verbote kumulativ.[107]

*d) Verstoß gegen bestimmte Rechtsvorschriften*

**§ 4 Nr. 11 UWG** trifft einen Teil der bislang mit dem Begriff Rechtsbruch erfassten Fälle unlauteren Wettbewerbs. Es geht um ein **Zuwiderhandeln** gegen **gesetzliche Vorschriften**; der Bruch vertraglicher Verpflichtungen genügt nicht; die Anstiftung zum Vertragsbruch dürfte freilich i.S. von § 3 I UWG nach wie vor unlauter sein. Nr. 11 schränkt den Tatbestand insoweit ein, dass nur der Verstoß gegen solche Gesetze in Betracht kommt, die auch dazu bestimmt sind, **im Interesse der Marktteilnehmer das Marktverhalten** zu regeln. Da zu den Marktteilnehmern auch die Verbraucher gehören (§ 2 I Nr. 2 UWG), sind hier nicht nur Wettbewerber, sondern auch Verbraucher Schutzsubjekte der Norm. **154**

Der verletzten Norm muss aber zumindest eine sekundäre Schutzfunktion zu Gunsten des Wettbewerbs zukommen[108]. **155**

> **Beispiel:** Das brandenburgische Schulgesetz, das grundsätzlich den Verkauf von Gegenständen auf dem Schulgelände verbietet, ist Verbotsgesetz im Sinne von Nr. 11.[109]

– Einschlägige Vorschriften sind auch die **§§ 16-19 UWG** (dazu unten), vor allem aber Vorschriften über die gesetzliche **Preisauszeichnungspflicht**[110] und sonstige gesetzliche **Pflichten zur Aufklärung**.

– Entsprechendes gilt an sich auch für das nach § 120 I Nr. 2 OWiG bestehende Verbot einer Werbung für Prostitution; doch wird das Verbot inhaltlich wegen des gewandelten gesellschaftlichen Verständnisses nur noch sehr restriktiv angewandt.[111]

– Die früher streitige Frage, ob die Verwendung **unzulässiger AGB** einen solchen Verstoß darstellen kann[112], hat der BGH zwischenzeitlich bejaht.[113] Auch das **Fehlen** der handelsrechtlichen **Pflichtangaben** bei **geschäftlicher Korrespondenz**[114] dürfte (auch unter dem Blickwinkel von § 5a UWG) unlauter sein; wichtig ist in derartigen Fällen die Bagatellklausel des § 3 UWG.

> **Gegenbeispiel:** Wenn etwa eine bayerische Gemeinde entgegen der bayerischen Gemeindeordnung eine erwerbswirtschaftliche Tätigkeit praktiziert, so ist dies **nicht** allein schon wegen des Gesetzesverstoßes unlauter[115].

Markt**zutritts**regelungen, wie etwa der erforderliche Nachweis besonderer fachlicher Fähigkeiten für die Ausübung bestimmter Tätigkeiten, dürften stets eine entsprechende wettbewerbliche Schutzfunktion besitzen (anders bei bloßer Anzeigepflicht nach GewO). **156**

---

107 BGHZ 166, 165 = NJW 2006, 2627, 2629 – *Probeabonnement*.
108 BT-Drucks. 15/1487 S. 19.
109 BGH NJW 2006, 225, 227 – *Schulfotoaktion*; doch fehlt es am Wettbewerbsverstoß, wenn, wie im konkreten Fall, eine Ausnahme greift.
110 Vgl. § 1 PAngV.
111 BGH NJW 2006, 3490 – *Kontaktanzeigen*, im Hinblick auf das Verhältnis zwischen Inserenten und Barbesitzern.
112 Vgl. *Köhler*, NJW 2008, 177, der darauf hinweist, dass sonst gegen AGB grundsätzlich nur Verbände vorgehen können.
113 BGH NJW 2012, 3577 ff. – Rn 45 ff.
114 Hierzu *Maaßen/Orlikowski-Wolf*, BB 2007, 561.
115 Vgl. schon zu *§ 1 UWG a.F.* BGHZ 150, 343, von RegE UWG S. 19 zitiert.

– Wichtig sind insoweit die unten behandelten **produkt-**, **medien-** und **berufsspezifischen Regelungen**.

Alles in allem ermöglicht es Nr. 11 (trotz des erforderlichen Marktbezugs eines Rechtsverstoßes) einem Unternehmen in vielen Fällen, bei Rechtsverstößen eines Wettbewerbers gegen diesen selbst ohne Abwarten auf behördliches Handeln aktiv vorzugehen.

**Beachte:** Verstöße gegen das **GWB** führen nach der Judikatur wegen der spezielleren Regelungen der zivilrechtlichen Rechtsfolgen im GWB **nicht** zur Unlauterkeit gemäß § 4 Nr. 11 UWG.

– Grund: Die Klagebefugnis ist in UWG (§ 8 III) und GWB (§ 33) unterschiedlich geregelt, und diese Regelung darf nicht unterlaufen werden.[116]

### 4. Unlauterkeit irreführender geschäftlicher Handlungen gemäß §§ 5, 5a I UWG

#### a) Zusammenhang mit § 3 I UWG

**157** Ebenso wie bei § 4 UWG haben die §§ 5, 5a I UWG wiederum lediglich eine **Hilfsfunktion für § 3 I UWG**, indem sie Beispielstatbestände für irreführendes Verhalten bzw. irreführende geschäftliche Handlungen (§ 5 I UWG) aufführen. Unzulässigkeit ergibt sich jeweils erst bei Vorliegen auch der weiteren Tatbestandsvoraussetzungen des § 3 I UWG, also namentlich bei der Eignung der geschäftlichen Handlungen, die Interessen von Mitbewerbern, Verbrauchern oder sonstigen Marktbeteiligten spürbar zu beeinträchtigen. Insbesondere Bagatellfälle können daher auch dann nicht verboten sein, wenn die tatbestandlichen Voraussetzungen der §§ 5, 5a I UWG vorliegen. Es kommt nicht darauf an, ob primär **Unternehmen oder Verbraucher** betroffen sind. Doch unterliegen geschäftliche Handlungen gegenüber Verbrauchern verschärfter Kontrolle nach den §§ 3 II, 5a II–IV UWG. Bei geschäftlichen Handlungen gegenüber **Verbrauchern** ist aber auch im Rahmen des § 3 I UWG wegen der Vollharmonisierung letztlich der Maßstab des **Art. 5 II und III** der **RL 2005/29/EG** verbindlich, so dass dann für die Gefahr der Irreführung stets auf den durchschnittlichen Verbraucher und die Eignung zur wesentlichen Beeinflussung des Verbraucherverhaltens abzustellen ist.

#### b) Irreführung bei unwahren Angaben oder sonstigen zur Täuschung geeigneten Angaben

##### aa) Angaben

**158** Nach § 5 I 1 UWG handelt unlauter, wer eine irreführende geschäftliche Handlung vornimmt. Diese ist nach § 5 I 2 UWG irreführend, wenn sie unwahre Angaben oder sonstige zur Täuschung geeignete Angaben enthält; ein Katalog entsprechender Angaben schließt sich an. **Angaben** sind alle Arten von geschäftsrelevanten Informationen, gleichgültig, in welcher Form sie erfolgen. Konkludente Angaben spielen in der Praxis eine beträchtliche Rolle.

---

116 BGHZ 166, 154 = NJW 2006, 2627 – *Probeabonnement*.

**Beispiel:** Hühnergegacker im Hörfunk kann eine (irreführende) Angabe im Hinblick auf die Verwendung von Eiern bei Lebensmitten darstellen[117].

Reine Phantasiebezeichnungen und Werturteile ohne erkennbaren Sachgehalt sind keine Angaben und daher nicht irreführend. Unlauter können sie gleichwohl sein, etwa als Behinderung gemäß § 4 Nr. 10 UWG.

*bb) Unwahrheit und Eignung zur Täuschung*

**Unwahr** sind Angaben, wenn sie mit der Realität nicht übereinstimmen. Die **Eignung zur Täuschung** schließt die tatsächlich erfolgte Täuschung ein. Es kommt darauf an, dass bei dem Adressaten der Angabe ein Eindruck entsteht, der mit der Realität nicht übereinstimmt und der Einfluss auf das wirtschaftliche Verhalten haben kann. Das kann auch bei vordergründig wahren Angaben der Fall sein. 159

**Beispiel:** Werbung mit Selbstverständlichkeiten, die zu Unrecht den Eindruck eines besonderen Kaufvorteils hervorrufen.

Im Übrigen gibt das Gesetz folgende Hilfestellung für die Ermittlung der Irreführung:

*cc) Katalog des § 5 I 2 Nr. 1-7 UWG*

Der **Katalog** des § 5 I 2 UWG führt folgende **Bezugspunkte der Irreführung** auf, wobei nichts darüber gesagt ist, ob er abschließend gemeint ist, was aber zumindest außerhalb des Verbraucherbereiches wohl nicht der Fall ist; es geht um Umstände wie 160

1. *die wesentlichen Merkmale der Ware oder Dienstleistung wie Verfügbarkeit, Art, Ausführung, Vorteile, Risiken, Zusammensetzung, Zubehör, Verfahren oder Zeitpunkt der Herstellung, Lieferung oder Erbringung, Zwecktauglichkeit, Verwendungsmöglichkeit, Menge, Beschaffenheit, Kundendienst und Beschwerdeverfahren, geographische oder betriebliche Herkunft, von der Verwendung zu erwartende Ergebnisse oder die Ergebnisse oder wesentlichen Bestandteile von Tests der Waren oder Dienstleistungen;*
2. *den Anlass des Verkaufs wie das Vorhandensein eines besonderen Preisvorteils, den Preis oder die Art und Weise, in der er berechnet wird, oder die Bedingungen, unter denen die Ware geliefert oder die Dienstleistung erbracht wird;*
3. *die Person, Eigenschaften oder Rechte des Unternehmers wie Identität, Vermögen einschließlich der Rechte des geistigen Eigentums, den Umfang von Verpflichtungen, Befähigung, Status, Zulassung, Mitgliedschaften oder Beziehungen, Auszeichnungen oder Ehrungen, Beweggründe für die geschäftliche Handlung oder die Art des Vertriebs;*
4. *Aussagen oder Symbole, die im Zusammenhang mit direktem oder indirektem Sponsoring stehen oder sich auf eine Zulassung des Unternehmers oder der Waren oder Dienstleistungen beziehen;*
5. *die Notwendigkeit einer Leistung, eines Ersatzteils, eines Austauschs oder einer Reparatur;*
6. *die Einhaltung eines Verhaltenskodexes, auf den sich der Unternehmer verbindlich verpflichtet hat, wenn er auf diese Bindung hinweist oder*
7. *Rechte des Verbrauchers, insbesondere solche auf Grund von Garantieversprechen oder Gewährleistungsrechte bei Leistungsstörungen.*

Die Bezugspunkte der Irreführung sind aus der RL übernommen und stimmen mit den früheren beispielhaften Regelungen des *§ 5 II Nr. 1-3 UWG a.F.* weitgehend über-

---

117 Vgl. BGH GRUR 1961, 544 – *Hühnergegacker.*

ein, allerdings bei folgenden kleineren Abweichungen: Bei Nr. 1 kommt es auf wesentliche Merkmale an. Bei Nr. 3 sind „Beweggründe" und „Art des Vertriebs" ergänzt. Völlig neu sind die Nr. 4-7, wobei Nr. 7 ausdrücklich für Verbraucher gilt. Der in Nr. 6 enthaltene Begriff des Verhaltenskodex ist in § 2 I Nr. 5 UWG definiert.

*dd) Verwechslungsgefahr durch Marken*

161 Gesondert geregelt in § 5 II UWG ist die Irreführung unter Hervorrufung der **Verwechslungsgefahr durch Marke oder Kennzeichen**. Zwecks Anpassung an die RL dient diese Regelung der Klarstellung, dass ein genereller Vorrang des Markenrechts vor dem Lauterkeitsrecht, wie ihn die deutsche Judikatur bisher sah, zumindest für den Bereich des § 5 I 1 UWG nicht in Betracht kommt[118]. Irreführung über die betriebliche Herkunft kann also auch über das Markenrecht hinaus einen Unterlassungsanspruch nach UWG herbeiführen.[119]

*ee) Angaben bei vergleichender Werbung und konkludente Angaben*

162 § 5 III UWG stellt wie bisher klar, dass auch Angaben im Rahmen vergleichender Werbung als irreführend gewertet werden können und dass entsprechendes für konkludente Angaben in beliebiger Form gilt.

**Beispiele:** Ein **Werbevergleich** enthält an sich eine für den Verbraucher wichtige Information (vgl. § 6 II UWG), ist aber inhaltlich unrichtig und daher irreführend.

**Hühnergegacker** in Hörfunkwerbung als unzutreffende Angabe über die Verwendung von Hühnereiern in Nudeln[120].

*ff) Beweiserleichterungen bei Mondpreiswerbung*

163 Unverändert gilt § 5 IV UWG wonach für die Fälle der sog. **Mondpreiswerbung** eine Beweiserleichterung vorgesehen ist. Kann der Werbende die Irreführungsvermutung nicht widerlegen, gilt sein Handeln als irreführend und unlauter.

**Beispiel:** Ein Verbrauchermarkt V hatte die Preise für Butter erhöht und wirbt kurze Zeit später mit Preisherabsetzung. V muss beweisen, dass Erhöhung und nachfolgende Herabsetzung keine reine Werbemaßnahme waren, sondern etwa durch die allgemeine Preisentwicklung auf dem Buttermarkt veranlasst.

Wichtig sind die Nr. 5 und 6 der Schwarzen Liste (Anhang zu § 3 III UWG)!

Der bisherige *§ 5 V UWG a.F.* über **Lockangebote** bei nicht hinreichendem Vorrat etc. ist aufgehoben wegen Überschneidung mit den Nr. 5 und 6 der Schwarzen Liste, die im Verbrauchersektor insoweit ein striktes Verbot ohne die Voraussetzung einer spürbaren Auswirkung (vgl. § 3 I, II UWG) vorsieht.

*c) Irreführung durch Unterlassen*

164 Nach § 5a I UWG sind bei der Beurteilung, ob das **Verschweigen** einer Tatsache irreführend ist, insbesondere deren Bedeutung für die geschäftliche Entscheidung nach der Verkehrsauffassung sowie die Eignung des Verschweigens zur Beeinflussung der

---

118 Vgl. einerseits BGH Z 149, 191, 195 f. – *shell.de* und dazu RegE 1. UWG-Novelle S. 31, 48.
119 BGHZ 198, 159 – Rn. 64 – *Hard Rock Cafe*.
120 BGH GRUR 1961, 544 – *Hühnergegacker*.

Entscheidung zu berücksichtigen. Dies gilt grundsätzlich für Unternehmer wie für Verbraucher. Soweit es um geschäftliche Handlungen gegenüber Verbrauchern geht, sieht § 5a II-IV UWG eine verschärfte Kontrolle vor.

**Beispiele:** Ein Einzelkaufmann, der den Handel mit Elektro- und Elektronikerzeugnissen betrieb, warb in der Zeitung in einer die Produkte und Preise konkretisierenden Weise, so dass ein durchschnittlicher Verbraucher das Geschäft abschließen konnte; ein Verband klagte dagegen mit der Begründung, der Kaufmann habe mangels Hinweis auf „e.K." seine **Identität** nicht klargestellt und damit gegen § 5a III Nr. 2 UWG verstoßen; der BGH gab dem Verband Recht.[121]
Die Werbung mit einem **Test-Siegel ohne Angabe der Fundstelle** ist nach § 5a II UWG wettbewerbswidrig.[122]

*d) Normatives Leitbild des Adressaten*

Nachdem Art. 5 II lit. b der RL 2005/29/EG ebenso wie § 3 II 2 UWG auf den Durchschnitts- bzw. durchschnittlichen Verbraucher abstellt, erübrigen sich scheinbar weitere Bemerkungen zum Verbraucher- bzw. Adressatenleitbild. Freilich bleibt die bisherige Diskussion zum Verbraucherleitbild insoweit relevant, als es um **Unternehmer als Adressaten** geht und als eine **weitere inhaltliche Konkretisierung** des Leitbilds zur Debatte steht. Einigkeit besteht darüber, dass es auf die jeweils betroffene Gruppe, also Unternehmer oder Verbraucher einerseits und eventuelle weitere Untergruppen ankommt. Von dem früher eingeschlagenen Weg, insoweit auf einen bestimmten empirisch zu ermittelnden Anteil aller Angesprochenen (etwa 10–20 %) abzustellen, die irregeführt werden[123], ist man zwischenzeitlich zu Recht abgerückt. Die Eignung zur Täuschung ist vielmehr **normativ zu ermitteln**. Die Judikatur von EuGH und BGH hat insoweit im Hinblick auf das Verbraucherleitbild auf den **durchschnittlich informierten, aufmerksamen und verständigen** Durchschnittsverbraucher abgestellt[124]. Dieses Leitbild kann für ein Unternehmen entsprechend genutzt werden, von dem freilich in seinem Fachgebiet besondere Aufmerksamkeit erwartet werden kann. Übertriebener Schutz zugunsten eines Unternehmens im Hinblick auf irreführende Werbung dürfte unangebracht sein.

**165**

### 5. Unlauterkeit bei Werbevergleichen nach § 6 II UWG

*a) Grundsätzliches*

In § 6 I UWG wird der **Werbevergleich** definiert, der heute im **Grundsatz zulässig** ist. Erst unter den in § 6 II Nr. 1-6 UWG vertypten Irreführungstatbeständen ist bei vergleichender Werbung **unter dem Blickwinkel des Werbevergleichs** Unlauterkeit anzunehmen; Unlauterkeit als sonstigen allgemeinen Gründen (etwa inhaltlich falsche Angabe) bleibt unberührt. Ein Verbot greift wiederum nur unter den **zusätzlichen Voraussetzungen des § 3 I UWG** ein. Die Norm betrifft Unternehmer und Verbraucher gleichermaßen. „**Werbung**" ist definiert in Art. 2 lit. a RL 2006/114/EG.

**166**

---

121 BGH WRP 2013, 1459 – *BRANDNEU VON DER IFA*.
122 BGH WRP 2010, 370 Rn. 32 – *Kamerakauf im Internet*.
123 Vgl. etwa bei BGHZ 106, 101 Rn. 10 – *Dresdner Stollen*.
124 Vgl. EuGH Slg. 1998, S. I-4673 Rz. 31, 37 – *Gut Springheide*; vgl. auch BGHZ 148, 1, 7 – *Mitwohnzentrale*.

### § 6 UWG lautet:

*„(1) Vergleichende Werbung ist jede Werbung, die unmittelbar oder mittelbar einen Mitbewerber oder die von einem Mitbewerber angebotenen Waren oder Dienstleistungen erkennbar macht.*

*(2) Unlauter im Sinne von § 3 handelt, wer vergleichend wirbt, wenn der Vergleich*
1. *sich nicht auf Waren oder Dienstleistungen für den gleichen Bedarf oder dieselbe Zweckbestimmung bezieht,*
2. *nicht objektiv auf eine oder mehrere wesentliche, relevante, nachprüfbare und typische Eigenschaften oder den Preis dieser Waren oder Dienstleistungen bezogen ist,*
3. *im geschäftlichen Verkehr zu Verwechslungen zwischen dem Werbenden und einem Mitbewerber oder zwischen den von diesen angebotenen Waren oder Dienstleistungen oder den von ihnen verwendeten Kennzeichen führt,*
4. *die Wertschätzung des von einem Mitbewerber verwendeten Kennzeichens in unlauterer Weise ausnutzt oder beeinträchtigt,*
5. *die Waren, Dienstleistungen, Tätigkeiten oder persönlichen oder geschäftlichen Verhältnisse eines Mitbewerbers herabsetzt oder verunglimpft oder*
6. *eine Ware oder Dienstleistung als Imitation oder Nachahmung einer unter einem geschützten Kennzeichen vertriebenen Ware oder Dienstleistung darstellt."*

### b) Entwicklung in Deutschland

**167** Vergleichende Werbung wurde **früher** in Deutschland **als sittenwidrig** und grundsätzlich verboten angesehen, und zwar mit der Begründung, niemand solle in eigener Sache Richter sein[125]; nur begrenzte Ausnahmen sollten zulässig sein, nämlich der sog. Abwehr-, Auskunfts-, System- und Fortschrittsvergleich. Im Ausland war man insoweit großzügiger.

Die **Judikatur des BGH schwächte** diesen Grundsatz seit längerem dahin ab, dass ein Vergleich, für den ein hinreichender Anlass bestehe, zulässig sei, wenn sich die Angaben nach Art und Maß in den Grenzen des erforderlichen und der wahrheitsgemäßen sachlichen Erörterung hielten[126]. **Inzwischen** ist im Zuge der weiteren Durchsetzung des Wettbewerbsgedankens und der Europäisierung von einer weitgehenden Zulässigkeit von Werbevergleichen auszugehen[127]. Vor dem Hintergrund der einschlägigen europäischen Richtlinie ließ der BGH **vergleichende Werbung** unter bestimmten Voraussetzungen **ausdrücklich** zu[128].

### c) Voraussetzungen und Grenzen

**168** § 6 UWG konkretisiert diesen Regelungskomplex heute in dem Sinne, dass in **Abs. 1** zunächst **definiert** wird, was unter vergleichender Werbung zu verstehen ist. Und **Abs. 2** der Bestimmung enthält eine Konkretisierung der Unlauterkeit vergleichender Werbung, wobei sich diese auf gerade beim Werbevergleich typischerweise vorkommende unlautere Verhaltensweisen bezieht. Dabei ist der Eigenpreisvergleich nicht bereits deshalb i.S. von § 6 II Nr. 2 UWG unlauter, weil es sich auf vom Werbenden selbst festgesetzte Preise bezieht[129]. Soweit ein konkreter Werbevergleich einen Bei-

---

125 Vgl. RG GRUR 1931, 1299 – *Hellegold*.
126 BGHZ 49, 325, 329 – 40 % können sie sparen.
127 Vgl. zur Entwicklung im Einzelnen *Köhler*, in: Köhler/Bornkamm, § 6 UWG Rn. 2 ff.
128 BGHZ 138, 55 – *Testpreis-Angebot*; 139, 378 – *Vergleichen Sie*.
129 BGH WRP 2007, 1181.

spielstatbestand aus den §§ 4, 5, 5a oder 7 UWG erfüllt, liegt naturgemäß ebenfalls Unlauterkeit vor. § 6 II ist in dem Sinne **abschließend**, dass vergleichende Werbung als **solche nur** nach den diesbezüglichen Kriterien **beanstandet werden darf**[130].

Vergleichende Werbung ist jede Werbung die **unmittelbar oder mittelbar** einen **Mitbewerber oder** die von einem Mitbewerber angebotenen **Waren** oder Dienstleistungen **erkennbar macht** (§ 6 I UWG). Hierunter fällt auch die unternehmensbezogene bzw. persönliche vergleichende Werbung, d.h. ein Vergleich, der sich nicht lediglich auf Waren oder Dienstleistungen bezieht[131]. Der Tatbestand des § 6 I UWG kann auch dann erfüllt sein, wenn eine Rangliste oder ein Ranking erstellt wird.[132]

Die sog. **Allein- oder Spitzenstellungswerbung** nimmt keinen Bezug auf bestimmte Mitbewerber und ist insoweit keine vergleichende Werbung (z.B. „nichts ist besser als ..."). Die Aussage kann natürlich ggf. irreführend sein, falls sie inhaltlich nicht zutrifft. Kein Werbevergleich liegt weiter vor bei bloßer Kritik am Mitbewerber, bloßer Anlehnung an fremden Ruf oder bei der Aufforderung zum Vergleich[133].

Der Vergleich muss sich stets auf einen Mitbewerber beziehen, d.h. auf einen Unternehmer, der im Verhältnis zum Werbenden in einem **konkreten Wettbewerbsverhältnis** steht, wobei dieses freilich schon durch die Art der Werbung zustande kommen kann[134]. Natürlich wird der Mitbewerber nicht erst dann erkennbar gemacht, wenn sein Name erwähnt wird; es genügt die Erkennbarkeit eines anderen Unternehmens, das bestimmte Produkte herstellt oder in bestimmter Weise wirbt.

*d) Vergleich gegenüber dem Verbraucher im Besonderen*

Bei geschäftlichen Handlungen gegenüber Verbrauchern kann ein **Vergleich** insbesondere nach Nr. 13 der Anlage zu § 3 III UWG unzulässig sein.

**169**

*e) Richtlinienkonforme Auslegung der Beispieltatbestände*

Die Beispieltatbestände des § 6 II UWG sind ggf. unter Heranziehung der einschlägigen **Richtlinie** und der bisherigen, aus der Kommentarliteratur erkennbaren Judikatur **zu interpretieren**. Dabei sind das Gebot der richtlinienkonformen Auslegung und damit insbesondere der Wortlaut und der Zweck der Richtlinie zu beachten.

**170**

### 6. Zusammenfassung

| Unlauterkeit irreführender geschäftlicher Handlungen | 171 |
|---|---|
| • geschäftliche Handlung: §§ 5 I, 2 I 1 UWG<br>• irreführend: §§ 5 I 2 Nr. 1-7, II-IV, 5a I UWG<br>• Tatbestandsvoraussetzungen des § 3 I UWG, geschäftliche Handlung, Bagatellgrenze | |

---

130 Vgl. *Köhler*, in: Köhler/Bornkamm, UWG § 6 Rz. 13.
131 *Köhler* a.a.O. Rz. 11.
132 *Lettl*, BB 2004, 1913.
133 Zu letzterem vgl. BGH GRUR 1987, 49, 50 – *Cola-Test*; allgemein *Köhler* a.a.O. Rn. 21 ff.
134 BGH GRUR 1987, 49 – *Cola-Test*.

> **Vergleichende Werbung (im Grundsatz zulässig) § 6 UWG**
>
> - Vergleichende Werbung ist jede Werbung, die unmittelbar oder mittelbar einen Mitbewerber oder die von einem Mitbewerber angebotenen Waren oder Dienstleistungen erkennbar macht
>
> Unzulässigkeit nur bei
> - Unsachlichkeit, § 6 II UWG
> - Irreführung, § 5 UWG    ⎫ i. V. mit § 3 UWG
> - Rufausbeutung oder Herabsetzung, § 4 UWG ⎭

## III. Verschärfung des allgemeinen Verbots des § 3 I UWG im Bereich Unternehmer/Verbraucher

### 1. Allgemeines

**172** Die Verbesserung und Vollharmonisierung des Verbraucherschutzes vor unlauterer Werbung im Unternehmer/Verbraucher-Bereich war das zentrale Anliegen der RL 2005/29/EG und deren Umsetzung durch die 1. UWG-Novelle. Bei Divergenzen zwischen UWG und der RL ist letztere maßgebend.

*a) Eigenständige Verbotstatbestände*

**173** § 3 II und III mit Anhang UWG enthalten **eigene** in sich geschlossene **Verbotstatbestände** „jedenfalls" bzw. „stets" unzulässiger geschäftlicher Handlungen gegenüber Verbrauchern. Auf die in **§ 3 I UWG** aufgeführten zusätzlichen **Voraussetzungen, kommt es insoweit jeweils nicht mehr an**. Obwohl von Unlauterkeit nicht ausdrücklich die Rede ist, handelt es sich auch insoweit um unlautere geschäftliche Handlungen, wie sowohl die Gesetzesbezeichnung des UWG wie auch der Name der RL erkennen lassen. Insofern geht es um eine Verschärfung des in § 3 I UWG enthaltenen allgemeinen Verbots. In entsprechender Weise enthält § 7 II Nr. 2 UWG (vor dem Hintergrund der Verbotsnorm des § 7 I UWG) eine entsprechende Verschärfung, wobei sich auch § 7 UWG als spezielles Verbot unlauterer geschäftlicher Handlungen darstellt.

*b) Verbraucherbezogene Unlauterkeit*

**174** Nach § 5 I Nr. 7 UWG ist **Unlauterkeit anzunehmen** bei unwahren oder täuschenden Angaben über Rechte der Verbraucher bei Leistungsstörungen, insbesondere im Hinblick auf Garantie und Gewährleistung. Ausführlich geregelt ist die Irreführung gegenüber Verbrauchern durch Unterlassen in § 5a II-IV UWG (siehe oben Rz. 164). Unzulässigkeit ergibt sich jeweils erst über § 3 I UWG unter den hier normierten weiteren Voraussetzungen, insbesondere der Spürbarkeit. § 7 II Nr. 2 UWG enthält demgegenüber für den Fall der Telefonwerbung gegenüber dem Verbraucher bereits unmittelbar ein Verbot.

### 2. Verbraucherbezogenes allgemeines Verbot § 3 II UWG

*a) Geschäftliche Handlungen gegenüber Verbrauchern*

**175** Unter **geschäftlichen Handlungen** versteht § 2 I Nr. 1 UWG jedes Verhalten einer Person zugunsten des eigenen oder eines fremden Unternehmens vor, während oder nach einem Geschäftsabschluss, das mit der Förderung des Absatzes oder des Bezugs von Waren oder Dienstleistungen oder mit dem Abschluss oder der Durchführung eines Vertrages über Waren oder Dienstleistungen objektiv zusammenhängt; als Waren gelten dabei auch Grundstücke, als Dienstleistungen auch Rechte und Verpflichtungen. Der Gesetzgeber hat damit Art. 2 lit. d der RL 2005/29/EG umgesetzt, wo allerdings von „Geschäftspraktiken" die Rede ist; den abwertenden Beiklang dieses Begriffs wollte er aber vermeiden. Ein **objektiver Zusammenhang** genügt, so dass es insbesondere keiner Wettbewerbsabsicht bedarf. Es geht um ein **Tun** wie auch um ein **Unterlassen**. Handlungen **nach Geschäftsabschluss** sind **eingeschlossen**. Vgl. weiter, insbesondere zu möglichen **Einschränkungen** oben Rz. 125 ff.

Es gilt der **Verbraucherbegriff** des § 13 BGB entsprechend, letzteres deshalb, weil ein Vertrag mit dem Adressaten der geschäftlichen Handlung (z.B. Werbung) nicht zustande kommen muss. Gegenüber dem Verbraucherbegriff von Art. 2 lit. a der RL 2005/29/EG ist der des § 13 BGB weiter, weil er, anders als die RL, unselbständige berufliche Tätigkeit **176**

**Beispiel:** Erwerb beruflich genutzter Gegenstände durch Arbeitnehmer

einschließt. Damit ist der besondere Schutz der Verbraucher durch das UWG weiter als es der RL entspricht. Doch ist dies zulässig, weil insoweit in der Terminologie der RL eine in der RL nicht geregelte geschäftliche Handlung gegenüber einem Unternehmer vorliegt[135].

Wie sich aus Erwägungsgrund 7 der RL 2005/29/EG ergibt, wird eine geschäftliche Handlung **gegenüber** einem Verbraucher dann vorgenommen, wenn eine Handlung in **unmittelbarem Zusammenhang mit der Beeinflussung der geschäftlichen Entscheidungen** der Verbraucher im Hinblick auf Produkte und Dienstleistungen steht; es geht dagegen nicht um geschäftliche Handlungen, die vorrangig anderen Zielen dienen, wie etwa der Wahrung der guten Sitten und des Anstands, wo kulturelle Unterschiede Differenzierungen nötig machen können. Nach Erwägungsgrund 8 sollen geschäftliche Handlungen, die zwar **nicht den Verbraucher schädigen,** sich **jedoch nachteilig für die Mitbewerber** und **gewerblichen Kunden** auswirken können, zunächst **nicht betroffen** sein, aber unter Beobachtung der Kommission stehen. Eine Anhaltpunkt für Handlungen gegenüber dem Verbraucher bieten im Übrigen die verbraucherbezogenen speziellen Tatbestände der Anhangs zu § 3 III UWG (auch wenn deren Voraussetzungen im einzelnen nicht vorliegen). Im Grenzbereich der Interpretation wird wohl der EuGH weitere Klärung bringen müssen. Bis dahin dürfte folgende Faustregel gelten: **177**

– verbraucherbezogen ist die unmittelbare Beeinflussung des Verbrauchers, wobei die speziellen Tatbestände die Beurteilung erleichtern
– nicht verbraucherbezogen sind Behinderungspraktiken gegenüber Wettbewerbern und Handlungen gegenüber Unternehmern, selbst wenn dies mittelbare Auswirkungen auf die Entscheidung des Verbrauchers haben (er profitiert von Kampfpreisen; Verbraucherinteressen werden längerfristig durch die Beeinträchtigung des Wettbewerbs gefährdet).

---

135 RegE 1. UWG-Novelle S. 18.

### b) Maßstab der fachlichen Sorgfalt des Unternehmers

178   Soweit auf die **fachliche Sorgfalt** des Unternehmers abgestellt wird, entspricht dies Art. 5 II lit. a der RL 2005/29/EG. Der RegE 1. UWG-Novelle (S. 27) verweist darauf, dass sich insoweit gegenüber dem bisherigen Kriterium der Lauterkeit, nämlich den anständigen Gepflogenheiten in Handel, Gewerbe, Handwerk oder selbständiger beruflicher Tätigkeit, keine Änderung ergibt. Der Begriff ist definiert in § 2 I Nr. 7 UWG.

### c) *und Eignung zur spürbaren Beeinträchtigung der Fähigkeit des Verbrauchers zur informationsbasierten Entscheidung und zur Veranlassung einer Fehlentscheidung*

179   Das **Eignungs**-Kriterium setzt Art. 5 der RL 2005/29/EG um und betrifft sowohl irreführende als auch aggressive Handlungsweisen, durch die eine informationsbasierte Entscheidung des Verbrauchers gefährdet wird. Eine sozusagen sozialadäquate Beeinflussung durch Werbung ist zumindest nicht spürbar im Sinne der Norm. Diese entspricht letztlich dem bisherigen Recht.

### d) *Verbraucherleitbild*

180   Unter Umsetzung von Art. 5 II lit. b der RL 2005/29/EG ist das vom EuGH entwickelte und vom BGH verwendete Leitbild des informierten, verständigen und angemessen aufmerksamen **Durchschnittsverbrauchers** in Bezug genommen[136]; soweit sich die geschäftliche Handlung an eine bestimmte Verbrauchergruppe wendet, ist auf ein durchschnittliches Mitglied dieser Gruppe abzustellen. Ist vorhersehbar, dass die geschäftliche Handlung nur eine eindeutig identifizierbare Gruppe besonders schutzbedürftiger Verbraucher betrifft, so ist auf ein durchschnittliches Mitglied dieser Gruppe abzustellen. Generell bleibt freilich die übliche Werbepraxis unberührt, übertriebene oder nicht wörtlich zu nehmende Behauptungen aufzustellen, soweit dies nicht per se verboten ist[137].

### 3. Verbraucherbezogene Konkretisierung der Unlauterkeit als Ergänzung der allgemeinen Verbote

181   Im Rahmen der über § 5 I S. 1, 2 Nr. 7 UWG definierten Unlauterkeit ist die **Irreführung über Verbraucherrechte** erwähnt. Und im Hinblick auf die Unlauterkeit der Irreführung durch **Unterlassen** sind zwecks Sicherung der Entscheidungsfähigkeit der Verbraucher (§ 3 II UWG) nach § 5a II UWG besondere **Informationspflichten** vorgesehen, die gegenüber Unternehmern nicht bestehen. Des weiteren sind dem Verbraucher insoweit, wie bereits oben in Rz. 164 erwähnt, gemäß § 5a III UWG **ungefragt Informationen** zur Verfügung zu stellen, wenn eine Werbung in der Weise erfolgt, die über Aufmerksamkeitswerbung hinausgeht, so dass sich der Verbraucher zum Erwerb einer bestimmten Ware oder zur Inanspruchnahme einer bestimmen Dienstleistung entschließen kann[138]. **Unzulässigkeit ergibt sich dabei jeweils erst über § 3 I oder II UWG**, so dass es insbesondere auf **Spürbarkeit** ankommt. Es geht dabei um folgende Tatbestände:

---

136 RegE 1. UWG-Novelle S. 43.
137 Etwa im Anhang zu § 3 III UWG; vgl. Art. 5 III 2 der RL 2005/29/EG.
138 BGH WRP 2013, 1459 – *BRANDNEU VON DER IFA*; RegE 1. UWG-Novelle S. 51.

- **Empfehlung:** durchlesen!

### § 5a UWG

*(1) ...*

*(2) Unlauter handelt, wer die Entscheidungsfähigkeit von Verbrauchern im Sinne des § 3 Abs. 2 dadurch beeinflusst, dass er eine Information vorenthält, die im konkreten Fall unter Berücksichtigung aller Umstände einschließlich der Beschränkungen des Kommunikationsmittels wesentlich ist.*

*(3) Werden Waren oder Dienstleistungen unter Hinweis auf deren Merkmale und Preis in einer dem verwendeten Kommunikationsmittel angemessenen Weise so angeboten, dass ein durchschnittlicher Verbraucher das Geschäft abschließen kann, gelten folgende Informationen als wesentlich im Sinne des Absatzes 2, sofern sie sich nicht unmittelbar aus den Umständen ergeben:*
1. *alle wesentlichen Merkmale der Ware oder Dienstleistung in dem dieser und dem verwendeten Kommunikationsmittel angemessenen Umfang;*
2. *die Identität und Anschrift des Unternehmers, gegebenenfalls die Identität und Anschrift des Unternehmers, für den er handelt;*
3. *der Gesamtpreis oder in Fällen, in denen ein solcher Preis auf Grund der Beschaffenheit der Ware oder Dienstleistung nicht im Voraus berechnet werden kann, die Art der Preisberechnung sowie gegebenenfalls alle zusätzlichen Fracht-, Liefer- und Zustellkosten oder in Fällen, in denen diese Kosten nicht im Voraus berechnet werden können, die Tatsache, dass solche zusätzlichen Kosten anfallen können;*
4. *Zahlungs-, Liefer- und Leistungsbedingungen sowie Verfahren zum Umgang mit Beschwerden, soweit sie von Erfordernissen der fachlichen Sorgfalt abweichen und*
5. *das Bestehen eines Rechts zum Rücktritt oder Widerruf.*

*(4) Als wesentlich im Sinne des Absatzes 2 gelten auch Informationen, die dem Verbraucher auf Grund gemeinschaftsrechtlicher Verordnungen oder nach Rechtsvorschriften zur Umsetzung gemeinschaftsrechtlicher Richtlinien für kommerzielle Kommunikation einschließlich Werbung und Marketing nicht vorenthalten werden dürfen.*

**Hinweis zu § 5a III:** Ein abschlussreifes Angebot liegt nicht nur vor bei einer invitatio ad offerendum oder gar bei einem rechtlich bindendem Vertragsangebot, sondern bereits bei jeder Erklärung des Unternehmers, aufgrund der sich der Verbraucher zu Erwerb bzw. Inanspruchnahme entschließen kann; bei bloßer Aufmerksamkeitswerbung wird dies meist nicht der Fall sein[139]. Die Aufzählung ist nicht abschließend.

### 4. „Schwarze Liste" – Per se-Verbot verbraucherbezogener geschäftlicher Handlungen nach § 3 III UWG mit Anlage

- **Empfehlung an den Leser:** durchlesen! 182

### Anhang (zu § 3 Abs. 3)

(Hervorhebungen durch Verfasser! Zum Stand der einschlägigen Judikatur vgl. die aktuelle Kommentarliteratur! Im Anschluss an die folgende Wiedergabe des Textes werden vom Verfasser lediglich einige Hinweise gegeben.)

*„Unzulässige geschäftliche Handlungen im Sinne des § 3 Abs. 3 sind*
1. *die unwahre Angabe eines Unternehmers, zu den **Unterzeichnern** eines **Verhaltenskodexes** zu gehören;*
2. *die Verwendung von **Gütezeichen**, Qualitätskennzeichen oder Ähnlichem **ohne** die erforderliche **Genehmigung**;*

---

[139] So RegE 1. UWG-Novelle S. 50 f.

3. die unwahre Angabe, ein **Verhaltenskodex** sei von einer öffentlichen oder anderen Stelle **gebilligt**;
4. die **unwahre** Angabe, ein Unternehmer, eine von ihm vorgenommene geschäftliche Handlung oder eine Ware oder Dienstleistung sei von einer öffentlichen oder privaten Stelle **bestätigt**, gebilligt oder genehmigt worden, oder die unwahre Angabe, den Bedingungen für die Bestätigung, Billigung oder Genehmigung werde entsprochen;
5. Waren- oder Dienstleistungsangebote im Sinne des § 5a Abs. 3 zu einem bestimmten Preis, wenn der Unternehmer nicht darüber aufklärt, dass er hinreichende Gründe für die Annahme hat, er werde nicht in der Lage sein, diese oder gleichartige Waren oder Dienstleistungen für einen angemessenen Zeitraum in angemessener Menge zum genannten Preis bereitzustellen oder bereitstellen zu lassen **(Lockangebote)**. Ist die Bevorratung kürzer als zwei Tage, obliegt es dem Unternehmer, die Angemessenheit nachzuweisen;
6. Waren- oder Dienstleistungsangebote im Sinne des § 5a Abs. 3 zu einem bestimmten Preis, wenn der Unternehmer sodann in der Absicht, stattdessen eine andere Ware oder Dienstleistung abzusetzen, etwas Fehlerhaftes vorführt oder sich **weigert** zu zeigen, was er beworben hat, oder sich weigert, Bestellungen dafür anzunehmen oder die beworbene Leistung innerhalb einer vertretbaren Zeit zu erbringen;
7. die **unwahre** Angabe, bestimmte Waren oder Dienstleistungen seien allgemein oder zu bestimmten Bedingungen nur für einen sehr **begrenzten Zeitraum** verfügbar, um den Verbraucher zu einer sofortigen geschäftlichen Entscheidung zu veranlassen, ohne dass dieser Zeit und Gelegenheit hat, sich auf Grund von Informationen zu entscheiden;
8. Kundendienstleistungen in einer **anderen Sprache** als derjenigen, in der die Verhandlungen vor dem Abschluss des Geschäfts geführt worden sind, wenn die ursprünglich verwendete Sprache nicht Amtssprache des Mitgliedstaats ist, in dem der Unternehmer niedergelassen ist; dies gilt nicht, soweit Verbraucher vor dem Abschluss des Geschäfts darüber aufgeklärt werden, dass diese Leistungen in einer anderen als der ursprünglich verwendeten Sprache erbracht werden;
9. die unwahre Angabe oder das Erwecken des unzutreffenden Eindrucks, eine Ware oder Dienstleistung sei **verkehrsfähig**;
10. die unwahre Angabe oder das Erwecken des unzutreffenden Eindrucks, gesetzlich bestehende Rechte stellten eine **Besonderheit** des Angebots dar;
11. der vom Unternehmer finanzierte Einsatz redaktioneller Inhalte zu Zwecken der Verkaufsförderung, ohne dass sich dieser Zusammenhang aus dem Inhalt oder aus der Art der optischen oder akustischen Darstellung eindeutig ergibt **(als Information getarnte Werbung)**;
12. unwahre Angaben über Art und Ausmaß einer **Gefahr** für die persönliche Sicherheit des Verbrauchers oder seiner Familie für den Fall, dass er die angebotene Ware nicht erwirbt oder die angebotene Dienstleistung nicht in Anspruch nimmt;
13. Werbung für eine Ware oder Dienstleistung, die der Ware oder Dienstleistung eines Mitbewerbers **ähnlich** ist, wenn dies in der Absicht geschieht, über die betriebliche Herkunft der beworbenen Ware oder Dienstleistung zu täuschen;
14. die Einführung, der Betrieb oder die Förderung eines Systems zur Verkaufsförderung, das den Eindruck vermittelt, allein oder hauptsächlich durch die Einführung weiterer Teilnehmer in das System könne eine Vergütung erlangt werden **(Schneeball- oder Pyramidensystem)**;
15. die unwahre Angabe, der Unternehmer werde demnächst sein **Geschäft aufgeben** oder seine Geschäftsräume verlegen;
16. die Angabe, durch eine bestimmte Ware oder Dienstleistung ließen sich die **Gewinnchancen** bei einem Glücksspiel erhöhen;
17. die unwahre Angabe oder das Erwecken des unzutreffenden Eindrucks, der Verbraucher habe bereits einen **Preis gewonnen** oder werde ihn gewinnen oder werde durch eine bestimmte Handlung einen Preis gewinnen oder einen sonstigen Vorteil erlangen, wenn es einen solchen Preis oder Vorteil tatsächlich nicht gibt, oder wenn jedenfalls die Möglichkeit,

einen Preis oder sonstigen Vorteil zu erlangen, von der Zahlung eines Geldbetrags oder der Übernahme von Kosten abhängig gemacht wird;
18. die unwahre Angabe, eine Ware oder Dienstleistung könne **Krankheiten**, Funktionsstörungen oder Missbildungen heilen;
19. eine unwahre Angabe über die **Marktbedingungen** oder Bezugsquellen, um den Verbraucher dazu zu bewegen, eine Ware oder Dienstleistung zu weniger günstigen Bedingungen als den allgemeinen Marktbedingungen abzunehmen oder in Anspruch zu nehmen;
20. das Angebot eines **Wettbewerbs** oder Preisausschreibens, **wenn weder** die in Aussicht gestellten Preise **noch** ein angemessenes Äquivalent vergeben werden;
21. das Angebot einer Ware oder Dienstleistung als **„gratis"**, „umsonst", „kostenfrei" oder dergleichen, wenn hierfür gleichwohl Kosten zu tragen sind; dies gilt nicht für Kosten, die im Zusammenhang mit dem Eingehen auf das Waren- oder Dienstleitungsangebot oder für die Abholung oder Lieferung der Ware oder die Inspruchnahme der Dienstleistung unvermeidbar sind;
22. die Übermittlung von Werbematerial unter Beifügung einer **Zahlungsaufforderung**, wenn damit der unzutreffende Eindruck vermittelt wird, die beworbene Ware oder Dienstleistung sei bereits bestellt;
23. die unwahre Angabe oder das Erwecken des unzutreffenden Eindrucks, der **Unternehmer sei Verbraucher** oder nicht für Zwecke seines Geschäfts, Handels, Gewerbes oder Berufs tätig;
24. die **unwahre** Angabe oder das Erwecken des unzutreffenden Eindrucks, es sei im Zusammenhang mit Waren oder Dienstleistungen in einem anderen Mitgliedstaat der Europäischen Union als dem des Warenverkaufs oder der Dienstleistung ein **Kundendienst** verfügbar;
25. das Erwecken des Eindrucks, der Verbraucher könne bestimmte **Räumlichkeiten** nicht ohne vorherigen Vertragsabschluss verlassen;
26. bei persönlichem Aufsuchen in der **Wohnung** die Nichtbeachtung einer Aufforderung des Besuchten, diese zu **verlassen** oder nicht zu ihr zurückzukehren, es sein denn, der Besuch ist zur rechtmäßigen Durchsetzung einer vertraglichen Verpflichtung gerechtfertigt;
27. Maßnahmen, durch die der Verbraucher von der Durchsetzung seiner vertraglichen **Rechte** aus einem Versicherungsverhältnis dadurch **abgehalten** werden soll, dass von ihm bei der Geltendmachung seines Anspruchs die Vorlage von Unterlagen verlangt wird, die zum Nachweis dieses Anspruchs nicht erforderlich sind, oder dass Schreiben zur Geltendmachung eines solchen Anspruchs systematisch nicht beantwortet werden;
28. die in eine Werbung einbezogene **unmittelbare Aufforderung an Kinder**, selbst die beworbene Ware zu erwerben oder die beworbene Dienstleistung in Anspruch zu nehmen oder ihre Eltern oder andere Erwachsene dazu zu veranlassen;
29. die Aufforderung zur **Bezahlung nicht bestellter Waren** oder Dienstleistungen oder eine Aufforderung zur Rücksendung oder Aufbewahrung nicht bestellter Sachen und
30. die ausdrückliche Angabe, dass der **Arbeitsplatz** oder Lebensunterhalt des Unternehmers **gefährdet** sei, wenn der Verbraucher die Ware oder Dienstleistung nicht abnehme."

**Hinweise:**
- Nr. 2: Das Testsiegel der Stiftung Warentest ist kein Gütezeichen in diesem Sinne.[140]
- Nr. 5 verbietet nicht eine unzureichende Bevorratung, sondern nur mangelnde Aufklärung.[141]
- Nr. 6 betrifft das sog. „bait and switch" (etwa: Anlocken und etwas anderes verkaufen), eine als solche bislang in Deutschland nicht eigenständig bekannte Fallgruppe.[142]

---
140 OLG Köln WRP 2011, 783 (LS).
141 BGH GRUR-RR 2011, 398 – *Irische Butter*.
142 Vgl. *Hoeren*, BB 2008, 1182, 1188.

- Unter Nr. 11 fällt auch das Produktplacement.[143]
- Zu Nr. 17 vgl. die Diskrepanz zu § 4 Nr. 6 UWG und die Judikatur des EuGH.[144]
- Zu Nr. 28 ist für den Begriff des Kindes deutsches Rechtsverständnis nicht maßgebend[145]; einen Verstoß gegen die Vorschrift verneint hat der BGH im Fall einer Zeitungsanzeige eines Elektro-Fachmarktes über eine *Zeugnis-Aktion*, mit der Schülern eine Kaufpreisermäßigung von zwei Euro für jede Eins im Zeugnis in Aussicht gestellt wurde, und zwar unter Hinweis darauf, dass das Angebot das gesamte Sortiment, nicht aber eine **bestimmte** Ware betraf.[146] Man erkennt die Tendenz, die Schwarze Liste restriktiv auszulegen.

## IV. Verbot der unzumutbaren Belästigung von Marktteilnehmern nach § 7 I UWG

### 1. Allgemeines

**183** Während *§ 7 I und II UWG a.F.* nur aussagte, dass die unzumutbare Belästigung von Marktteilnehmern unlauter ist, dafür eine Reihe von Beispielen gab und im Übrigen generell auf § 3 UWG verwies mit der Konsequenz, dass die dortigen weiteren Tatbestandsmerkmale eines Verbots noch eigenständig zu prüfen waren, enthält nunmehr § 7 I 1 UWG ein **eigenständiges Verbot** von geschäftlichen Handlungen, durch die ein Marktteilnehmer in unzumutbarer Weise belästigt wird.

- **Unzumutbare** Belästigung ist mehr als eine geringfügige Belästigung und setzt Verdichtung zu einer solchen **Intensität** voraus, dass sie von einem großen Teil der Verbraucher als unerträglich empfunden wird.

Erkennbar unerwünschte Werbung

**Beispiel:** Werbesendung entgegen Aufkleber auf Briefkasten[147]

ist nach § 7 I 2 UWG gleich gestellt, ohne dass die Unzumutbarkeit der Belästigung einer eigenständigen Prüfung bedürfte. Und in den Fällen des § 7 II UWG ist die unzumutbare Belästigung stets anzunehmen, so dass das Verbot lediglich noch vom Tatbestandsmerkmal der geschäftlichen Handlung abhängt. – § 7 III UWG enthält Rückausnahmen vom Verbot.

**184** Einer Prüfung des **§ 3 UWG** bedarf es hier generell **nicht** mehr. Obwohl das UWG dies nicht ausdrücklich sagt, ist die unzumutbare Belästigung aber wohl stets als unlautere und spürbare Beeinträchtigung anzusehen; insofern liegt in jedem Verstoß gegen § 7 UWG letztlich zugleich eine Zuwiderhandlung gegen § 3 UWG[148]. Insbesondere führt Anhang zu § 3 III UWG (etwa Nr. 25) auch Verhaltensweisen auf, die

---

143 RegE 1. UWG-Novelle S. 65.
144 EuGH WRP 2010, 232 – *Plus* und BGH WRP 2011, 557 – *Millionenchance II, Werbung für eine Bonus-Aktion.*
145 So RegE 1. UWG-Novelle S. 70.
146 BGH vom 3.4.2014 – I ZR 96/13 – juris.
147 Sie schützt nicht vor Anzeigenblättern mit eingelegten losen Werbeprospekten, so BGH WRP 2012, 938 – *Aufkleber „keine Werbung".*
148 Vgl. auch *Sosnitza*, WRP 2008, 1014, 1019 f., 1033.

nach dem Anhang I der Richtlinie 2005/29 EG (etwa Nr. 24) als aggressive Geschäftspraktiken ausgewiesen sind:

**Beispiel:** Erwecken des Eindruckes, der Verbraucher könne ohne Vertragsschluss das Geschäft nicht verlassen.

Verhaltensweisen **gegenüber Marktteilnehmern**, also gegenüber Unternehmen wie gegenüber Verbrauchern, sind gleichermaßen betroffen, wobei allerdings **§ 7 II Nr. 2 UWG einen spezifischen Verbrauchertatbestand** enthält. Dadurch, dass es nunmehr auf **geschäftliche Handlungen** und nicht mehr auf Wettbewerbshandlungen ankommt, ist der Verbotsbereich wiederum generell ausgeweitet. 185

Im Hinblick auf Erwägungsgrund 7 der RL 2005/29/EG, wo davon die Rede ist, dass Fragen der guten Sitten und des Anstandes zum Teil in den Mitgliedstaaten aus kulturellen Gründen unterschiedlich gesehen würden und dass insoweit die Umstände des Einzelfalles besondere Bedeutung hätten, wird teilweise die **Auffassung** vertreten, dass im Bereich der unzulässigen unzumutbaren Belästigung des **§ 7 UWG**, anders als bei den §§ 3 ff. UWG, auch für den Verbraucherbereich **keine Vollharmonisierung** erfolgt sei[149]. Auch soweit im konkreten Fall Verbraucher i.S. des § 7 UWG betroffen sind, hätte jedenfalls eine eventuelle richtlinienkonforme Auslegung dieser Norm dem genannten Erwägungsgrund die Richtlinie Rechnung zu tragen. 186

### 2. Unzumutbare Belästigung nach den Beispielen des § 7 II Nr. 1, 2 und 4 UWG

*(2) Eine unzumutbare Belästigung ist stets anzunehmen* 187
1. *bei Werbung unter Verwendung eines in den Nummern 2 und 3 nicht aufgeführten, für den Fernabsatz geeigneten Mittels der kommerziellen Kommunikation, durch die ein Verbraucher hartnäckig angesprochen wird, obwohl er dies erkennbar nicht wünscht;*
2. *bei Werbung mit einem Telefonanruf gegenüber einem Verbraucher ohne dessen vorherige ausdrückliche Einwilligung oder gegenüber einem sonstigen Marktteilnehmer ohne dessen zumindest mutmaßliche Einwilligung;*
   *...*
4. *bei Werbung mit einer Nachricht,*
   *a) bei der die Identität des Absenders, in dessen Auftrag die Nachricht übermittelt wird, verschleiert oder verheimlicht wird oder*
   *b) bei der gegen § 6 Abs. 1 des Telemediengesetzes verstoßen wird oder in der der Empfänger aufgefordert wird, eine Website aufzurufen, die gegen diese Vorschrift verstößt, oder*
   *c) bei der keine gültige Adresse vorhanden ist, an die der Empfänger eine Aufforderung zur Einstellung solcher Nachrichten richten kann, ohne dass hierfür andere als die Übermittlungskosten nach den Basistarifen entstehen.*

**Zu Abs. 2 Nr. 1:** **Briefe, Prospekte und Kataloge**[150]; problematisch ist das Erfordernis der „hartnäckigen" Ansprache, das enger scheint als es den Voraussetzungen des § 7 I 2 UWG entspricht[151];

---
149 Vgl. *Sosnitza*, WRP 2008, 1014, 1015; vgl. auch *Ohly*, WRP 2006, 1401, 1410 f.; nach dem RegE 1. UWG-Novelle, S. 61, soll selbst für die Schwarze Liste des Anhangs im Einzelfall der Grundsatz der Verhältnismäßigkeit gelten; kritisch insoweit *Sosnitza*, a.a.O. S. 1021.
150 RegE 1. UWG-Novelle S. 59.
151 Der RegE 1. UWG-Novelle S. 58 sieht hier möglicherweise zu Unrecht eine Konsequenz aus der RL 2005/29/EG.

**Zu Abs. 2 Nr. 2: Telefonwerbung gegenüber Verbrauchern** bedarf stets deren ausdrücklicher vorheriger Einwilligung (eventuell durch AGB)[152] – sog. **Opt-In**[153]; Telefonwerbung spielt vor allem für das Direktmarketing wichtig. Für den Nachweis der Einwilligung spielt die sog. **Double-Opt-In**-Vorgehensweise eine Rolle.[154] Unzulässige Telefonwerbung gegenüber einem Verbraucher wird mit **Bußgeld bis 0,3 Mio. Euro** sanktioniert (§ 20 UWG).

Bei der Telefonwerbung gegenüber sonstigen Marktbeteiligten ist man großzügiger; hier genügt eine mutmaßliche Einwilligung:

Im **Fallbeispiel** oben Rz. 153 – *Direktansprache am Arbeitsplatz* –, könnte der Anruf einer Headhunters am Arbeitsplatz eines Arbeitnehmers ein Fall von Abs. 2 Nr. 2 sein, falls man den Arbeitnehmer als Verbraucher ansieht (was verbreitet vertreten wird); nach der Definition von Art. 2 lit. a der RL 2005/29/EG ist ein Arbeitnehmer freilich gerade kein Verbraucher, so dass es jedenfalls aus heutiger Sicht im Sinne der Vollharmonisierung zutreffend ist, wenn der BGH[155] hierin kein Problem sieht.

**Zu Abs. 2 Nr. 4:** Nach dem **Transparenzgebot** soll vor allem gewährleistet sein, dass der Adressat der Werbung deren künftigen Erhalt ohne Schwierigkeiten unterbinden kann.

### 3. Unzumutbare Belästigung durch den Einsatz automatischer Geräte nach § 7 II Nr. 3 UWG mit den Rückausnahmen nach § 7 III UWG

**188** *(2) ...*
*3. bei Werbung unter Verwendung einer automatischen Anrufmaschine, eines Faxgerätes oder elektronischer Post, ohne dass eine vorherige ausdrückliche Einwilligung des Adressaten vorliegt oder*
*(3) Abweichend von Absatz 2 Nr. 3 ist eine unzumutbare Belästigung bei einer Werbung unter Verwendung elektronischer Post nicht anzunehmen, wenn*
*1. ein Unternehmer im Zusammenhang mit dem Verkauf einer Ware oder Dienstleistung von dem Kunden dessen elektronische Postadresse erhalten hat,*
*2. der Unternehmer die Adresse zur Direktwerbung für eigene ähnliche Waren oder Dienstleistungen verwendet,*
*3. der Kunde der Verwendung nicht widersprochen hat und*
*4. der Kunde bei Erhebung der Adresse und bei jeder Verwendung klar und deutlich darauf hingewiesen wird, dass er der Verwendung jederzeit widersprechen kann, ohne dass hierfür andere als die Übermittlungskosten nach den Basistarifen entstehen.*

Für die Werbung unter Verwendung automatischer Anrufmaschinen etc. bedarf es generell der **vorherigen** Einwilligung des Adressaten; die Verteilung von elektronischem Informations- und Werbemüll ist unzulässig. Mit der Rückausnahme vom Verbot soll

---

152 Die Einwilligung durch (wirksame) AGB lässt BGH WRP 2013, 767 – *Einwilligung in Werbeanrufe II* – genügen.
153 Die diesbezügliche Verschärfung gegenüber Nr. 26 des Anhangs I der RL 2005/29/EG ist im Hinblick auf die Datenschutzrichtlinie für elektronische Kommunikation 2002/58/EG zulässig; so RegE 1. UWG-Novelle S. 58.
154 Hierzu *Ernst*, NJW 2013, 2637 ff.; OLG München, WRP 2013, 111; BGH NJW 2011, 2657 – *Double-Opt-In-Verfahren*.
155 BGH JZ 2005, 255 – *Direktansprache am Arbeitsplatz* und BGH NJW 2006, 1665 – *Direktansprache am Arbeitsplatz II*.

der Einsatz **elektronischer Post** in als unproblematisch angesehenen Fällen auch ohne ausdrückliche Einwilligung des Empfängers **erleichtert** werden. Die Verwendung von Mehrwertdienste-Rufnummern darf für den Wunsch nach Einstellung der Werbung nicht verlangt werden. Unzulässige E-mail-Werbung gegenüber einem **Verbraucher ist mit Bußgeld bis 0,3 Mio. Euro** sanktioniert (§ 20 UWG).

## V. Wettbewerbsrechtliche Straftatbestände

Lauterkeitsrecht ist Privatrecht; lediglich § 20 UWG macht insoweit eine gewisse Ausnahme. Die §§ 16-19 UWG enthalten im Übrigen eine Reihe von Straftatbeständen, die letztlich **Wirtschaftsstrafrecht** zum Inhalt haben, aber insoweit zugleich ein unlauteres Verhalten darstellen, so dass beim Vorliegen der übrigen Voraussetzungen des § 3 UWG der Tatbestand auch der Generalklausel erfüllt ist. Es handelt sich dabei zugleich um Vorschriften, die im Sinne des § 4 Nr. 11 UWG auch dazu bestimmt sind, im Interesse der Marktteilnehmer das Marktverhalten zu regeln. Die **Strafbarkeit** irreführender Werbung (§ 16 I UWG) hat in der Praxis keine Bedeutung erlangt[156].

**189**

### 1. Progressive Kundenwerbung

Strafbar nach § 16 II UWG und damit unlauter ist insbesondere die sog. **progressive Kundenwerbung** gegenüber Verbrauchern **(Schneeballsystem, Kettenbriefsystem)**, die typischerweise zu Schädigungen der Verbraucher führt. Laienwerbung als solche wird aber nicht erfasst (vgl. sog. *Tupper-Party*).

**190**

### 2. Geheimnisverrat

**Betriebsspionage** und Verrat von **Geschäfts- und Betriebsgeheimnissen**[157] sowie die unzulässige Verwertung von Vorlagen werden durch die §§ 17-19 UWG strafrechtlich erfasst. Wenn Mitarbeiter während der Geltungsdauer des Dienstverhältnisses Betriebsgeheimnisse verraten (§ 17 I UWG), verstoßen sie natürlich zugleich gegen ihren Arbeitsvertrag. Das **Anstiften** zum Verrat ist jedenfalls unlauter; ob es die bloße Ausnutzung ebenfalls ist, ist zweifelhaft. Die Geschäfts- oder Betriebsspionage (§ 17 II Nr. 1 UWG) ist selbstverständlich unlauter, und auch die Geheimnisverwertung (§ 17 II Nr. 2 UWG) bzw. die unbefugte Verwertung von Vorlagen (§ 18 UWG) sind wettbewerbswidrig.

**191**

## VI. Lauterkeitsrechtlich relevante Regelungen außerhalb des UWG

### 1. Rechtsvorschriften

Grenzen der Zulässigkeit von Wettbewerbshandlungen bzw. geschäftlichen Handlungen finden sich nicht nur im UWG, sondern auch in einer Reihe weiterer Rechtsvorschriften, die teils dem Urheberrecht oder dem gewerblichen Rechtsschutz zuge-

**192**

---

156 Vgl. aber etwa BGH NJW 2002, 3415 – *Kaffeefahrten*.
157 Vgl. insoweit *Hönn*, Klausurenkurs, Fall 2.

rechnet werden und insoweit auf dem Gedanken eines besonderen Leistungsschutzes beruhen, die aber teilweise auch in Form sektoral begrenzter spezieller Vorschriften auftreten. Verstöße führen gegebenenfalls auch über § 4 Nr. 11 UWG zur Unlauterkeit entsprechenden Verhaltens. Da das GWB die zivilrechtlichen Folgen von Kartellrechtsverstößen abschließend regelt, gilt dies für den Verstoß gegen Kartellrechtsvorschriften aber nicht.[158]

*a) Straftaten gegen den Wettbewerb nach den §§ 298-302 StGB*

193 Die Verbote wettbewerbsbeschränkender Absprachen bei Ausschreibungen sowie von Bestechlichkeit und Bestechung im geschäftlichen Verkehr sind Verbotsvorschriften i.S. von § 4 Nr. 11 UWG und dokumentieren Unlauterkeit entsprechenden Verhaltens[159].

*b) Gewerblicher Rechtsschutz*

194 Zum **gewerblichen Rechtsschutz** gehören die hier nicht näher zu besprechenden Vorschriften des Patent-, Gebrauchsmuster- und Designrechts sowie des Markenrechts und letztlich das Urheberrecht. Die Rechtsgebiete unterliegen in beträchtlichem Umfang internationalem, insbesondere europarechtlichem Einfluss. Gewerbliche Schutzrechte verleihen ihrem Inhaber gewisse Monopolrechte. Außerhalb dieses geschützten Bereichs besteht grundsätzlich Nachahmungsfreiheit, die vom UWG auch hinzunehmen ist. Unter bestimmten Voraussetzungen kann allerdings dann doch § 4 Nr. 9 UWG eingreifen, wenn **unlautere Handlungen** einen Nachahmungsschutz notwendig erscheinen lassen (dazu oben Beispielstatbestände des § 4 UWG).

*c) Sonstige Regelungen mit Rechtscharakter*

195 Eine Vielzahl von Gesetzen ergänzt das UWG. Teilweise enthalten sie ausdrücklich Vorschriften über unlauteren Wettbewerb innerhalb eines spezifischen Handlungsbereiches. Teilweise geht es um sonstige produktspezifische-, berufsrechtliche- oder medienspezifische Regelungen, die über § 4 Nr. 11 UWG zur lauterkeitsrechtlichen Beanstandung führen können. Die Regelungen sind häufig von europäischen Vorgaben beeinflusst.[160]

*aa) Produktbezogene Regelungen (Auszug)*

196 – Arzneimittelgesetz
– Heilmittelwerbegesetz
– Lebensmittel-, Bedarfsgegenstände und Futtermittelgesetz (LFGB)
– Richtlinie 2003/33/EG über Tabakwerbung

---

158 So BGH Z 166, 154 – *Probeabonnement*.
159 *Köhler*, in: Köhler/Bornkamm, UWG § 4 Rz. 11.173 ff.; für Verstöße gegen das Kartellrecht ist freilich das GWB lex specialis; anders für die Ausschreibungspflicht nach den §§ 97 ff. GWB BGHZ 177, 150 – *Kommunalversicherer*.
160 Wiedergabe u.a. bei Köhler/Bornkamm, UWG § 4 Rz. 11.59 ff.

*bb) Medienbezogene Regelungen*

– Richtlinie 2010/13/EU über audiovisuelle Mediendienste  **197**
– Staatsverträge über den Schutz der Menschenwürde und den Jugendschutz in Rundfunk und Telemedien sowie der Staatsvertrag über Mediendienste.
– § 6 Telemediengesetz (TMG).

*cc) Berufsspezifische Regelungen*

Gerade freie Berufe unterliegen häufig strengen Regelungen hinsichtlich ihres  **198** Verhaltens im Wettbewerb. Überdies wird der Zugang zum Beruf durch vielfältige staatliche Regelungen eingeschränkt: betroffen sind insbesondere Ärzte, Zahnärzte, Apotheker, Rechtsanwälte, Notare, Steuerberater, Wirtschaftsprüfer, aber auch Handwerker. Unter wettbewerbspolitischem Blickwinkel gibt es hier zahlreiche Baustellen des europäischen und des deutschen Gesetzgebers.[161]

*dd) EU-Richtlinien (Hinweis)*

– Richtlinie 2010/13/EU  **199**

**2. Regelungen ohne Rechtscharakter**

*a) Wettbewerbsregeln*

Von genereller Bedeutung sind die sog. **Wettbewerbsregeln** i.S. der §§ 24 ff. GWB.  **200** Nach diesen Bestimmungen können Wirtschaft- und Berufsvereinigungen für ihren Bereich Wettbewerbsregeln aufstellen und darin bereichsbezogen die Vorschriften des UWG präzisieren, ohne dass dies als Kartellverstoß angesehen wird. Ihre Anerkennung erfolgt durch Verfügung der Kartellbehörde, die das Zustandekommen überwacht; die Wettbewerbsregeln werden ggf. im Bundesanzeiger abgedruckt. Sie können Indizcharakter[162] für die Interpretation von Rechtsvorschriften und namentlich des UWG haben: etwa auf nationaler Ebene die **Werberichtlinien** des **ZAW** oder Wettbewerbsrichtlinien der Versicherungswirtschaft.[163] Besondere praktische Relevanz hatten früher die Wettbewerbsregeln des **Markenverbandes** erlangt, auf die sich auch der BGH bei der Konkretisierung der früheren Generalklausel gestützt hatte[164]. Soweit Wettbewerbsregeln einen **Verhaltenskodex** i.S. von § 2 I Nr. 5 bzw. § 5 I Nr. 6 oder § 3 III Anhang Nr. 3 UWG darstellen, werden sie insoweit auch unmittelbar rechtlich relevant.

*b) Standesregeln*

Standesregeln sind insoweit mit großer Vorsicht zu betrachten; sie können aber indi-  **201** zielle Bedeutung besitzen[165] und so zur Konkretisierung der Generalklausel des § 3 UWG beitragen. Allerdings muss im Auge behalten werden, dass Standesregeln auch auf Berufsegoismen zurückzuführen sein können.

---

161 Vgl. zum Ganzen etwa *Köhler*, in: Köhler/Bornkamm, UWG § 4 Rz. 11.59 ff.
162 Zur Überprüfung des Verhaltenskodex eines Unternehmerverbandes vgl. BGH GRUR 2011, 431 – *FSA-Kodex*.
163 Vgl. *Köhler*, in: Köhler/Bornkamm, UWG § 2 Rn. 113.
164 BGH NJW 1977, 1242 – *Eintrittsgeld*.
165 Vgl. freilich BGH GRUR 2011, 431 – *FSA-Kodex*.

## c) Soft Law

202 Darüber hinaus gibt es auf nationaler und internationaler Ebene eine beträchtliche Zahl einschlägiger Regelwerke, denen zum Teil – bei Mitwirkung staatlicher Stellen – der Charakter von sog. Soft-Law (gerichtlich nicht durchsetzbar) zukommt[166]. EU-Richtlinien haben dem gegenüber klar Normqualität.

## VII. Rechtsfolgen unlauteren Wettbewerbs (§§ 8-11 UWG)

### 1. Allgemeines

203 Praktisch am wichtigsten sind Unterlassungs- und Schadenersatzansprüche, letztere zumeist mit der Feststellungsklage geltend gemacht. Grundlage dafür sind § 8 bzw. § 9 UWG, und zwar jeweils im Zusammenspiel mit § 3 oder § 7 UWG, wobei die erstgenannte Vorschrift wiederum in ihrem Zusammenhang mit den §§ 4-6 UWG zu sehen ist. Ob die Gewinnabschöpfung i.S. von § 10 UWG eine nennenswerte Rolle spielen wird, ist bislang noch nicht erkennbar, bleibt aber zweifelhaft angesichts der Tatsache, dass der abgeschöpfte Gewinn dem Bundeshaushalt zugeführt wird.

### 2. Anspruch auf Beseitigung und Unterlassung nach den §§ 8, 3-7 UWG

#### a) Beseitigungsanspruch

204 Beim **Beseitigungsanspruch** geht es um die Beseitigung einer bereits bestehenden, aber weiter in die Zukunft wirkenden **Störungsquelle**, während der Unterlassungsanspruch künftig erwartete Handlungen unterbinden soll. Die **Folgen** des ersten, aktuellen und noch andauernden Angriffs werden durch einen Unterlassungsanspruch **nicht** beseitigt. Umgekehrt bedarf es für die Beseitigung einer fortwirkenden Störungsquelle keines Schadensersatzanspruchs (wichtig, weil der letztere ein Verschulden erfordert).

**Beispiel:** Beseitigung könnte beispielsweise gefordert werden in Bezug auf den **Rückruf** wettbewerbswidrigen Werbematerials, das noch im Einflussbereich des Werbenden ist, etwa bei Handelsvertretern oder Vertragshändlern, und das ohne weitere eigenständige Handlung des Werbenden eine Störungsquelle bildet[167].

Auch der **Widerruf** falscher werblicher Tatsachenbehauptungen, die bereits durch ihr Fortwirken zu weiteren Schädigungen führen, kann qua Beseitigung in Betracht kommen[168]. Die Ansprüche bestehen freilich immer nur im Rahmen der Verhältnismäßigkeit.

#### b) Unterlassungsanspruch

205 Während bei unlauteren Wettbewerbshandlungen unter den Voraussetzungen des § 3 oder § 7 UWG der Beseitigungsanspruch gemäß § 8 I UWG ohne Weiteres gegeben ist, bedarf es für den Unterlassungsanspruch insoweit der **Wiederholungs-** bzw. der

---

166 Vgl. *Poszun*, in: Harte-Bavendamm/Henning-Bodewig, UWG § 3 Rz. 100 ff.
167 Vgl. etwa *Bornkamm*, in: Köhler/Bornkamm, UWG § 8 Rz. 1.69 ff.
168 A.a.O. Rz. 1.97.

**Begehungsgefahr** im Hinblick auf eine erst in der Zukunft liegende Handlung. Mangels eines bereits erfolgten Verstoßes muss eine Erstbegehungsgefahr unmittelbar bevorstehen und insoweit auch bewiesen werden, etwa durch den Nachweis der Herstellung unzulässigen Werbematerials oder kennzeichenverletzender Verpackungen. **Ist ein Verstoß bereits erfolgt, so wird die Wiederholungsgefahr in Wettbewerbssachen vermutet.**

*aa) Veränderung der Sachlage*

Diese Vermutung kann aber etwa dadurch widerlegt sein, dass sich die Situation verändert hat. **206**

**Beispiel:** Nutzte eine Werbeaktion etwa die Umstellung von DM auf Euro in unlauterer Weise aus, so besteht für die Zukunft keine Wiederholungsgefahr[169].

Hat der Werbende eine **strafbewehrte** Unterlassungsverpflichtung abgegeben, ist ebenfalls die Wiederholungsgefahr zu verneinen; die **bloße Versicherung, die Aktion werde nicht wiederholt werden, genügt nicht**.

*bb) Veränderung der Rechtslage*

Hat sich die Rechtslage verändert, wie etwa bei einer vor Inkrafttreten der 1. UWG-Novelle 2008 (30.12.2008) erhobenen Unterlassungsklage, über die nach Inkrafttreten der geänderten Rechtslage entschieden wird, so setzt der (in die Zukunft gerichtete) Unterlassungsanspruch voraus, dass nach nunmehr geltendem Recht ein Unterlassungsanspruch besteht. Der frühere Verstoß gegen die zu diesem Zeitpunkt geltenden Vorschriften mag für die Frage der Wiederholungsgefahr noch relevant sein. **207**

> **Fallbeispiel (Einseitige Änderung von Versicherungsbedingungen[170]):** Die private Krankenversicherung V hatte im Hinblick auf die hohen Krankenhauskosten 2007 ihre Leistungen eingeschränkt und war dazu übergegangen, diese Einschränkungen auch gegenüber den bereits bei ihr Versicherten zu praktizieren. Nachdem diese Praxis mit einzelnen privaten Krankenversicherungen länger kontrovers diskutiert und Ende 2008 von V zunächst aufgegeben worden war, klagte W, eine der Versicherungen, Anfang 2009 gegen V auf Unterlassung, um die Lage ein für allemal zu klären. W meint, spätestens seit dem Inkrafttreten der 1. UWG-Novelle am 30.12.2008 verstoße die umstrittene Praxis gegen das UWG, und daher sei V nach § 8 UWG zur Unterlassung verpflichtet. V sagt zu, diese Praxis einstweilen nicht wieder aufzunehmen, ist aber nicht bereit, eine strafbewehrte Unterlassungserklärung abzugeben. **208**
>
> W könnte zwar nicht auf der Grundlage des UKlaG, wohl aber als Mitbewerber, zur Erhebung der Klage aus § 8 UWG befugt sein. Ein Verstoß gegen § 3 I UWG wäre nach der zum Zeitpunkt des Urteils maßgebenden Rechtslage offensichtlich gegeben, da die Praxis der V eine geschäftliche Handlung ist und diese, falls die Leistungseinschränkung die vertraglichen Rechte der Kunden der V ohne Grund beschneidet, deren Interessen spürbar beeinträchtigt. Zweifelhaft ist freilich die Wiederholungsgefahr, da V diese Praxis einstweilen nicht wieder aufnehmen will. Zwar schließt man von einem Verstoß gegen das UWG grundsätzlich auf Wiederholungsgefahr; doch ist ein Verstoß hier zweifelhaft, weil das Verhalten der V kein Handeln zu Zwecken des Wettbewerbs war und daher seinerzeit nicht unter *§ 3 UWG a.F.*

---

169 BGH NJW 2004, 506, 508 – *Euro-Einführungsrabatt*.
170 Gebildet nach BGHZ 175, 28; im Ursprungsfall klagte ein Verbraucherverband auf der Grundlage des UKlaG vor allem unter Berufung auf das VVG.

> fiel[171]. Man könnte freilich argumentieren, aufgrund der RL 2005/29/EG habe V bereits seinerzeit gegen Lauterkeitsrecht verstoßen. Denn es geht hier um das Verhältnis zwischen Unternehmen und Verbrauchern, bei dem diese RL zur Vollharmonisierung führt und diese nicht nur unlautere Wettbewerbshandlungen, sondern nach ihren Art. 2 lit. d, 5 I umfassend unlautere Geschäftshandlungen verbietet. Da nach Art. 19 II dieser RL die Mitgliedstaaten die Richtlinie ab dem 12.12.2007 anzuwenden haben, könnte man mithin einen Rechtsverstoß in der Vergangenheit annehmen, aufgrund dessen letztlich doch Wiederholungsgefahr besteht. Dann bestände ein Unterlassungsanspruch (Im Hinblick darauf, dass der frühere Rechtsverstoß gegen das Lauterkeitsrecht nicht einfach zu erkennen war, ist dies allerdings nicht ganz zwingend.).

c) *Haftung des Unternehmensinhabers für Mitarbeiter/Beauftragte und Problematik einer Störerhaftung bzw. einer wettbewerbsrechtlichen Verkehrspflicht*

**209** Soweit der Unternehmer die unlautere Handlung selbst begangen hat oder sie ihm über Organhandeln bzw. das Handeln eines Verrichtungsgehilfen zugerechnet werden kann, richtet sich der Anspruch gegen ihn.[172] Darüber hinaus ermöglicht § 8 II UWG hier generell die **Zurechnung** des Mitarbeiterverhaltens, so dass der **Unternehmer** als Verletzer in Anspruch genommen werden kann.

Durch die Judikatur wurde darüber hinaus auch der Begriff der **Störerhaftung** entwickelt, um die Unterlassung oder Beseitigung wettbewerbswidriger Zustände auch von **Dritten** verlangen zu können, die ihrerseits den Verletzungstatbestand nicht erfüllt haben oder denen die Täterqualifikation fehlt[173].

**Beispiele:** Werbeagentur oder Presse bei wettbewerbswidriger Anzeige, freilich eingeschränkt auf klare Erkennbarkeit des Verstoßes.

Dies wird in der Literatur als Überdehnung kritisiert, die überdies angesichts der gesetzlichen Regelung über eine Teilnahme am Delikt qua Anstiftung oder Beihilfe nach § 830 II BGB überflüssig sei.[174]

**210** Alternativ dazu hat der BGH jüngst angenommen, es bestehe eine wettbewerbsrechtliche **Verkehrspflicht**[175].

> **Fallbeispiel (Jugendgefährdende Medien bei eBay**[176]**):** Der Betreiber der Internetplattform eBay verlangt von den gewerblichen wie privaten Nutzern der Plattform eine vorherige Registrierung unter Anerkennung von AGB, in denen klargestellt wird, dass Verträge ausschließlich zwischen den Nutzern der Plattform abgeschlossen werden und dass insbesondere eBay selbst kein Vertragspartner wird. In den AGB ist weiter ausdrücklich auf das Verbot ins-

---

171 Vgl. BGHZ 175, 28 Rz. 15 f.
172 Der unmittelbar Handelnde (etwa eine Werbeagentur) kann daneben zusätzlich in Anspruch genommen werden, **soweit** in seiner Person die Anspruchsvoraussetzungen gegeben sind; Entsprechendes gilt nach § 2 I Nr. 6 UWG für Mitarbeiter.
173 Eingehend mit Nachweisen *Bergmann/Goldmann*, in: Harte-Bavendamm/Henning-Bodewig, UWG § 8 Rz. 72 ff.; *Büscher*, in: *Fezer*, UWG § 8 Rz. 100 ff.
174 *Emmerich*, WettbR, § 21 VI; *Köhler*, in: Köhler/Bornkamm, UWG § 8 Rz. 2.15 ff.
175 Hierzu *Leistner/Sang*, WRP 2008, 533.
176 BGHZ 173, 188.

besondere von jugendgefährdenden Angeboten hingewiesen, sowie darauf, dass ein Nutzer bei Verstoß gegen dies Vorgabe gesperrt wird. Stichproben werden insoweit von eBay durchgeführt. Im Übrigen enthält jedes auf der Website erscheinende Angebot den Hinweis, der Verkäufer übernehme die volle Verantwortung für das Angebot. Die Internetversteigerung selbst erfolgt automatisch durch entsprechende Computerprogramme. Als 2001 bei eBay mehrfach gewaltverherrlichende und volksverhetzende Spiele angeboten wurden, entfernte der Betreiber von eBay auf entsprechende Information seitens des Interessenverbandes des Video-Fachhandels hin die diesbezüglichen Angebote. Der Verband verlangte aber des Weiteren für die Zukunft klageweise Unterlassung der Aufnahme derartiger Artikel beim Handel auf der Internetplattform.

Die Klage blieb zunächst bei LG und OLG erfolglos, weil der Betreiber von eBay mangels eigener Kenntnis von den Angeboten weder als Täter noch als Teilnehme gegen das Teledienste- bzw. Telemediengesetz verstoßen hätten, was der BGH bestätigte. Insofern liege auch der Tatbestand des § 4 Nr. 11 UWG nicht vor. Da aber der Betreiber von eBay mit der Zurverfügungstellung der Internetplattform die **ernste Gefahr entsprechender Rechtsverstöße** geschaffen habe, komme eine **wettbewerbsrechtliche Verkehrspflicht** in Betracht, wonach ihm im Rahmen des **Zumutbaren das Ergreifen von Maßnahmen** obliege, um derartige Rechtsverstöße zu unterbinden. Das Betreiben der Internetplattform sei im Übrigen eine Wettbewerbshandlung i.S. von § 3 UWG, und da die Einschränkung des Versandhandels mit jugendgefährdenden Schriften nach Auffassung des BGH auch Verbraucherinteressen schützt, beständen aus § 3 UWG entsprechende Prüfungspflichten. Wegen noch erforderlicher Prüfung des Sachverhalts wies der BGH die Sache an die Vorinstanz zurück.

### d) Aktivlegitimation

§ 8 III UWG regelt die **Aktivlegitimation** für Beseitigungs- und Unterlassungsansprüche.

**211**

Einzelne Unternehmen können als **Mitbewerber** (§ 2 I Nr. 3 UWG) anspruchsberechtigt sein; dies setzt ein **konkretes Wettbewerbsverhältnis** voraus, also eine Schädigung im weitesten Sinne; entgegen der früheren Rechtslage genügt die lediglich abstrakte Betroffenheit nicht.[177] Ein konkretes Wettbewerbsverhältnis kann auch zwischen Unternehmen verschiedener Märkte oder Wirtschaftsstufen bestehen bzw. durch eine konkrete die Wettbewerbsposition beeinträchtigende Handlung zustande kommen.

**Beispiele:** „Statt Blumen Onko-Kaffee", als Werbeaussage schafft ein Wettbewerbsverhältnis zwischen einem Kaffeegeschäft und einem Blumenladen[178].

Eine Zeitung fördert durch den Abdruck von Kontaktanzeigen den Wettbewerb von Prostituierten, die in einem Wettbewerbsverhältnis zum Betreiber einer Bar stehen, die sexuelle Kontakte ermöglicht; deshalb ist der Inhaber der Bar i.S. des § 8 III Nr. 1 UWG aktivlegitimiert zur Klage gegen die Zeitung (es fehlte aber an der Unlauterkeit i.S. von § 3 UWG)[179].

Daneben sind rechtsfähige Gewerbe- bzw. Berufs**verbände anspruchsberechtigt**, soweit es um die von ihnen **tatsächlich und ernsthaft** wahrgenommenen Interessen ihrer Mitglieder geht. Über Absatz 3 Nr. 3 (qualifizierte Einrichtungen) sind eine große

**212**

---

177 Vgl. RegE UWG S. 22.
178 BGH GRUR 1972, 553.
179 BGH NJW 2006, 3490.

Zahl von Verbraucherverbänden und -organisationen ebenfalls anspruchsberechtigt[180]. **Industrie- und Handelskammern** bzw. **Handwerkskammern** treten als Aktivlegitimierte hinzu, wobei ausdrücklich vorgeschrieben ist, dass die diesbezüglichen Ansprüche nur nach dem UWG, nicht hingegen nach dem Unterlassungsklagegesetz geltend gemacht werden können; zur Erleichterung der Durchsetzung besteht in § 8 V UWG ein höchst kompliziert formulierter Auskunftsanspruch bestimmter Diensteerbringer zugunsten der Verbände; zu einem hiervon zu unterscheidenden allgemeinen Auskunftsanspruch auf der Grundlage von § 242 BGB vgl. unten Rz. 234.

Ein in Wettbewerbssachen besonders wichtiger Gewerbeverband ist **die Zentrale gegen unlauteren Wettbewerb e.V. in Bad Homburg**.

**213** Einzelne **Verbraucher** sind für Unterlassungs- und Beseitigungsansprüche generell **nicht aktiv legitimiert**. Die gilt auch für eine eventuelle Herleitung von Ansprüchen über das allgemeine Deliktsrecht. Die amtl. Begr. zum UWG 2004[181] sagt ausdrücklich, dass § 3 UWG kein Schutzgesetz i.S. von § 823 II BGB darstellt; dies ist nicht selbstverständlich, nachdem § 1 UWG seit 2004 als Zweck des Gesetzes auch den Schutz von Verbrauchern normiert. In der Literatur wurde daher die Auffassung vertreten, die § 8 und 9 UWG seien Schutzgesetze[182]. Der BGH hatte zur früheren Generalklausel deren Schutzgesetzcharakter ausdrücklich verneint[183].

**214** **Fallbeispiel**[184]: Eine Baufirma erwarb 1965 Kunststoffrohre vom Großhändler, die mit einem besonderen **Prüfzeichen** eines entsprechenden Verbandes gekennzeichnet waren, und verwendete sie beim Bau von Wasserleitungen. Wegen Rohrbrüchen verlangte sie Schadensersatz vom Hersteller mit der Begründung, es habe sich um minderwertige Qualität gehandelt, und der Hersteller habe mit dem Prüfzeichen bewusst über minderwertige Qualität getäuscht. Der BGH prüfte zunächst mit negativem Ergebnis eventuelle Ansprüche mit Schutzwirkung aus dem zwischen Hersteller und Großhändler geschlossenen Kaufvertrag, lehnte Drittschadensliquidation ab, verneinte eine Haftung über § 823 I BGB wegen Eingriffs in den Gewerbebetrieb und lehnte schließlich einen Ersatzanspruch über § 823 II BGB in Verbindung mit dem Verbot täuschender Werbung mit der Begründung ab, wegen der speziellen Regelung des UWG über die Aktivlegitimation für Schadenersatzansprüche sei § 823 II BGB unanwendbar. Dies dürfte auch vor dem Hintergrund des nach dem UWG seit 2004 ausdrücklich erwähnten Schutzes der Verbraucher nach wie vor überzeugen; denn nicht jeder gesetzlich bezweckte Schutz ist notwendigerweise mit der Einräumung eines subjektiven Rechts verbunden. Überdies macht typischerweise ein Ersatzanspruch der Verbraucher wegen irreführender Werbung auch nur bei Ermöglichung einer kumulierten Geltendmachung Sinn, und auch insoweit hat der Gesetzgeber mit der (fragwürdigen) Gewinnabschöpfung durch Verbände nach Maßgabe der §§ 10 I, 8 III UWG ausdrücklich eine Regelung getroffen. – Für die Beurteilung des vom BGH entschiedenen Falles wäre heute § 434 I 3 BGB zu beachten, wonach die Werbung für die Fehlerhaftigkeit einer Ware relevant sein kann; ob den Großhändler ein Verschulden träfe, ist freilich zweifelhaft.

---

180 Hinweise auf ausführliche Liste bei *Köhler*, in: Köhler/Bornkamm, UWG § 8 Rz. 3.53.
181 RegE UWG S. 22.
182 *Sack*, GRUR 2004, 625.
183 BGH NJW 1974, 1503 = GRUR 1975, 150, 151 – *Prüfzeichen*.
184 Nach BGH a.a.O.

*e) Missbräuchliche Geltendmachung von Ansprüchen*

*aa) Mehrfachverfolgung*

Die Geltendmachung der Ansprüche ist nach § 8 IV unzulässig, wenn sie **missbräuchlich** ist, insbesondere dazu dient „Kosten zu schinden" (vgl. insoweit für die Abmahnung § 12 I 2 UWG und dazu unten Rz. 225 ff. Verfahrensregeln des Lauterkeitsrechts). Das kann etwa bei Mehrfachabmahnungen der Fall sein.[185] Der unzulässig abgemahnte Anspruchsgegner kann neuerdings nach § 8 IV 2 UWG Ersatz für die für seine Rechtsverteidigung angefallenen Kosten verlangen. **215**

*bb) Unclean-hands oder Abwehreinwand*

Der Unclean-hands-Einwand kann nur Aussicht auf Erfolg haben, wenn keine Allgemeininteressen betroffen sind. Außerdem muss sich der Gegenschlag gegen die erste unlautere Angreiferaktion richten, und er muss maßvoll gehalten sein. **216**

Unbeschadet dessen gilt das Eigenmachtverbot: Kann gerichtliche Hilfe erlangt werden, ist diese vorrangig in Anspruch zu nehmen.

*cc) Aufbrauchfrist*

Auch bei gegebenem Beseitigungs- bzw. Unterlassungsanspruch können sich über § 242 BGB sog. **Aufbrauchfristen** ergeben; diese dienen zur Vermeidung unbilliger Härten bei nicht vorsätzlichen Verstößen (näher dazu unten Rz. 255). **217**

### 3. Schadenersatzanspruch nach den §§ 9, 3 oder 7 UWG

Wie erwähnt, stehen Schadenersatzansprüche nicht im Vordergrund wettbewerbsrechtlicher Sanktionen, was damit zusammenhängen mag, dass sie nicht durch einstweilige Verfügung durchsetzbar sind. Durchaus relevant ist freilich die Geltendmachung von Ersatzansprüchen im Wege der Feststellungsklage, deren Ergebnis dann vor allem zu Verhandlungszwecken als Druckmittel verwandt werden kann (näher dazu unten Rz. 232). **218**

*a) Subjektive Voraussetzungen*

Neben einem eingetretenen bzw. zu erwartenden **Schaden** bedarf es insoweit zusätzlich **subjektiver Elemente** in der Form von Vorsatz oder Fahrlässigkeit. Vorsatz setzt das Bewusstsein der Unlauterkeit voraus[186] und wird in der Praxis selten nachzuweisen sein. Bei vorsätzlicher unlauterer Wettbewerbshandlung wird in der Regel zugleich eine vorsätzliche sittenwidrige Schädigung i.S. von § 826 BGB gegeben sein, was für die Verjährung des Anspruchs von Bedeutung ist (dazu unten Rz. 224). **219**

Für eine fahrlässige unlauterer Wettbewerbshandlung genügt **Fahrlässigkeit auch bei der rechtlichen Beurteilung**. Um dem diesbezüglichen Vorwurf entgegenzutreten, ist ggf. die Beiziehung entsprechender **Sachkunde** erforderlich, die sich im Wesentlichen an der Judikatur orientieren wird.

Praktisch muss hier über Zeitschriften- bzw. Kommentarliteratur, zunehmend auch über Datenbanken (z.B. Juris), Klarheit geschaffen werden.

---

185 BGH WRP 2012, 329 – *Unbedenkliche Mehrfachabmahnung.*
186 RegE UWG S. 23.

Werbung im Grenzbereich der Zulässigkeit kann auch dann als fahrlässig unlauter zu beanstanden sein, wenn eine eingeholte Rechtsauskunft günstig ist, aber Risiken erkennen lässt.

### b) Geltendmachung der Ersatzansprüche

**220** Zur Geltendmachung von Ersatzansprüchen sind grundsätzlich **nur Mitbewerber aktiv legitimiert**. Verbraucher kommen auch über § 823 II BGB insoweit nicht in Betracht (vgl. oben Rz. 213; zum Schutz der Verbraucher beim Verbrauchsgüterkauf nach allgemeinem Zivilrecht, s. insbes. §§ 434 I 3, 476 BGB). Zur Gewinnabschöpfung durch Verbraucherverbände siehe unten Rz. 223.

### c) Inhalt der Ersatzansprüche

**221** Hinsichtlich des **Inhalts von Ersatzansprüchen** gelten zunächst die §§ 249 ff. BGB. Naturalrestitution ist zu leisten, und insoweit wird es häufig um „Marktverwirrungsschäden" gehen, der durch entsprechende öffentlichkeitswirksame werbliche Maßnahmen ausgeräumt werden können. Darüber hinaus ist entgangener Gewinn zu ersetzen. Das Gericht kann nach § 287 ZPO den Schaden schätzen. Unbeschadet dessen kann sich, **falls eine Schadenersatzpflicht im Grundsatz besteht**, ein Anspruch auf **Auskunft** hinsichtlich der zur Geltendmachung erforderlichen Informationen ergeben; eine Ausforschung des Wettbewerbers kommt dabei aber nicht in Betracht (näher dazu unten Rz. 234).

Bei der Verletzung **bestimmter** absolut geschützter **Rechtspositionen** (Patente, Urheberrechte, etc.) besteht die Möglichkeit der sog. **dreifachen Schadensberechnung**. Diese kommt **nicht generell** für alle Fälle unlauteren Wettbewerbs in Betracht, wohl aber dann, wenn es um Verletzungshandlungen geht, die einem Eingriff in **absolut geschützte Rechte** ähneln, wie das bei der in § 4 Nr. 9 UWG geregelten Unlauterkeit zwar nicht stets der Fall ist, aber der Fall sein kann. Die dreifache Schadensberechnung gestattet dann nach Wahl des Geschädigten die Festlegung des Ersatzbetrags entweder durch Berechnung des konkreten Schadens entsprechend dem entgangenen Gewinn (§ 252 BGB) oder durch Berechnung in Lizenzanalogie (was hätte der Verletzer für eine entsprechende Lizenz als Gegenleistung zahlen müssen?) oder i.S. der Herausgabe des Verletzergewinns nach den §§ 687 II 1, 681 S. 2, 667 BGB.[187] Die hat besondere Bedeutung bei der Bekämpfung der **Produktpiraterie**.

**222** **Fallbeispiel**[188]: Die Firma **Tchibo** vertrieb im September 1980 etwa 500 000 Armbanduhren zum Preis von je etwa 40 DM, die Nachahmungen der bekannten **Rolex**-Uhren waren. Von diesen Uhren der gehobenen Preisklasse werden unter bewusster Verknappung des Angebots weltweit nur 500 000 Uhren jährlich verkauft. Die deutsche Tochtergesellschaft der Schweizer Firma Rolex klagte mit Erfolg gegen Tchibo auf Feststellung der Verpflichtung zum Schadenersatz wegen unlauteren Wettbewerbs durch sklavische Nachahmung.[189] Nunmehr wurde Zahlungsklage gegen Tchibo erhoben. Entgangenen Gewinn infolge unterblie-

---

187 Vgl. zu den nach § 4 Nr. 9 UWG geschützten Leistungen BGHZ 67, 116 – *Wandsteckdose II* und allgemein *Köhler*, in: Köhler/Bornkamm, UWG § 9 Rz. 1.36 ff.
188 BGHZ 119, 20 = GRUR 1993, 55 – *Tchibo/Rolex II*.
189 BGH NJW 1986, 381 = GRUR 1985, 876 – *Tchibo/Rolex I*.

bener Eigenverkäufe gemäß § 252 BGB konnte Rolex angesichts der selbst verursachten Verknappung des Angebots nicht geltend machen; insoweit lag keine Gewinneinbuße vor. Praktisch kamen damit als Begründung des Zahlungsanspruchs lediglich eine Herausgabe des Verletzergewinns über § 687 II BGB oder Lizenzanalogie in Betracht. Hinsichtlich des behaupteten Verletzergewinns von 8 Mio. DM bei Tchibo galt es zu berücksichtigen, dass Tchibo auch ohne die Nachahmung mit dem Verkauf der Uhren einen Gewinn gemacht hätte, so dass ein Gewinn-Herausgabeanspruch wegen angemaßter Eigengeschäftsführung nur zu einem Teil gerechtfertigt war. Hinsichtlich der Lizenzanalogie war zu berücksichtigen, dass es sich um eine Methode zur Berechnung des Schadens handelt, so dass es irrelevant war, dass Rolex sich geweigert hätte, Tchibo eine Lizenz zu erteilen. Die Höhe der fiktiven Lizenzgebühr liegt üblicherweise bei 10 %; wegen der besonderen Umstände des vorliegenden Falles wurde sie zu Lasten von Tchibo höher angesetzt. Nach dieser Maßgabe konnte dann der Schaden von Rolex nach § 287 ZPO vom Gericht geschätzt werden.

### 4. Gewinnabschöpfungsanspruch

§ 10 UWG ermöglicht es, dass derjenige, der auf Kosten einer **Vielzahl von Abnehmern** einen Gewinn erzielt, der auf einer **vorsätzlichen** Zuwiderhandlung gegen § 3 oder § 7 UWG beruht, auf **Herausgabe des Gewinns** an den Bundeshaushalt in Anspruch genommen werden kann. Dies soll verhindern, dass eine unlautere Handlung deswegen ohne Sanktion bleibt, weil die einzelnen Schäden in der Summe gering erscheinen (und damit die Geltendmachung aufgrund des Prozessrisikos unterbleibt) und aufgrund der vielen Abnehmer weit gestreut sind (sog. **Streuschäden**). Der Gewinnabschöpfungsanspruch kann von den **klagebefugten rechtsfähigen Verbänden, den Verbraucherschutzeinrichtungen und den jeweiligen Kammern** (IHK und Handwerkskammern) geltend gemacht werden. Inwieweit eine Gewinnabschöpfung nach den §§ 10, 3 oder 7 UWG praktisch von Bedeutung ist bzw. werden wird, ist streitig; es besteht Anlass zur Skepsis.

223

### 5. Verjährung

Die wettbewerbsrechtlichen Ansprüche auf Beseitigung, Unterlassung, Schadenersatz bzw. Aufwendungsersatz (§ 12 I 2 UWG; hierzu unten Rz. 228) verjähren nach § 11 I, II UWG grundsätzlich in **sechs Monaten** ab Entstehung und Kenntnis (bzw. Unkenntnis der relevanten Umstände aus grober Fahrlässigkeit). Durch Verhandlungen oder einen Prozess wird die Verjährung gehemmt. Eine im Zuge einer sog. Abmahnung übernommene eigenständige Verpflichtung zur Unterlassung verjährt nach § 195 BGB in drei Jahren. Bei einem **vorsätzlichen** Verstoß besteht Konkurrenz mit § 826 BGB und der insoweit nach § 195 BGB relevanten Verjährungsfrist von **drei Jahren**. Nach § 11 IV UWG gilt dies auch dann, wenn die vorsätzliche sittenwidrige Schädigung zugleich einen Verstoß gegen das UWG beinhaltet[190]; das führt im Ergebnis dazu, dass die Anwendung der verkürzten Verjährungsfrist des § 11 UWG bei der Vorsatztat ausscheidet.

224

---

190  Vgl. BGH GRUR 1977, 539, 543 – *Prozessrechner*.

# § 4 Verfahrensregeln des Lauterkeitsrechts

**Literatur zur Vertiefung:** siehe vor § 3, ferner *Ahrens*, Der Wettbewerbsprozess, 2013[7]; *Teplitzky*, Wettbewerbsrechtliche Ansprüche und Verfahren, 2011[10].

## I. Allgemeines

### 1. Verfahren vor den Zivilgerichten und der Einigungsstelle

225 Die Durchsetzung des Wettbewerbsrechts erfolgt in erster Linie vor den **Zivilgerichten**[1], und zwar im Wege der Erhebung einer **Leistungsklage** auf Unterlassung, Beseitigung bzw. Schadenersatz; aber auch die **Feststellungsklage** ist praktisch bedeutsam. Wegen der Eilbedürftigkeit in Wettbewerbssachen spielt die **einstweilige Verfügung** eine herausragende Rolle.

Neben diesen gerichtlichen Verfahren kommt dem in § 15 UWG geregelten Verfahren vor den **Einigungsstellen** bei den Industrie- und Handelskammern eine gewisse Bedeutung zu i.S. eines Vorverfahrens, das im Grundsatz freiwillig ist, bei Verbraucher betreffenden Wettbewerbshandlungen aber von jeder Partei verbindlich eingeleitet werden kann; praktisch in Anspruch genommen werden die Einigungsstellen wohl vor allem durch Verbraucherverbände. Durch eine solche Inanspruchnahme verzögert sich ggf. das ordentliche Verfahren. Das Verfahren der einstweiligen Verfügung kann durch Anrufen der Einigungsstelle nicht einseitig blockiert werden.

Strafverfahren spielen in Wettbewerbssachen nur selten eine Rolle (vgl. immerhin die §§ 16 ff. UWG).

### 2. Informelles Vorverfahren

226 Praktisch hat sich eine Art **informelles Vorverfahren** außerhalb der Einigungsstelle herausgebildet. Es sollte selbstverständlich sein, dass im Falle eines Gesetzesverstoßes der Betroffene bzw. der aktiv legitimierte Verband sich mit dem Schädiger zunächst einmal in Verbindung setzt, um eventuell ungewollten Streit zu vermeiden.

#### a) Abmahnung

227 Dem dient das sog. **Abmahnungsschreiben**, durch das der Verletzer auf den Verletzungstatbestand hingewiesen wird und mit dem der Unterlassungsanspruch vorprozessual geltend gemacht wird. Gibt der Verletzer daraufhin eine verbindliche Unterlassungsverpflichtung ab, so beseitigt dies die Wiederholungsgefahr und damit den materiellrechtlichen Anspruch auf Unterlassung.

Dies wird freilich nur dann angenommen, wenn sich der Verletzer zugleich verbindlich einer **Vertragsstrafe** (§ 339 BGB) in angemessener Höhe für den Fall einer Zuwiderhandlung unter-

---

[1] Für Streitigkeiten der Krankenkassen ist teilweise der Rechtsweg zu den Sozialgerichten gegeben; vgl. § 51 SGG sowie BGH NJW 2003, 1192; 2007, 1819.

wirft. Die Vertragsstrafe muss dem Verletzer den Anreiz nehmen, den Verstoß zu wiederholen. Sie kann der Höhe nach in das billige Ermessen des Verletzten gestellt werden[2].

Damit **entfällt** dann zugleich auch das **Rechtsschutzbedürfnis** für eine Unterlassungsklage.

Hat der Verletzte bzw. der Verband es **versäumt abzumahnen** und hat der verklagte Verletzer den Anspruch alsbald i.S. von **§ 93 ZPO** anerkannt, kann sich daraus eine **Kostentragungspflicht** für den Kläger ergeben. Aus diesem Grund ist es dem Verletzten dringend anzuraten, vor Klageerhebung abzumahnen. § 12 I 1 UWG bringt dies zum Ausdruck.

Soweit die Abmahnung berechtigt[3] ist, d.h. soweit der Unterlassungsanspruch besteht, kann der **Ersatz** der **erforderlichen Aufwendungen**, können also insbesondere Rechtsanwaltskosten, verlangt werden (§ 12 I 2 UWG); ist dem Verletzen bzw. dem Verband zuzumuten, die Abmahnung ohne Einschaltung eines Anwalts vorzunehmen, hat er ggf. keinen Kostenerstattungsanspruch. Eine Abmahnung zur „Kostenschindung" ist missbräuchlich[4], nach § 8 IV 1 UWG unzulässig und kann nach § 8 IV 2 UWG dazu führen, dass dem Abgemahnten die Kosten zu erstatten sind. Derartige Missbräuche sind leider nicht selten. **228**

Vor Erlass des neuen UWG 2004 wurde der Kostenerstattungsanspruch für eine gerechtfertigte Abmahnung aus den Grundsätzen der Geschäftsführung ohne Auftrag abgeleitet; die diesbezügliche frühere Judikatur hat sich für das Wettbewerbsrecht (freilich nicht für das Immaterialgüterrecht) erledigt.

Obwohl in § 12 I 1 UWG ausdrücklich angesprochen, ist die erfolgte Abmahnung **keine Prozessvoraussetzung**.

### b) *Schutzschrift*

Im Vorfeld des Verfahrens einer **einstweiligen Verfügung** hat sich darüber hinaus das Institut der sog. Schutzschrift (ohne nähere Regelung im Gesetz) herausgebildet. Dabei geht es um folgendes: Wer, insbesondere weil er keine strafbewehrte Unterlassungsverpflichtung abgeben will, mit einer gegen ihn ergehenden einstweiligen Verfügung rechnen muss, ist natürlich dringend daran interessiert, dass das Gericht auch seine Sicht der Angelegenheit zur Kenntnis nimmt. Da die einstweilige Verfügung eventuell ohne Anhörung des Verfügungsgegners ergehen kann und da eventuell mehrere Gerichte zuständig sein können (siehe unten Rz. 230, 246, 248), kann es sich für den Betroffenen empfehlen, bei den in Betracht kommenden Gerichten sozusagen vorab seine Stellungnahme zu dem dort eventuell eingehenden Antrag auf einstweilige Verfügung zu hinterlegen. Das Gericht ist dann schon nach dem Grundsatz des **229**

---

2 *Brüning*, in: Harte-Bavendamm/Henning-Bodewig, UWG § 12 Rz. 202; *Bornkamm*, in: Köhler/Bornkamm, UWG § 12 Rz. 1.139 ff.: sog. Hamburger Brauch.
3 Während eine unberechtigte **Schutzrechts**verwarnung wegen Eingriffs in den Gewerbebetrieb generell zu Unterlassungs- und Schadenersatzansprüchen nach § 823 I BGB führen kann (BGH NJW 2005, 3141 – *Unberechtigte Schutzverwarnung*), kann dies für den Fall einer unberechtigten Abmahnung allenfalls wegen eines **Wettbewerbs**verstoßes unter engen Voraussetzungen angenommen werden, und zwar über die §§ 9, 3, 4 UWG; so zu Recht *Bornkamm*, in: Köhler/Bornkamm, UWG § 12 Rz. 1.70 f.
4 Vgl. BGH WRP 2005, 598, 600 – *Telekanzlei*.

rechtlichen Gehörs gehalten, dies zur Kenntnis zu nehmen[5]. Zum sog. **Abschlussschreiben** siehe unten Rz. 253.

## II. Leistungs- und Feststellungsklage

### 1. Zuständigkeit

230 Wettbewerbssachen sind bürgerliche Rechtsstreitigkeiten, für die nach § 13 I UWG die **Landgerichte sachlich** ausschließlich zuständig sind. Auf den Streitwert kommt es insoweit nicht an. Nach den §§ 94, 95 I Nr. 5 GVG ist am jeweiligen Landgericht ggf. die Kammer für Handelssachen zur Entscheidung des Rechtsstreits berufen. Um eine Konzentration des Sachverstandes bei den entsprechenden Spruchkörpern zu erreichen, sind teilweise durch Rechtsverordnung der Länder bestimmte Landgerichte als Gerichte für Wettbewerbsstreitsachen bestimmt worden (zum aktuellen Stand vgl. Kommentierungen zu § 13 UWG).

**Örtlich** zuständig für Klagen aufgrund des UWG ist nach § 14 I UWG stets das Gericht, in dessen Bezirk der **Beklagte** seine gewerbliche oder selbstständige beruflichen **Niederlassung**, hilfsweise seinen Wohnsitz, ganz hilfsweise seinen Aufenthaltsort hat. **Zusätzlich** kann der **verletzte Mitbewerber** selbst auch vor dem Landgericht klagen, in dessen Bezirk die Handlung **begangen** worden ist. Für ein und denselben Wettbewerbsverstoß können durchaus mehrere Begehungsorte in Betracht kommen.[6] Entgegen der allgemeinen Regelung im Deliktsrecht gilt dieser Gerichtsstand des **Begehungsortes grundsätzlich** *nicht* **für die Verbandsklage**; nach § 14 II 2 UWG muss seitens der Verbände am Gericht des Sitzes des Beklagten geklagt werden, falls das im Inland möglich ist.

Die **internationale** Zuständigkeit eines deutschen Gerichts folgt heute aus **Art. 2 der sog. Brüssel I-VO**.[7]

### 2. Klage und Anspruch

*a) Leistungsklage*

231 Für den Anspruch auf Beseitigung, Unterlassung oder Schadenersatz kommt zunächst die **Leistungsklage** in Betracht, für die es dann einer nach Maßgabe des § 253 ZPO verfassten Klageschrift – **mit einem bestimmten Antrag** – bedarf. Den Antrag **korrekt** zu stellen, wirft insbesondere bei Unterlassungsklagen erhebliche **Schwierigkeiten** auf.

Ist der Antrag zu weit gefasst, so dass er auch den Anspruch auf Unterlassung nicht verbotener Verhaltensweisen erfasst, erfolgt insoweit **kostenpflichtige Abweisung**!

---

5 Vgl. zur Schutzschrift näher *Retzer*, in: Harte-Bavendamm/Henning-Bodewig, UWG § 12 Rz. 606 ff.; *Köhler*, in Köhler/Bornkamm, UWG § 12 Rz. 3.40.
6 *Köhler*, in: Köhler/Bornkamm, UWG § 14 Rz. 14.
7 VO 44/2001 über die gerichtliche Zuständigkeit und die Anerkennung und Vollstreckung von Entscheidungen in Zivil- und Handelssachen v. 22.12.2000, ABl. L 12 v. 16.1.2001, S. 1.

Die Schwierigkeit des Klageantrags bei Schadenersatzklagen liegt in der Bezifferung des Schadens (dazu sogleich).

*b) Feststellungsklage*

Soweit es um Schäden geht, die erst in der Zukunft entstehen, kommt neben der Leistungsklage die **Feststellungsklage** (auf Bestehen der Ersatzpflicht) nach § 256 ZPO in Betracht, für die es eines besonderen rechtlichen Interesses an der Feststellung des Bestehens oder Nichtbestehens eines Rechtsverhältnisses bedarf. Das Bestehen bzw. Nichtbestehen eines **Anspruchs** auf Beseitigung, Unterlassung oder Schadenersatz ist in diesem Sinne ein **Rechtsverhältnis**. **Wenn die Leistungsklage bereits möglich ist (insbesondere für einen Unterlassungsanspruch), fehlt für die Feststellungsklage an sich grundsätzlich das Rechtsschutzinteresse.** 232

Wenn der Beklagte einem gegen ihn ergangenen Urteil auf Feststellung der Unterlassungs- bzw. Schadenersatzpflicht nicht freiwillig Folge leisten würde, wäre ein weiterer Prozess nötig.

Freilich kann wegen der **Schwierigkeit** der **Bezifferung des Schadensumfangs** gerade in Wettbewerbssachen ausnahmsweise eine Feststellungsklage auch dann zulässig sein, wenn der Schaden bereits entstanden ist.[8] Jedenfalls spielt sie für einen erst **künftig entstehenden Schaden** eine Rolle.

*c) Stufenklage*

Unbeschadet dessen kommt auch eine **Stufenklage** (auf Auskunft und Leistung) gemäß § 254 ZPO in Betracht, durch die sich der Kläger eine für die Geltendmachung des Ersatzanspruchs erforderliche Auskunft verschafft und den Anspruch zugleich einklagt. Eine Kombination von Auskunfts- und Feststellungsklage ist ebenso möglich. 233

*d) Auskunftsanspruch*

Ein diesbezüglicher **Auskunftsanspruch**[9] ist für den Bereich der **Verbände partiell** in § 8 V UWG normiert. Verletzte **Wettbewerber** haben darüber hinaus einen Auskunftsanspruch aus **Treu und Glauben (§ 242 BGB)** nach den allgemeinen Vorschriften, **soweit** ihnen ein **Ersatzanspruch zusteht (!)**, zu dessen Bezifferung es der entsprechenden Auskunft bedarf[10]. 234

Der Anspruch darf nicht zur Ausforschung des Gegners verwandt werden, ist also insbesondere dann **nicht** gegeben, wenn es darum geht, **ob** überhaupt eine Verletzungshandlung vorliegt.

*e) Rechtsschutzinteresse*

Das **Rechtsschutzinteresse** an einer Unterlassungsklage kann fehlen bei Vorliegen einer strafbewehrten Unterlassungsverpflichtung, aber auch bei einem laufenden Verfahren vor der Einigungsstelle. Ist ein Verfahren vor der Einigungsstelle anhängig, so ist eine erst nach deren Anrufung erhobene Klage auf Feststellung, dass der geltend gemachte Anspruch nicht bestehe, nicht zulässig (§ 15 X 4 UWG). Soweit die Wettbewerbshandlung Verbraucher betrifft, kann das Gericht auf Antrag den Parteien aufgeben, vorab die Einigungsstelle anzurufen. 235

---

8 Vgl. BGH GRUR 2001, 1177 – *Feststellungsinteresse II.*
9 Vgl. hierzu *Köhler*, in: Köhler/Bornkamm, UWG § 8 Rz. 5.1 ff.
10 Näher dazu *Köhler* a.a.O. UWG § 9 Rz. 4.8 ff.

### 3. Beweisfragen

**236** Insbesondere für den Irreführungstatbestand stellt sich (vor dem Hintergrund des Verbraucherbegriffs) die Frage, inwieweit es auf Beweismittel wie Meinungsforschungsgutachten oder die **Auskünfte** von Kammern und Verbänden ankommt, bzw. inwieweit die eigene **Sachkunde des Gerichts** für die Entscheidung genügt. Dabei ist zu berücksichtigen, dass Gerichte, die sich ständig mit Wettbewerbssachen befassen, über besondere Erfahrung und Sachkunde verfügen, und dass es häufig auch keiner besonderen Erfahrung zur Feststellung der Verkehrsauffassung bedarf. Nach heutiger Judikatur kann das Gericht je nach seiner Sachkunde für den konkreten Sachverhalt die Irrführung im Allgemeinen sowohl bejahen als auch verneinen.[11]

### 4. Instanzenzug

**237** Gegen ein Endurteil des Landgerichts gibt es nach den §§ 119 I 2 GVG, 511 ZPO die Berufung an das Oberlandesgericht, und hiergegen nach den §§ 133 GVG, 542 ff. ZPO die Revision an den BGH; eventuell kommt nach Art. 267 AEUV eine Vorabentscheidung des EuGH in Betracht.

### 5. Vollstreckung

**238** Es gelten die §§ 704 ff. ZPO und darüber hinaus, soweit es um Geldzahlungen geht, die §§ 803 ff. ZPO. Soweit die Verpflichtung zur Vornahme bzw. Unterlassung von Handlungen zur Debatte steht, sind die §§ 883 ff. ZPO ergänzend anzuwenden. Die Durchsetzung von Unterlassungsansprüchen erfolgt im Wege der Androhung und ggf. Festsetzung von **Ordnungsgeld** (geht an die Staatskasse) für jeden Fall einer künftigen Zuwiderhandlung. Hierauf ist bereits im Klageantrag zu achten. Bei vorläufiger Vollstreckbarkeit ist vor einer Vollstreckung eventuell Sicherheit zu leisten.

### 6. Änderung der Sach- oder Rechtslage nach Prozessbeginn

**239** Die Hauptsache, d.h. insbesondere der Streit um eine Beseitigungs- bzw. Unterlassungsverpflichtung des Beklagten bzw. Antraggegners, kann sich im ordentlichen Prozess wie im Verfügungsverfahren dadurch **erledigen**, dass nach Prozessbeginn bzw. Antragsstellung die **Begehungs- oder Wiederholungsgefahr entfällt**, und zwar entweder durch nachträgliche Abgabe einer strafbewehrten Unterlassungsverpflichtung oder aber durch eine Änderung der Sachlage, die aus sich heraus das Interesse des Beklagten bzw. Antragsgegners an einer Begehung bzw. Wiederholung der beanstandeten Wettbewerbshandlung aus der Welt schafft.

**Beispiel:** Die beanstandete Werbemaßnahme stellt sich als Flop heraus, so dass erkennbar kein Risiko der Wiederholung seitens des Verletzers besteht.

Dann ist der geltend gemachte Anspruch zumindest für die Zukunft nicht mehr gegeben, und die Klage wäre an sich nunmehr abzuweisen. Entsprechendes gilt bei einer

---

11 Hierzu näher *Bornkamm*, in: Köhler/Bornkamm, UWG § 5 Rz. 3.11 ff.

Änderung der Rechtslage, etwa beim Inkrafttreten des UWG 2004 oder der 1. UWG-Novelle 2008 im Hinblick auf materiellrechtliche Unterschiede zum früheren Recht; vgl. bereits oben Rz. 207 f.

*a) Einseitige Klageumstellung*

Der Kläger bzw. Antragsteller muss in einem solchen Fall seinen Antrag durch **einseitige** Erklärung der Erledigung der Hauptsache umstellen, damit die Klage bzw. der Antrag nicht für ihn kostenpflichtig abgewiesen wird. Das **Gericht** wird für diesen Fall, wenn die Klage zuvor begründet war, **feststellen**, dass die Hauptsache **erledigt** ist und die **Kosten** dem Beklagten bzw. Antragsgegner auferlegen; waren Klage bzw. Antrag schon zuvor nicht begründet, wird zu Lasten des Klägers bzw. Antragstellers kostenpflichtig abgewiesen[12].

**240**

*b) Übereinstimmende Erledigungserklärung*

Soweit eine **übereinstimmende** Erledigungserklärung hinsichtlich der Hauptsache durch beide Beteiligten erfolgt, führt dies grundsätzlich **unmittelbar zu einer Beendigung** des Verfahrens hinsichtlich der Hauptsache, und das Gericht entscheidet **nur noch** über die **Kosten** (§ 91a ZPO). Dies gilt grundsätzlich für jedes Stadium des ordentlichen Verfahrens oder des Verfügungsverfahrens. Ein eventuell schon vorhandener, aber noch nicht rechtskräftiger **Titel fällt** damit **weg** und kann nicht mehr Grundlage von Vollstreckungsmaßnahmen sein[13].

**241**

Der Kläger bzw. Antragsteller kann ein **Interesse** daran haben, dass sich seine Erledigungserklärung nur auf den **Zeitpunkt nach** dem zu Erledigung führenden Umstand beschränkt.

**Beispiel:** Hat der Beklagte bzw. der Antragsgegner gegen eine mit Ordnungsgeldandrohung versehene Unterlassungsverpflichtung aus einer einstweiligen Verfügung bereits verstoßen und ergibt sich die Erledigung der Hauptsache **erst später** daraus, dass die **Wiederholungsgefahr entfallen** ist, so kann der Kläger bzw. Antragsteller ein Interesse daran haben, dass das Ordnungsgeld wegen des früheren Verstoßes noch festgesetzt und eingetrieben wird. Bei einer umfassenden Erledigungserklärung wäre letzteres nicht möglich, weil mit dem Titelwegfall dieser Titel als Grundlage für das Ordnungsgeld ausscheidet.

Daher lässt die Judikatur hier zu, dass der Kläger bzw. Antragsteller eine (zeitlich) eingeschränkte **Erledigungserklärung** abgibt, die die Möglichkeit der Vollstreckung für frühere Vorgänge unberührt lässt[14].

*c) Wegfall des Anspruchs nach Rechtskraft*

Tritt der Wegfall des Anspruchs erst nach Rechtskraft eines Titels ein, so kann der Beklagte erforderlichenfalls im Wege der **Vollstreckungsabwehrklage** nach § 767 ZPO dagegen vorgehen.

**242**

---

12 *Hüßtege*, in: Thomas/Putzo, ZPO, 2013³⁴, § 91a Rz. 31 ff.
13 *Hüßtege*, in: Thomas/Putzo, ZPO, 2013³⁴, § 91a Rz. 22 ff.
14 BGH NJW 2004, 506, 508 – *Euro-Einführungsrabatt*; vgl. auch *Hönn*, Klausurenkurs, Fall 6.

#### d) Unterlassungsverpflichtung

**243** Eine strafbewehrte Unterlassungsverpflichtung kann der Betroffene, wenn (beispielsweise wegen veränderter Rechtslage im Bereich des Lauterkeitsrechts) das entsprechende Verhalten künftig nicht mehr als unlauter gilt, nach den Vorschriften über den Wegfall der **Geschäftsgrundlage** zurückverlangen[15].

### 7. Kosten

**244** Die Kosten eines Gerichtsverfahrens bzw. der Einschaltung von Rechtsanwälten richtet sich grundsätzlich nach dem **Streitwert**. Und da letztlich die unterliegende Partei die Gesamtkosten (einschließlich der Kosten des generischen Anwalts) trägt, birgt die Geltendmachung wettbewerbsrechtlicher Ansprüche bzw. die Verteidigung gegen sie ein **erhebliches Kostenrisiko**. Dies gilt umso mehr, als Wettbewerbssachen zuweilen einen außergewöhnlich hohen Streitwert haben[16].

§ 12 IV, V UWG enthalten Vorschriften für die Herabsetzung des Streitwerts auf Antrag, falls eine Partei durch die infolge des vollen Streitwerts entstehenden Kosten wirtschaftlich gefährdet würde.

## III. Einstweilige Verfügung

### 1. Bedeutung im wirtschaftlichen Wettbewerb

**245** Unterlautere geschäftliche Handlungen können sich sehr rasch zum Nachteil des Geschädigten auswirken. Insbesondere bei unzutreffenden Werbeangaben könnte der Werbende sein Ziel schon nach kurzer Zeit erreicht haben. Bis zur vorläufigen Vollstreckbarkeit eines im ordentlichen Verfahren ergangenen Unterlassungsurteils oder gar bis zum Eintritt der Rechtskraft desselben vergeht ein beträchtlicher Zeitraum, so dass diesbezügliche Maßnahmen zu spät kämen. Ein Schadenersatzanspruch wird auf der anderen Seite den Geschädigten häufig nur in unzureichendem Maße helfen, weil der konkrete Schaden schwer zu beziffern ist und weil insbesondere mögliche langfristige Auswirkungen unlauterer Wettbewerbshandlungen kaum abzuschätzen sind. Aus diesem Grund ist es ein zentrales Anliegen des Wettbewerbsrechts zu gewährleisten, dass unlautere geschäftliche Handlungen **möglichst schnell** unterbunden werden können. Dem dient die durch § 12 II UWG vorgesehene Erleichterung des Verfahrens der einstweiligen Verfügung.

Durch diese kann ggf. binnen Tagen, evtl. sogar binnen Stunden, ein Verbot unlauterer geschäftlicher Handlungen durchgesetzt werden. Natürlich ist ein solch scharfes Schwert in der Hand des potentiell Geschädigten für Werbungtreibende nicht ungefährlich. Daher steht die rasche vorläufige Durchsetzbarkeit eines Verbots von vornherein unter dem Vorbehalt eines eventuellen Regresses nach § 945 ZPO.

Die Erleichterung der einstweiligen Verfügung gilt, wie es ausdrücklich heißt, **für Unterlassungsansprüche**, nicht hingegen für Schadenersatzansprüche; für einen An-

---
15 Zu den Einzelheiten *Bornkamm*, in: Köhler/Bornkamm, UWG § 12 Rz. 1.160 ff.
16 Allgemein zum Streitwert in Wettbewerbssachen *Köhler*, in: Köhler/Bornkamm, UWG § 12 Rz. 5.1 ff.

spruch auf Beseitigung einer (fortwirkenden) Störung dürfte die Erleichterung ggf. anwendbar sein.

Auf Unterlassungsansprüche aus dem GWB oder aus dem Bereich des gewerblichen Rechtschutzes lässt sich dies Vorschrift **nicht erstrecken**.

## 2. Voraussetzungen: Verfügungsanspruch und Verfügungsgrund

Es gelten zunächst die o.a. allgemeinen Prozessvoraussetzungen der Unterlassungsklage; doch kommt in dringenden Fällen wahlweise als zuständiges Gericht auch ein Amtsgericht in Betracht (§ 942 I ZPO). Die rasche vorläufige Durchsetzung des Unterlassungsanspruchs im Wege der einstweiligen Verfügung ermöglichen die §§ 936 und 940 ZPO, wonach einstweilige Verfügungen zum Zweck der Regelung eines **einstweiligen Zustandes** in Bezug auf ein streitiges **Rechtsverhältnis** zulässig sind, sofern diese Regelung zur Abwendung wesentlicher Nachteile oder aus anderen Gründen nötig erscheint. **246**

Das streitige Rechtsverhältnis ist insoweit der eventuell bestehende Unterlassungsanspruch des Verletzten gegen den Werbetreibenden. Im Übrigen geht es um die Eilbedürftigkeit. Man spricht einerseits von einem Verfügungs**anspruch**, der sich hier als Unterlassungsanspruch zeigt, und andererseits von einem Verfügungs**grund**, der Eilbedürftigkeit. Grundsätzlich sind diese Voraussetzungen glaubhaft zu machen, worunter man versteht, dass alle Beweismittel einschließlich der Versicherung an Eides statt möglich sind, dass aber eine Beweisaufnahme, die nicht sofort erfolgen kann, nicht in Betracht kommt (vgl. §§ 920 II, 294 ZPO). Wenn § 12 II UWG in diesem Kontext sagt, dass zur Sicherung von Unterlassungsansprüchen aus dem UWG einstweilige Verfügungen auch ohne Darlegung und Glaubhaftmachung der diesbezüglichen Voraussetzungen möglich sind, so ist damit gemeint, dass die **Eilbedürftigkeit nicht ausdrücklich dargelegt und glaubhaft** gemacht werden muss, weil von ihr in Wettbewerbssachen grundsätzlich auszugehen ist. Der Verfügungsanspruch, d.h. die materiell rechtlichen Voraussetzungen des Unterlassungsanspruchs, müssen natürlich in o.a. Sinne glaubhaft gemacht werden.

Gleichwohl bleibt die **Eilbedürftigkeit** als **Voraussetzung** der einstweiligen Verfügung bestehen. Die Vermutung der Eilbedürftigkeit **kann** also im Einzelfall **widerlegt sein**.

Wer längere Zeit zuwartet, ehe er einen Antrag auf einstweilige Verfügung stellt, gibt damit eventuell zu erkennen, dass die konkrete Streitfrage doch nicht eilbedürftig ist, und dann ist die einstweilige Verfügung unzulässig. Insoweit kommt es auf die Umstände an, wann und wie der Verletzte informiert ist, wie umfangreich eventuelle tatsächliche oder rechtliche Prüfungen für ihn sind und ob eventuelle Verhandlungen vorausgehen. Der Zeitraum, von dem ab die Eilbedürftigkeit zu verneinen ist, wird von den Gerichten nicht einheitlich gesehen; doch wird man davon ausgehen dürfen, dass zumindest nach Ablauf von vier Wochen der Antrag riskant werden kann[17]. **247**

---

17 Eine Zusammenstellung der Judikatur der verschiedenen OLG findet sich etwa bei *Retzer*, in: Harte/Bavendamm/Henning-Bodewig, UWG § 12 Rz. 942 ff.; *Köhler*, in: Köhler/Bornkamm, UWG § 12 Rz. 3.15 b.

Wenn sich aus den Umständen ergibt, dass eine Wiederholung des Rechtsverstoßes kurzfristig nicht zu erwarten ist, kann die Vermutung der Eilbedürftigkeit ebenfalls widerlegt sein.

**Beispiel:** Bei einer speziell das Weihnachtsgeschäft betreffenden Wettbewerbshandlung kann nach dem Ende der Festtage die Vermutung der Eilbedürftigkeit widerlegt sein.

### 3. Erlass der einstweiligen Verfügung

248 Erlassen wird die einstweilige Verfügung entweder durch Beschluss des Gerichts oder durch Urteil. Letzteres ist der Fall, wenn eine mündliche Verhandlung vor dem Gericht vorausgeht. Bei entsprechender Eilbedürftigkeit kann die einstweilige Verfügung aber **auch ohne vorherige mündliche Verhandlung** ergehen, und in diesem Fall ist die Entscheidung ein Beschluss; in dringenden Fällen kommt **sogar** die Entscheidung durch den **Vorsitzenden** des Gerichts **allein** in Betracht (zur Zuständigkeit §§ 942-944 ZPO). Es ist evident, dass namentlich im Hinblick auf derartige Möglichkeiten der o.a. (Rz. 229) Schutzschrift besondere Bedeutung zukommen kann.

Ist die einstweilige Verfügung antragsgemäß ergangen, so liegt das weitere Verfahren in den Händen des Antragstellers. Er kann dann den Unterlassungsanspruch durchsetzen (dazu unten Rz. 252).

### 4. Rechtsbehelfe

*a) Beschwerde oder Berufung bei Ablehnung des Antrags*

249 Ist der Antrag auf einstweilige Verfügung vom Gericht ohne mündliche Verhandlung durch **Beschluss abgelehnt** worden, so ist hiergegen die Beschwerde nach § 567 ZPO eröffnet. Hat das Gericht den Antrag auf Erlass einer einstweiligen Verfügung nach mündlicher Verhandlung durch **Urteil zurückgewiesen**, kann dagegen Berufung eingelegt werden; die Revision ist insoweit nicht möglich (§ 542 II 1 ZPO), was eine uneinheitliche Judikatur der verschiedenen OLG zur Folge hat.

*b) Widerspruch oder Berufung bei Anordnung*

250 Hat das Gericht die einstweilige Verfügung **durch Beschluss angeordnet**, so kann der Antragsgegner grundsätzlich bei dem Gericht selbst hiergegen Widerspruch einlegen, durch den allerdings die Vollziehung der einstweiligen Verfügung nicht gehemmt wird (§§ 936, 924 ZPO). Ein i.S. des Antragstellers nach mündlicher Verhandlung ergehendes **Urteil** ist wiederum mit der Berufung, nicht hingegen mit der Revision, angreifbar.

### 5. Frist zur Klage

251 Soweit der Unterlassungsanspruch nicht zugleich in einem ordentlichen Verfahren geltend gemacht wird, kann das mit der einstweiligen Verfügung befasste Gericht auf Antrag anordnen, dass der Antragssteller binnen einer zu bestimmenden Frist **Klage** im ordentlichen Verfahren **zu erheben** hat; kommt er dieser Aufforderung nicht nach, ist auf Antrag die einstweilige Verfügung durch Urteil aufzuheben (§§ 936, 926 ZPO). – Und unbeschadet dessen kommt auch eine Aufhebung wegen **veränderter Umstände** in Betracht (§§ 936, 927 ZPO).

## 6. Vollziehung

Die Vollziehung der einstweiligen Verfügung erfolgt grundsätzlich nach den Vorschriften der ZPO über die Zwangsvollstreckung (§§ 936, 928 ZPO). Sie muss **binnen eines Monats** erfolgen und setzt grundsätzlich die **Zustellung der einstweiligen Verfügung** durch die Partei (Vollstreckungsgläubiger) unter Einschaltung des Gerichtsvollziehers (§ 192 I ZPO) voraus.

**252**

Ab diesem Zeitpunkt ist die Unterlassungsverpflichtung bindend, so dass bei Zuwiderhandlung ein Ordnungsgeld droht.

Soweit es um die Unterlassungsverpflichtung geht, kann auf Antrag gegen den Vollstreckungsschuldner bei Zuwiderhandlung ein Ordnungsgeld festgesetzt werden, wobei eine entsprechende **Androhung** vorausgehen muss (§ 890 ZPO). **Sinnvollerweise** ist schon bei der Stellung des **Antrags auf Erlass einer einstweiligen Verfügung** die diesbezügliche Androhung von Ordnungsgeld für den Fall der Zuwiderhandlung mit zu beantragen. Mit einem eventuellen **Titelwegfall** (z.B. durch übereinstimmende Erklärung der Erledigung der Hauptsache) verliert die Androhung von Ordnungsgeld ihre Grundlage; sogar eine bereits erfolgt Festsetzung von Ordnungsgeld fällt dann weg, so dass letzteres nicht mehr eingetrieben werden kann (vgl. zur Teilerledigungserklärung oben Rz. 241).

## 7. Abschlussschreiben und Abschlusserklärung

Falls die Beteiligten den Rechtsstreit nicht i.S. einer grundsätzlichen Klärung der Rechtslage, ggf. durch alle Instanzen, mit beträchtlichem Kostenaufwand durchführen wollen, insbesondere also, wenn der Verletzer seine Unterlassungsverpflichtung akzeptiert, empfiehlt sich zur **Kostenersparnis** das sog. Abschlussverfahren[18]. Durch dieses wird die zunächst vorläufige Regelung des Verfügungsverfahrens durch Parteivereinbarung zur **endgültigen Beseitigung des Streites**.

**253**

Hat der Antragsteller die einstweilige Verfügung erlangt, fordert er den Verletzer durch Abschluss**schreiben** zur Abgabe einer sog. Abschluss**erklärung** auf. Erhält er diese, so wird der Gläubiger praktisch so gestellt, als hätte er statt des vorläufigen einen endgültigen Titel.

Durch die Abschlusserklärung verzichtet der Schuldner auf mögliche Rechtsbehelfe gegen die einstweilige Verfügung. Für eine Klage in der Hauptsache entfällt damit für den Gläubiger das Rechtsschutzbedürfnis. Zugleich ist die Wiederholungsgefahr (auch im Verhältnis zu Dritten) beseitigt, so dass für eine neue Klage ebenfalls kein Raum ist. Bei einer künftigen Änderung der Sach- und Rechtslage kann die Wirkung der Abschlusserklärung einzuschränken sein, etwa nach den Grundsätzen über den Wegfall der Geschäftsgrundlage. Sollte der Schuldner gegen seine Abschlusserklärung verstoßen, kann der Gläubiger gegen ihn unschwer einen Titel erlangen.

---

18 Hierzu *Köhler*, in: Köhler/Bornkamm, § 12 UWG Rz. 3.69 ff.; *Retzer*, in: Harte-Bavendamm/Henning-Bodewig, UWG, § 12 Rz. 634 ff.

### 8. Schadenersatz

**254** Erweist sich die einstweilige Verfügung als von Anfang an ungerechtfertigt oder wird sie mangels Klageerhebung in der Hauptsache aufgehoben, so ist derjenige, der die einstweilige Verfügung erwirkt hatte, nach § 945 ZPO zum Schadenersatz verpflichtet.

### 9. Aufbrauchfrist

**255** Eine sog. Aufbrauchfrist beschränkt in materiell-rechtlicher Hinsicht aus Treu und Glauben (§ 242 BGB) den Umfang des Unterlassungsanspruchs nach dem Grundsatz der Verhältnismäßigkeit.

**Beispiel:** Eine unlautere Werbeaussage befindet sich aufgedruckt auf der Verpackung der Ware. Ein Umpacken der vorhandenen Warenbestände wäre kostspielig und im Verhältnis zum Verletzungstatbestand völlig unangemessen.

Dieser Grundsatz bedarf auch der Anwendung im Verfügungsverfahren. Dies gilt insbesondere dort, wo man dem Schädiger nur einen geringen Vorwurf machen kann, die weitere Beeinträchtigung der Interessen des Geschädigten durch ein Aufbrauchen der vorhandenen Werbematerialien sich in Grenzen hält und letztlich die Vernichtung entsprechender Werbematerialien daher unzumutbar erscheint[19]. Es ist gleichwohl gefährlich, sich auf die Zubilligung einer Aufbrauchfrist zu verlassen.

---

19 Allgemein zur Aufbrauchfrist näher *Bornkamm*, in: Köhler/Bornkamm, UWG § 8 Rz. 1.58 ff.; *Bergmann/Goldmann*, in: Harte-Bavendamm/Henning-Bodewig, UWG Vor § 8 Rz. 74.

Dritter Teil

# Recht gegen Wettbewerbsbeschränkungen (ohne Zusammenschlusskontrolle)

**Literatur zur Vertiefung:** *Bechtold*, GWB, Kommentar, 2013[7]; *Bechtold/Bosch/Brinker/Hirsbrunner*, EG-Kartellrecht, Kommentar, 2009[2]; *Emmerich*, Kartellrecht, 2012[12] (zit.: KartellR); *Hönn*, Klausurenkurs im Wettbewerbs- und Kartellrecht, 2013[6]; *Immenga/Mestmäcker*, Wettbewerbsrecht, Kommentar, 2 Bde., EG/GWB, 2012/2013[5]; *Karenfort/Weitbrecht*, Entscheidungen zum Europäischen Kartellrecht, 2010; *Lange*, Europäisches und Deutsches Kartellrecht, 2006 (UTB); *Langen/Bunte*, Kommentar zum deutschen und europäischen Kartellrecht, 2 Bde., 2014[12]; *Löwenheim/Meessen/Riesenkampf* (Hrsg.), Kartellrecht, Europäisches und Deutsches Recht, Kommentar, 2 Bd. 2009[2]; *Mäger*, Europäisches Kartellrecht, 2011[2]; *Mestmäcker/Schweitzer*, Europäisches Wettbewerbsrecht, 2004[2]; *Münchener Kommentar* zum Europäischen und Deutschen Wettbewerbsrecht (Kartellrecht), hrsg. *Hirsch/Montag/Säcker*, 3 Bde., 2014[2]; *Rittner/Dreher/Kulka*, Wettbewerbs- und Kartellrecht, 2014[8]; *Säcker/Wolf*, Kartellrecht in Fällen, 2014[2]; *Schmidt, Ingo*, Wettbewerbspolitik und Kartellrecht, 2013[10]; *Schröter/Jakob/Klotz/Mederer*, Kommentar zum europäischen Wettbewerbsrecht, 2013[2]; *Schulte*, Kartellrecht, in: Teichmann, Compliance, 2014, S. 85 ff.; *von Wallenberg*, Kartellrecht, 2007[3]; *Wiedemann*, Handbuch des Kartellrechts, 2008[2].

# § 5 Mehrseitige Wettbewerbsbeschränkungen

**Literatur zur Vertiefung:** *siehe vor § 5.*

## I. Art. 101 AEUV und §§ 1-3 GWB im Überblick und der Vorrang des europäischen Rechts

### 1. Verbotstatbestände im Überblick und Anwendungsbereich der Vorschriften

Art. 101 I AEUV (zuvor *Art. 81 I EGV*) und § 1 GWB verbieten **fast**[1] gleichlautend den Wettbewerb beschränkende Vereinbarungen zwischen Unternehmen, Beschlüsse von Unternehmensvereinigungen und aufeinander abgestimmte Verhaltensweisen von Unternehmen. Es handelt sich mithin jeweils um **Verhaltensabstimmungen** zwischen mehreren Unternehmen, die vor allem bei horizontaler Organisation als Kartelle bezeichnet werden; aber auch vertikale Verhaltensabstimmungen werden erfasst. Derartige Wettbewerbsbeschränkungen sind im Grundsatz verboten, ohne dass es auf eine besondere Marktmacht der Beteiligten ankommt, während der (erst unten Rz. 317 ff. zu besprechende) Missbrauch von Marktmacht keine Verhaltensabstimmung mehrerer Unternehmen – aber eben Marktmacht – voraussetzt, also auch bei

**256**

---
1 Abgesehen von den Regelbeispielen des Art. 101 AEUV, die sich in § 1 GWB nicht wieder finden.

einem nur einseitigen Verhalten eines Unternehmens einem Verbot unterliegt. Art. 101 III AEUV und die §§ 2 und 3 GWB enthalten jeweils Ausnahmen von den Verbotstatbeständen der Art. 101 I AEUV, § 1 GWB, wobei § 2 GWB im Wortlaut wiederum weitgehend mit Art. 101 III AEUV übereinstimmt, während § 3 GWB eine eigenständige Freistellung bestimmter Mittelstandskartelle nach nationalem Recht zum Inhalt hat.

**Art. 101 AEUV** ist in Deutschland **unmittelbar geltendes Recht**. Die Vorschrift greift freilich nur ein, wenn die Wettbewerbsbeschränkung den Handel zwischen Mitgliedstaaten zu beeinträchtigen geeignet ist. Diese **Zwischenstaatlichkeitsklausel** regelt mithin den **Anwendungsbereich des Art. 101 AEUV**.

### 2. Vorrang des europäischen Rechts

257  Art. 103 II lit. e AEUV ermächtigt zum Erlass von Vorschriften über das Verhältnis zwischen den innerstaatlichen Rechtsvorschriften einerseits und den EU-Wettbewerbsregeln bzw. auf deren Grundlage getroffenen Bestimmungen andererseits. Durch Art. 3 EG-KartVerfVO 1/2003 wurde dieses Verhältnis näher festgelegt, nachdem über den grundsätzlichen Vorrang des EG-Rechts vor nationalem Recht bereits seit langem Konsens bestand[2].

258  Nach Art. 3 II 1 EG-KartVerfVO (wiedergegeben in § 22 II GWB) darf die Anwendung des **einzelstaatlichen Wettbewerbsrechts nicht** zum **Verbot** von Vereinbarungen zwischen Unternehmen, Beschlüssen von Unternehmensvereinigungen oder aufeinander abgestimmten Verhaltensweisen führen, welche den Handel zwischen Mitgliedstaaten zu beeinträchtigen geeignet sind, die aber **europarechtlich erlaubt** sind, d.h. den Wettbewerb i.S. des Art. 101 I AEUV nicht einschränken, die Bedingungen des Art. 101 III AEUV erfüllen oder durch eine Verordnung zur Anwendung von Art. 101 III AEUV erlaubt sind. **Soweit mithin die Zwischenstaatlichkeitsklausel eingreift,** ist ein Verbot europarechtlich zulässiger Wettbewerbsbeschränkungen nach nationalem Kartellrecht ausgeschlossen. Fehlt es an der Spürbarkeit der Beeinträchtigung des Handels zwischen Mitgliedstaaten, so könnte allerdings Freiraum für die Anwendung eines nationalen Verbots bestehen. Unter diesem Aspekt erscheint entgegen den ersten Einschätzungen der allgemeine Regelungsspielraum des deutschen Gesetzgebers doch nicht nur marginal zu sein.

Greift ein **europarechtliches Verbot** nach Maßgabe der Art. 101, 102 AEUV ein, so ist zwar die gleichzeitige Anwendung eines nationalen Kartellverbots nach wie vor möglich. Da aber Art. 3 I EG-KartVerfVO (wiedergegeben in § 22 I GWB) in diesem Fall die vorrangige Anwendung des europäischen Verbots ausdrücklich vorschreibt, kommt insoweit einem zusätzlichen nationalen Verbot de facto keine eigenständige Bedeutung mehr zu. Das **nationale Verbot** wird insoweit zum **bloßen Etikett**. Eine Erlaubnis nach nationalem Recht ist ausgeschlossen.

---

2  EuGH, Slg. 1969, 1 – *Walt Wilhelm*; BVerfG E 73, 339 – *Solange II*; BVerfG E 89, 155 – *Maastricht*.

**Freiraum für den nationalen Gesetzgeber** im Kartellrecht, und zwar auch im Sinne der Erleichterung der Kooperation, bleibt daher in rechtlicher Hinsicht lediglich dort, wo es an einer zumindest **spürbaren**[3] **Beeinträchtigung des Handels zwischen den Mitgliedstaaten fehlt**. Praktische Bedeutung hat das wohl vor allem bei Mittelstandskartellen, die durch § 3 GWB privilegiert werden.

Angesichts des letztlich aber insgesamt schwierig zu handhabenden Kriteriums der spürbaren Beeinträchtigung des Handels zwischen den Mitgliedstaaten ergibt sich für den **nationalen Gesetzgeber** für den Bereich der wettbewerbsbeschränkenden Verhaltensabstimmung ein **starker faktischer Zwang**, seine Regelungen nach dem Muster des europäischen Rechts zu fassen, damit keine Rechtsunsicherheiten zu Lasten der betroffenen Wirtschaftssubjekte eintreten; dem entspricht die praktisch identische Fassung der Kartellverbote.

### 3. Art. 101 AEUV als zentrale Norm

Das europäische Kartellrecht steht für die Praxis inzwischen **im Vordergrund**. Dies gilt einmal deshalb, weil infolge der extensiven Interpretation der sog. Zwischenstaatlichkeitsklausel künftig wohl die **allermeisten** Wettbewerbsbeschränkungen nach den Vorschriften des europäischen Rechts zu beurteilen sind, weil diese Vorschriften weitgehend **Vorrang** vor dem nationalen Recht haben und weil schließlich zumindest das deutsche nationale Kartellrecht seit 2005 für verbotene Verhaltensabstimmung dem **Regelungsmuster** des europäischen Kartellrechts folgt und die frühere deutsche Eigenentwicklung insoweit praktisch aufgegeben ist.

259

## II. Verbotstatbestand, dargestellt primär an Art. 101 I AEUV

Nachfolgend wird vor allem der Verbotstatbestand des **Art. 101 I AEUV dargestellt**. Im Hinblick auf die weitgehende Kongruenz des **§ 1 GWB** gilt für den diesbezüglichen Tatbestand jeweils **dasselbe**. **Art. 101 AEUV** stellt die **erste Säule des europäischen Kartellrechts** dar. – *Vorschrift bitte lesen!* – Und entsprechendes gilt für **§ 1 GWB** nach nationalem Recht.

260

Die Bestimmungen beziehen sich sowohl auf **horizontale** als auch auf **vertikale Vereinbarungen gleichermaßen**. Obwohl der Begriff Kartell im engeren Sinn eine horizontale Vereinbarung zwischen Wettbewerbern darstellt, hat sich der Begriff des Kartellverbots im Sinne des Art. 101 AEUV im umfassenden Sinne, also unter Einbeziehung vertikaler Wettbewerbsbeschränkungen, durchgesetzt.

### 1. Verhaltensabstimmung zwischen Unternehmen

Die Vorschrift erfasst als mit dem Binnenmarkt unvereinbar alle **Vereinbarungen zwischen Unternehmen, Beschlüsse von Unternehmensvereinigungen und aufeinander abgestimmte Verhaltensweisen**.

---

3   Zur Spürbarkeit s. unten Rz. 270, 277.

### a) Unternehmen

**261 Fallbeispiel:**[4] Die europäische Flugsicherungsbehörde *Eurocontrol* mit Sitz in Brüssel machte gegenüber der deutschen Fluggesellschaft SAT-GmbH Gebühren geltend und klagte diese vor einem belgischen Gericht ein. SAT wandte ein, es liege ein Missbrauch einer marktbeherrschenden Stellung vor, was die Unternehmenseigenschaft von Eurocontrol voraussetzte, deren Vorliegen Eurocontrol wegen ihrer hoheitlichen Aufgaben bestritt. Die diesbezügliche Frage legte das belgische Gericht dem EuGH im Zuge eines Vorabentscheidungsverfahrens vor.

Der EuGH hob hervor, der Begriff des Unternehmens im europäischen Wettbewerbsrecht umfasse **„jede eine wirtschaftliche Tätigkeit ausübende Einheit unabhängig von ihrer Rechtsform und der Art ihrer Finanzierung"** (Rz. 18) Insgesamt hänge die Tätigkeit von Eurocontrol nach Art, Gegenstand und den für sie geltenden Regeln mit der Ausübung von Vorrechten bei Kontrolle und Überwachung des Luftraums zusammen, bei denen es sich üblicherweise um hoheitliche Vorrechte handele, die keinen wirtschaftlichen Charakter aufweisen (Rz. 28). Der EuGH verneinte damit das Vorliegen der Unternehmenseigenschaft. – Zu beachten ist, dass hoheitliche Organisation allein noch nicht zur Verneinung der Unternehmenseigenschaft führt. Vielmehr kommt es darauf an, dass die konkrete Aufgabe keinen wirtschaftlichen Charakter im Sinne eines Marktbezugs aufweist. Im Fall Eurocontrol sah der EuGH diese Voraussetzung deshalb als gegeben, weil die Einziehung der Gebühren von der übrigen hoheitlichen Tätigkeit nicht abgrenzbar und ebenfalls hoheitlich sei (Rz. 26).

Die vorstehend dargestellte funktionale Abgrenzung gilt grundsätzlich **auch für das GWB**.[5]

**262 Unternehmen** in diesem Sinne sind alle am **Markt** tätigen Wirtschaftssubjekte, auch öffentlich- rechtliche Unternehmen (z.B. ARD, ZDF). Die sog. freien Berufe (etwa Anwälte) sind im kartellrechtlichen Sinne ebenfalls Unternehmen. Daneben unterliegen Vereinigungen von Unternehmen, also Wirtschaftsverbände, dem Kartellverbot.

Der einzelne Verbraucher, die Arbeitnehmer als solche sowie Gewerkschaften und Arbeitgeberverbände sind im Rahmen ihrer koalitionspolitischen Aktivitäten[6] **keine** Unternehmen bzw. Unternehmensverbände in diesem Sinne; denn der Arbeitsmarkt wird u.a. aus historischen Gründen vom Kartellrecht nicht erfasst.

**Hoheitliche** Tätigkeit als solche stellt sich **nicht** als Unternehmenstätigkeit dar.

**Weitere Beispiele für Unternehmen:** Dienstleister, Banken, Versicherungen, Vermarkter sportlicher, wissenschaftlicher oder künstlerischer Leistungen[7].

Die Begrenzung der Ausgaben der deutschen Krankenkassen durch Festsetzung von Festbeträgen hat der EuGH **nicht** als unternehmerische Tätigkeit angesehen, weil die Kassen insoweit nur im Rahmen der Verwaltung des deutschen Systems sozialer Sicherheit gesetzliche Pflichten erfüllten[8].

---

4 EuGH, Slg. 1994 S. I-43 – *Eurocontrol*; vgl. hierzu auch *Karenfort/Weitbrecht* S. 144 ff.
5 Vgl. *Emmerich*, KartellR, § 20 Rz. 4 ff.
6 Anders, wenn sie nicht nur Arbeitsbedingungen, sondern allgemeine Wettbewerbsparameter (etwa Öffnungszeiten von Geschäften) regeln wollen.
7 Vgl. *Bechtold/Bosch/Brinker/Hirsbrunner*, EG-Kartellrecht, Art. 81 EG Rz. 8 ff. m.w.N.
8 EuGH, Slg. 2004, S. I-2493 – *AOK Bundesverband* = WuW/E EU-R 801; krit. *Emmerich*, KartellR, § 3 Rz. 32: überraschenderweise sieht der EuGH aber Krankenkassen für den Bereich des Lauterkeitsrechts als Unternehmen i.S. der UGP-Richtlinie an; EuGH NJW 2014, 288 – *BKK Mobil Oil*.

In einem Urteil von 2006 hat der **EuGH** die **Einkaufstätigkeit** für die Unternehmenseigenschaft dann **nicht** genügen lassen, wenn Einrichtungen des öffentlichen Gesundheitswesens ihre Leistungen unentgeltlich an die Pflichtversicherten weiter geben; ohne ein Anbieten von Gütern oder Dienstleistungen auf einem Markt fehle es an der Unternehmenseigenschaft, ein Einkauf am Markt genüge nicht, weil dieser von der späteren Verwendung nicht zu trennen sei[9]. Diese Einschränkung begegnet größten **Bedenken**, weil damit die Nachfragetätigkeit des Staates weitgehend aus der kartellrechtlichen Kontrolle herausfällt[10]. Der **BGH** bezeichnet hiernach den Unternehmensbegriff als **offene Frage**[11]. Unbeschadet dessen gelten nach deutschem Recht gemäß § 69 SGB V für Sozialversicherungsträger und gesetzliche Krankenkassen Besonderheiten[12].

### b) Verhaltensabstimmung

Das Verbot erfasst **Verhaltensabstimmungen im umfassenden Sinne**, gleichgültig ob sie auf einer ausdrücklichen Vereinbarung, einem Beschluss oder einer sonstigen Verhaltensabstimmung beruhen. Das sog. Gentleman-Agreement („Frühstückskartell") ist Verhaltensabstimmung. Im Einzelfall ist die **Abgrenzung** zu einem erlaubten individuell festgelegten marktbezogenen Verhalten deshalb schwierig, weil sich auch ohne Abstimmung **Parallelverhalten** mehrerer Unternehmen ergeben kann, wenn diese nämlich in gleicher Weise auf entsprechende Marktanreize reagieren. Und ein solches Parallelverhalten ist dann Ausdruck von Wettbewerb und nicht verboten.

263

> **Fallbeispiel:** Das *Teerfarbenkartell* aus den 60er Jahren des letzten Jahrhunderts ist der bekannteste Fall von Verhaltensabstimmung in jüngerer Zeit. Zwischen 1964 und 1967 war es in der Gemeinschaft dreimal zu weitgehend allgemeinen und einheitlichen Preiserhöhungen für Farbstoffe und Pigmente gekommen.
>
> Das BKartA, das dagegen vorgehen wollte, scheiterte daran, dass damals im deutschen Recht eine bloße Verhaltensabstimmung noch nicht den Kartelltatbestand erfüllte,[13] so dass das KG unter Billigung des BGH den Bußgeldbescheid des BKartA mangels Vorliegens eines Vertrages aufhob[14].
>
> Die europäische Kommission erließ angesichts des gleichen Sachverhalts Bußgeldbescheide gegen insgesamt 17 Farbenhersteller. Der hiergegen angerufene EuGH akzeptierte die von der Kommission festgestellten Verstöße gegen das europäische Kartellverbot unter dem Blickwinkel der Verhaltensabstimmung des (heutigen) Art. 101 AEUV[15].
>
> Für eine Verhaltensabstimmung komme es darauf an, dass ein Unternehmen „**bewusst eine praktische Zusammenarbeit an die Stelle des mit Risiken verbundenen Wettbewerbs treten lässt**" (Rz. 64/67). Ein nicht koordiniertes Parallelverhalten von Unternehmen am Markt sei zwar zulässig, zumal es bloße Folge der Marktbedingungen sein könne. Doch sei ein Parallelverhalten jedenfalls dann ein wichtiges Indiz für eine Verhaltensabstimmung, wenn es zu

---

9   EuGH, Slg. 2006 S. I-6295 Tz. 25 f. – *FENIN* = WuW/E EU-R 1213.
10  Krit. *Emmerich*, KartellR, § 20 Rz. 16 ff.; polemisch *Möschel*, FAZ v. 15.2.2007 S. 12: „Geistige Umnachtung im Kartellrecht".
11  BGH WuW/E DE-R 2161 Rz. 12 – *Tariftreueerklärung III*.
12  Hierzu kritisch *Emmerich*, KartellR, § 20 Rz. 20.
13  Erst die 2. GWB-Novelle von 1973 ergänzte das GWB insoweit.
14  BGHSt 24, 54, mit eingehender Schilderung der Vorgehensweise der Beteiligten.
15  EuGH, Slg. 1972, S. 619 – *Farbstoffe*; dargestellt bei *Karenfort/Weitbrecht*, S. 164 ff.

> Wettbewerbsbedingungen führe, die den normalen Marktbedingungen nicht entsprechen. Der EuGH sah aufgrund der von der Kommission ermittelten Marktbedingungen sowie weiteren Umständen den Nachweis einer Abstimmung der Verhaltensweise der Unternehmen als gelungen.

**264** Der **Nachweis** der Verhaltensabstimmung ist generell nicht leicht zu führen. Im Kern geht es jedenfalls immer um eine Abstimmung zwischen Konkurrenten mit dem Ziel oder der Wirkung, andere Unternehmen über geplantes eigenes Verhalten zu informieren und auf diesem Wege die **Risiken** autonomen unternehmerischen Verhaltens **auszuschalten**[16]. Außer den Marktverhältnissen[17] gibt auch die konkrete Vorgehensweise Anhaltspunkte.

**Beispiele:** Informiert ein Unternehmen etwa anlässlich einer Tagung Wettbewerber über die **aktuell** geforderten Preise entsprechend der allgemein bekannten Preisliste, so dürfte dies unproblematisch sein. – Informiert es demgegenüber über die **künftig geplante** Preisstrategie, die derzeit Außenstehenden noch nicht bekannt ist, so ermöglicht es dem Wettbewerber etwa, ebenfalls die Preise zu erhöhen und zwar ohne das Risiko, dass er mit seiner Preiserhöhung allein bleibt und die Nachfrager von ihm abwandern – und die potentielle Reaktion des letztgenannten Wettbewerbers kann den erstgenannten Wettbewerber wiederum darin bestätigen, dass seine Preiserhöhung relativ gefahrlos ist. Natürlich kommt es auch hier auf den Markttrend an.

In der umstrittenen Bußgeld-Entscheidung *Kontaktlinsen*[18] ging es um argumentative „Preispflege" durch Gespräche über die Preisgestaltung, in der das BKartA einen Kartellverstoß sah; das BKartA nahm eine Kernbeschränkung an, obwohl wegen des Marktanteils von über 30 % eine Freistellung nach der GFVO ohnehin nicht in Betracht kam.

Ein Glücksfall für Kartellbehörden sind verärgerte frühere Mitarbeiter von Unternehmen, die „auspacken" (sog. Whistle-Blower). Dem Glück können die Kartellbehörden dadurch nachhelfen, dass man die Unternehmen selbst durch entsprechende Anreize dazu animiert, **Kartellabsprachen zu offenbaren**. Dies ist in jüngerer Zeit zunehmend zu einem wichtigen Aspekt der Kartellbekämpfung geworden. Durch diesbezügliche **Kronzeugenregelungen** erzeugt man überdies eine durchaus erwünschte Unsicherheit zwischen den Kartellanten (s. unten Rz. 363, 365). – Heikel, aber kartellrechtlich offenbar kaum zu erfassen, sind problematische Verbandsinformationen über „zu erwartende" Preisentwicklungen.

### c) *Empfehlungen als Verhaltensabstimmung*

**265** Während das GWB vor 2005 mit den *§§ 22, 23 GWB a.F.* eigenständige Regelungen über wettbewerbsbeschränkende **Empfehlungen**[19] kannte (u.a. zu Mittelstands- und Preisempfehlungen), wurden Empfehlungen im europäischen Recht schon immer nur als eventuelle Verhaltensabstimmungen erfasst; es handelt sich dabei also (im Unterschied zum bisherigen deutschen Recht) nur um solche Empfehlungen, die nicht

---

16 Vgl. *Emmerich*, KartellR, § 4 Rz. 20 ff.
17 Der EuGH hat später den Nachweis einer Verhaltensabstimmung erheblich erschwert; letztere darf nicht durch (oligopolitische) individuelle Marktanpassung erklärbar sein; EuGH, Slg. 1993, S. I-1575 Rz. 66 ff. – *Zellstoff; Emmerich*, KartellR, § 4 Rz. 27.
18 BKartA WuW/E DE-V 1813; dazu *Lettl*, WRP 2011,710 ff.; kritisch *Möschel*, WuW 2010, 1229 ff.
19 Als Empfehlung galt jede Erklärung, durch die jemand etwas als für einen anderen gut oder vorteilhaft bezeichnet und ihm deshalb anrät oder vorschlägt; so etwa *Emmerich*, KartellR, 2001⁹, § 17, 1b.

nur in eine Richtung gehen, sondern ein **kooperatives Moment** zum Inhalt haben. Sie sind dann in diesem Sinne Verhaltensabstimmungen.

**Beispiele:** Im Fall „*Adalat*" wurde geprüft, ob ein solches kooperatives Moment darin gesehen werden konnte, dass Händler im Zusammenhang mit der Zulassung zum Vertrieb des Arzneimittels Adalat seitens des Herstellers Bayer dessen empfohlenes Ausfuhrverbot hinsichtlich des englischen Marktes beachteten. Der EuGH entschied, dass der bloße Umstand, dass eine an sich neutrale Vereinbarung (hier Zulassung des Händlers zum Vertrieb von Adalat) und eine einseitig auferlegte wettbewerbsbeschränkende Maßnahme (hier Nichtbelieferung bei Nichtbeachtung des unzulässigen Ausfuhrverbots nach England) nebeneinander vorliegen, für den Nachweis einer Verhaltensabstimmung nicht ausreichen, da andernfalls die Vorschriften der (jetzigen) Art. 101 und 102 AEUV miteinander vermengt würden.[20] Auf die (stillschweigende) **Zustimmung** der Händler komme es an, und erst wenn man davon ausgehen könne, dass Bayer von den Großhändlern als Bedingung ihrer künftigen Vertragsbeziehungen ein Eingehen auf die neue Geschäftspolitik (und nicht nur deren Hinnahme) gefordert hätte, könne man von einer bezweckten **Vereinbarung** bzw. Verhaltensabstimmung ausgehen.[21]

Soweit in einem **Franchise-Vertrag** dem Franchise-Nehmer „Richtpreise" mitgeteilt werden, kommt es nach der *„Pronuptia"*-Entscheidung des EuGH[22] darauf an, ob hinsichtlich der tatsächlichen Anwendung dieser Preise aufeinander abgestimmte Verhaltensweisen bestehen.

Auch der bereits zuvor (Rz. 264) erwähnte Fall *Kontaktlinsen* betrifft die Empfehlungsproblematik.

## 2. Auswirkungen auf den Wettbewerb auf dem europäischen bzw. nationalen Markt

Die Wettbewerbsbeschränkung des Art. 101 AEUV erfordert darüber hinaus, dass die Verhaltensabstimmung eine **Verhinderung, Einschränkung oder Verfälschung des Wettbewerbs (Wettbewerbsbeschränkung)** innerhalb des **Binnenmarktes** bezweckt oder bewirkt. Für § 1 GWB kommt es dem gegenüber darauf an, dass die Verhinderung, Einschränkung oder Verfälschung des Wettbewerbs (zumindest auch) auf dem nationalen **deutschen Markt** stattfindet.

266

Sowohl für das europäische Recht wie auch nach dem GWB (§ 130 II) gilt das **Auswirkungsprinzip**[23].

**Beispiel:** Vereinbaren ein russisches und ein chinesisches Unternehmen eine den europäischen Markt betreffende Wettbewerbsbeschränkung, so ist (falls eine Beeinträchtigung des zwischenstaatlichen Handels gegeben ist), Art. 101 AEUV anwendbar. Fehlt es an der Beeinträchtigung des zwischenstaatlichen Handels und betrifft die Wettbewerbsbeschränkung den deutschen Markt, ist Art. 101 AEUV unanwendbar, aber der volle Anwendungsbereich des GWB eröffnet. Probleme können sich aber gleichwohl bei der Rechtsdurchsetzung ergeben (vgl. etwa die mangelnde Relevanz des Kartellrechts für das bekannte Kartell der OPEC, der erdölexportierenden Staaten).

---

20 EuGH, Slg. 2004, S. I-23 = BB 2004, 286 (LS 4 und 5); vgl. auch *Karenfort/Weitbrecht*, S. 172 ff. zur vorausgegangenen Entscheidung durch das EuG.
21 EuGH, Slg. 2004, S. I-23 – Rn: 102 f.
22 EuGH, Slg. 1986, S. 353 (Rz. 25) – *Pronuptia*; insgesamt näher dargestellt bei *Karenfort/Weitbrecht*, S. 212 ff.
23 Für den Bereich des nationalen Kartellrechts gilt daneben Art. 6 III lit. a der sog. Rom-II VO, ABl. L 199/40 vom 21.7.2007.

### a) Wettbewerbsbeschränkung

**267** **Individueller Verzicht** auf **Wettbewerbshandeln ist selbstverständlich zulässig**; kein Unternehmen ist nach der Rechtsordnung gezwungen, am Markt (weiterhin) tätig zu sein. Die Beschränkung bzw. Verfälschung des Wettbewerbs liegt demgegenüber darin, dass Unternehmen vereinbaren bzw. sich darüber in sonstiger Weise abstimmen, dass eines von ihnen bzw. sie sich hinsichtlich bestimmter Wettbewerbshandlungen (Wettbewerbsparameter) in irgendeiner Weise binden; derartige **Wettbewerbsparameter** sind etwa Preis, Menge, Service, Werbung, Tätigkeit auf bestimmten Märkten, Export, Import, Neuentwicklung etc.

Die Einschränkung dieser Handlungsalternativen der beteiligten Unternehmen oder eines von ihnen ist Gegenstand der Wettbewerbsbeschränkung. Man spricht etwa von der **Beschränkung der wirtschaftlichen Handlungsfreiheit** (zumindest eines) **der an der Maßnahme beteiligten Unternehmen**[24]; im Hinblick auf das Tatbestandsmerkmal der bloßen Verhaltens**abstimmung**, bei dem ja eine Beschränkung von Handlungsfreiheiten gerade nicht vorliegt, ist diese Definition zu eng. Sie muss daher **ergänzt** werden durch Betrachtung der **Auswirkungen der Maßnahme im Hinblick auf die Wahl- oder Betätigungsmöglichkeiten Dritter**[25]. Es kommt nicht darauf an, dass die Maßnahme Dritten zum Nachteil gereicht; vielmehr ist bereits die **Verfälschung** der Wettbewerbsbedingungen unzulässig, weil sie den Marktmechanismus unterläuft.

Wettbewerbsbeschränkungen sind entweder **horizontal** als Verhaltensabstimmungen zwischen Wettbewerbern strukturiert (Schulbeispiel Preiskartell) oder **vertikal** als Verhaltensabstimmungen im Verhältnis Lieferant/Abnehmer (Schulbeispiel Vertriebsbindungen). Stets geht es dabei um die **Beeinträchtigung der Chancen Dritter**.

Die unten Rz. 290 ff. geschilderten Fallgruppen geben einen Eindruck davon, in wie vielfältigen Konstellationen Wettbewerbsbeschränkungen eine Rolle spielen. Zunächst aber ein einfaches

**268** **Fallbeispiel:** In einer schon sehr frühen Entscheidung, im Fall *Consten/Grundig*, hatte sich der EuGH[26] zum Begriff der Wettbewerbsbeschränkung geäußert. Dabei ging es um folgendes: Die deutsche Firma Grundig hatte das französische Unternehmen Consten für die von ihr hergestellten Geräte zum Alleinvertreter für Frankreich und das Saarland bestellt. Consten hatte sich u.a. verpflichtet, einen Kundendienst vorzuhalten, bestimmte Mindestmengen abzunehmen, keine Konkurrenzwaren zu vertreiben und nicht in andere Länder zu liefern. Grundig verpflichtete sich im Gegenzug, weder unmittelbar noch mittelbar ins Vertragsgebiet zu liefern. Entsprechende Absprachen gab es zwischen Grundig und ihren Alleinvertretern für sonstige Länder. Zur Absicherung der Alleinstellung von Consten in Frankreich gestattete Grundig der Firma Consten, die für Grundig geschützt Marke „Grundig International" für sich registrieren zu lassen. Die Kommission verbot die Absprache, und hiergegen erhoben Grundig und Consten vor dem EuGH Nichtigkeitsklage.

---

24 So etwa *Emmerich*, KartellR, § 4 Rz. 33 ff., § 21 Rz. 28.
25 *Emmerich*, der diese Meinung nicht teilt, sie aber für das Europarecht als diskutabel ansieht; vgl. *Emmerich*, KartellR, § 4 Rz. 33.
26 EuGH, Slg. 1966, S. 321; Auszüge aus der Entscheidung bei *Karenfort/Weitbrecht*, S. 73 ff., 204 ff.

Die Absprache diente erkennbar dazu, den Handel zwischen den Mitgliedstaaten zu beeinträchtigen. Eine Vereinbarung zwischen Unternehmen lag ebenfalls ohne Weiteres vor. Dass es um eine solche im Vertikalverhältnis zwischen Hersteller und Großhändler ging, war seinerzeit noch einer Begründung wert (a.a.O. S. 387), ist aber heute unproblematisch. Zur Frage der Wettbewerbsbeschränkung führte der EuGH zunächst aus, dass der Grundsatz der Wettbewerbsfreiheit für alle Handelsstufen und für alle Erscheinungsformen des Wettbewerbs gilt, so dass auch eine Beschränkung des Wettbewerbs zwischen Verteilern vom Kartellverbot erfasst wird (a.a.O. S. 390). Die Einschränkung des Wettbewerbs im Handel mit Grundig-Erzeugnissen wird dann darin gesehen, dass im Vertragsgebiet zugunsten von Consten jede Wettbewerbsmöglichkeit mit Grundig-Erzeugnissen auf der Großhandelsstufe beseitigt wird, weil sowohl Grundig als auch die übrigen Alleinvertreter nicht an Dritte ins Vertragsgebiet von Consten liefern dürfen, so dass Consten insoweit einen absoluten Gebietsschutz erhält (a.a.O. S. 391). Durch diese Abriegelung des Vertragsgebiets erhielt Consten die Möglichkeit, für die Grundig-Erzeugnisse Preise zu verlangen, die keinem wirklichen Wettbewerb ausgesetzt waren (a.a.O. S. 391). Damit war ein Kartellverstoß zu bejahen; eine Freistellung nach dem damals einschlägigen *Art. 85 III EWGV* (= Art. 101 AEUV) kam nicht in Betracht. – Soweit die Absprache markenrechtlich abgesichert wurde, sah der EuGH in der Markenlizenz ebenfalls einen Kartellverstoß (a.a.O. S. 395 f.).

Aus heutiger Sicht wäre weiter zu sagen, dass die Einräumung eines absoluten Gebietsschutzes eine schwarze Klausel ist, die eine Freistellung über die VO (EU) Nr. 330/2010 nach deren Art. 4 lit. b von vornherein ausschließt.[27] Marken können heute zur Aufteilung von Märkten nicht mehr verwandt werden, da im Verhältnis zum Kartellrecht nur ihr „spezifischer Gegenstand"[28] schutzwürdig ist, dieser im Recht zum ersten Inverkehrbringen gesehen wird und dieses Recht dann „verbraucht" ist; Consten hätte sich also, da die Waren bereits durch Grundig in den Verkehr gebracht wurden, auf ein Markenrecht zur Abwehr von Importen nicht mehr berufen können.

### b) Relevanter Markt

Da eine Beschränkung des Wettbewerbs stets einen bestimmten Markt betrifft, spielt der relevante Markt auch bei der Anwendung des Art. 101 AEUV bzw. des § 1 GWB eine Rolle. Seine Bestimmung erfolgt in gleicher Weise wie bei der für Fusionskontrolle und Marktmachtmissbrauch bedeutsamen Marktbeherrschung. Er steht bei mehrseitigen Wettbewerbsbeschränkungen aber weniger im Zentrum der Aufmerksamkeit.

**269**

Im vorgehend besprochenen Fall *Consten/Grundig* ging es in sachlicher Hinsicht um Erzeugnisse der Unterhaltungselektronik und dabei speziell um solche der Firma Grundig, in örtlicher Hinsicht um Frankreich und das Saarland und dabei speziell um die Großhandelsebene.

Gegebenenfalls sind Marktanteile sowohl für die Frage der Spürbarkeit wie auch für die eventuelle Freistellung vom Kartellverbot zu ermitteln.[29]

---

27 Hierzu *Bechtold/Bosch/Brinker/Hirsbrunner*, EG-Kartellrecht, Art. 4 VO 2790/99 Rz. 10.
28 Vgl. EuGH, Slg. 1978, S. 1139, 1165 – *Centrapharm*.
29 Vgl. insoweit die Bekanntmachung der Kommission über die Definition des relevanten Marktes; ABl. C 372 v. 3.12.1997, S. 5.

### c) Spürbarkeit der Wettbewerbsbeschränkung

**270** In der Praxis hat sich vor dem Hintergrund der EuGH-Rspr.[30] das ungeschriebene Tatbestandsmerkmal der **Spürbarkeit** der Wettbewerbsbeschränkung herausgebildet, und zwar nicht nur im Verwaltungsverfahren zur Schonung behördlicher Kapazität, sondern auch für Zivilrechtsstreitigkeiten. Jedenfalls ist es erforderlich, dass durch die Verhaltensabstimmung eine **konkret feststellbare Veränderung** der Produktions- oder Marktverhältnisse, und zwar in der Regel zum Nachteil Dritter durch die Beschränkung ihrer Alternativen eintritt[31]. Unstreitig ist, dass jedenfalls eine **lediglich theoretisch** mögliche Veränderung der Wettbewerbsbedingungen **nicht** genügen soll.

Inzwischen gibt es für das ungeschriebene Tatbestandsmerkmal der Spürbarkeit eine Bekanntmachung der Europäischen Kommission (**de minimis-Bekanntmachung** 2001)[32]; dabei wird recht großzügig (!) auf Marktanteile **zwischen 5 und 15 %** abgestellt, wobei diese Privilegierung aber **nicht** für sog. **Kernbeschränkungen** = schwarze Klauseln (z.B. Preisabsprachen) gilt (dazu unten Rz. 286 ff.). Im Übrigen kann man sagen, dass der Marktanteil nicht spürbarer und damit erlaubter Wettbewerbsbeschränkungen umso größer sein kann, je geringer die Beeinträchtigung des Wettbewerbs bleibt. Für die Praxis hat man dadurch eine gewisse Absicherung, wenngleich man sich nicht darauf verlassen kann, dass sich Gerichte an die Prozentzahlen der Bekanntmachung der Europäischen Kommission gebunden fühlen[33]. Auf nationaler Ebene gibt es entsprechende Bekanntmachungen des BKartA.

### d) Bündeltheorie

**271** Besondere Bedeutung hat die Frage der Spürbarkeit der Wettbewerbsbeschränkung bei Vertriebsbindungen, wenn der einzelne Vertrag nur geringe Marktauswirkungen hat. Die eigentliche Problematik ist dann in der Bündelung der Auswirkung zu sehen; hier gilt dann die sog. **Bündeltheorie**.

> **Fallbeispiel:** Im Fall „*Delimitis*"[34] prüfte der EuGH auf Vorlage des OLG Frankfurt die für die Frage der Wirksamkeit eines einzelnen von der Henninger-Brauerei mit Herrn Delimitis abgeschlossenen Alleinbezugsvertrags (eines Bierlieferungsvertrages) relevante Frage, ob das Gesamtsystem des von der Firma Henninger insoweit geschlossenen Verträge gegen den heutigen Art. 101 AEUV verstößt, weil er anderen Brauereien den Zugang zum Markt versperrt. Der EuGH stellte dabei auf die Vereinbarkeit des **Bündels** von Alleinbezugsverträgen zwischen der Henninger-Brauerei und ihren Gastwirten sowie auf Bierlieferungssysteme auch anderer Brauereien ab und überlegte, ob das Bündel der Verträge eine Abschottungswirkung habe, bzw. das Bezugssystem von Henninger dazu „**in erheblichem Maße**" beiträgt. Entscheidend soll es darauf ankommen, ob Newcomer auf dem Markt der Brauereien (!) in ihrem Marktzugang behindert würden.

---

30 Vgl. schon EuGH, Rspr. 1966, S. 281, 303 – *LTM/Maschinenbau Ulm*.
31 Zum deutschen Recht BGHZ 37, 194, 200 – *SPAR*; *Emmerich*, KartellR, § 21 Rz. 30 ff.
32 ABl. Nr. C 368/13 v. 22.12.2001; kritisch *Emmerich*, KartellR, § 4 Rz. 62: Schaffung eines neuen Ausnahmebereichs für KMU.
33 Vgl. dazu näher *Bechtold/Bosch/Brinker/Hirsbrunner*, EG-Kartellrecht, Art. 81 EG Rz. 96.
34 EuGH, Slg. 1991, S. I-935, insbes. Rz. 27 – *Delimitis*; zur Bündeltheorie auch EuG, Slg. 1995, S. II-1533 – *Langnese-Iglo*.

## 3. Immanente Grenzen des Verbotes

Unbeschadet der Frage der Spürbarkeit von Wettbewerbsbeschränkungen gibt es **immanente Grenzen des Verbots**. Solche Grenzen liegen einmal dort, wo

**272**

– durch die Zusammenarbeit im Wege einer projektbezogenen **Arbeitsgemeinschaft Wettbewerb** auf dem relevanten Markt durch die Zusammenarbeit der Unternehmen praktisch erst **geschaffen** wird.

> **Beispiel:** Mehrere Unternehmen beteiligen sich gemeinsam an einer Ausschreibung, weil jedes von ihnen allein die Ausschreibungsbedingungen nach Größe und/oder Art der Tätigkeit nicht erfüllen würde, sie also allein noch gar keine Wettbewerber sind.

Immanente Grenzen liegen auch dort,

– wo es um **der Sache nach** um **unternehmensinterne Absprachen**, insbesondere zwischen Geschäftsinhaber und **Handelsvertreter**, geht,

> **Beispiel:** Unternehmen der Zuckerindustrie, die ihre Handelsvertreter anweisen, nicht zu exportieren, verstoßen insoweit nicht gegen Art. 101 AEUV, weil es im Verhältnis zu diesen Absatzmittlern um die interne Vertriebsorganisation geht[35]. **Anders** wäre es im Verhältnis zu freien Händlern, die das Geschäftsrisiko selbst tragen (z.B. Vertragshändler beim Kfz-Vertrieb).
>
> Ein weiterer wichtiger Fall ist das Verhältnis zwischen Mineralölfirmen und den als Handelsvertreter fungierenden Tankstellenpächtern hinsichtlich des Benzinpreises[36].
>
> Schwierig sind konzerninterne Absprachen zu beurteilen.

– wo ein zeitlich und räumlich **beschränktes** Wettbewerbsverbot erforderlich ist, um ein **Unternehmen** zu **übertragen**; denn das Kartellrecht will die Übertragung eines Unternehmens nicht schlechthin verhindern, und eine solche Übertragung ist ohne Wettbewerbsverbot meist nicht möglich

> So etwa der EuGH[37] im Hinblick auf einen Unternehmenskauf im Bereich der Nahrungsmittelindustrie in den Niederlanden (der Unternehmenszusammenschluss als solcher ist aber natürlich nach den einschlägigen Vorschriften zu beurteilen);
>
> die Problematik ist alltäglich: Verkauft ein Bäcker seine Bäckerei und eröffnet alsbald in der Nähe eine neue Bäckerei, hat der Käufer praktisch keine Chance, die Kunden zu übernehmen; hier kann das Wettbewerbsverbot sogar schon aus § 242 BGB folgen.

– oder wo Wettbewerbsverbote für die Bildung einer Gesellschaft von unternehmerisch tätigen **Gesellschaftern erforderlich** sind (ohne etwa einen Deckmantel für verbotene Kartellierung zu bilden)

> Der die Geschäfte führende persönlich haftende Gesellschafter einer Bautransport-KG ist aus dem Gesellschaftsvertrag wirksam verpflichtet, der KG mit einem eigenen Unternehmen keine Konkurrenz zu machen[38].

---

35 EuGH, Slg. 1975, S. 1663 – *Zuckerkartell.*
36 EuGH, Slg. 2006, S. I-11987 will hier nur eine Verbotsausnahme nach *Art. 81 III EGV* annehmen; für immanente Grenze zu Recht *Rittner*, WuW 2007, 365.
37 Slg. 1985, S. 2545 – *Remia.*
38 Vgl. § 112 HGB und BGHZ 70, 331 – *Gabelstapler*; Gegenbeispiel für Vorrang des Kartellrechts BGHZ 38, 306 – *Bonbonniere*, wo es an einem gesellschaftsrechtlichen Konflikt fehlte.

## 4. Regelbeispiele in Art. 101 AEUV

**273** Die Regelbeispiele verbotener Wettbewerbsbeschränkungen in Art. 101 I lit. a-e AEUV machen nochmals deutlich, um welche Wettbewerbsparameter es geht und dass horizontale und vertikale Wettbewerbsbeschränkungen gleichermaßen durch die Vorschrift erfasst werden.

Es geht „insbesondere" um

a) die unmittelbare oder mittelbare Festsetzung der An- oder Verkaufspreise oder sonstiger Geschäftsbedingungen;
b) die Einschränkung oder Kontrolle der Erzeugung des Absatzes, der technischen Entwicklung oder der Investitionen;
c) die Aufteilung der Märkte oder Versorgungsquellen;
d) die Anwendung unterschiedlicher Bedingungen bei gleichwertigen Leistungen gegenüber Handelspartnern, wodurch diese im Wettbewerb benachteiligt werden;
e) die an den Abschluss von Verträgen geknüpfte Bedingung, dass die Vertragspartner zusätzliche Leistungen annehmen, die weder sachlich noch nach Handelsbrauch in Beziehung zum Vertragsgegenstand stehen.

## 5. Zu § 1 GWB

**274** § 1 GWB definiert **Wettbewerbsbeschränkungen** nunmehr praktisch synonym mit Art. 101 I AEUV, jedoch vor allem mit dem Unterschied, dass es nach nationalem Recht selbstverständlich nicht auf die Beeinträchtigung des Handels zwischen Mitgliedstaaten ankommt. Im **Gegensatz zum** *GWB i.d.F. vor 2005* ist nicht mehr von Vereinbarungen zwischen „miteinander im Wettbewerb stehenden" Unternehmen die Rede. Daher fallen **auch vertikale** Wettbewerbsbeschränkungen (etwa Vertriebsbindungen) grundsätzlich unter die einheitliche Verbotsbestimmung, und demgemäß ist auch die frühere deutsche Regelung über Vertikalvereinbarungen *(§§ 14 ff. GWB a.F.)* entfallen. Für die Begriffe Unternehmen[39] und Wettbewerbsbeschränkung gilt das zum europäischen Recht Gesagte. Auch wenn § 1 GWB keine Regelbeispiele aufweist, ist davon auszugehen, dass die in Art. 101 I AEUV aufgeführten Verhaltensabstimmungen unter § 1 GWB fallen, falls der deutsche Markt betroffen ist. Auch im nationalen Recht wird auf die Spürbarkeit der Wettbewerbsbeschränkung abgestellt[40]. Und auch das BKartA hat eine diesbezügliche Bekanntmachung verfasst[41].

## III. Zwischenstaatlichkeitsklausel

Der entscheidenden **Grenzziehung** zwischen europarechtlichem und nationalem Kartellrecht dient die sog. **Zwischenstaatlichkeitsklausel**.

---

39 Für die Wasserwirtschaft gelten nach den §§ 31, 31a GWB Ausnahmen. Und auch Vereinbarungen mit Krankenkassen haben in § 69 SGB V teilweise eine Sonderregelung erfahren; die rechtspolitisch streitige Frage einer Anwendung des GWB auf wettbewerbsbeschränkende Vereinbarungen zwischen Krankenkassen hat die 8. GWB-Novelle negativ beantwortet.
40 BGHZ 37, 194, 200 f. – *SPAR*; zur kernbeschränkungsfreien Kooperation mittelständischer Unternehmen nach nationalem Recht nach der 7. GWB-Novelle *Rissmann*, WuW 2006, 881.
41 Bagatellbekanntmachung vom 13.3.2007.

## 1. Beeinträchtigung des zwischenstaatlichen Handels

Das Verbot des Art. 101 AEUV erfasst nur solche Vereinbarungen, „welche den Handel zwischen Mitgliedstaaten zu beeinträchtigen geeignet sind". Nach der schon zitierten *Consten/Grundig*-Entscheidung des EuGH[42]

„kommt es insbesondere darauf an, ob die Vereinbarung unmittelbar oder mittelbar, tatsächlich oder der Möglichkeit nach geeignet ist, die Freiheit des Handels zwischen den Mitgliedstaaten in einer Weise zu gefährden, die der Verwirklichung der Ziele eines einheitlichen zwischenstaatlichen Marktes nachteilig sein kann".

Im konkreten Fall waren diese Voraussetzungen unproblematisch gegeben:

Consten erhielt eine Alleinstellung auf dem Großhandelsmarkt des Vertragsgebiets; Importe durch konkurrierende Großhändler waren ausgeschlossen.

**Grenzüberschreitende** Auswirkungen **im Binnenmarkt** sind also entscheidend. Handel im Sinne der Vorschrift schließt den **Dienstleistungssektor** ein. Wo die den Wettbewerb beschränkenden Unternehmen ihren **Sitz** haben oder tätig sind (Unternehmen in einem, in mehreren Mitgliedstaaten, in Drittstaaten), ist grundsätzlich **ohne Belang**. Selbst wenn die Vereinbarung zu einer beträchtlichen **Ausweitung** des Handelsvolumens zwischen Mitgliedstaaten führt, ist eine solche **Beeinträchtigung** nicht ausgeschlossen[43].

Erleichtert wird die Anwendung der Zwischenstaatlichkeitsklausel durch **Leitlinien 2004** der Kommission über den zwischenstaatlichen Handel[44], die die Gerichte und das Bundeskartellamt freilich **nicht binden**.

## 2. Spürbarkeit der Handelsbeschränkung

Obwohl man **auch** für die Zwischenstaatlichkeitsklausel auf eine **spürbare** Auswirkung abstellt[45] wird allgemein angenommen, dass die meisten Wettbewerbsbeschränkungen auf dem deutschen und europäischen Markt dem europäischen Recht unterfallen[46]. Erste Entscheidungen lassen freilich erwarten, dass doch ein gewisser Raum für die Anwendung des nationalen Rechts bleibt, insbesondere bei Mittelstandskartellen auf dem Inlandsmarkt.[47]

**Beispiel** für eine den **zwischenstaatlichen Handel nicht** spürbar beeinträchtigende, aber (auf dem deutschem Markt) spürbare Wettbewerbsbeschränkung[48]: Bei der Vereinbarung mittelständischer Baustoffunternehmen, die räumlich weniger als die Hälfte Deutschlands betrifft, die hier maximal 10 % Marktanteil haben und die im Ausland nur eine unbedeutende Marktstellung aufweisen, fehlt es in der Regel an der Spürbarkeit der Beeinträchtigung des zwischenstaatlichen Handels, so dass die vereinbarte Rationalisierung durch zwischenbetriebliche

---

42 EuGH, Slg. 1966, S. 322, 389 – *Consten/Grundig*.
43 EuGH a.a.O.
44 ABl. C 101/81 vom 27.4.2004.
45 EuG, Slg. 1998, S. II-3141 Rz. 93, 97 – *European Night Services*; vgl. auch die genannten Leitlinien 2004 über den zwischenstaatlichen Handel, Rz. 44 ff.
46 BR-Drucks. 441/04, S. 35.
47 Nach Auffassung der EU-Kommission sind Vereinbarungen zwischen kleinen und mittleren Unternehmen in der Regel nicht geeignet, den Handel zwischen Mitgliedstaaten zu beeinträchtigen, so m.w.N., *Wimmer-Leonhardt*, WuW 2006, 486 f.
48 Nach BKartA v. 25.10.2005, WuW/E-DE-V 1142.

Zusammenarbeit zwecks Mittelstandsförderung zwar spürbar, aber gemäß § 3 GWB zulässig ist, ohne dass es auf den Maßstab des Art 101 AEUV ankommt.

Da freilich das nationale deutsche Kartellrecht nach dem Stand der 7. GWB-Novelle von 2005 konzeptionell weitgehend dem europäischen Recht folgt, sind die eventuellen diesbezüglichen Abgrenzungsprobleme für die Praxis wohl von geringerer Bedeutung.

### 3. Bündeltheorie bei vertikalen Vereinbarungen

278 Bei vertikalen Vereinbarungen, die häufig bündelweise auftreten (z.B. bei Vertriebsbindungen wie Bierlieferverträgen, aber auch bei der vertikalen Preisbindung) liegt die wettbewerbspolitische Bedeutung häufig gerade erst in ihrer Bündelung, wie sich oben (Rz. 271) bereits gezeigt hatte. Dies ist auch für die Beeinträchtigung des zwischenstaatlichen Handels relevant, die ebenfalls spürbar sein muss (s. oben Rz. 277). Insofern ist auch hier die Bündeltheorie wichtig, da ohne sie eine spürbare Beeinträchtigung des zwischenstaatlichen Handels häufig nicht nachgewiesen werden könnte.[49]

## IV. „Einzelfreistellung" nach Art. 101 III AEUV und § 2 I GWB

### 1. Voraussetzungen nach Art. 101 III AEUV

279 Die Vorschrift deutet nach Ihrem Wortlaut an sich nur auf eine Freistellung, also eine behördliche Erlaubnis bzw. Genehmigung:

*Die Bestimmungen des Absatzes I können für nicht anwendbar erklärt werden auf*
- *Vereinbarungen ... zwischen Unternehmen,*
- *Beschlüsse ... von Unternehmensvereinigungen,*
- *aufeinander abgestimmte Verhaltensweisen,*

*die unter angemessener Beteiligung der Verbraucher an dem entstehenden Gewinn zur Verbesserung der Warenerzeugung oder -verteilung oder zur Förderung des technischen oder wirtschaftlichen Fortschritts beitragen, ohne dass den beteiligten Unternehmen*

*a) Beschränkungen auferlegt werden, die für die Verwirklichung dieser Ziele nicht unerlässlich sind, oder*

*b) Möglichkeiten eröffnet werden, für einen wesentlichen Teil der betreffenden Waren den Wettbewerb auszuschalten.*

Art. 1 II EG-KartVerfVO hat freilich die **unmittelbare Geltung i.S. einer ipso jure geltenden Ausnahme** vom Verbotstatbestand vorgeschrieben. Die Europäische Kommission, jede Kartellbehörde und jedes insoweit zuständige Gericht kann mithin „freistellen". Die Europäische Kommission hat auch insoweit die **Leitlinien** 2004 zur Anwendung von *Art. 81 III EGV*[50] erlassen, die Hilfestellung bei der Anwendung der Norm bieten, für Gerichte und nationale Kartellbehörden aber nicht bindend sind.

---

[49] Vgl. EuG, Slg. 1998, S. II-3141 Rz. 93, 97 – *European Night Services*; auch die genannten Leitlinien 2004 über den zwischenstaatlichen Handel, Rz. 44 ff.
[50] ABl. Nr. C 101/97 vom 27.4.2004.

## 2. Freistellung gemäß § 2 I GWB

§ 2 I GWB besagt bei sonst dem Art. 101 III AEUV entsprechendem Wortlaut, dass die diesbezüglichen Wettbewerbsbeschränkungen freigestellt „sind", also ipso jure erlaubt sind, ohne dass es auf eine Entscheidung ankommt. Natürlich ist hinsichtlich des wesentlichen Teils der betreffenden Waren (§ 2 I Nr. 2 GWB) hier der nationale Markt zu betrachten.

280

## 3. Bedeutung der Einzelfreistellung

Vor dem Hintergrund der nachfolgend zu betrachtenden Gruppenfreistellungen ist die Einzelfreistellung heute von geringerer Bedeutung. Immerhin kann sie etwa bei Anpassungen von AGB-Regelungen an veränderte Freistellungsvoraussetzungen eine gewisse Rolle spielen. Soweit die Voraussetzungen für eine Privilegierung nach einer Gruppenfreistellungsverordnung nicht gegeben sind, kommt **gleichwohl** noch eine Verbotsausnahme durch **einzelfallbezogene Anwendung** des Art. 101 III AEUV in Betracht.

281

**Fallbeispiel**[51]**:** Wettbewerbsbeschränkende Regelungen eines Kraftfahrzeughändlervertrages, die geeignet sind, den Handel zwischen den Mitgliedstaaten der Europäischen Gemeinschaft zu beeinträchtigen, konnten, auch wenn sie nicht mit der seinerzeit seit dem 1. Oktober 2002 für den Kraftfahrzeugvertrieb maßgeblichen *VO (EG) Nr. 1400/2002* vereinbar waren, gemäß Art. 101 III AEUV zulässig sein, sofern die Freistellungsvoraussetzungen der Legalausnahme erfüllt waren.

282

In dem vom BGH a.a.O. entschiedenen Fall *Citroen* ging es darum, dass bestimmte Verträge an eine veränderte Rechtslage der Gruppenfreistellungsverordnung noch nicht angepasst waren. Eine Einzelfreistellung trotz Nichtvorliegens der Voraussetzungen einer Gruppenfreistellungsverordnung wird allgemein vor allem dort in Betracht kommen, wo letztere wegen eines größeren Marktanteils nicht eingreift, gleichwohl im Einzelfall aber insgesamt positive Auswirkungen von der Wettbewerbsbeschränkung zu erwarten sind. Kernbeschränkungen dürften sich kaum jemals über Art. 101 III AEUV rechtfertigen lassen.

## V. Gruppenfreistellung

### 1. Bedeutung

In der **Praxis** kommt im Rahmen des Art. 101 III AEUV den Gruppenfreistellungsverordnungen **zentrale Bedeutung** für die Abgrenzung zwischen erlaubten und verbotenen Wettbewerbsbeschränkungen zu. Sie sind **Rechtsnormen**, also auch für die Gerichte bindend.

283

---

51  BGH WRP 2004, 1378 – *CITROEN* = GRUR 2005, 62.

### § 5 Mehrseitige Wettbewerbsbeschränkungen

*a) Rechtsgrundlage für den Erlass der Gruppenfreistellungsverordnungen (GFVO)*
**Rechtsgrundlage** sind Art. 101 III, 103 AEUV. Insoweit hat der europäische **Rat** durch Rechtsverordnungen[52] die **Kommission** zum Erlass spezieller Gruppenfreistellungsverordnungen ermächtigt. Die auf dieser Grundlage erlassenen Gruppenfreistellungsverordnungen der Kommission besitzen ebenfalls Rechtsqualität (diese fehlt den „Leitlinien" als bloßen Bekanntmachungen der Kommission) und konkretisieren Art. 101 III AEUV:

*b) Übersicht über die Gruppenfreistellungsverordnungen*

**284** **Wichtig** sind insoweit besonders die (jeweils im Netz abrufbaren)[53] Gruppenfreistellungsverordnungen der EG- bzw. EU-**Kommission**, und zwar vor allem
– **Nr. 330 /2010 betreffend Vertikalvereinbarungen,**
– **Nr. 1218/2010 über Spezialisierungsvereinbarungen,**
– **Nr. 1217/2010 über die Zusammenarbeit bei Forschung und Entwicklung,**
– **Nr. 316 /2014 über Technologietransfervereinbarungen**

sowie sektorspezifische Gruppenfreistellungsverordnungen, etwa
– **Nr. 267 /2010 betreffend den Versicherungssektor und**
– **Nr. 461 /2010 betreffend den Kfz-Sektor.**

Unterhalb dieser Gruppenfreistellungsverordnungen – und ohne Rechtsqualität – gibt es (wie schon partiell erwähnt) **Bekanntmachungen** der Europäischen Kommission, und zwar insbesondere **Leitlinien** 2010 für **vertikale** Beschränkungen, Leitlinien 2011 über **horizontale** Beschränkungen und Leitlinien 2014 über den **Technologietransfer**. Die Gruppenfreistellungsverordnungen werden in diesen Leitlinien bereits berücksichtigt (näher dazu unten Rz. 290 ff.). GFVOen und Leitlinien sind von der Sichtweise des „more economic approach" (vgl. oben Rz. 43) nicht unbeeinflusst geblieben.

### 2. Freistellung durch Gruppenfreistellungsverordnung am Beispiel der VO Nr. 330/2010

*a) Geltungsvoraussetzungen*

**285** Die GFVOen sind weitgehend **systematisch einheitlich** aufgebaut. Daher soll nachfolgend nur die VO Nr. 330/2010 betrachtet werden. Die in dieser GFVO aufgeführten (in der Praxis häufigen) vertikalen wettbewerbsbeschränkenden **Vereinbarungen gelten** zunächst generell gemäß Art. 2 I **als kraft Gesetzes vom Verbot freigestellt**. Einschränkungen gelten dabei insbesondere für Vereinbarungen, bei denen die Beteiligten sich zugleich als Wettbewerber gegenüberstehen (Art. 2 II-V). Generelle Voraussetzung für die privilegierte Behandlung ist im Übrigen, dass bestimmte **Marktanteilsgrößen** nicht überschritten sind. Insoweit gilt die Privilegierung im Grundsatz nur, soweit ein Marktanteil von **30 %** insgesamt seitens des **Anbieters und des Nachfragers** durch die Vereinbarung nicht überschritten wird (Art. 3).[54] Zur erleichterten

---

52 VO Nr. 19/65/EWG sowie VO [EWG] Nr. 2821/71.
53 Vgl. bereits die Zusammenstellung oben („Wichtige europäische Texte").
54 Für den Kfz-Handel gelten gewisse Besonderheiten. Bei horizontalen Vereinbarungen ist im Bereich der Forschung und Entwicklung eine Marktanteilshöchstgrenze von 25 %, im Bereich von Spezialisierungsvereinbarungen von 20 % maßgebend.

Anwendung der GFVO dient ein Katalog von Begriffsbestimmungen und dienen Regelungen über die Berechnung der Marktanteilsschwelle (Art. 1, 7 f.).

Im Übrigen enthalten die Gruppenfreistellungsverordnungen weitere inhaltliche Voraussetzungen für die Freistellung vom Verbot. Die GFVO enthält einmal in Art. 4 sog. **schwarze Klauseln** (= **Kernbeschränkungen**), bei deren Vorliegen die Verbotsausnahme **insgesamt** unanwendbar ist. Derartige schwarze Klauseln, d.h. massive Beeinträchtigungen des Wettbewerbs, sind vor allem (aber nicht nur) Import- und Exportverbote. Auch Vereinbarungen über die Preise oder über Mengen schließen grundsätzlich die Anwendung des Vorteils der Gruppenfreistellungsverordnung aus. Von den schwarzen Klauseln zu unterscheiden sind Regelungen, die lediglich bestimmten **Abreden** die Wirksamkeit versagen (sog. **rote oder graue Klauseln**)[55]; hierunter fallen nach Art. 5 vor allem bestimmte Wettbewerbsverbote in Vertikalverträgen (etwa Alleinvertrieb- bzw. Alleinbezug).

*b) Reichweite der Privilegierung und die Bedeutung von Kernbeschränkungen (= schwarze Klauseln)*

Praktisch wichtig sind vor allem die in Art. 4 aufgeführten sog. **Kernbeschränkungen** (= schwarze Klauseln); beim Vorliegen der diesbezüglichen Voraussetzung **entfällt die Privilegierung** durch die jeweilige Gruppenfreistellungsverordnung **in vollem Umfang** mit der Konsequenz, dass mangels Einzelfreistellung unter Anwendung von Art. 101 III AEUV zugleich jede weitere Wettbewerbsbeschränkung im Rahmen der konkreten Vertragsbeziehung zwischen den Beteiligten (auch wenn sie als solche an sich nach der GFVO privilegiert wäre) verboten ist. Die GFVO ist also dann insgesamt auf die konkrete vertragliche Beziehung zwischen den Beteiligten (mit insgesamt möglicherweise einer Mehrzahl von Wettbewerbsbeschränkungen) unanwendbar. Dann ist jede Wettbewerbsbeschränkung zugleich nach Art. 101 II AEUV nichtig, und hinsichtlich weiterer (nicht wettbewerbsbeschränkender) Regelungen in einem Vertrag gilt § 139 BGB.

286

*aa) Kernbeschränkungen nach Art. 4 GFVO-Vertikalvereinbarungen Nr. 330/2010*

– Unzulässig sind **Preisbindung gegenüber dem Weiterverkäufer**.
  • **Zulässig** ist freilich eine vertragliche Vereinbarung von **Höchst**verkaufspreisen; zulässig ebenfalls die **Empfehlung** von Preisen (nicht nur von Höchstpreisen), sofern nicht durch Druck oder Anreize Auswirkung wie Fest- oder Mindestverkaufspreise (natürlich nur bis 30 % Marktanteil).
– Unzulässig sind **Beschränkungen** des **Gebietes oder des Kundenkreises** für den **Weitervertrieb** betreffend Waren oder Dienstleistungen.
  • **Zulässig** sind aber (wiederum im Rahmen der Marktanteilsgrenzen) **Beschränkungen** des „aktiven" Verkaufs in Gebiete oder an Kundengruppen, die der Lieferant sich oder einem anderen vorbehalten hat; unter aktiven Verkauf ist die aktive Ansprache individueller Kunden gemeint, im Gegensatz zum passiven Verkauf durch die Erfüllung unaufgeforderter Bestellungen individueller Kunden (dieser Verkauf darf nicht beschränkt werden). Internet-Handel gilt da-

287

---

55 Vgl. Rz. 65 ff. der Leitlinien für vertikale Beschränkungen von 2010.

bei als passiver Verkauf, während **Käuferwerbung** durch e-Mail oder Katalog als aktiver Verkauf anzusehen ist.
- **Zulässig** sind (im Rahmen ...) Beschränkungen von auf der Großhandelsstufe tätigen Käufern, direkt an Endbenutzer zu verkaufen (Verbot der Sprunglieferung).
- **Zulässig** sind (im Rahmen ...) **Beschränkungen** des **Verkaufs an nicht zugelassene Händler** durch Mitglieder eines selektiven Vertriebssystems.

– Unzulässig des weiteren **Beschränkungen des aktiven oder passiven Verkaufs an Endverbraucher** auch im Rahmen eines selektiven Vertriebssystems, wobei es freilich zulässig ist, dass Beschränkungen **hinsichtlich zugelassener Niederlassungen** erfolgen.

– Unzulässig ist die **Beschränkung von Querlieferungen** auch im Rahmen eines selektiven Vertriebssystems, so dass es beispielsweise einem systemgebundenen Händler in Frankreich möglich bleiben muss, Waren an einen systemgebundenen Händler in Deutschland zu verkaufen.

– Unzulässig des Weiteren **bestimmte Beschränkungen betreffend den Ersatzteilhandel**.

Eine Art amtlicher Kommentar zu der diesbezüglichen Regelung findet sich in den Rz. 46 ff. der Leitlinien für vertikale Beschränkungen von 2010.

Von besonderer Bedeutung ist es, dass Kernbeschränkungen auch bei relativ niedrigen Marktanteilen der Vereinbarung vom Verbot erfasst werden; die **de-minimis-Bekanntmachung** vom 22.12.2001 will nach ihrer Rz. 11 **Kernbeschränkungen** ausdrücklich **nicht privilegieren**.

*bb) Kernbeschränkungen in weiteren GFVOen*

288 Die oben erwähnten sonstigen GFVOen sind weitgehend entsprechend aufgebaut. Zu den GFVOen über **Forschung und Entwicklung** sowie über **Spezialisierungsvereinbarungen** enthalten die **Leitlinien über horizontale Zusammenarbeit** von 2011 eine Art amtlichen **Kommentar** der EU-Kommission betreffen die diesbezüglichen Regelungen.

### 3. Problematik der dynamischen Verweisung in § 2 II GWB

289 Als bemerkenswerte Neuerung stellt sich mit § 2 II GWB die **dynamische Verweisung** auf die europäischen **Gruppenfreistellungsverordnungen** dar. Selbstverständlich kommt es insoweit nicht auf die Beeinträchtigung des Handels zwischen den Mitgliedstaaten an (§ 2 II 2 GWB). Diese Verweisung ist im Hinblick auf die Rechtssicherheit ebenso pragmatisch sinnvoll wie aus grundsätzlichen rechtlichen Erwägungen nicht unbedenklich. Im Ergebnis wird damit für den Bereich der **Vereinbarungen** ein **praktisch vollständiger Gleichlauf** zwischen nationalem und europäischem Kartellrecht erreicht.

Da früher vertikale Wettbewerbsbeschränkungen nach deutschem Recht weitgehend nur einer Missbrauchsaufsicht unterlagen, während sie nunmehr im Grundsatz zunächst generell verboten sind, könnte sich hier eine **unvorhergesehene Verschärfung des deutschen Rechts** ergeben. Dies gilt insbesondere dort, wo Vertikalvereinbarungen von rein innerstaatlicher Bedeutung, etwa Vertriebsvereinbarungen oder ein selektives Vertriebssystem[56] (ohne Beeinträchtigung des Handels zwischen den Mitgliedstaaten) qua Verweisung den Gruppenfreistellungsverordnungen unterfallen mit der Konsequenz, dass sich im Falle sog. **schwarzer Klauseln** (etwa bestimmter Gebietsbeschränkungen) die Unzulässigkeit der Abrede nach nationalem Recht auch dort ergibt, wo eine solche früher zulässig gewesen ist; praktische Probleme sind insoweit aber bisher nicht bekannt geworden.

## VI. Regelbeispiele der europäischen Leitlinien
*(nur Information – Einblick in die Praxis)*

Reichhaltiges Material zum möglichen Anwendungsbereich des Verbotes enthalten die **Leitlinien** der Kommission zur Anwendbarkeit von Art. 101 AEUV auf Vereinbarungen über **horizontale** Zusammenarbeit von 2011 sowie die **Leitlinien für vertikale Beschränkungen** von 2010, die zugleich eine Art Kommentar aus der Sicht der Kommission darstellen. Die nachfolgenden Hinweise sollen durch Lektüre einen **gewissen Einblick** in die Vielgestaltigkeit von Wettbewerbsbeschränkungen eröffnen. Es geht dabei nicht nur um Art. 101 I AEUV, sondern – unter Einbeziehung der Ausnahmen nach den Gruppenfreistellungsverordnungen bzw. von Art. 101 III AEUV – um die Reichweite des Verbotes bei vertikalen Wettbewerbsbeschränkungen schlechthin! 290

### 1. Bestimmte Vereinbarungen nach den Leitlinien über horizontale Zusammenarbeit (LLH)

Mit den Leitlinien von 2011 gibt die Kommission einen Einblick in die Kriterien, die sie zur Bewertung von horizontalen Vereinbarungen anlegt. Dazu stellt sie zunächst einen analytischen Beurteilungsrahmen vor und wendet diesen dann auf typische Arten von horizontalen Vereinbarungen an. 291

*a) Analytischer Rahmen und Aufbau*

In den Rz. 20-53 der Horizontalleitlinien 2011 (LLH) stellt die Kommission die allgemeinen Grundsätze für ihre Prüfung eines Verstoßes gegen Art. 101 AEUV vor. Grundsätzlich geht sie in zwei Schritten vor, indem sie zunächst den Verstoß gegen Art. 101 I AEUV prüft und erst anschließend (im Falle eines Verstoßes) auf die eventuelle Freistellung nach Art. 101 III AEUV, für deren tatsächliche Voraussetzungen die Unternehmen Beweis erbringen müssen, zu sprechen kommt. Im Rahmen der tatbestandlichen Voraussetzungen des Art. 101 I AEUV wird dabei in besonderer Weise das Erfordernis von Marktmacht als Voraussetzung eines Kartellverstoßes angesprochen (Rz. 39 ff. LLH). Doch könnten allgemein verbindliche Marktanteile nicht genannt werden. Effizienzgewinne spielen nur im Rahmen des Art. 101 III AEUV eine Rolle. Um den Verstoß durch sie zu rechtfertigen, müssen an ihnen die Verbraucher angemessen beteiligt werden; unter diesen sind insoweit die potenziellen oder tatsächlichen Kunden der Vereinbarung zu verstehen (Rz. 49 LLH). 292

---

56 Die früher gemäß *§ 17 GWB a.F.* nur einer Missbrauchsaufsicht unterlagen; vgl. hierzu *Kirchhain*, WuW 2008, 167.

Es schließen sich allgemeine Grundsätze für die wettbewerbsrechtliche Würdigung des **Informationsaustausches** (Rz. 55-104 LLH) mit mehreren Beispielsfällen (Rz. 105-110 LLH) an, die die Sichtweise der Kommission verdeutlichen. Für die Praxis dürften diese von erheblicher Bedeutung sein.

**Beispiele** (a.a.O.)**:** Verbandsinformationen über künftige Preise und Konditionen, Information über aktuelle Preise, Austausch unternehmensspezifischer Informationen, über Benchmarking-Vorteile, Informationsaustausch über aktuelle Tankstellen-Preise, Informationsaustausch zur Verbesserung der Befriedigung der Nachfrage.

Schließlich gehen die Leitlinien auf bestimmte Arten von Vereinbarungen unter Zugrundelegung des geschilderten analytischen Rahmens näher ein:

*b) Forschung und Entwicklung*

293  Rz. 111 ff. LLH: Die Zusammenarbeit bei der Verbesserung bestehender oder der Entwicklung völlig neuer Erzeugnisse oder Techniken verringert die Kosten des Einzelnen, führt technisches Potential zusammen und beschleunigt dadurch die Entwicklung und den technischen Fortschritt insgesamt. Andererseits kann sich durch diese Vereinbarungen auch eine beschränkende Wirkungen auf den Preis, die Vielfalt und die Qualität von Produkten ergeben. Diese negativen Auswirkungen und damit eine mögliche Anwendbarkeit des Kartellverbots bestehen vor allem bei einer Vereinbarung zwischen Wettbewerbern auf demselben Markt kurz vor der Marktreife des Produkts. Beispiele: Rz. 147 ff. LLH.

*c) Produktionsvereinbarungen (einschließlich Spezialisierungsvereinbarungen)*

294  Rz. 150 ff. LLH: Produktionsvereinbarungen existieren in drei Formen: Vereinbarungen über die gemeinsame Produktion bestimmter Erzeugnisse, Spezialisierungsvereinbarungen, bei denen der eine die Produktion einstellt und dieses Produkt von einem Partner bezieht und Zuliefervereinbarungen, bei denen ein Unternehmen ein Zwischenprodukt von einem Wettbewerber bezieht. Fast immer fallen solche Vereinbarungen unter Art. 101 I AEUV, da sie eine Beschränkung der Produktion oder eine Aufteilung von Märkten oder Kundengruppen bezwecken. Andererseits entsteht den beteiligten Unternehmen wirtschaftlicher Nutzen in Form von Größen- und Verbundvorteilen oder besseren Produktionstechniken. Beispiele: Rz. 187 ff. LLH.

*d) Einkaufsvereinbarungen*

295  Rz. 194 ff. LLH: Die Zusammenarbeit im Bereich des Einkaufs kann durch ein gemeinsam kontrolliertes Einkaufsunternehmen oder durch eine reine Einkaufsvereinbarung zwischen Wettbewerbern erfolgen. Es sind einerseits die Vereinbarungen zwischen den Wettbewerbern und andererseits diejenigen zwischen den Wettbewerbern und den Lieferanten zu unterscheiden: Die Bewertung Letzterer richtet sich nach den Grundsätzen der Bewertung vertikaler Vereinbarungen. Durch Einkaufsvereinbarungen kann sich eine Verzerrung sowohl der Einkaufsmärkte als auch auf den nachgelagerten Verkaufsmärkte ergeben; beide müssen bei der Untersuchung der Vereinbarung berücksichtigt werden. Beispiele: Rz. 221 ff. LLH.

*e) Vermarktungsvereinbarungen*

Rz. 225 ff. LLH: Vermarktungsvereinbarungen umfassen einen weiten Bereich, der von dem gemeinsamen Verkauf (inklusive der Festlegung gemeinsamer Preise und sonstiger Verkaufsmodalitäten) bis zu lockeren Vereinbarungen über einzelne Aspekte des Vertriebes (bspw. Werbung) reicht. Auch hier sind horizontale Vereinbarungen zwischen Wettbewerbern und vertikale zwischen Produzenten und Vertriebsorganisation zu unterscheiden. Deutlichste Auswirkung auf den Wettbewerb ist die Einschränkung des Preiswettbewerbs; diese ist in der Regel nicht zu rechtfertigen und damit fast immer vom Kartellverbot umfasst. Leistungsgewinne, die grundsätzlich für eine Rechtfertigung der Vereinbarung angeführt werden können, müssen aus der Zusammenlegung wirtschaftlicher Tätigkeiten rühren und dürfen nicht lediglich Einsparungen in Folge des wegfallenden Wettbewerbs sein. Beispiele: Rz. 252 ff. LLH. 296

*f) Vereinbarungen über Normen*

Rz. 257 ff. LLH: Hiermit sind Normen, die die Festlegung technischer und qualitativer Anforderungen an bestehende oder künftige Produkte oder Herstellungsverfahren bezwecken, gemeint. Vereinbarungen über Normen, die für alle zugänglich und transparent sind oder Teil eines Systems zur Sicherung der Kompatibilität von Produkten sind, unterfallen meist nicht dem Art. 101 I AEUV. Dies betrifft insbesondere Normen, die von unabhängigen Organisationen in einem offenen, nichtdiskriminierenden Verfahren ausgearbeitet wurden. Beispiele: Rz. 325 ff. LLH. 297

## 2. Vereinbarungen nach den Leitlinien für vertikale Beschränkungen (LLV)

Schon vom Aufbau her unterscheiden sich die Leitlinien für vertikale Beschränkungen 2010 von den soeben besprochenen Horizontalleitlinien 2011 (LLH). Die LLV beginnen mit der Aufzählung von grundsätzlich nicht unter Art. 101 I AEUV fallenden Vereinbarungen wie De minimis-Vereinbarungen und Vereinbarungen zwischen KMU, Handelsvertreterverträgen und Zuliefervereinbarungen und befassen sich dann näher mit der Anwendung der GFVO. Näher eingegangen wird auf den Entzug der Gruppenfreistellung und die Nichtanwendung der GFVO sowie auf die Marktabgrenzung und Berechnung der Marktanteile, ehe näher die Durchsetzung des Wettbewerbsrechts im Einzelfall erörtert wird. (Rz. 96-127 LLV). Erst dann kommen Ausführungen zu einzelnen Vertragstypen mit zahlreichen Beispielen. 298

Von besonderem Interesse sind zuvor die Ausführungen zu den Kernbeschränkungen, in denen unter dem Blickwinkel von Art. 4 lit. b Vertikal-GFVO zum Begriff des aktiven und passiven Verkaufs Stellung genommen wird. Hier finden sich insoweit nähere Ausführungen zum **Internet-Handel** (insbesondere Rz. 51 ff. LLV).

**Beispiele** für Unzulässigkeit der Beschränkung des **passiven** Verkaufs (vgl. Art. 4 lit. c VO Nr. 330/2010): Blockierung der Einsicht in Website bzw. automatische Umleitung, Unterbrechung der Transaktion, bestimmte umfangmäßige an offline-Vertrieb gebundene Begrenzung des Internet-Handels, Preisspaltung (Rz. 52 LLV).

**Beispiele** für Beschränkung des **aktiven** Verkaufs (vgl. Art. 4 lit. b Ziff. i VO Nr. 330/2010): Verbot einer gezielt an bestimmte Kunden gerichtete Online-Werbung, Verbot gebietsspezifischer Banner auf Websites Dritter (Rz. 51 ff. LLV).

## a) Markenzwang

**299** Er betrifft Regelungen, die einen Käufer zwingen, praktisch seinen ganzen Bedarf an einem bestimmten Produkt bei einem einzigen Lieferanten zu decken, so dass er keine konkurrierenden Waren oder Dienstleistungen kaufen, weiterverkaufen oder in eigene Produkte einbauen darf; Freistellung ist insoweit bis zu einem Marktanteil von 30 % und einem Wettbewerbsverbot von 5 Jahren Dauer möglich (eingehende weitere Darstellung Rz. 129 ff. LLV).

## b) Alleinvertrieb

**300** Der Lieferant verpflichtet sich, seine Produkte zum Zwecke des Weiterverkaufs in einem bestimmten Gebiet nur an einen Vertriebshändler zu verkaufen, und gleichzeitig schränkt die Vereinbarung üblicherweise die Möglichkeiten für den Vertriebshändler ein, die Produkte aktiv in anderen Gebieten zu verkaufen, für die Ausschließlichkeitsbindungen bestehen. Auch hier ist bis zu einem Marktanteil von 30 % bis zur Dauer von 5 Jahren Freistellung erfolgt (Einzelheiten Rz. 151 ff. LLV).

## c) Kundenbeschränkungen

**301** Bei Ausschließlichkeitsvereinbarungen, in denen der Kundenkreis durch Kundenbeschränkungsklauseln eingegrenzt wird, verpflichtet sich der Lieferant, seine Produkte zum Zwecke des Weiterverkaufs an eine bestimmte Gruppe von Kunden nur einem Vertriebshändler anzubieten; gleichzeitig beschränkt die Vereinbarung in der Regel die Möglichkeiten für den Vertriebshändler, die Produkte aktiv (Gegensatz: passiver Verkauf ohne Werbung, allein auf Nachfrage) an andere Kundengruppen, für die Ausschließlichkeitsbindungen bestehen, zu verkaufen (vgl. Rz. 168 ff. LLV).

## d) Selektiver Vertrieb

**302** Durch Selektivvertriebsvereinbarungen werden, wie bei Alleinvertriebsvereinbarungen, einerseits die Anzahl der anerkannten Händler (Vertragshändler) und andererseits die **Weiterverkaufsmöglichkeiten beschränkt**. Der Unterschied zum Alleinvertrieb besteht darin, dass die Beschränkung der Händlerzahl nicht von der Anzahl der Gebiete abhängt, sondern von **Auswahlkriterien**, die in erster Linie mit der **Beschaffenheit des Produktes zusammenhängen**. Anders als beim Alleinvertrieb schränkt die Weiterverkaufsregelung nicht nur den aktiven Verkauf in einem bestimmten Gebiet ein, sondern jeglichen Verkauf an nicht zugelassene Händler, so dass nur anerkannte Händler sowie Endverbraucher als Kunden in Frage kommen. Selektiver Vertrieb kommt praktisch nur beim Absatz von **Markenendprodukten** zum Tragen (Rz. 174 LLV). Vereinbarungen sind grundsätzlich bis zu einer Marktanteilsschwelle von 30 % möglich. – Wenn aufgrund der Art des Produkts keine effizienzsteigernden Wirkungen durch den selektiven Vertrieb eintreten, greift zwar die Gruppenfreistellungsverordnung zunächst ein. Doch kann ggf. der Rechtsvorteil der Gruppenfreistellungsverordnung durch besondere Entscheidung entzogen (näher dazu unten Rz. 383, 392) werden. Ein besonderes Problem ergibt sich bei der Kumulation der Marktanteile mehrerer entsprechender Systeme (vgl. zu Einzelheiten die Rz. 174 ff. LLV).

*e) Franchising*

Franchise-Vereinbarungen beinhalten Lizenzen für Rechte an geistigem Eigentum – insbesondere an Waren- und Dienstleistungszeichen oder sonstigem „know how" – zum Zwecke des Vertriebs von Waren oder Dienstleistungen (z.B. Wienerwald, Steigenberger, McDonalds, Douglas, Pronuptia). Sie können es ermöglichen, mit einem begrenzten Investitionsaufwand ein einheitliches Netz für den Vertrieb von Produkten oder Dienstleistungen aufzubauen. Höchstmarktanteilsgrenze ist wiederum 30 % (vgl. Rz. 199 ff. LLV). Ein besonderes Problem im Rahmen des Franchisings ist die Preisbindung.[57] **303**

*f) Alleinbelieferung*

Alleinbelieferung ist eine extreme Form der Vertriebsbeschränkung, weil die Zahl der Käufer begrenzt wird. Die Gefahr für den Wettbewerb besteht im Ausschluss anderer Käufer vom Markt (vgl. zu Einzelheiten Rz. 192 ff. LLV). **304**

*g) Koppelungsbindungen*

Koppelungsbindungen können ebenfalls den Wettbewerb beschränken; eventuell ist sogar Art. 102 AEUV anwendbar. Sie können aber auch sachbezogen sinnvoll sein. Grundsätzlich gilt die Marktanteilsschwelle von 30 %, wobei im Falle einer Koppelung ohne Effizienzgewinn wiederum der Entzug der Freistellung in Betracht kommt (vgl. Rz. 214 ff. LLV). **305**

*h) Beschränkungen für den Weiterverkaufspreis*

Die Vertikalleitlinien 2010 gehen hinsichtlich der Zulässigkeit der vertikalen Preisbindung weit über Art. 4 lit. d GFVO Vertikalvereinbarungen hinaus. Obwohl an sich Preisobergrenzen bei der Preisbindung Kernbeschränkungen darstellen, sollen sie unter dem Blickwinkel der **Effizienz** im Einzelfall nach Maßgabe des Art. 101 III AEUV **zulässig** sein. Für Preisempfehlungen und Preisobergrenzen für den Weiterkauf spielt, soweit die Marktanteilsgrenze von 30 % überschritten ist, die Marktstellung des Lieferanten eine besondere Rolle (vgl. im Einzelnen Rz. 223 ff. LLV). **306**

**Beispiele** (für zulässige Beschränkung):  Einführungsphase neuer Produkte, kurzfristige Sonderangebote, Ermöglichung einer notwendigen besonderen Beratung, Verhinderung von Trittbrettfahrten (Rz. 225 LLV).

## VII. Anwendungsbereich und Auslegung des nationalen Kartellrechts

### 1. Anwendungsbereich

*a) Allgemein*

Eigenständige Bedeutung hat das GWB für mehrseitige Wettbewerbsbeschränkungen lediglich dann, wenn die Zwischenstaatlichkeitsklausel nicht eingreift (s. oben Rz. 258). **307**

---

57 Vgl. das insoweit auf Vorlage des BGH ergangene Urteil des EuGH, Slg. 1986, S. 353 – *Pronuptia*, wonach die Mitteilung von Richtpreisen zulässig ist, solange hinsichtlich deren tatsächlicher Anwendung keine Verhaltensabstimmung besteht.

### b) Mittelstandskartelle

**308** Für **Mittelstandskartelle** sieht **§ 3 GWB** eine **spezielle Freistellung** vor. Der Gesetzgeber wollte damit zum Ausdruck bringen, dass Kooperationen der mittelständischen Wirtschaft, auch wenn sie den Wettbewerb beschränken, nützlich und strukturell wettbewerbsfördernd sein können, den Unternehmen insoweit Rechtssicherheit geben und zur Kooperation ermuntern[58]. § 3 GWB steht von vornherein unter dem Vorbehalt des eventuell vorrangig eingreifenden europarechtlichen Kartellverbots, bringt aber dabei zugleich die Auffassung des Gesetzgebers zum Ausdruck, dass unter den genannten Voraussetzungen in diesem Fall zumindest eine spürbare Beeinträchtigung des zwischenstaatlichen Handels fehlt. Ein Konflikt mit europäischem Recht ist hier wohl auch nicht zu erwarten.

### c) Wettbewerbsregeln

**309** Die §§ 24 ff. GWB über Wettbewerbsregeln[59] intendieren eine praktisch wirksame Förderung der Lauterkeit des Wettbewerbs und dürften insoweit nach Art. 3 III EG-KartVerfVO als nationales Recht weiterhin zulässig sein, auch wenn ihnen eine Einwirkung auf den zwischenstaatlichen Handel zukommt. Der Sache nach geht es darum, dass Unternehmensverbände für ihren jeweiligen Bereich unter der Aufsicht der Kartellbehörden konkret regeln, welche Verhaltensweisen als unlauter anzusehen sind und demgemäß nach dem UWG zu unterbleiben haben. § 2 I Nr. 5 UWG i.d.F. der 1. UWG-Novelle 2008 spricht von „Verhaltenskodex".

### d) Weitere Sonderregeln

**310** In gleicher Weise gehen Sonderregeln für den Bereich der **Landwirtschaft** und die Vorschrift über die Preisbindung bei **Zeitungen und Zeitschriften** (§§ 28, 30 GWB) davon aus, dass insoweit ein europarechtliches Verbot nicht eingreift. Die Preisbindung für **Bücher** ist aus kulturpolitischen Gründen ausdrücklich erlaubt, wenngleich dies wettbewerbspolitisch nicht unumstritten ist, und zwar aufgrund eines besonderen Gesetzes.[60]

## 2. Inhaltliche Anpassung an europäisches Recht

Auch wenn nationales Recht allein gilt, entspricht es in der Regel inhaltlich dem europäischen Recht. Betrachten wir die Problematik der Preisbindung und Preisempfehlung etwas näher:

**311** **Fallbeispiel:** Im **Schaufenster** seines genossenschaftlich gebundenen Geschäfts hat Einzelhändlers E **Plakate** hängen, die auf besonders günstige Preise hinweisen und insoweit bestimmte Preise für bestimmte Waren angeben. Diese Plakate hat E von seiner Genossenschaft erhalten, der eine beträchtliche Zahl weiterer Einzelhändler angehört, die die diesbezüglichen Plakate ebenfalls bekommen hatten.

---

58 Vgl. RegE GWB, BR-Drucks. 441/04, S. 46.
59 Eingehend hierzu *Emmerich*, KartellR, § 24.
60 Buchpreisbindungsgesetz v. 2.9.2002, BGBl. I, S. 3448, vgl. auch die partiell existierende Festpreise in Apotheken nach der ArzneimittelpreisVO vom 14.11.1980, BGBl. I, S. 2147, i.d.F. v. 26.3.2007, BGBl. I S. 378 sowie eine Sonderregelung aus steuerlichen Gründen bei Zigaretten.

Ist das Verhalten der Genossenschaft kartellrechtlich bedenklich im Hinblick auf eine eventuelle **Preisbindung oder Preisempfehlung**?

Der zwischenstaatliche Handel ist hier offensichtlich nicht tangiert. E war nicht gezwungen, die Plakate aufzuhängen. Insofern liegt hier nur eine Preis**empfehlung** der Genossenschaft gegenüber dem Einzelhändler vor, die letzterer befolgt hat und die im Hinblick auf ihre eventuelle Befolgung auch durch andere genossenschaftliche Einzelhändler, die die gleichen Plakate erhalten und ausgehängt haben, eine Koordinierung der Verbraucherpreise beabsichtigt oder doch bewirkt.

Das geltende GWB kennt kein Empfehlungsverbot mehr (und das Verbot des Art. 101 AEUV und früher *Art. 81 EGV* und die weiteren früheren Fassungen des Verbots kannten nie ein solches). Da es hier an einer spürbaren Beeinträchtigung des Handels zwischen Mitgliedstaaten fehlt, kommt es auf § 1 GWB an, also zunächst darauf, dass eine Verhaltensabstimmung zwischen der Genossenschaft einerseits und den ihr angehörigen Einzelhändlern andererseits gegeben ist. Im früheren deutschen Recht war die Verhaltensabstimmung **neben** dem Empfehlungsverbot auch bereits ein möglicher Kartelltatbestand. Denn eine **Empfehlung** kann natürlich eine Verhaltenskoordination bewirken und ist dann einer von mehreren **möglichen Fällen von Verhaltenskoordination**, wenn etwa zwischen Genossenschaft und Einzelhändlern die Anfertigung des Werbematerials bewusst zu Zwecken der Verhaltenskoordinierung an Stelle einer Preisbindung eingesetzt wird[61]. Geht man hiervon aus, so liegt eine Verhaltensabstimmung zwischen Unternehmen im Sinne von § 1 GWB vor. Ob damit zugleich eine spürbare Beeinträchtigung des Wettbewerbs verbunden ist, lässt sich nicht ohne Weiteres sagen. Ein Verstoß gegen § 1 GWB scheint immerhin denkbar, so dass auf eine Rechtfertigung nach § 2 GWB einzugehen ist.

Dass eine Einzelfreistellung nach § 2 I GWB greift, ist vorstellbar, aber wieder schwer zu beurteilen. Eine Freistellung über § 2 II GWB in Verbindung mit Art. 2, 4 lit. a GFVO-Vertikalvereinbarungen Nr. 330/2010 ist aber nahe liegend. Die Genossenschaft erfasst mutmaßlich weniger als 30 % des relevanten Marktes, so dass diese GFVO nach ihrem Art. 3 anwendbar ist. Insoweit sind dann Preisempfehlungen grundsätzlich zulässig, zumal es sich letztlich um die Empfehlung von Höchstpreisen handelt. Es bleibt ein gewisses Bedenken insofern, als die genossenschaftliche Organisation zugleich Elemente einer horizontalen Wettbewerbsbeschränkung zum Inhalt hat (vgl. insoweit Art. 2 II der GVFO Nr. 330/2010). – Eine Freistellung über die §§ 3 I, 2 I GWB (Mittelstandskartell) scheidet deshalb aus, weil es bei einer solchen nur um horizontale Abreden (zwischen Wettbewerber) geht.[62] Letztlich ist die Vorgehensweise der Genossenschaft mithin zulässig[63]. – Da sich dies über die genannte GFVO ergibt, kam es im Übrigen gar nicht darauf an, ob der Handel zwischen Mitgliedstaaten beeinträchtigt ist.

Die auf Warenverpackungen aufgedruckte Preisempfehlung ist im Rahmen der genannten GFVO Nr. 330/2010 zulässig. Darauf kommt es freilich nur an, wenn eine Verhaltensabstimmung vorliegt.

---

61 Beispiel einer unzulässigen Empfehlung bei OLG Düsseldorf WuW/E DE-R 1917.
62 Vgl. *Bechtold*, GWB § 3 Rz. 6 f., zugleich zur (hier nicht relevanten) möglichen extensiven Auslegung.
63 Vgl. im Übrigen zu Preisbindung und Preisempfehlung nach heutigem nationalen Recht *Bechtold*, GWB § 1 Rz. 50.

### 3. Europafreundliche Anwendung

312  Nach *§ 23 E* GWB, einer im RegE der 7. GWB-Novelle enthaltenen Vorschrift, die nicht Gesetz wurde, sollten die Grundsätze des europäischen Wettbewerbsrechts auch bei der Anwendung der §§ 1, 2 und 19 GWB maßgeblich zugrunde zu legen sein. Auch wenn ein solcher Grundsatz europafreundlicher Anwendung nicht legifiziert wurde, bleibt die Frage, inwieweit auch die oben erwähnten **Bekanntmachungen und Leitlinien** der Europäischen Kommission über die Auslegung des Wettbewerbsrechts für den nationalen Bereich Bedeutung gewinnen werden. Eine rechtliche Bindung besteht jedenfalls nicht.

### 4. Relevanz der Zwischenstaatlichkeitsklausel

313  Ist ohne Weiteres erkennbar, dass eine Wettbewerbsbeschränkung **weder** nach dem europäischen **noch** nach dem nationalen Kartellrecht verboten ist, bedarf es naturgemäß **keiner näheren Überlegungen** zur Zwischenstaatlichkeitsklausel. Auf diese kommt es immer nur dann an, wenn europäisches und nationales Kartellrecht zu unterschiedlichen Ergebnissen führen, was angesichts der inhaltlichen Abstimmung die Ausnahme ist. Liegt ein Verbotstatbestand vor, kommt es freilich deshalb auf die Klausel an, weil das europäische Verbot vorrangig eingreift (Art. 3 EG-KartVerfVO, § 22 I 2 GWB).

## VIII. Rechtsfolgen im Überblick

314  Der Kartellverstoß führt gemäß Art. 101 II AEUV bzw. über die §§ 1 GWB, 134 BGB zur Nichtigkeit entsprechender Verträge sowie gemäß § 33 GWB in Verbindung mit Art. 101 AEUV bzw. § 1 GWB zu Unterlassungs-, Beseitigungs- und Schadenersatzansprüchen. Die Kommission hat nach Art. 23, 24 EG-KartVerfVO die Möglichkeit, Geldbußen und Zwangsgelder festzusetzen; die entsprechende Kompetenz der nationalen Kartellbehörden ergibt sich aus den §§ 81, 86 GWB. Näher zu den Rechtsfolgen unten Rz. 354 ff.

## IX. Überblick zu mehrseitigen Wettbewerbsbeschränkungen

| Art. 101 AEUV | 315 |

**Kartellverbot: Art. 101 AEUV**

- Vereinbarungen/Beschlüsse/aufeinander abgestimmte Verhaltensweisen
- zwischen Unternehmen/Unternehmensvereinigungen
- spürbare Beeinträchtigung des Wettbewerbs
- spürbare Beeinträchtigung des Handels zwischen den Mitgliedstaaten (Zwischenstaatlichkeitsklausel)

**Legalausnahme**

| Art. 101 III AEUV direkt | GFVOen (Konkretisierung von 101 III AEUV) |
|---|---|
| • Verbesserung der Warenerzeugung<br>• Verbesserung des technischen Fortschritts<br>• angemessene Beteiligung der Verbraucher<br>• Unerlässlichkeit der Wettbewerbsbeschränkung<br>• keine wesentliche Ausschaltung des Wettbewerbs | • Vereinbarung unterfällt Voraussetzungen einer GFVO<br>• keine schwarzen Klauseln |

**Rechtsfolgen**

| Nichtigkeit einer Vereinbarung Art. 101 II AEUV | Schadensersatz-, Unterlassungs-, Beseitigungsansprüche § 33 GWB | Buß- und Zwangsgelder Art. 23, 24 EG-KartVerfVO |

**316**

### Kartellverbot, §§ 1, 2 GWB

**Anwendbarkeit des deutschen Rechts**

Der Handel zwischen den Mitgliedstaaten ...

| ... ist spürbar beeinträchtigt | ... ist nicht spürbar beeinträchtigt |
|---|---|
| ⇩ | ⇩ |
| • es muss auch europäisches Recht angewandt werden (Art. 3 I 1 EG-KartVerfVO/§ 22 I GWB)<br>• deutsches Recht darf dem europäischen im Ergebnis nicht widersprechen (Art. 3 II 1 EG-KartVerfVO/§ 22 I 1 GWB) | deutsches Recht ist uneingeschränkt anwendbar |

**Kartellverbot: § 1 GWB**

- Vereinbarungen/Beschlüsse/aufeinander abgestimmte Verhaltensweisen
- zwischen Unternehmen/Unternehmensvereinigungen
- spürbare Beeinträchtigung des Wettbewerbs

**Legalausnahme**

| § 2 I GWB | § 2 II GWB i. V. m GFVOen |
|---|---|
| • Verbesserung der Warenerzeugung<br>• Verbesserung des technischen Fortschritts<br>• angemessene Beteiligung der Verbraucher<br>• Unerlässlichkeit der Wettbewerbsbeschränkung<br>• keine Ausschaltung des Wettbewerbs | • Vereinbarung erfüllt Voraussetzungen einer GFVO<br>• keine schwarzen Klauseln |

**Rechtsfolgen**

| Nichtigkeit der wettbewerbsbeschränkenden Vereinbarung § 134 BGB | Schadensersatz-, Unterlassungs-, Beseitigungsansprüche § 33 GWB | Bußgelder § 81 GWB |
|---|---|---|

# § 6 Missbrauch von Marktmacht

**Literatur zur Vertiefung:** *siehe vor § 5.*

## I. Art. 102 AEUV *(Art. 82 EGV)*, die §§ 18-21 GWB im Überblick und der Freiraum des nationalen Rechts

### 1. Funktion; Verbotstatbestände im Überblick

*a) Funktion*

Europäisches wie nationales Recht verbietet gleichermaßen neben den mehrseitigen Wettbewerbsbeschränkungen den Missbrauch von Marktmacht. Im Gegensatz zu den mehrseitigen Wettbewerbsbeschränkungen wird beim Missbrauch von Marktmacht keine den Wettbewerb beschränkende Verhaltensabstimmung zwischen (mehreren) Unternehmen vorausgesetzt; vielmehr **genügt** das **eigenständige Handeln eines Einzelunternehmens**. Dessen Handeln ist freilich nur dann verboten, wenn es „**missbräuchlich**" ist und es sich zugleich als den Missbrauch von „**Marktmacht**" darstellt (unter den diesbezüglichen Voraussetzungen ist selbstverständlich auch ein abgestimmtes Verhalten mehrerer Unternehmen verboten)[1]. In gewisser Weise kann man die Verbote des Missbrauchs von Marktmacht als **zweite Schranke** zur Verteidigung des Wettbewerbs betrachten, die dann eingreift, wenn trotz des an sich bestehenden Kartellverbots Marktmacht existiert und missbraucht wird; die Verbote sollen dann primär vor einer **weiteren Verschlechterung der Marktstruktur schützen**, weisen aber darüber hinaus auch einen abgeleiteten Individualschutz auf.

317

Entgegen dieser bisher weitgehend akzeptierten Auffassung will die EU-Kommission den Begriff des Missbrauchs künftig in bedenklicher Weise verstärkt nach den Kriterien der **Effizienz** und des Verbraucherschutzes bestimmen, d.h. Effizienzkriterien zur Rechtfertigung von Verhaltensweisen bei Marktbeherrschung, die die Marktstruktur schädigen, akzeptieren.[2]

*b) Verbotstatbestände im Überblick*

**Art. 102 AEUV** verbietet als mit dem Binnenmarkt unvereinbar die missbräuchliche Ausnutzung einer „beherrschenden" Stellung auf dem Binnenmarkt oder einem wesentlichen Teil desselben durch ein oder mehrere Unternehmen, soweit dies dazu führen kann, den Handel zwischen Mitgliedstaaten zu beeinträchtigen, und gibt Beispiele für einen solchen Missbrauch. Auch hier grenzt also die **Zwischenstaatlichkeitsklausel** das europäische vom nationalen Recht ab.

318

---

1 Vgl. hierzu schon *Hönn*, Die Anwendung des Art. 86 EWG-Vertrag (= heutiger Art. 102 AEUV) bei Kartellen und vertikalen Wettbewerbsbeschränkungen, Diss. Frankfurt 1969.
2 Vgl. bereits oben Rz. 41 ff.; hinsichtlich dieser Konzeption. Zu Recht ablehnend *Immenga*, Grenzen der Rechtsauslegung – Das Diskussionspapier der EG-Kommission zu Art. 82 EG, EuZW 2006, 481; dazu näher *Hirsbrunner/Schädle*, EuZW 2006, 583; *Wirtz/Möller*, WuW 2006, 226; *Hönn*, FS Kreutz, 2009.

**§ 19 GWB** ist die entsprechende Vorschrift des deutschen Rechts, die in ihrem Absatz 1 die missbräuchliche Ausnutzung einer „marktbeherrschenden" Stellung durch ein oder mehrere Unternehmen verbietet und in Absatz 2 fünf Beispielsfälle für Missbrauch aufführt. Beherrschende und marktbeherrschende Stellung sind insoweit synonym zu verstehen. Der durch die 8. GWB-Novelle 2013 eingefügte **§ 18 GWB** definiert die Marktbeherrschung insoweit umfassend und enthält widerlegliche Vermutungen, die den Beweis für die Marktbeherrschung erleichtern.

Mit dem Diskriminierungsverbot des **§ 20 GWB** enthält das deutsche Recht freilich eine **zusätzliche Regelung**, die über Art. 102 AEUV hinausreicht, als es hinsichtlich der Marktstellung des Verbotsadressaten nicht auf eine beherrschende oder marktbeherrschende Stellung ankommt, vielmehr bereits ein geringerer Grad an Marktmacht genügt, nämlich „relative" bzw. „überlegene" Marktmacht. Auch **§ 21 GWB** (Boykottverbot und Verbot sonstigen wettbewerbsbeschränkenden Verhaltens) ist eine insoweit eigenständige Regelung. **§ 29 GWB** verschärft das Verbot der missbräuchlichen Ausnutzung einer marktbeherrschenden Stellung für den Bereich der **Energiewirtschaft**.

Für die Anwendung der genannten Vorschriften des GWB kommt es stets auf den deutschen nationalen Markt an, der natürlich ein wesentlicher Teil des Binnenmarktes im Sinne von Art. 102 AEUV sein kann. Sobald der zwischenstaatliche Handel spürbar beeinträchtigt wird, stellt sich hier wiederum die Frage nach dem Verhältnis zwischen deutschem und europäischem Recht.

## 2. Vorrangige Anwendung des Art. 102 AEUV und der Freiraum des nationalen Gesetzgebers

### a) Vorrangige Anwendung des Art. 102 AEUV

**319** Soweit der Tatbestand des Art. 102 AEUV bei Marktmissbrauch auf dem deutschen Markt gegeben ist, **muss** diese Vorschrift von deutschen Kartellbehörden und Gerichten angewandt werden; daneben kann ein Verbot auf nationales Kartellrecht gestützt werden (Art. 3 I 2 EG-KartVerfVO; wiedergegeben in § 22 III 1, 2 GWB); letzteres hat dann allerdings keine praktische Bedeutung.

### b) Freiraum des nationalen Gesetzgebers für strengere Regelungen bei einseitigen Handlungen gemäß Art. 3 II 2 EG-KartVerfVO

**320** **Freiraum** behalten die **nationalen Gesetzgeber** nach Art. 3 II 2 EG-KartVerfVO (wiedergegeben in § 22 III 3 GWB) ausdrücklich insoweit, als sie in ihrem Hoheitsgebiet **strengere** innerstaatliche Vorschriften zur Unterbindung oder Ahndung **einseitiger Handlungen von Unternehmen** erlassen oder anwenden dürfen. Diese Regelung ist insbesondere unter dem Blickwinkel des in Deutschland bisher geltenden **Diskriminierungsverbots** des § 20 GWB erfolgt. Der nationale Gesetzgeber kann dieses beibehalten und hat es beibehalten, und zwar auch für den Fall, dass die Diskriminierung bzw. Behinderung durch ein zwar nicht marktbeherrschendes, sondern **lediglich mit relativer oder überlegener Marktmacht** ausgestattetes Unternehmen i.S. von § 20 GWB den Handel zwischen Mitgliedstaaten spürbar beeinträchtigt und dass ein europäisches Verbot insoweit nicht eingreifen würde.

Praktisch bedeutet dies, dass die §§ 19, 20 und 29 GWB ohne Rücksicht auf europäisches Recht eigenständig auslegbar sind, was allerdings das Eingreifen und die Anwendung des Art. 102 AEUV niemals hindern kann.

Freilich ergibt sich ein **Abgrenzungsproblem** hinsichtlich des Begriffs „einseitiger" Handlungen in Art. 3 II 2 EG-KartVerfVO. Wenn ein Unternehmen im Rahmen eines Vertriebsbindungssystems nicht beliefert wird, weil es etwa die qualitativen oder quantitativen Voraussetzungen des Systems für die Belieferung nicht erfüllt, so liegt zwar in der Lieferverweigerung eine einseitige Handlung; doch ist diese in einen **Systemzusammenhang** eingebettet. Ist das System insgesamt nach europäischem Recht (Art. 101 AEUV, etwa im Zusammenhang mit GFVO-Vertikalvereinbarungen Nr. 330/2010) in zulässiger Weise ausgestaltet, so muss dem europäischen Recht insoweit insgesamt Vorrang zukommen, so dass ein Eingreifen des nationalen Diskriminierungsverbots des § 20 GWB insoweit von vornherein ausscheidet[3]. Hierzu ein

321

**Fallbeispiel (Depotkosmetik):**[4] Die Beklagte stellte bekannte Markenparfums wie Lancester, Jil Sander, Davidoff und JOOP her, hatte insoweit auf dem deutschen Markt für Markenparfums einen Anteil von 18 % und vertrieb diese Parfums ausschließlich über sog. Depositäre, die sich verpflichten mussten, ein bestimmten Anforderungen genügendes Ladengeschäft zu unterhalten; eine Kündigung durch die Beklagte war ausdrücklich zugelassen, wenn der an sich erlaubte Internet-Handel den Umsatz im stationären Geschäft überstieg. Die Klägerin, ein kleineres Unternehmen, das kosmetische Produkte ausschließlich über den Internet-Handel vertrieb, verlangte von der Beklagten Belieferung mit deren Parfums, die diese verweigerte. Der BGH sah die Beklagte als marktstarkes Unternehmen, und auch die weiteren tatbestandlichen Voraussetzungen des § 20 I, II GWB waren jedenfalls bis auf die Frage des Fehlens des sachlich gerechtfertigten Grundes für die in der Nichtbelieferung liegende Ungleichbehandlung gegenüber den Depositären gegeben.

322

Im Kontext dieser Frage des sachlich gerechtfertigten Grundes prüfte der BGH, ob das Vertriebssystem der Beklagten mit den Vorgaben des *Art. 81 EGV* (heute Art. 101 AEUV) vereinbar war und bejahte diese Frage unter Hinweis auf Art. 4 lit. b der *GFVO-Vertikalvereinbarungen Nr. 2790/99* (heute VO Nr. 330/2010) sowie auf die damaligen Leitlinien für vertikale Beschränkungen Rz. 50 f., die einen völligen Ausschluss des Internet-Handels als „passiven Verkauf" nicht zuließen. Der BGH folgerte hieraus, dass der den Depositären erlaubte Internet-Handel diesem Postulat Rechnung trage, dass sich daraus aber nicht ergebe, dass ein Vertriebssystem Händler zulassen müsse, die **nur** über das Internet Handel betreiben. Da das Vertriebssystem mithin rechtmäßig ausgestaltet sei, sei die **diesem entsprechende Lieferverweigerung** sachlich gerechtfertigt gewesen, so dass kein Belieferungsanspruch bestand. – Wäre der BGH nicht schon über die Auslegung des Rechtsbegriffs des sachlichen Grundes zur Verneinung des Belieferungsanspruchs nach § 20 GWB gekommen und hätte das Vertriebssystem den zwischenstaatlichen Handel beeinträchtigt (was nahe lag, aber letztlich offen blieb), dann hätte der BGH der Vorrang des Gemeinschaftsrechts daran hindern müssen, die Zulässigkeit des Systems gemäß *Art. 81 EGV* mit der Annahme eines Belieferungsanspruchs über § 20 GWB zu unterlaufen. Da das System nach europäischem Kartellrecht jedenfalls erlaubt war, konnte die Frage der Beeinträchtigung des zwischenstaatlichen Handels auch dahingestellt bleiben.

---

3 Die Frage ist allerdings umstritten; für Vorrang des europäischen Rechts in entsprechenden Fällen *Wirtz*, WuW 2003, 1039, 1043; *Harte-Bavendamm/Kreutzmann*, WRP 2003, 682, 688; für grundsätzliche Anwendbarkeit auch des nationalen Verbots hingegen *Weitbrecht*, EuZW 2003, 69, 72.
4 Nach BGH WRP 2004, 374 – *Depotkosmetik im Internet*; näher besprochen bei *Hönn*, Klausurenkurs, Fall 8.

Art. 3 III EG-KartVerfVO erlaubt schließlich den Fortbestand abweichenden nationalen Rechts insoweit, als **Ziele** verfolgt werden, die überwiegend von denen der Art. 101, 102 AEUV **abweichen**. Erwägungsgrund 9 der EG-KartVerfVO führt insoweit die zulässige Ahndung unlauterer Handelspraktiken auf; dies ist der Regelungsbereich des UWG.

### 3. Folgerung für die weitere Darstellung

323 Wegen der beträchtlichen eigenständigen Bedeutung des nationalen Rechts gegen den Missbrauch von Marktmacht erfolgt insoweit jeweils eine eigenständige Darstellung des europäischen und des nationalen Rechts.

## II. Art. 102 AEUV

324 Die Bestimmung stellt neben Art. 101 AEUV die **zweite Säule des Europäischen Kartellrechts** dar!

Sie verbietet den **einseitigen Missbrauch von Marktmacht** durch Unternehmen.

Art. 102 S. 1 AEUV lautet (Hervorhebung nicht im Original):

*Mit dem Binnenmarkt unvereinbar und **verboten** ist die missbräuchliche Ausnutzung einer beherrschenden Stellung auf dem Binnenmarkt oder auf einem wesentlichen Teil desselben durch ein oder mehrere Unternehmen, soweit dies dazu führen kann, den Handel zwischen Mitgliedstaaten zu beeinträchtigen.*

Satz 2 der Vorschrift legt dar, worin der **Missbrauch insbesondere** bestehen kann (dazu unten Rz. 330 ff.).

### 1. Beherrschende Stellung auf dem Binnenmarkt oder einem wesentlichen Teil desselben

*a) Relevanter Markt*

325 Soweit von einer beherrschenden Stellung die Rede ist, geht es um **Marktbeherrschung**, und diese setzt die Bestimmung des relevanten Marktes[5] voraus. Er wird jeweils aus dem **Blickwinkel der Marktgegenseite** ermittelt.

Für die **Marktverhältnisse auf der Anbieterseite** entscheidet der Blickwinkel des Nachfragers. Hinsichtlich des **sachlich** relevanten Marktes ist insoweit das **Bedarfsmarktkonzept** entscheidend (welche Waren bzw. Dienstleistungen stehen aus dem Blickwinkel eines konkreten Nachfragers als Ausweichmöglichkeiten zur Verfügung?). Hinsichtlich des **räumlich** relevanten Marktes kommt es insoweit darauf an, welche Anbieter in räumlicher Hinsicht aus dem Blickwinkel eines Nachfragers miteinander konkurrieren, und letzteres hängt vor allem von der Art des Gutes ab.

---

[5] Vgl. Bekanntmachung der Kommission über die Definition des relevanten Marktes im Sinne des Wettbewerbsrechts der Gemeinschaft von 1997.

**Beispiel:** Schwer und teuer zu transportierende Güter werden in der Regel einen räumlich engen Markt bilden, während insbesondere bei Dienstleistungen mit hohen qualitativen Anforderungen ein außerordentlich weiter räumlicher Markt anzunehmen sein kann.

Für die **Marktverhältnisse auf der Nachfrageseite** (Beschaffungsmarkt) kommt es insoweit jeweils auf die Ausweichmöglichkeiten der Anbieter an.

In der **Bekanntmachung der Kommission** von 1997 über die Definition des relevanten Marktes wird versucht, diese Ausweichmöglichkeiten der Nachfrager unter dem Blickwinkel des Verhältnisses zwischen Preiserhöhung und Absatzeinbuße (sog. Kreuz-Preis-Elastizität) näher zu bestimmen; man spricht dabei vom **SSNIP-Test** (**S**mall but **S**ignificant **N**on-transistory **I**ncrease in **P**rice; vgl. Art. 17 der Bekanntmachung). Der BGH sieht in einem solchen Test eine Modellerwägung, die für die Marktabgrenzung eine Hilfestellung liefern, die Marktabgrenzung aber nicht als ausschließliches Kriterium bestimmen kann; der Test sei wenig aussagekräftig, wenn – wie häufig bei der Prüfung des Missbrauchs einer marktbeherrschenden Stellung – nicht gewährleistet ist, dass der Ausgangspreis unter Wettbewerbsbedingungen zustande gekommen sei.[6]

In Art. 9 VII EG-FKVO findet sich (für den Bereich der **Fusionskontrolle**) die folgende **gesetzliche Formulierung** für den relevanten Markt:

*Der räumliche Referenzmarkt besteht aus einem Gebiet, auf dem die beteiligten Unternehmen als Anbieter oder Nachfrager von Waren oder Dienstleistungen auftreten, in dem die Wettbewerbsbedingungen hinreichend homogen sind und das sich von den benachbarten Gebieten unterscheidet; dies trifft insbesondere dann zu, wenn die in ihm herrschenden Wettbewerbsbedingungen sich von denen in den letztgenannten Gebieten deutlich unterscheiden. Bei dieser Beurteilung ist insbesondere auf die Art und die Eigenschaften der betreffenden Waren oder Dienstleistungen abzustellen, ferner auf das Vorhandensein von Zutrittsschranken, auf Verbrauchergewohnheiten sowie auf das Bestehen erheblicher Unterschiede bei den Marktanteilen der Unternehmen oder auf nennenswerte Preisunterschiede zwischen dem betreffenden Gebiet und den benachbarten Gebieten.*

*b) Wesentlicher Teil*

Die beherrschende Stellung muss auf dem **Binnenmarkt** oder einem **wesentlichen Teil** desselben bestehen. Maßgebliches Kriterium ist die **Relevanz des betreffenden Marktes für den Wettbewerb in der Gemeinschaft**; nur Missbräuche auf solchen regionalen Märkten, deren Entwicklung für den Wettbewerb in der Gemeinschaft wichtig ist, werden dabei erfasst[7]. Nicht nur das Gebiet jedes Mitgliedstaates oder bedeutende Teile zumindest der großen Mitgliedstaaten bilden einen wesentlichen Teil des Binnenmarktes; von Fall zu Fall kann auch schon **ein einziger bedeutender Flug- oder Seehafen** genügen.

**Beispiel:** Hafen von Genua[8].

---

6   BGHZ 176, 1 ff. Rn. 18 f. – *Soda-Club II*.
7   *Emmerich*, KartellR, § 9 Rz. 17 f.
8   EuGH, Slg. 1991, S. I-5889.

### c) Beherrschende Stellung

**327** Unter beherrschender Stellung versteht der EuGH[9] (Hervorhebungen nicht im Original):

*„die wirtschaftliche Machtstellung eines Unternehmens ..., die dieses in die Lage versetzt, die Aufrechterhaltung eines wirksamen Wettbewerbs auf dem relevanten Markt zu verhindern, indem sie ihm die **Möglichkeit** verschafft, sich seinen Wettbewerbern, seinen Abnehmern und schließlich den Verbrauchern gegenüber **in einem nennenswerten Umfang unabhängig** zu machen. Das Vorliegen einer beherrschenden Stellung ergibt sich im Allgemeinen aus dem **Zusammentreffen mehrerer** Faktoren, die jeweils für sich genommen nicht ausschlaggebend sein müssen".*

Es geht also letztlich um die Möglichkeit einer vom Markt nicht kontrollierten **„unabhängigen Strategie"**[10]. Zur Verdeutlichung ein

**328** **Fallbeispiel**[11]: Im Fall ***Chiquita-Bananen*** hatte die Kommission im Jahr 1975 gegen die United Brands Company (UBC), ein multinationales Unternehmen auf dem Bananensektor mit Tochtergesellschaft in Rotterdam, wegen des Missbrauchs einer marktbeherrschenden Stellung ein Bußgeld von nach heutiger Rechnung 1 Mio. Euro verhängt, wogegen UBC vor dem EuGH Klage erhoben hatte.

Soweit es um die beherrschende Stellung ging, prüfte der EuGH vor dem Hintergrund seiner **oben wiedergegebenen Definition** die Unternehmensstruktur und die Wettbewerbssituation auf dem Markt (a.a.O. Rz. 67/68), wobei als relevanter Markt in sachlicher Hinsicht ohne Weiteres der Bananenmarkt und in regionaler Hinsicht der gemeinsame Markt insgesamt angenommen wurde. Zur **Unternehmensstruktur** von UBC wurde herausgestellt, dass UBC umfassend auf den Sektoren Pflanzung, Verpackung, Seetransport und Endreifung der Bananen tätig war und über die Marke Chiquita ein sich hochpreisig behauptendes Markenprodukt entwickelt hatte, so dass sich UBC auf der Absatzstufe in einer Position der Stärke befand (Rz. 69–96). Die **Wettbewerbssituation** (Rz. 97 ff.) war gekennzeichnet durch einen Marktanteil von 40–45 % in der damaligen EG, der um ein mehrfaches höher war als der des nächst starken Konkurrenten, wobei auch beim Auftauchen neuer Konkurrenten die Verkaufszahlen von UCB nicht spürbar sanken. Schließlich sollten auch **verhaltensbezogene Kriterien** in Betracht kommen; denn die Abnehmer mussten sich verpflichten, Bananen nicht in grünem Zustand weiter zu veräußern, was einem generellen Verbot der Weiterveräußerung nahe kam (Rz. 85/87). All dies und die erheblichen Schwierigkeiten eines Zugangs zum Markt seitens neuer Konkurrenten sicherten UCB eine beherrschende Stellung auf dem relevanten Markt (Rz. 121/124, 129). – Zur missbräuchlichen Ausnutzung s.u.

**329** Wie sich bereits aus dem Wortlaut des Art. 102 AEUV ergibt, genügt es, dass mehrere Unternehmen gemeinsam eine beherrschende Stellung einnehmen, die ihnen ein gemeinsames Auftreten am Markt ermöglicht, sei es im Zuge eines Konzernverbundes, infolge von Absprachen oder aus sonstigen Gründen.[12]

Als Faustregel mag gelten, dass ab 50 % Marktanteil Marktbeherrschung regelmäßig bejaht wird, auch ohne dass zusätzliche Faktoren eine Rolle spielen; dabei kommt es auf eine gewisse Dauer an. Auf Einzelheiten zu der Frage, wie die beherrschen-

---

9 Vgl. EuGH, Slg. 1978, S. 207, Rz. 63 ff. – *Chiquita-Bananen*.
10 Vgl. *Emmerich*, KartellR, § 9 Rz. 23.
11 EuGH, Slg. 1978, S. 207– *Chiquita-Bananen*; die Entscheidung wird auszugsweise wiedergegeben bei *Karenfort/Weitbrecht*, S. 36 ff., 57 ff., 288 ff.
12 Vgl. *Emmerich*, KartellR, § 9 Rz. 30 ff.

de Stellung heute ermittelt wird und auf die jüngere Praxis der Kommission[13] und die Judikatur kann und soll hier nicht näher eingegangen werden.[14] Vgl. aber unten Rz. 417.

## 2. Missbräuchliche Ausnutzung und Beispielskatalog des Art. 102 AEUV

Die bloße Ausnutzung der beherrschenden Stellung als solche ist noch nicht verboten, wie sich insbesondere auch aus dem Beispielskatalog ergibt: Es kommt nämlich auf die **„missbräuchliche"** Ausnutzung und damit auf ein **zusätzliches Element** an: „unangemessene" Preise, „zum Schaden der Verbraucher", „im Wettbewerb benachteiligt", „weder sachlich noch nach Handelsbrauch". Dabei stellt der Beispielskatalog primär auf eine Schädigung der **Marktgegenseite** ab, insbesondere durch 330
- den Ausbeutungsmissbrauch (lit. a),
- Beschränkung von Erzeugung, Absatz oder technischer Entwicklung (lit. b),
- Diskriminierung (lit. c) und
- Koppelung (lit. d).

Praktisch **wichtiger** ist die Schädigung von **Wettbewerbern und der Marktstruktur** durch die missbräuchliche Ausnutzung einer beherrschenden Stellung, insbesondere durch **Verdrängungswettbewerb** (Rabatte, Treuerabatte)[15]. 331

In ihren Erläuterungen von **2009** zu ihren **Prioritäten** bei der Anwendung von *Art. 82 EGV* auf Fälle von Behinderungsmissbrauch durch marktbeherrschende Unternehmen[16] äußert sich die **Kommission** zu der Frage, unter welchen Voraussetzungen sie Anlass zum Einschreiten beim Missbrauch marktbeherrschender Unternehmen durch Ausschließlichkeitsbindungen, Koppelungen, Preiskampf, Lieferverweigerung und Kosten-Preis-Schere sieht. Die Abgrenzung erfolgt auf der Grundlage des „more economic approach" (s. oben Rz. 41) und sieht wettbewerbsbeschränkende Verhaltensweisen im Falle der Steigerung der Effizienz im Grundsatz als gerechtfertigt an. Nach dem selbstgesetzten Anspruch will das Papier Rechtssicherheit hinsichtlich der Prioritäten der Kommission ermöglichen; eine Bindungswirkung gegenüber Gerichten kommt ihm nicht zu.

Besondere Bedeutung im Zusammenhang mit der **Lieferverweigerung** hat heute die sog. **„essential facilities"-Doktrin**[17].

Ein Unternehmen in beherrschender Stellung, das den **Zugang** zu einem weiteren Markt beherrscht, darf Unternehmen den Zugang zu diesen Märkten nicht dadurch versperren, dass es

---

13 S. unten Rz. 331.
14 Eingehend *Emmerich*, KartellR, § 9 Rz. 23 f
15 EuGH, Slg. 1979, S. 461 – *Vitamine*; 1983, S. 3461– *Michelin*; 1991, S. I-3359 – *AKZO*; 1996, S. I-5951 – *Tetra Pak II*; differenzierend für Rabatte *Wirtz*, in: Mäger, Europäisches Kartellrecht, 6. Kapitel Rz. 46, 82 ff.
16 ABl. C 45 vom 24.2.2009, S. 7.
17 Vgl. dazu *Emmerich*. a.a.O. § 10 Rz. 35 ff.; aus der Judikatur: EuGH, Slg. 1974, S. 223 – *Commercial Solvents*, betr. Verweigerung der Belieferung eines Konkurrenten mit unerlässlichen Rohstoffen durch Marktbeherrscher (Missbrauch bejaht); EuGH Slg. 1998, S. I-7791 – *Oscar Bronner*, betr. Zugang des Herausgebers von Zeitungen zu einem Haustürzustelldienst des marktbeherrschenden Konkurrenten (Missbrauch verneint); hinsichtlich der Verweigerung des Netzzugangs hat die „essential facilities"-Doktrin in § 19 IV Nr. 4 GWB im nationalen Recht Ausdruck gefunden.

diesen Unternehmen seine Einrichtungen oder Dienst sachwidrig nicht zur Verfügung stellt (etwa Hafen oder Netz), sie sachwidrig nicht beliefert bzw. nicht mit ihnen kontrahiert.

**332** **Fallbeispiel** (Fortsetzung von Rz. 328):   Im Fall ***Chiquita-Bananen*** sah der EuGH entgegen der Kommission eine missbräuchliche Ausnutzung der beherrschenden Stellung **nicht** schon in einem **Ausbeutungsmissbrauch** wegen unangemessen hoher Preise. Insoweit habe die Kommission angesichts eines Preisvorsprungs von lediglich 7 % bei langjähriger Preisstabilität nicht dargelegt, dass etwa überhöhte Gewinne gemacht worden wären (Rz. 248–267). **Wohl aber** wurden die Feststellungen der Kommission hinsichtlich des Missbrauchs in Form der **Beschränkung des Absatzes** sowie einer **Diskriminierung** akzeptiert. Insoweit liege ein Missbrauch im Verbot des Weiterverkaufs in grünem Zustand, in der Lieferverweigerung gegenüber einem früheren Vertragspartner, der sich u.a. nicht an dieses Verbot gehalten hatte, sowie in der Praxis ungleicher Preise in den Mitgliedstaaten (Rz. 152–234).

Außerordentlich **umstritten** ist die Frage, inwieweit zu Lasten des Inhabers eines **Immaterialgüterrechts** (insbesondere Patent oder Urheberrecht) auf der Grundlage des Art. 102 AEUV praktisch ein Liefer- bzw. Lizenzzwang bestehen kann.[18]

Denn das Immaterialgüterrecht verleiht seinem Inhaber eine gewisse Monopolstellung an einem **Immaterialgut**, und insoweit darf das Kartellrecht deren Nutzung allein noch nicht als Missbrauch betrachten. Es ist freilich zu beachten, dass Art. 102 AEUV zunächst eine beherrschende Stellung auf einem Markt für **Güter oder Dienstleistungen** verlangt, die mit dem rechtlich geschützten Immaterialgut allein noch nicht gegeben ist. Selbst wenn eine solche Stellung besteht, ist ein Missbrauch bei Liefer- bzw. Lizenzverweigerung noch nicht ohne Weiteres zu bejahen. Vielmehr bedarf es zusätzlicher Umstände, insbesondere eines weiteren Marktes, für den die Lizenz eine Zugangsvoraussetzung im Sinne der essential-facility ist[19].

**Beispiele:**   Entsprechendes gilt für die seitens der Kommission[20] von dem Unternehmen ***Microsoft*** verlangten Offenlegung von Systeminformationen zwecks Offenhaltung anderer Märkte[21].

Von erheblicher Bedeutung, insbesondere für den Kraftfahrzeug-Sektor ist schließlich die Frage, inwieweit der rechtliche Schutz des **Designs**[22] bei Begründung einer beherrschenden Stellung dem Kartellrecht vorgeht und Unternehmen des Zubehör-Sektors entgegen gehalten werden kann bzw. ob und wann hier ein Missbrauch vorliegen kann.

### 3. Zwischenstaatlichkeitsklausel

**333** Das Missbrauchsverbot des Art. 102 AEUV grenzt sich zum nationalstaatlichen Recht wiederum durch die Zwischenstaatlichkeitsklausel ab (vgl. dazu schon oben Rz. 275 ff.).

---

18   Vgl. EuGH, Slg. 1995, S. I-743 – *Magill*, betr. die Weigerung einer Rundfunkanstalt, ihre Programme an eine Programmzeitschrift heraus zu gegeben (Missbrauch bejaht); EuGH, Slg. 2004, S. I-5030 – *IMS Health* = WuW/E EU-R 804, betr. marktbeherrschende Bausteinstruktur für Daten über den regionalen Absatz von Arzneimitteln in einem Mitgliedstaat (möglicher Missbrauch der Lizenzverweigerung unter bestimmten Voraussetzungen bejaht).
19   Näher zur Judikatur *Wirtz*, in: Mäger, Europäisches Kartellrecht, 6. Kapitel Rz. 113 ff.
20   WuW/E EU-V 931.
21   Vgl. zur *Microsoft*-Entscheidung der Kommission vom 24.3.2004 *Heinemann*, GRUR 2006, 705; *Stopper*, Zeitschrift für Wettbewerbsrecht 2005, 87.
22   Vgl. allgemein *Hartwig* (Hrsg.), Designschutz in Europa, 2007.

### 4. Überblick über die Rechtsfolgen eines Verstoßes gegen Art. 102 AEUV

Die privatrechtlichen Folgen des Verstoßes gegen Art. 102 AEUV richten sich nach nationalem Recht und werden unten (Rz. 357 ff.) näher besprochen. Allgemein gilt folgendes: Ein Verstoß führt über § 134 BGB zur **Nichtigkeit** eines Vertrages, soweit Nichtigkeit sinnvoll ist (das Opfer eines Marktmissbrauchs darf natürlich nicht durch Nichtigkeit des gesamten Vertrages rechtlos gestellt werden). **Schadensersatzansprüche** ergeben sich im Falle eines Verstoßes gegen Art. 102 AEUV über § 33 GWB. Die europäischen Kartellrechtsvorschriften schützen umfassend die von Wettbewerbsbeschränkungen Betroffenen. Diese können bei schuldhaftem Verstoß Schadensersatzansprüche geltend machen.

334

Auch ohne Verschulden bestehen Ansprüche auf **Unterlassung** bzw. **Beseitigung** eines kartellrechtswidrigen Verhaltens. Praktische Bedeutung kann dies vor allem im Hinblick auf einen sich hieraus ergebenden **Kontrahierungszwang** gegenüber einem den Vertragsschluss missbräuchlich verweigernden Unternehmen ergeben.

Näher zu Geldbußen und Zwangsgeld unten Rz. 361 ff.

### 5. Übersicht

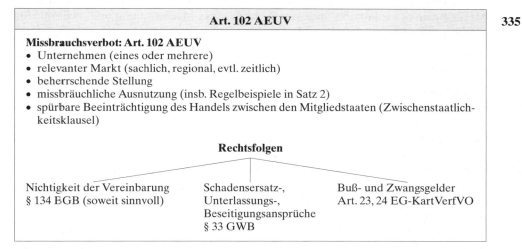

335

### III. Verbotenes Verhalten von marktbeherrschenden Unternehmen (§§ 18, 19 GWB)

#### 1. Marktbeherrschung gemäß § 18 GWB

Die durch die 8. GWB-Novelle 2013 neu eingeführte Norm hat zunächst nur **redaktionelle Bedeutung**, indem sie die bisher im Kontext des Marktmachtmissbrauchs stehende **Definition der Marktbeherrschung** *(§ 19 II, III GWB a.F.)* **verselbständigt** und strafft. Gerechtfertigt ist die Verselbständigung dadurch, dass die Marktbeherrschung

336

als zentraler Begriff des GWB nicht nur für den Missbrauch von Marktmacht, sondern auch für die Fusionskontrolle grundlegend ist. Darüber hinaus wurde in Anpassung an die europäische Praxis die **Monopolvermutung** von einem Marktanteil von 30 % auf einen solchen von nunmehr **40 % angehoben**. Für den Missbrauch einer marktbeherrschenden Stellung bleibt es bei der Anwendbarkeit des redaktionell modifizierten § 19 GWB.

**Abs. 1** von **§ 18 GWB** klärt zunächst, dass Marktbeherrschung eines Unternehmens sowohl auf der Anbieter- als auch auf der Nachfrageseite in Betracht kommt, dass es um Waren oder gewerbliche Leistungen geht und dass die marktbeherrschende Stellung auf dem sachlich und räumlich relevanten Markt besteht. Im Übrigen unterscheidet die Norm, wie bisher, drei Fälle der Marktbeherrschung, nämlich **1. das Monopol, 2.** das **Fehlen wesentlichen Wettbewerbs** und **3.** die **überragende Marktstellung**. Die beiden letztgenannten Fälle überschneiden sich, wobei die Nr. 2 wohl stärker auf den Marktanteil abstellt, während die Nr. 3 eine umfassendere Beurteilung der Marktverhältnisse ermöglicht.

Welche Umstände insoweit zu berücksichtigen sind, führt **Abs. 3** der Norm – nicht abschließend – auf (entspricht *§ 19 II 1 Nr. 2 GWB a.F.*). In allen Fällen geht es um die Machtstellung gegenüber Wettbewerbern bzw. potentiellen Wettbewerbern; die Marktgegenseite spielt aber insoweit auch für diese Machtstellung und nicht nur für die Bestimmung des relevanten Marktes eine Rolle.

**Abs. 2** der Norm weist ausdrücklich darauf hin, dass der räumlich relevante Markt weiter sein kann als der Geltungsbereich des GWB.[23]

Die **Absätze 4-7** enthalten **Vermutungen**, die hinsichtlich des Vorliegens der Marktbeherrschung an bestimmte Marktanteile anknüpfen und die die Rechtsanwendung erleichtern sollen: Bei einem Einzelunternehmen wird Marktbeherrschung bereits ab **40 % Marktanteil** vermutet (Abs. 4). Bei zwei oder drei Unternehmen greift die Vermutung ab **50 %** und bei vier oder fünf Unternehmen ab ⅔ Marktanteil (Abs. 6), wobei es jeweils auf das Fehlen von Binnenwettbewerb einerseits und die Marktbeherrschung im Außenverhältnis andererseits ankommt (Ab. 5). Die Vermutungen können **widerlegt** werden, wenn die Unternehmen nachweisen, dass die Wettbewerbsbedingungen wesentlichen Binnenwettbewerb erwarten lassen und die die Gesamtheit der Unternehmen im Verhältnis zu den übrigen Wettbewerbern keine überragende Marktstellung hat (Abs. 7). Entgegen dem Wortlaut handelt es sich nicht um eine echte Vermutung, sondern um eine **Beweislastregel**, die erst nach der Ermittlung des Sachverhalts eingreift.

Trotz der eigenständigen Formulierungen des deutschen Rechts und seines Freiraums gegenüber dem europäischen Recht ist die Marktbeherrschung im Sinne des § 18 GWB letztlich nach **denselben Kriterien** zu bestimmen wie die beherrschende Stellung des Art. 102 AEUV.

---

23 So auch schon der fusionskontrollrechtlich entschiedene Fall BGHZ 160, 321 – *Staubsaugerbeutel*, bei dem es um Marktbeherrschung auf dem örtlich relevanten Markt Westeuropa ging, die europäische Fusionskontrolle aber nicht eingriff; anders noch BGHZ 131, 107 – *Backofenmarkt*.

## 2. Beispielskatalog für Missbrauch

**Missbrauch** ist – wie im europäischen Recht – **funktional** im Hinblick auf die Beeinträchtigung der Wettbewerbsverhältnisse zu verstehen, nicht etwa im Sinne eines sittenwidrigen oder unlauteren Verhaltens. Insoweit enthält § 19 I GWB – wie bisher – eine Generalklausel.

337

Der Erleichterung der Rechtsanwendung dient auch der – nicht abschließende – **Beispielskatalog** missbräuchlicher Verhaltensweisen in § 19 II Nr. 1 – 5 GWB hinsichtlich

– (Nr. 1) einer unmittelbaren oder mittelbaren unbilligen **Behinderung** oder eine sachlich nicht gerechtfertigten unmittelbare oder mittelbare **Diskriminierung** gegenüber gleichartigen Unternehmen.

**Beispiel**[24]: E hat auf dem Markt für Fertigfutter für Hunde und Katzen eine marktbeherrschende Stellung inne. Er vereinbart mit seinen Groß- und Einzelhandelskunden ein umsatzabhängiges Jahresbonusvergütungssystem. Durch die lange Laufzeit dieses Systems wird es aktuellen und potentiellen Wettbewerbern des E erschwert, ihren Marktanteil zu steigern bzw. einen Marktzugang zu erreichen, so dass ein Fall des Behinderungsmissbrauchs vorliegt.

**Weiteres Beispiel**[25]: Der Veranstalter von Sportereignissen (Fußballbundesliga) unterliegt als marktbeherrschendes Unternehmen dem Behinderungs- und Diskriminierungsverbot, ist aber dabei **nicht** gehalten, Hörberichterstattung unentgeltlich zu ermöglichen.

– (Nr. 2) der Forderung von Entgelten oder sonstigen Geschäftsbedingungen, die von denjenigen abweichen, die sich bei wirksamem Wettbewerb mit hoher Wahrscheinlichkeit ergeben haben würden, unter Berücksichtigung des Vergleichsmarktkonzepts **(Preis- und Konditionenmissbrauch)**.

**Beispiel**[26]: Ein Arzneimittelhersteller ist auf dem Markt für ein bestimmtes Medikament in Deutschland Marktbeherrscher. Auf Grund dieser Tatsache kann er bedeutend höhere Preise verlangen, als dies bei Bestehen eines wirksamen Wettbewerbes möglich wäre. Als Vergleichsgröße wird auf den Preis eines vergleichbaren Produktes auf dem konkurrenzbelebten niederländischen Markt zurückgegriffen (Missbrauch verneint).

**Weiteres Beispiel**[27]: Überhöhte Wasserpreise.

– (Nr. 3) der Forderung ungünstigerer Entgelte oder sonstiger Geschäftsbedingungen als sie das marktbeherrschende Unternehmen selbst auf vergleichbaren Märkten fordert, soweit dies sachlich nicht gerechtfertigt ist **(Preis- und Konditionenspaltung)**.

**Beispiel**[28]: Die Lufthansa war auf der vielgenutzten Strecke Frankfurt-Berlin als marktbeherrschend anzusehen und verlangte auf dieser Strecke wesentlich höhere Beförderungspreise als auf der unwesentlich längeren Strecke Frankfurt-München, auf der sie erheblichem Wettbewerb anderer Fluggesellschaften ausgesetzt war. Diese Preisspaltung kann einen Missbrauch einer marktbeherrschenden Stellung darstellen, der jedoch dadurch gerechtfertigt sein kann, dass die Lufthansa selbst bei den hohen Flugpreisen ihre Selbstkosten nicht amortisieren kann.

---

24 Nach KG Berlin, BB 1981, 1110 ff. – *Fertigfutter*.
25 Nach BGH NJW 2006, 377 – *Hörfunkrechte*.
26 Nach BGHZ 68, 23; 76, 142 – *Valium*.
27 BGH NJW 2012, 3243 – *Wasserpreise Calw*.
28 Nach BGHZ 142, 239 – *Lufthansa/Flugpreisspaltung*-Beschluss.

- (Nr. 4) der **Verweigerung des Zugangs** zu Netzen oder Infrastruktureinrichtungen, soweit die Mitbenutzung möglich und zumutbar ist und ein Unternehmen auf die Mitbenutzung angewiesen ist.

  **Beispiel**[29]: Die S betreibt von einem in ihrem Eigentum stehenden Fährhafen in Puttgarden auf Fehmarn eine Fährverbindung nach Dänemark auf der sog. Vogelfluglinie, der kürzesten Fährverbindung zwischen Mitteleuropa und Skandinavien. Die Weigerung, anderen Fährbetreiber die Nutzung des Fährhafens gegen Zahlung eines angemessenen Entgeltes zu gestatten, ist eine missbräuchliche Ausnutzung einer marktbeherrschenden Stellung i.S. des § 19 II Nr. 4 GWB.

- (Nr. 5) der sog. **passiven Diskriminierung**.[30]

  **Beispiel:** Ein marktbeherrschender Abnehmer veranlasst Anbieter, ihm ungerechtfertigte Vorteile in Form von wertvollen Präsenten für eine Weihnachtsfeier zu spenden.

*§ 20 I GWB a.F.* wird als § 19 III GWB fortgeführt und enthält für erlaubte Kartelle und Preisbindungsvereinbarungen, wie bisher, ein Behinderungs- und Diskriminierungsverbot, ohne dass es noch auf Marktbeherrschung ankommt.

**338** Im Ergebnis dürften europäische und nationale Missbrauchstatbestände weitgehend parallelen Beurteilungskriterien folgen. Während freilich der EuGH bei Anwendung des Art. 102 AEUV eine Diskrepanz zwischen Gewinn und Kosten allein bereits als möglichen Missbrauch sieht[31], stellt § 19 GWB insoweit für den Preismissbrauch auf Vergleichsmärkte mit wirksamem Wettbewerb ab, was zumindest eine unterschiedliche Akzentuierung bedeutet[32].

## IV. Erweitertes Behinderungs- und Diskriminierungsverbot nach § 20 GWB *(§ 20 II–VI GWB a.F.)*

**339** § 20 GWB umfasst das Verbot missbräuchlicher Verhaltensweisen, bei denen **Marktbeherrschung keine Tatbestandsvoraussetzung** ist. Stattdessen genügt eine sog. relative Marktmacht eines Unternehmens, um es gesteigerten Verhaltensanforderungen zu unterwerfen. Der deutsche Gesetzgeber nutzt dabei, soweit der zwischenstaatliche Handel tangiert ist, den ihm durch Ar. 3 II 2 EG-KartVerfVO eingeräumten Spielraum.

### 1. Unternehmen mit relativer Marktmacht, § 20 I GWB

**340** § 20 I 1 GWB dehnt das Behinderungs- und Diskriminierungsverbot des § 19 I, II Nr. 1 GWB (bei Marktbeherrschung) auf Unternehmen und Unternehmensvereinigungen aus, soweit von ihnen kleine oder mittlere Unternehmen als Anbieter oder Nachfrager einer bestimmten Art von Waren oder gewerblichen Leistungen in der Weise abhängig sind, dass ausreichende und zumutbare Möglichkeiten, auf andere Unternehmen auszuweichen, nicht bestehen. Hierin liegt zugleich eine **Legaldefini-**

---

29 Nach BGHZ 152, 84 – *Fährhafen Puttgarden*.
30 Die Vorschrift ersetzt *§ 20 III GWB a.F.*; hierzu *Emmerich*, KartellR, § 29 Rn. 77 ff.; zum „Anzapfverbot" vgl. *Bosch/Fritsche*, NJW 2013, 2225, 2226).
31 EuGH, Slg. 1978, S. 207 Rz. 248 ff. – *Chiquita-Bananen*.
32 Vgl. zur Problematik *Kuhn*, WuW 2006, 578.

**tion** der relativen Marktmacht, die (in der Überschrift vor § 20 GWB) zugleich als überlegene Marktmacht bezeichnet wird.

Es geht insoweit also nicht um Marktbeherrschung, sondern um eine Marktmachtposition **unterhalb der Schwelle der Marktbeherrschung, und zwar zunächst im Vertikalverhältnis**: Ihre Ursache liegt darin, dass von zwei Marktpartnern der eine existentiell auf den anderen angewiesen ist.

**Beispiele:** Für den Hersteller führt es zu existentiellen Problemen, wenn der Hauptabnehmer die Ware nicht mehr listet bzw. das Geschäft des Händlers wird existentiell tangiert, wenn er die Ware eines wichtigen Herstellers nicht mehr erhält.

Die **Vermutung** der relativen Marktmacht eines Nachfragers (= Abhängigkeit des Anbieters) nach Abs. 1 S. 2, die die Rechtsanwendung erleichtern soll, stellt darauf ab, dass einem Unternehmen besondere Vergünstigungen eingeräumt werden, die gleichartigen Nachfragern nicht gewährt werden.

**Beispiel:** Nur die wichtige Verbrauchermarktkette B erhält von den Herstellerfirmen Präsente für ihre Weihnachtsfeier, während andere Händler insoweit keine Chance haben.

Man unterscheidet insoweit folgende Formen der relativen Marktmacht bzw. (umgekehrt) der Abhängigkeit eines Unternehmens:

### Sortimentsbedingte Abhängigkeit des Nachfragers

Ein Händler benötigt bestimmte bekannte Waren, um von seinen Abnehmern als Geschäft bzw. Fachgeschäft ernst genommen zu werden. Es kann sich dabei um einzelne Markenwaren handeln oder um eine Gruppe mehrerer Marken, von denen der Händler zumindest einige führen muss. Wer insoweit von mehreren Unternehmen alternativ abhängig ist, muss sich ggf. nicht von einem auf den anderen verweisen lassen, sondern kann einige von ihnen in Anspruch nehmen.

**341**

> **Fallbeispiel**[33]**:** Der französische Sportartikelhersteller Rossignol (mit Tochtergesellschaft in Deutschland) stellte Skier her, die auf Grund einer umfangreichen Werbung und der mit ihnen erzielten Rennerfolgen weltweit Bedeutung erlangt hatten. Ein anerkanntes Sportfachgeschäft in Oberbayern, das schon längere Zeit Rossignol-Skier bezogen hatte, hatte die Firma Rossignol mit zum Teil unzulässigen Preisaktionen verärgert, so dass sich Rossignol 1974 weigerte, einen Lieferauftrag über knapp 500 Paar Skier zu akzeptieren. In diesem Zusammenhang erhob **Rossignol** gegen das Sportgeschäft Antrag auf Feststellung, dass Rossignol nicht zur Belieferung verpflichtet sei. Das Sportgeschäft hielt dem gegenüber eine Lieferverpflichtung aus § 20 GWB für gegeben. Von dem Jahresumsatz des Sportartikelgeschäfts von 3 Mio. DM machten Rossignol-Skier etwa 100 000 DM aus. Der Marktanteil der Rossignol-Skier in Deutschland betrug 8 %, so dass von Marktbeherrschung keine Rede sein konnte.
>
> Der BGH sah das Sportgeschäft von Rossignol abhängig im Sinne einer **sortimentsbedingten Abhängigkeit**. Als anerkanntes Sportgeschäft musste es Rossignol-Skier führen, die insoweit durch andere Marken (Fischer, Kästle, Kneissl, Atomic, Blizzard, Dynamic, Erbacher, Sohler, K 2, Head und Fritzmeier) nicht ersetzt werden konnten, so dass für das Sportgeschäft mangels Belieferung durch Rossignol im Sinne des § 20 I GWB ausreichende und zumutbare

---

33 Nach BGH NJW 1976, 801 = WuW/E 1391 ff. – *Rossignol.*

> Ausweichmöglichkeiten nicht bestanden. Es ging des Weiteren um einen Geschäftsverkehr, der im Sinne des § 20 I GWB den mit dem Sportgeschäft gleichartigen Unternehmen üblicherweise zugänglich[34] war. Demzufolge war Rossignol Normadressat des § 20 II GWB, und es kam nur noch darauf an, ob eine Lieferverweigerung hier eine unbillige Behinderung oder eine sachlich nicht gerechtfertigte Ungleichbehandlung gegenüber den sonstigen Abnehmern von Rossignol war. Diese Frage wurde für die Zeit nach dem Ende der unzulässigen Preisaktionen des Sportgeschäfts bejaht, so dass letztlich die Belieferungspflicht von Rossignol festgestellt wurde.
>
> Ergänzt wurde die Judikatur später durch die Anerkennung einer **Spitzengruppenabhängigkeit**, um für den Fall, dass sich die sortimentsbedingte Abhängigkeit nur auf einige beliebige von mehreren bekannten Waren bezog, einem zirkulären Verweis vorzubeugen.[35] Und schließlich wurden auch noch Newcomer geschützt.[36]

### Mangelbedingte Abhängigkeit des Nachfragers

**342** Heute nicht sehr wichtig; hat eine Rolle gespielt während der Öl-Krise Ende der 70er Jahre des letzten Jahrhunderts; letztlich ging es darum, bei Verknappung von Rohstoffen das Überleben konzernfreier Unternehmen zu ermöglichen (ähnlich die heutige Vorstellung der „essential facilities"[37]).

### Unternehmensbedingte Abhängigkeit des Nachfragers

**343** Vertragshändler haben ihr Unternehmen auf einen Partner eingerichtet und können nur langfristig und unter Aufwendung von Kosten ihre Tätigkeit verändern; hier ist die Abgrenzung zwischen unzulässigem Sozialschutz einerseits (der Vertragshändler hätte bessere Verträge aushandeln können!) und dem Diskriminierungsverbot andererseits (hier geht es um Aufrechterhaltung der Marktstruktur!) ein Problem[38].

> **Fallbeispiel**[39]: Ein Vertragshändler des Automobilherstellers *Opel* ist von diesem auf Grund der auf seinen Lieferanten ausgerichteten Gestaltung seiner Verkaufsräume und der Tatsache, dass er nur unter der Bedingung, dass ein anderer Hersteller sein Händlernetz erweitert oder ein bisheriger Händler ausscheidet, seinen Betrieb auf den Vertrieb von Kfz. eines anderen Herstellers ausrichten kann, von Opel **unternehmensbedingt abhängig**. Die Verweigerung der Verlängerung des Vertragshändlervertrages kann jedoch zulässig sein, wenn die Diskriminierung nicht ohne sachlich gerechtfertigten Grund geschieht. Insoweit kommt es auf den Marktbezug und kartellrechtliche Kriterien an. Daher dürfte es eine Rolle spielen, inwieweit die missliche Situation des Unternehmens aus von ihm selbst zu vertretenden Umständen folgt. Ist dies der Fall, dann gilt allein das allgemeine Zivilrecht. Aus heutiger Sicht ist hier weiter zu prüfen, inwieweit sich aus der GFVO-Kfz.-Sektor Nr. 461/2010 etwas anderes ergibt.

---

34 Das diesbezügliche Tatbestandmerkmal von *§ 20 I GWB a.F.* ist in § 20 GWB nicht mehr enthalten; es wurde vom Gesetzgeber mangels praktischer Bedeutung gestrichen; BT-Drucks.17/9852, S. 23.
35 BGH GRUR 1979, 560 – *Nordmende*; BGH WRP 2000, 762 – *Designer-Polstermöbel*.
36 BGH GRUR 1981, 917 – *adidas*.
37 Sie hierzu oben Rz. 331.
38 Vgl. *Schultz*, in: Langen/Bunte, Bd. 1, § 20 Rz. 73.
39 Nach BGH, WuW/E 2491 ff. – *Opel-Blitz*.

**Nachfragebedingte Abhängigkeit des Anbieters (!)**
Lieferanten können von Nachfragern abhängig sein, wenn ein großer Überhang von **344**
Waren auf dem Markt existiert, so dass der Wegfall eines Nachfragers die Existenz des
Anbieters insgesamt in Frage stellt. Entsprechende starke Nachfrager sind etwa Aldi
oder Metro, aber auch die Kfz-Hersteller gegenüber der auf sie spezialisierten Zulieferindustrie; auch hier ist das Abgrenzungskriterium Schutz der Marktstruktur! Eine
Vermutungsregel für das Vorliegen der Abhängigkeit eines Anbieters enthält § 20 I 2
GWB.

**Beispiel**[40]: Ein Augenoptiker ist als Lieferant der gesetzlichen Krankenkassen zugelassen
und erreicht einen Großteil seines Umsatzes mit deren Kunden. Der Ausschluss des Optikers
von der Belieferung der Kunden der Kassen kann einen Fall der Diskriminierung in einem
Verhältnis der Abhängigkeit des Anbieters darstellen.

Dass die **relative Marktmacht** ausnahmsweise auch im **Horizontalverhältnis** gegen- **345**
über kleinen und mittleren Wettbewerbern eine Rolle spielen soll, zeigt seit 2007 der
heutige § 20 III GWB (dazu unten Rz. 349).

### 2. Geschützte Unternehmen

Nur kleine und mittlere Unternehmen werden durch die Vorschrift geschützt; letztlich **346**
kommt es auf ein Machtgefälle an. Als Faustregel gilt, dass ein Unternehmen bei einem Jahresumsatz unter 25 Mio. Euro ein kleines, bei über 500 Mio. Euro ein großes
Unternehmen ist[41].

### 3. Diskriminierung und Behinderung

**Die Begriffe Diskriminierung und Behinderung** werden in der Praxis weitgehend **347**
synonym verwandt. Durch die Bezugnahme von § 20 II GWB auf § 19 I, II Nr. 5 GWB
ist zugleich die **passive Diskriminierung** erfasst.

In einem engeren Sinn betrifft eine Diskriminierung immer nur einen Vertrags- bzw.
Handels**partner**, während die Behinderung jeden Dritten bei seinen wettbewerbsbezogenen Aktivitäten beeinträchtigt. Im Rahmen des § 20 I, II GWB geht es dabei stets
um die Beeinträchtigung von Vertrags- bzw. Handels**partnern**.[42]

**Beispiel** für Diskriminierung bzw. Behinderung im Vertikalverhältnis: Nichtbelieferung oder
Belieferung zu ungünstigeren Konditionen; darum geht es bei den meisten Anwendungsfälle
des § 20 I, II GWB!

Eine besondere Variante des Diskriminierungsverbots hinsichtlich der Aufnahme in
bestimmte Vereinigungen findet sich in § 20 V GWB (bisher *§ 20 VI GWB a.F.*).

---

40 BGH, WuW/E 1423 – *Sehhilfen*; vgl. freilich heute § 69 SGB V.
41 *Bechtold*, GWB, § 20 Rz. 17; für primär relative Sichtweise *Emmerich*, KartellR, § 23 Rz. 11; ebenso Merkblatt des BKartA vom März 2007, Rz. 12.
42 Dem gegenüber spricht § 20 III GWB im Hinblick auf die Beeinträchtigung von Wettbewerbern (also im Horizontalverhältnis) nur von Behinderung.

### 4. Unbilligkeit und sachlich gerechtfertigter Grund

**348** Von **entscheidender Bedeutung** ist die Frage, ob die Behinderung **„unbillig"** ist, bzw. ob die Diskriminierung **„ohne sachlich gerechtfertigten Grund"** erfolgt. Insoweit kommt es nach der Definition des BGH

*auf eine Abwägung der entgegenstehenden Interessen unter Berücksichtigung der auf den Schutz des Wettbewerbs gerichteten Zielsetzung des GWB*

an[43]. Es ist grundsätzlich **legitim** für ein Unternehmen, seine **Absatzpolitik eigenständig festzulegen**. Die Grenze des Zulässigen wird dort überschritten, wo über die Vertriebspolitik eine verdeckte Politik zur Preisanhebung bzw. zur Bestrafung preisaktiver Unternehmen erfolgt. **In der Praxis scheitern** die meisten Diskriminierungsprozesse am fehlenden Nachweis der Unbilligkeit bzw. am Vorhandensein eines sachlich gerechtfertigten Grundes.

### 5. Missbrauch von Marktmacht im Horizontalverhältnis

**349** **Beachte:** Über § 20 III GWB wird **auch** der Missbrauch von überlegener Marktmacht **gegenüber kleinen und mittleren Wettbewerbern** eigenständig erfasst.

Und zwar wurde bereits **2007** zwecks besseren Schutzes kleiner und mittlerer Unternehmen des Handels vor aggressiver Preispolitik marktstarker Wettbewerber das **Behinderungsverbot verschärft**[44]. Nach § 20 III GWB liegt eine unbillige Behinderung dieser Unternehmen durch Wettbewerber mit überlegener Marktmacht insbesondere vor beim

auch nur gelegentlichen Verkauf von **Lebensmitteln** bzw. nicht nur gelegentlichen Verkauf sonstiger Waren oder Dienstleistungen **unter Einstandspreis** (Nr. 1, 2)[45] oder

bei Belieferung dieser Unternehmen seitens eines auch auf dem vorgelagerten Markt tätigen marktstarken Unternehmens nur mit höheren als mit den von ihm selbst von seinen Abnehmern geforderten Preisen, also bei einer sog. **Kosten-Preis-Schere** (Nr. 3).

Der Gegenbeweis, dass dies jeweils sachlich gerechtfertigt ist, etwa bei drohendem Verderb oder bei sozialen Zwecken, ist zulässig. § 20 IV GWB erleichtert den Nachweis eines Missbrauchs.

**Beispiel** für Nr. 3: Eine freie Tankstelle kauft bei einem Mineralölunternehmen ein, das als Großhändler tätig ist, aber zugleich eigene Tankstellen betreibt und dabei von freien Tankstellen höhere Preise verlangt als in seinen eigenen Tankstellen. Zur Rechtfertigung könnte es sich etwa auf regionale Preisunterschiede berufen.

Die Bedeutung dieses Behinderungsverbots gegenüber den §§ 3, 4 Nr. 10 UWG liegt in der besonderen Relevanz der Marktverhältnisse und dem möglichen kartellbehördlichen Eingreifen.[46]

---

43 BGHZ 38, 90, 102 – *Grote-Revers*.
44 Hierzu *Lettl*, WRP 2008, 1299; *Kahlenberg/Hellmigk*, BB 2008, 174; *Ritter*, WuW 2008, 142.
45 BGHZ 152, 361 = WuW/E DE-R 1042 – *Wal*Mart*.
46 Vgl. Bekanntmachung des BKartA Nr. 124/2003; *Wackerbeck*, WRP 2006, 991.

## V. §§ 21, 29 GWB

§ 21 GWB verbietet **Boykott, Liefersperren und Kartellzwang**; obwohl im Gesetz eine bestimmte Marktmacht nicht vorausgesetzt ist, geht es der Sache nach um Machtmissbrauch.

**350**

Der **2007 neu eingefügte § 29 GWB** verschärft die Preis-Missbrauchsaufsicht bei marktbeherrschenden Unternehmen der **Energiewirtschaft** in zweifacher Hinsicht[47]. Durch Satz 1 Nr. 2 wird, abweichend von § 19 II GWB, ein gegenüber den Kosten unangemessen **überhöhtes Entgelt** als Missbrauch angesehen. Und nach Satz 1 Nr. 1 sind Entgelte, die **höher** sind als die **anderer Versorgungsunternehmen** (oder von Unternehmen auf vergleichbaren Märkten) per se missbräuchlich. Eine Rechtfertigung kommt zwar in Betracht. Doch trägt das marktbeherrschende Unternehmen (nur) für das kartellbehördliche Verfahren die Beweislast dafür, dass die Abweichung sachlich gerechtfertigt ist. Die Regelung wird kritisch gesehen[48]. Wichtig ist in diesem Zusammenhang, dass mit der ebenfalls 2007 vorgenommenen Änderung des § 64 I Nr. 1 GWB die aufschiebende Wirkung der Beschwerde gegen eine Entscheidung der Kartellbehörde beseitigt wurde.

## VI. Rechtsfolgen des Missbrauchs im Überblick

Es gilt grundsätzlich das oben Rz. 334 Gesagte auch für den Missbrauch im Sinne des nationalen Rechts. Besondere Bedeutung hat zu § 20 I GWB ein möglicher Kontrahierungszwang erlangt (s. Rz. 341). Eine zusammenfassende Darstellung erfolgt unter Rz. 354 ff.

**351**

---

47 Vgl. hierzu *Kahlenberg/Haellmigk*, BB 2008, 174; *Ritter*, WuW 2008, 142.
48 Vgl. Monopolkommission, Sondergutachten 47: „Preiskontrollen in Energie und Handel? Zur Novellierung des GWB", 2007.

## VII. Übersichten

**352**

| **Missbrauchsverbot, § 19 GWB** |
|---|

**Anwendbarkeit des deutschen Rechts**

Der Handel zwischen den Mitgliedstaaten ...

| ... ist spürbar beeinträchtigt ⇩ | ... ist nicht spürbar beeinträchtigt ⇩ |
|---|---|
| • es muss (auch) europäisches Recht angewandt werden (Art. 3 I EG-KartVerfVO/§ 22 I 2 GWB)<br>• deutsches Recht darf dem europäischen im Ergebnis nicht widersprechen (Art. 3 II EG-KartVerfVO/§ 22 II GWB)<br>• **Ausnahme: strengeres deutsches Recht gegen einseitige Handlungen (Art. 102 AEUV) möglich (Art. 3 II 2 EG-KartVerfVO)** | deutsches Recht ist uneingeschränkt anwendbar |

**Missbrauchstatbestand: § 19 GWB**

- Unternehmen
  (auch mehrere, vgl. § 19 I)
- Marktbeherrschung                                      ebenso
  – § 18 I Nr. 1, 2:
    Monopol bzw. Fehlen wesentlichen Wettbewerbs
  – § 18 I Nr. 3:
    überragende Marktstellung
  – Kriterien des § 18 III und Vermutungen in § 18 VI-VII
- missbräuchliche Ausnutzung
  (Beispiele in § 19 II)

**Sonderregelung für Energiewirtschaft § 29 GWB**

**Rechtsfolgen**

| Nichtigkeit einer Vereinbarung § 134 BGB (soweit sinnvoll) | Schadensersatz-, Unterlassungs-, Beseitigungsansprüche § 33 GWB | Bußgelder § 81 GWB |
|---|---|---|

## Diskriminierungs- und Behinderungsverbot, § 20 GWB

**353**

### Anwendbarkeit des deutschen Rechts

Der Handel zwischen den Mitgliedstaaten ...

| ... ist spürbar beeinträchtigt | ... ist nicht spürbar beeinträchtigt |
|---|---|
| ⇩ | ⇩ |
| • eventuell eingreifendes europäisches Verbot muss angewandt werden (Art. 3 I EG-KartVerfVO/§ 22 I, 3 GWB)<br>• deutsches Recht darf dem europäischen im Ergebnis nicht widersprechen (Art. 3 II EG-KartVerfVO/§ 22 I 1 GWB)<br>• **Ausnahme: strengeres deutsches Recht gegen einseitige Handlungen (Art. 102 AEUV) möglich (Art. 3 II 2 EG-KartVerfVO)** | deutsches Recht ist uneingeschränkt anwendbar |
| **Behinderungs- und Diskriminierungsverbot: § 20 GWB**<br>• Unternehmen mit<br>  – relativer Marktmacht (§ 20 I)<br>  – vertikal (vgl. § 20 I, II) oder<br>  – horizontal (vgl. § 20 III, IV)<br>• Diskriminierung oder Behinderung<br>• Fehlen eines sachlichen Grundes bzw. Unbilligkeit<br>• Sonderregelung für Verbände, § 20 V | ebenso |

### Rechtsfolgen

| Nichtigkeit einer Vereinbarung § 134 BGB (soweit sinnvoll) | Schadensersatz-, Unterlassungs-, Beseitigungsansprüche § 33 GWB eventuell Kontrahierungszwang | Bußgelder § 81 GWB |
|---|---|---|

# § 7 Rechtsfolgen, Akteure und Verfahren im Recht gegen Wettbewerbsbeschränkungen

**Literatur zur Vertiefung:** siehe vor § 5.

## I. Rechtsfolgen eines Verstoßes gegen Kartellrecht

### 1. Nichtigkeit

354 **Art. 101 II AEUV** erklärt verbotene Wettbewerbsbeschränkungen für nichtig. Doch gilt dies nur für die wettbewerbsbeschränkende Abrede **als solche**; ob ein Vertrag insgesamt nichtig ist, richtet sich in Deutschland nach § 139 BGB bzw. nach eventuell ausdrücklich für den Fall der Teilnichtigkeit getroffenen Abreden. Im Geltungsbereich der GFVOen ist zwar beim Vorhandensein von **Kernbeschränkungen** von einer Nichtigkeit der ganzen Wettbewerbsbeschränkung auszugehen, freilich aber eben nur der Wettbewerbsbeschränkung, so dass im Übrigen das Gesagte hier in gleicher Weise gilt. **Folgeverträge** (etwa Kaufverträge unter Zugrundelegung der Preise einer unzulässigen Kartellabsprache) sind eigenständige Verträge, die von Art. 101 II AEUV **nicht erfasst** werden. Eine Zuwiderhandlung gegen **Art. 102 AEUV** führt erst über **§ 134 BGB** zur Nichtigkeit eines eventuellen Vertrages bzw. Vertragsteils. Auch bei einem Verstoß gegen die **§§ 1, 19 oder 20 GWB** hat **§ 134 BGB** Nichtigkeit nach den allgemeinen Grundsätzen zur Folge.

Soweit die Nichtigkeit in Rechtspositionen Dritter eingreifen würde, die an dem Gesetzesverstoß nicht beteiligt sind, bedarf es freilich der **Einschränkung** der diesbezüglichen Sanktion[1]. Das Opfer darf nicht auch noch vom Recht benachteiligt werden. Stellt sich etwa ein Vertragsschluss als missbräuchliche Ausnutzung einer marktbeherrschenden Stellung oder von Marktmacht im Sinne von § 19 oder 20 GWB gegenüber dem Vertragspartner dar, dann kann man nicht ohne Weiteres von der Nichtigkeit dieses Vertrages ausgehen, der ja möglicherweise partiell auch Vorteile (Anspruch auf Lieferung einer Ware!) für diesen Vertragspartner aufweist; vielmehr kann dann möglicherweise die Gültigkeit des Vertrags die richtige Lösung sein, wobei die Interessen des Vertragspartners im Übrigen durch Schadenersatzansprüche bewältigt werden. Liegt der Kartellverstoß im Abschluss eines Gesellschaftsvertrages, stellt sich die Frage nach der Anwendung der Grundsätze der fehlerhaften Gesellschaft.[2] Eventuell kommt als Folge eines missbräuchlichen Verhaltens, unbeschadet der kartellrechtlichen Wertung, auch die **Billigkeitskontrolle** gemäß § 315 BGB in Betracht.[3]

---

1 Vgl. *Bechtold*, GWB, § 20 Rz. 64.
2 Die Wirksamkeit eines gegen § 1 GWB verstoßenden Gesellschaftsvertrages wird von BGH WuW/E DE-R 2657 Rn. 11 – *Nassauische Landeszeitung* – unter Hinweis auf den Schutz von Allgemeininteressen durch das GWB, von BGH WuW/E DE-R 2361 Rn. 16 – *Nord-KS/Xella* – ohne Begründung verneint; kritisch hierzu *K. Schmidt*, BB 2014, 515 ff., *Palzer* ZGR 2012, 631 ff.
3 Vgl. hierzu *Kühne*, NJW 2006, 2520; *Büdenbender*, NJW 2007, 2945; BGH NJW 2007, 2540 – Einseitige Tariferhöhung eines Gasversorgers (§ 315 BGB im Ergebnis verneint) zum Verhältnis zum GWB (a.a.O. S. 2541); im Übrigen gelten z.T. Sonderregeln des EnWG.

**Fallbeispiel:**[4] Im Pachtvertrag zwischen dem Verpächter einer **Tennishalle**, der noch weitere Sportanlagen teils selbständig betrieb und teils verpachtet hatte, fand sich eine Klausel, wonach der Pächter verpflichtet war, die ihm vom Verpächter mitgeteilten Abonnements- und Einzelpreise einzuhalten; darüber hinaus enthielt der Vertrag eine sog. salvatorische Klausel, wonach bei Nichtigkeit einzelner Vertragsbestimmungen der Vertrag im Übrigen wirksam bleiben solle. Als der Pächter in Zahlungsrückstand geriet, kündigte der Verpächter das Vertragsverhältnis fristlos und verlangte Zahlung; der Pächter erklärte hilfsweise Aufrechnung mit Gegenansprüchen.

355

Die Geltendmachung der Pachtzinsansprüche setzt zunächst die Wirksamkeit des Pachtvertrags voraus. In der hier vereinbarten Preisbindung, die den zwischenstaatlichen Handel nicht berührte, lag (nach heutiger Gesetzeslage) ein Verstoß gegen § 1 GWB; es muss bei der Festlegung von Preisen auch von einer Spürbarkeit der Wettbewerbsbeschränkung ausgegangen werden. Die Absprache über die Preisbindung war nach § 134 BGB nichtig. Da die Preisabsprache und der Pachtvertrag als je eigenständige Regelungen möglich waren, ergab sich zunächst aus § 139 BGB, dass der gesamte Vertrag nichtig wäre, wenn nicht anzunehmen war, dass der Pachtvertrag auch ohne die Preisabsprache geschlossen worden wäre; ob das der Fall war, hätte der Verpächter, der sich auf den Fortbestand des Vertrages berief, beweisen müssen. Nach dem BGH hat die salvatorische Klausel lediglich Bedeutung für die Beweislast, so dass nunmehr vom Fortbestand des Pachtvertrages auszugehen ist, es sei denn, der Pächter beweist, dass der Pachtvertrag bei Kenntnis von der Nichtigkeit der Preisabsprache nicht abgeschlossen worden wäre. Das wird ihm schwer fallen. Den konkreten Fall wies der BGH zur weiteren Sachaufklärung zurück.

**Fallbeispiel:**[5] Die Staatslotterie in Bayern hatte Geschäftsaufträge zur Führung von Bezirksstellen des **Südlotto**, einer staatlichen Wetteinnahme des bayrischen Fußballtotos und der staatlichen bayrischen Losbriefstelle, vergeben. Eine dieser Bezirksstellen hatte der damalige Kläger inne. Als die Geschäftsaufträge ihm gegenüber seitens der Staatslotterie gekündigt wurden, machte er gerichtlich die Unwirksamkeit dieser Kündigung geltend.

356

Der BGH ging davon aus, dass die Rechtsbeziehungen zwischen der Staatslotterie und ihren Bezirksstellen privatrechtlich geregelt seien und dass demzufolge die Staatslotterie (staatliche Einrichtung ohne eigene Rechtspersönlichkeit im Geschäftsbereich des Finanzministeriums) als Unternehmen zu betrachten sei. Als solches habe sie zumindest eine marktstarke Position im Sinne des heutigen § 20 I GWB innegehabt. Da nur dem Kläger gegenüber die Kündigung ausgesprochen worden sei, habe es sich bei der Tätigkeit der Bezirksstellen um einen für den Kläger üblicherweise zugänglichen Geschäftsverkehr gehandelt. Mangels eines sachlich gerechtfertigten Grundes für sein Ausscheiden aus der Organisation liege ihm gegenüber eine unzulässige Diskriminierung vor, die gegebenenfalls ein Recht zum Neuabschluss eines Vertrags zur Übernahme einer Bezirksstelle zur Folge habe. Dieser Weg sei natürlich umständlich; aber unbeschadet dessen könne der Kläger geltend machen, dass die Kündigung als solche unzulässig und nach § 134 BGB nichtig sei. Zur Frage, ob es eine Rechtfertigung der Diskriminierung nach den Maßstäben des GWB gegeben habe, hat der BGH zurück verwiesen. – Der Missbrauch von Marktmacht kann also durchaus zur Nichtigkeit eines einseitigen Rechtsgeschäfts (hier der Kündigung) führen!

---

4 Nach BGH NJW 2003, 347 – *Tennishallenpacht*.
5 Nach BGHZ 107, 273; vgl. auch BGH GRUR 2003, 893, 895 – *Schülertransporte*.

## 2. Zivilrechtliche Ansprüche

**357** **Unterlassungs-, Beseitigungs-** und **Schadenersatzansprüche** ergeben sich über § 33 GWB zugunsten **Betroffener** beim Verstoß gegen deutsches wie europäisches Kartellrecht. Betroffener ist, wer als Mitbewerber oder sonstiger Marktbeteiligter durch den Verstoß beeinträchtigt ist (§ 33 I 3 GWB); dazu gehören ggf. auch Verbraucher. Ein spezifischer Schutzzweck im Sinne des § 823 II BGB muss nicht mehr ermittelt werden.

Für (evtl. vorbeugende) Ansprüche auf **Unterlassung** bzw. **Beseitigung** eines kartellrechtswidrigen Verhaltens kommt es auf ein Verschulden nicht an.[6] Praktische Bedeutung kann dies vor allem im Hinblick auf einen sich hieraus ergebenden **Kontrahierungszwang** gegenüber einem den Vertragsschluss missbräuchlich verweigernden Unternehmen haben. Derartige Ansprüche auf Belieferung bzw. Abschluss eines diesbezüglichen Vertrages spielen vor allem im Zusammenhang mit § 20 I GWB eine Rolle[7]. Vgl. dazu schon **Fallbeispiele** Rz. 341 ff. Eventuell kommt eine Feststellungsklage in Betracht, weil ein Klageantrag auf Belieferung mit bestimmten Mengen zu bestimmten Preisen kaum praktisch sinnvoll gestellt werden kann (vgl. insoweit schon oben Rz. 232). Die nach § 33 II GWB zugelassene Verbandsklage hat bislang keine Bedeutung erlangt.

**358** Der **Schadenersatzanspruch** setzt nach § 33 III GWB einen schuldhaften Kartellverstoß voraus. Dessen tatbestandliche Voraussetzungen muss nach allgemeinen Grundsätzen der Geschädigte beweisen, was angesichts der Komplexität der diesbezüglichen Tatbestandsmerkmale häufig sehr schwer ist. Hier will das GWB dem Geschädigten entgegenkommen.

**Fallbeispiel („follow-on"):** Die Kommission hat gegen die Unternehmen A, B und C wegen gegen Art. 101 AEUV verstoßende Preisabsprachen ein Bußgeld verhängt; gegenüber dem Unternehmen D, das an der Preisabsprache beteiligt war, wurde von der Festsetzung einer Geldbuße Abstand genommen, weil D die Sache als Kronzeuge der Kommission zur Kenntnis gebracht hatte. A und B fochten die Entscheidung vor dem EuG mit der Nichtigkeitsklage an, während C die Anfechtungsfrist verstreichen ließ und das Bußgeld zahlte. – Unternehmen U ist Abnehmer der Waren von A, C und D und vertritt die Auffassung, die durch das Kartell abgesprochenen Preise hätten dazu geführt, dass er in der fraglichen Zeit an A, C und D jeweils 1 Mio. Euro zu viel gezahlt habe. Er macht Schadenersatzansprüche von insgesamt 3 Mio. Euro gerichtlich geltend.

Anspruchsgrundlage wäre 101 AEUV in Verbindung mit § 33 III GWB, wobei U als „Betroffener" gemäß § 33 I GWB ohne Weiteres aktivlegitimiert ist. Beweisen muss U die Kartellverstöße und das Verschulden von A, C und D, den ihm entstandenen Schaden sowie die Kausalität der Kartellverstöße für diesen. § 33 IV GWB hilft dem Geschädigten mit der sog.

---

6 Offen gelassen von WuW/E BGH 2491, 2494 – *Opel-Blitz*.
7 Nach BGH WRP 2006, 109 – *Quantitative Selektion* –, folgt bei einem gegen Art. 101 AEUV verstoßenden Vertriebssystem ein Kontrahierungszwang zugunsten eines nicht zugelassenen Dritten nicht schon aus dieser Norm, sondern erst über § 20 GWB; kritisch *Ensthaler/Gesmann-Nuissl*, BB 2005, 1749, 1751; trotz der Neufassung des § 33 GWB durch die 7. GWB-Novelle dürfte diese Rechtsprechung deshalb zutreffen, weil es ein Recht auf Zugang zu einem rechtswidrigen Vertriebssystem nicht geben kann; so zutreffend *Bornkamm*, in: *Langen/Bunte*, Bd. 1 § 33 Rz. 91.

follow-on-Klage insofern[8], als das das Gericht bei der Schadensersatzklage an eine bestandskräftige Entscheidung der Kommission (oder einer nationalen Kartellbehörde) bzw. des diese überprüfenden Gerichts über den Kartellverstoß gebunden ist. Das ist bei C, aber auch bei D der Fall, während der Bußgeldbescheid gegenüber A noch nicht bestandskräftig ist. Hinsichtlich der Klage gegen C und D ist mithin von einem schuldhaften Kartellverstoß auszugehen, was vor allem für D misslich ist, der ja bei der Aufklärung des Kartellverstoßes geholfen hatte.[9] Für den weiter von U zu beweisenden Schaden und für die Frage der Kausalität mag sich aus der Entscheidung der Kommission eine gewisse Hilfe für U ergeben; doch fehlt es an einer Bindung (zur Problematik des Vorteilsausgleichs durch Weitergabe der erhöhten Kartellpreise vgl. sogleich!). Gegenüber A käme hier eine Aussetzung des Ersatzprozesses in Betracht (vgl. Art. 16 I 3 EG-KartVerfVO 1/2003). Da die Verjährung nach § 33 V GWB insoweit gehemmt ist, kann U insoweit abwarten.[10]

Bekanntes Gegen-**Beispiel** einer missglückten **Sammel-Klage**: Gegen ein Kartell war vom BKartA ein Bußgeld von 660 Mio. Euro verhängt worden war (wegen der Rückwirkungsproblematik ist aber zweifelhaft, ob die follow-on-Regelung in diesem Fall anwendbar gewesen wäre)[11]. Eine Sammel-Schadensersatzklage gegen Mitglieder eines Zementkartells wurde vom OLG Düsseldorf[12] in einem Zwischenurteil als zulässig angesehen; mit Urteil vom 17.12.2013 hat dann freilich LG Düsseldorf[13] die sammelweise Abtretungen wegen Verstoßes gegen das *RBerG* (heute RDG) und § 138 BGB als unwirksam erachtet, so dass die Klage letztlich scheiterte.

2011 wurden die Voraussetzungen der individuellen **Geltendmachung von Ersatzansprüchen** durch die BGH- Judikatur **erleichtert**.

359

**Fallbeispiel:**[14] Die beklagte H war Teilnehmerin eines Kartells der Hersteller von Selbstdurchschreibepapiers (SD-Papier) und musste aufgrund einer bestandskräftig gewordenen Entscheidung der Kommission wegen Kartellverstößen in den Jahren 1992-1999 33 Mio. Euro Bußgeld zahlen. Der Kläger K war Rechtsnachfolger der insolventen *ORWI*-KG, die ein Druckereiunternehmen betrieben und in der Zeit des insoweit sanktionierten Kartells über einen Großhändler G in beträchtlichem Umfang SD-Papier erworben hatte; der Großhändler seinerseits hatten das SD-Papier von ebenfalls sanktionierten Kartellmitgliedern, allerdings nicht von H, bezogen. K meint, er habe kartellbedingt einen überhöhten Preis gezahlt und verlangt den diesbezüglichen Differenzbetrag von H. – H wendet ein,
- K habe nicht bei ihm, sondern bei Großhändler G gekauft,
- G habe nicht bei ihm, sondern bei einem anderen Kartellmitglied gekauft,
- K habe vermutlich die höheren Preise an seine Kunden weiter gegeben, so dass ihm gar kein Schaden entstanden sei.

Der BGH bejahte zunächst einen Schadensersatzanspruch auch im Falle des nur **indirekten Erwerbs** von einem Kartellmitglied, hier des Erwerbs über G.[15] Und er bejahte weiter die Haftung des Kartellanten auch für einen durch den Verkauf eines anderen Kartellmitglieds

---
8 Zur Bedeutung von Art. 16 I EG-KartVerfVO insoweit *Lettl*, Kartellrecht, § 11 Rz. 81.
9 Näher zur Problematik unten Rz. 363.
10 Vgl. *Johanns*, in: Mäger, Europäisches Kartellrecht, 10. Kap. Rz. 24; *Hönn*, Klausurenkurs, Fall 12.
11 Vgl. *Zimmer/Logemann*, WuW 2006, 982.
12 WuW/E DE-R 2311.
13 WuW/E DE-R 4087-4096.
14 BGHZ 190, 145 – *ORWI*; eingehend hierzu *Morell*, WuW 2013, 959-970.
15 Stützte dies aber auf § 823 II BGB, weil § 33 GWB auf den konkreten Fall noch nicht anwendbar war.

> entstandenen Schadens unter dem Blickwinkel der **gesamtschuldnerischen deliktischen Haftung** gemäß den §§ 830, 840 BGB. Hinsichtlich des dritten Arguments verwies der BGH auf Vorteilsausgleichung, wobei die Darlegungs- und Beweislast zunächst beim Schädiger liegt, der Geschädigte aber eine sekundäre Beweislast trägt.

Generell stellt sich bei einem Ersatzanspruch wegen einer Schädigung durch überhöhte Kartellpreise die Frage, ob der in Anspruch Genommene einen **Vorteilsausgleich** in dem Sinne geltend machen kann, der Geschädigte habe ja den überhöhten Kartellpreis an seine Abnehmer weitergegeben und deshalb letztlich keinen Schaden erlitten (sog. **passing-on-defense**)[16]. § 33 III 2 GWB sagt insoweit ausdrücklich, dass ein Schaden nicht deshalb ausgeschlossen ist, weil die Ware oder Dienstleistung weiter veräußert worden sei; ob dem Unternehmen ein Schaden entstanden ist, muss aber ermittelt werden. Insoweit kommt eine Schätzung des Schadens in Betracht, bei der gemäß § 33 III 3 GWB der anteilige Gewinn, den das in Anspruch genommene Unternehmen durch den Kartellverstoß erlangt hat, berücksichtigt werden kann.

Die praktische Bedeutung zivilrechtlicher Ansprüche bei Kartellrechtsverstößen nimmt in Deutschland zu, zumal die Möglichkeit von **follow-on-Klagen** (§ 33 IV GWB) die Durchsetzung von Ansprüchen Geschädigter seit der 7. GWB-Novelle von 2005 erleichtert. Insbesondere für Wettbewerbsbeschränkungen, die nach europäischem Recht verboten sind, sind aber BKartA und Kommission nach wie vor die wichtigste Instanz zur Rechtsdurchsetzung.

**360** Gleichwohl besteht auch seitens der Kommission großes Interesse am „Private Enforcement."[17] Soweit die kartellbehördliche Rechtsdurchsetzung über sog. **Kronzeugen** erfolgt, besteht aber ein **Interessenkonflikt** mit Private Enforcement. Denn der Kronzeuge wird bei Offenbarung seines Kartellverstoßes zwar nur gering oder nicht qua Bußgeld bestraft, trägt aber ein erhöhtes Risiko von Schadenersatzklagen; es ist die Frage, ob und inwieweit man den Kronzeugen durch Geheimhaltung der von ihm offenbarten Umstände vor der Einsichtnahme zwecks Begründung von Ersatzklagen schützen kann.[18] Insoweit legte die Kommission 2013 den **Entwurf einer Richtlinie** über bestimmte Vorschriften für Schadenersatzklagen nach einzelstaatlichem Recht wegen Zuwiderhandlung gegen wettbewerbsrechtliche Bestimmungen der Mitgliedstaaten und der EU vor; danach könnte die Haftung des Kronzeugen möglicherweise auf Ersatzansprüche der eigenen Abnehmer beschränkt werden.[19]

---

16 Vgl. zu der strittigen Problematik des „passing-on-defense" *Emmerich*, KartellR, § 7 Rz. 19; *Hönn*, Klausurenkurs, Fall 12; *Lettl*, Kartellrecht, § 11 Rz. 51 f., 98 f.
17 Im April 2008 legte die europäische Kommission insoweit ein sog. Weißbuch vor, das wegen Unvereinbarkeit mit Grundsätzen des deutschen Rechts massiv kritisiert wurde; etwa *Heitzer*, 1.5.2006, zugänglich über www.bundeskartellamt.de bei Publikationen (21.1.2009).
18 OLG Hamm WuW/E DE-R 4101-4117 – *Einsicht in Strafakten* bejaht ein weitgehendes Einsichtsrecht; BVerfG NJW 2014, 766 hat eine hiergegen gerichtete Verfassungsbeschwerde nicht zur Entscheidung angenommen; auch der EuGH WuW/E EU-R 2746-2753 – *Donau Chemie* geht von einem gewissen Einsichtsrecht aus; vgl. auch *Heinichen*, NZKart 2014, 83.
19 Vgl. dazu *Gussone/Schreiber*, WuW 2013, 1040 ff, und *Pfeffer/Rummel*, WuW 2014, 172 ff., die jeweils auf den Richtlinienentwurf der Kommission (COM (2013) 404 endg.) vom 12.6.2013 eingehen; Einzelheiten bei *Kersting*, WuW 2014, 564 ff., der darauf hinweist, dass das Europäische Parlament der RL am 17.4.2014 zugestimmt hat.

## 3. Von der EU-Kommission verhängte Geldbußen und Zwangsgelder

Die Art. 23, 24 EG-KartVerfVO sehen bei Kartellverstößen **Geldbußen und Zwangsgelder** vor; bei der Festsetzung der Höhe der Geldbuße ist sowohl die Schwere der Zuwiderhandlung als auch deren Dauer zu berücksichtigen, wobei die Obergrenze bei 10 % der Gesamtumsätze der betroffenen Unternehmen im vorangegangenen Geschäftsjahr liegt (Art. 23 II EG-KartVerfVO). Insoweit wurde etwa gegen *VW* wegen der Behinderung von Reimporten eine Geldbuße von ca. 90 Mio. Euro verhängt[20], gegen die Firma *Microsoft* im Jahre 2004 wegen Missbrauchs seines Quasi-Monopols 497 Mio. Euro[21], gegen fünf Hersteller von *synthetischem Kautschuk* wegen Preisabsprachen und Aufteilung des Kundenkreises 2006 insgesamt 519 Mio. Euro[22], gegen *Aufzughersteller* fast 1 Mrd. Euro[23] und gegen 4 *Autoglashersteller* fast 1,4 Mrd. Euro[24]. Die Kommission ist bestrebt, sich mit möglichst **hohen Geldbußen** Respekt zu verschaffen[25]. 2013 verhängte sie gegen acht internationale Finanzinstitute wegen Teilnahme an Zinskartellen in der Derivate-Branche Geldbußen in Höhe von insgesamt 1,71 Mrd. Euro.[26] – Bei Kartellverstößen von Tochtergesellschaften kommt die Festsetzung von **Bußgeld auch gegen die Muttergesellschaft** in Betracht, wenn die Tochter trotz eigener Rechtspersönlichkeit ihr Verhalten nicht autonom bestimmt.[27]

361

*a) Kumulative Bestrafung?*

Im Verhältnis zwischen **Drittstaaten** (z.B.: USA oder Kanada) und der EU besteht nach der Judikatur des EuGH kein Verbot der Doppelbestrafung[28]! Im Falle kumulativer Anwendung europäischen und nationalen Kartellrechts dürfte der Grundsatz **ne bis in idem** aber jedenfalls einzuhalten sein.[29] Doch ergibt sich im Hinblick auf die Zuständigkeitsregeln zwischen Kommission und nationaler Kartellbehörde nach Art. 11 VI EG-KartVerfVO insoweit wohl kein Konflikt. Bei Geldbußen seitens mehrerer nationaler Kartellrechte müsste das Verbot der Doppelbestrafung ebenfalls eingreifen[30]. Es erfasst freilich **nicht** das Verhältnis zwischen Unternehmen selbst und seinen Organ**personen**.

362

*b) Kronzeugenregelung*

Große Bedeutung hat die Privilegierung von **Kronzeugen**, denen je nach Sachlage eine Geldbuße erlassen oder ermäßigt werden kann (sog. Leniency-Praxis)[31]. Die

363

---

20 EuGH, Slg. 2003, S. I-0918.
21 FAZ vom 7.7.2006, S. 12.
22 FAZ vom 30.11.2006, S. 15.
23 FAZ vom 22.2.2007 S. 9.
24 FAZ vom 13.11.2008 S. 17.
25 Vgl. auch Leitlinien der Kommission vom 1.9.2006, ABl. C 210 S. 2.
26 Beschluss der Kommission vom 4.12.2013 – IP/13/1208 – *LIBOR*.
27 EuGH vom 11.7.2013, NZKart 2013, 367; zum Ratschlag eines Anwalts vgl. EuGH NJW 2013, 3083.
28 Vgl. EuGH v. 29.6.2006, WuW/E EU-R 1069 – *SGL Carbon*.
29 Vgl. EuGH a.a.O.
30 Speziell hinsichtlich der Zusammenarbeit im Netzwerk der europäischen Kartellbehörden *Klees*, WuW 2006, 1222.
31 Vgl. Kommission, Mitteilung über den Erlass und die Ermäßigung von Geldbußen in Kartellsachen v. 8.12.2006, ABl. C 298 S. 17; dazu *Albrecht*, WRP 2007, 417; im Falle des o.a. Kartells der Hersteller von synthetischem Kautschuk soll der Bayer AG die Kartellstrafe vollständig erlassen worden sein; vgl. FAZ vom 30.11.2006, S. 15.

Regelung ist so beliebt, dass die Kommission mit der Bearbeitung entsprechender Selbstanzeigen gar nicht Schritt halten kann.[32] Die Kronzeugen-Privilegierung schützt aber nicht von der Geltendmachung von Schadenersatzansprüchen seitens anderer Unternehmen; und die Durchsetzung derartiger Ansprüche wird im Falle des Einschreitens der Kommission durch die sog. **follow-on-Klage** (vgl. § 33 IV GWB) eventuell sogar noch erheblich erleichtert. In dem o.a. Weißbuch überlegt die Kommission, ob man nicht zwecks Schutzes des Kronzeugen-Systems die privatrechtliche Haftung der Kronzeugen einschränken kann (höchst bedenklich!). Wegen fehlender Rechtsgrundlagen ist die Kronzeugen-Privilegierung rechtsstaatlich fragwürdig[33]. Vgl. zum Private Enforcement bereits oben Rz. 360.

*c) Zwangsgeld*

**364** Zwangsgelder können zur Erzwingung kartellrechtskonformen Verhaltens für die Zukunft **neben Geldbußen** verhängt werden; im Fall Microsoft soll die Kommission mit Zwangsgeldern bis zu 2 Mio. Euro **pro Tag** des Nichtvollzugs verhängter Auflagen gedroht haben[34].

### 4. Bußgeld und Zwangsgeld nach GWB

**365** § 81 GWB sieht im Falle eines schuldhaften Verstoßes gegen die **Art. 101, 102 AEUV** (!) sowie gegen Vorschriften des **GWB** bzw. kartellbehördliche Verfügungen ein **Bußgeld** vor, das von der Kartellbehörde festgesetzt werden kann. Der Bußgeldrahmen beläuft sich heute auf bis zu **einer Million Euro** und **gegenüber Unternehmen darüber hinaus** bis zu **10 % des Umsatzes** des vorausgegangenen Jahres.[35] Bei Umstrukturierung von Unternehmen bestehen allerdings Probleme.[36] Auch gegen natürliche Personen (z.B. gegen Vorstandsmitglieder!) kann bei deren schuldhaftem Verstoß nach deutschem Recht (nicht nach der EG-KartVerfVO) ein Bußgeld verhängt werden. Die vom BKartA bislang festgesetzten Geldbußen haben eine Höhe von fast 150 Millionen Euro wegen eines Kartellverstoßes und im Jahre 2003 die Gesamtsumme von etwa 717 Mio. Euro erreicht[37], sind also durchaus ernst zu nehmen. Praktische Bedeutung haben Bußgelder vor allem bei sog. **Hardcore-Kartellen**, d.h. bei vorsätzlichen Kartellverstößen, die meist nur dann aufgedeckt werden können, wenn ein Insider „plaudert". Die **Kronzeugen**-Privilegierung ist insoweit praktisch wichtig und wird auch vom BKartA praktiziert.[38] Sie schützt aber derzeit wiederum nicht vor privatrechtlichen Schadenersatzansprüchen. Die aktuellen Leitlinien des BKartA für die

---

32 So *Soltész*, WuW 2006, 867.
33 Vgl. etwa *Soltész*, WuW 2006, 867; *Säcker*, WuW 2009, 3.
34 FAZ vom 10.7.2006, S. 15.
35 Nach BGH NJW 2013, 1972 ff. Rn. 52, 55 – *Grauzementkartell* – ist die 10 %-Grenze § 81 IV 2 GWB verfassungskonform im Sinne einer Obergrenze auszulegen, womit es ausgeschlossen ist, das Bußgeld unabhängig hiervon nach der Schwere der Zuwiderhandlung zu ermitteln und die 10 %-Grenze lediglich als Kappungsgrenze zu verstehen; das BKartA hat daraufhin am 25.6.2013 seine Bußgeldleitlinien neu gefasst.
36 Nach BGHSt 57, 193 – *Versicherungsfusion* – und BGH NJW 2013, 1972 ff. Rn. 81 ff. – *Grauzementkartell* – darf gegen einen Gesamtrechtsnachfolger ein Bußgeld nur verhängt werden, wenn bei wirtschaftlicher Betrachtung nahezu Identität besteht; seit dem 30.6.2013 gilt insoweit § 30 Abs. 2a OWiG.
37 *Emmerich*, KartellR, 2001⁹, § 33, 2 m.N.; *ders.*, KartellR, § 43 Rz. 20.
38 Bonusregelung des BKartA vom 7.3.2006; dazu *Ohle/Albrecht*, WRP 2006, 866.

Bußgeldzumessung in Kartellordnungswidrigkeitenverfahren stammt vom 26.6.2013. – § 86a GWB gibt der Kartellbehörde überdies das Recht, zur Durchsetzung ihrer Anordnungen **Zwangsgelder** (von höchstens 10 Mio. Euro) festzusetzen.

### 5. Vorteilsabschöpfung gemäß § 34 GWB

Subsidiär gegenüber der Zahlung von Schadensersatz oder von Bußgeld ist gemäß § 34 GWB die Vorteilsabschöpfung durch die Kartellbehörde. Der insoweit zusätzlich eröffneten Verbandsklage auf Zahlung an den Bundeshaushalt (§ 34a GWB) dürfte kaum praktische Bedeutung zukommen.

**366**

### 6. Beweislast

Bei der Anwendung nationalen Rechts gilt entsprechendes wie im europäischen Recht.[39] Bedeutsam ist insoweit die **Beweislastregelung** des Art. 2 EG-KartVerfVO für den Gesamtbereich der Anwendung europäischen Kartellrechts: In allen einzelstaatlichen und gemeinschaftlichen Verfahren zur Anwendung der Art. 101, 102 AEUV trägt nämlich die Beweislast für eine Zuwiderhandlung gegen Art. 101 I, 102 AEUV die Partei oder Behörde, die diesen Vorwurf erhebt. Die Beweislast dafür, dass die Voraussetzungen des Art. 101 III AEUV vorliegen, obliegt den Unternehmen oder Unternehmensvereinigungen, die sich auf diese Bestimmung berufen.[40]

**367**

## II. Überblick über Akteure und Verfahren im Recht gegen Wettbewerbsbeschränkungen

Die **rechtlichen Grundlagen** des Verfahrens finden sich weitgehend in den bereits näher dargestellten gesetzlichen Regelungen der Art. 101 ff. AEUV, in den Gruppenfreistellungsverordnungen der Kommission und im GWB. Besondere Bedeutung für das Verfahren vor der Kommission kommt der **EG-Kartellverfahrensverordnung Nr. 1/2003 („EG-KartVerfVO")** zu. Während das deutsche GWB aber auch die Verfahrensvorschriften betreffend die Fusionskontrolle umfasst, sind die diesbezüglichen europarechtlichen Vorschriften in einer gesonderten Verordnung, der EG-FKVO, normiert; die EG-KartVerfVO gilt für den Bereich der Fusionskontrolle nicht (vgl. zur Fusionskontrolle umfassend unten §§ 8 und 9).

**368**

Unter den Akteuren sind zunächst die Unternehmen selbst als Handelnde und Betroffene zu sehen. Der Kommission und den nationalen Kartellbehörden (BKartA und Landeskartellbehörden) fällt die Aufgabe zu, das Kartellrecht gegebenenfalls mit Verwaltungszwang durchzusetzen. Vor den Zivilgerichten finden die kartellrechtlichen Zivilrechtsstreitigkeiten statt, und die Zivilgerichte kontrollieren zugleich die nationale kartellbehördliche Tätigkeit. Der EuG ist Kontrollinstanz gegenüber der

---

39 *Lettl*, Kartellrecht, § 8 Rz. 27, unter Hinweis auf die amtl. Begr. zu § 2 II des RegE zur 7. GWB-Novelle.
40 Insofern ist die Frage, ob eine Wettbewerbsbeschränkung unter Art. 101 I AEUV subsumiert werden kann, für die insoweit namentlich den Kartellbehörden obliegende Beweislast wichtig; denn ein betroffenes Unternehmen muss erst dann die Voraussetzungen des Art. 101 III AEUV beweisen, wenn ersteres gelungen ist; vgl. zur Problematik *Leupold/Weidenbach*, WuW 2006, 1003.

EG-Kommission, und der EuGH insoweit zweiter Rechtszug (Art. 256 I AEUV) und zugleich zuständig für Vorabentscheidungsverfahren (Art. 267 AEUV) für nationale Gerichte.

## III. Unternehmen

369 Der kartellrechtliche Unternehmensbegriff wurde oben (Rz. 261 f.) besprochen. Es gibt **keine Anmeldepflicht** für Kartelle. Ob eine Wettbewerbsbeschränkung nach dem europäischen oder nationalen Recht verboten ist, müssen die beteiligten bzw. betroffenen Unternehmen in eigener Verantwortung und auf eigenes Risiko prüfen.[41] Es geht dabei nicht nur um Geldbußen, die ja vor allem bei klar erkennbaren Verstößen eine Rolle spielen, sondern auch um zivilrechtliche Folgen wie Nichtigkeit von Verträgen und Ersatzansprüchen. Zu den Möglichkeiten, sich Rechtssicherheit zu verschaffen, siehe unten Rz. 382, 384, 392.

## IV. Kartellbehörden

### 1. Europäische Ebene: Kommission

370 Auf europäischer Ebene ist die **Europäische Kommission** die für die Anwendung des Kartellrechts zuständige Instanz (Art. 4 EG-KartVerfVO). Die Kommission wendet **ausschließlich europäisches Recht** an.

### 2. Deutschland

371 Für Deutschland sind Kartellbehörden gemäß § 48 I GWB:
– das **Bundeskartellamt (BKartA)**, eine selbständige Bundesoberbehörde mit dem Sitz in Bonn, die zum Geschäftsbereich des Ministerium für Wirtschaft und Arbeit gehört (§ 51 I GWB),
  • hier liegt der Schwerpunkt für die Anwendung europäischen **und** deutschen Kartellrechts gleichermaßen
  • Veröffentlichung von Entscheidungen in WuW/E
  • alle 2 Jahre Tätigkeitsbericht, der als BT-Drucks. veröffentlicht wird
  • Einrichtung der Markttransparenzstelle für Kraftstoffe gemäß § 47k GWB (vgl. auch §§ 47a ff. GWB betr. Markttransparenzstelle für den Großhandel).
– das **Bundesministerium für Wirtschaft**
  • wichtig für Ministererlaubnis bei der Fusionskontrolle (dazu unten § 9); für Kartelle heute ohne Bedeutung

---

41 Allgemein spricht man im Hinblick auf die interne Prüfung unternehmerischen Verhaltens auf die Einhaltung rechtlicher Vorgaben neudeutsch von „Compliance"; vgl. etwa *Hauschka*, ZRP 2006, 258; *Klindt*, NJW 2006, 3399; *Schulte* in: Teichmann, Compliance, 2014, 85 ff.

- die nach Landesrecht zuständigen Obersten Landesbehörden (**Landeskartellbehörden**).
  - bedeutsam für rein regionale Wettbewerbsbeschränkungen, etwa bei regionalen Messen
- In **einem weiteren Sinne** lässt sich auch die in den §§ 44 ff. GWB geregelte **Monopolkommission** zu den nationalen Kartellbehörden zählen.
  - Sie erstellt alle zwei Jahre Gutachten, in denen sie den Stand und die absehbare Entwicklung der Unternehmenskonzentration in Deutschland beurteilt, die Anwendung der Vorschriften über die Zusammenschlusskontrolle würdigt sowie zu sonstigen aktuellen wettbewerbspolitischen Fragen Stellung nimmt.

Das **BKartA** ist (abgesehen von seiner Alleinzuständigkeit für die Zusammenschlusskontrolle nach nationalem Recht) für die Wahrnehmung kartellrechtlicher Aufgaben und Befugnisse immer dann zuständig, wenn die **Wirkung** einer Marktbeeinflussung oder eines wettbewerbsbeschränkenden oder diskriminierenden Verhaltens oder einer Wettbewerbsregel über **das Gebiet eines Bundeslandes hinausreicht**; in allen **übrigen Fällen** werden die Aufgaben und Befugnisse durch die **Landeskartellbehörden** wahrgenommen (§ 48 II GWB). Hinsichtlich der **Zuständigkeit** besteht zwischen BKartA einerseits und den Landeskartellbehörden andererseits bei Einvernehmen weitgehende **Flexibilität**, so dass die jeweils bestgeeignete Behörde den Fall aufgreifen und entscheiden kann.

372

Die **nationalen Kartellbehörden sind gleichermaßen für die Anwendung des europäischen und des nationalen Kartellrechts zuständig** (Art. 5 EG-KartVerfVO, §§ 32 ff., 48 ff., 50 GWB); das gilt auch für die Landeskartellbehörden.

Durch die in den Art. 11-14, 16 II EG-KartVerfVO, § 50a GWB geregelte Zusammenarbeit zwischen Kommission und Behörden der Mitgliedstaaten ist ein „**Netzwerk der europäischen Wettbewerbsbehörden" entstanden**, durch das die Kommission die nationalen Kartellbehörden letztlich steuern kann[42]. Letztkontrolle ist über den EuGH möglich. In den §§ 50b, 50c GWB ist darüber hinaus eine weitgehende Zusammenarbeit der Kartellbehörden mit sonstigen in- und ausländischen Behörden vorgesehen.

## V. Europäische und nationale Gerichte in Kartellsachen

### 1. Europäische Gerichte

Entscheidungen der Kommission können durch die europäischen Gerichte überprüft werden. Nach Art. 263, 256 AEUV gibt es insoweit insbesondere die **Nichtigkeitsklage**, zunächst vor dem „Gericht" – **EuG** – (Art. 254 AEUV). Und gegen dessen Entscheidungen ist ein auf Rechtsfragen beschränktes Rechtsmittel an den Gerichtshof der Europäischen Gemeinschaften (**EuGH**) möglich (Art. 256 II AEUV).

373

---

42 Vgl. hierzu die Bekanntmachung der Kommission über die Zusammenarbeit innerhalb des Netzes der europäischen Wettbewerbsbehörden, ABl. C 2004 Nr. 43/1.

Unbeschadet dessen entscheidet der **EuGH** nach Art. 267 AEUV im Wege der **Vorabentscheidung** über die Auslegung der „Verträge" sowie über die Gültigkeit und die Auslegung des sekundären Europarechts, also von europäischen Richtlinien und Verordnungen und Handlungen der Organe. Gerichte der Mitgliedstaaten sind berechtigt und nach Maßgabe der o.a. Bestimmung auch verpflichtet, eine derartige Vorabentscheidung einzuholen.

Instruktive Auszüge aus der Judikatur finden sich etwa bei *Karenfort/Weitbrecht*, Entscheidungen zum Europäischen Kartellrecht, 2010; Entscheidungen von EuGH und EuG sind im Netz abrufbar[43] und werden veröffentlicht in der amtlichen Sammlung (Slg.) als Slg. I S... (EuGH) bzw. Slg. II S.... (EuG).

Sitz des EuGH ist Luxemburg (nicht zu verwechseln mit dem Europäischen Gerichtshof für Menschenrechte mit Sitz in Straßburg).

### 2. Deutsche Gerichte in Kartellsachen

#### a) Umfassende Zuständigkeit der Zivilgerichte

**374** In Deutschland sind Kartellrechtsfragen **umfassend** den **Zivilgerichten** zugeordnet. Dies gilt
- für die Überprüfung von **Verwaltungsentscheidungen** der Kartellbehörden[44], für die nach § 63 I, IV GWB das örtlich zuständige Oberlandesgericht zuständig ist, und gegen dessen Entscheidung unter bestimmten Voraussetzungen die Rechtsbeschwerde an den Bundesgerichtshof gegeben ist (§ 74 I GWB);
- für die Überprüfung von **Bußgeldbescheiden** der Kartellbehörden (§ 82 GWB) durch das OLG und ggf. den BGH (§§ 83, 84 GWB);
- für **bürgerliche Rechtsstreitigkeiten** (Klagen auf Feststellung oder Leistung, insbes. Unterlassung oder Schadenersatz), die sich aus dem GWB, aus Kartellvereinbarungen oder Kartellbeschlüssen ergeben, und für die in erster Instanz ausschließlich die Landgerichte zuständig sind (§ 87 GWB); für Berufung und Revision ergibt sich dann die Zuständigkeit der Oberlandesgerichte und des BGH.

#### b) Kartellsenate

**375** Sowohl für den Bereich der örtlichen Zuständigkeit als auch für die jeweiligen **Spruchkörper** wird **Konzentration** zum Zwecke der Gewährleistung optimaler Kartellrechts-Fachkenntnis angestrebt, u.a. durch Bildung besonderer **Kartellsenate** bei den Oberlandesgerichten und beim BGH (vgl. §§ 91, 94 GWB).

Wichtige Entscheidungen in Kartellsachen werden in WuW/E[45] gesammelt veröffentlicht.

---

43 Siehe http://euro-lex.europa.eu/homepage.html.
44 Zur Frage der aufschiebenden Wirkung vgl. die §§ 64 und 65 GWB, die auch bei einem Vorgehen aus 102 AEUV eingreifen können, vgl. BGH WuW/E DE-R 1802; durch Änderung des § 64 GWB im Jahre 2007 wurde die aufschiebende Wirkung der Beschwerde eingeschränkt.
45 Früher als WuW/E BGH ... etc., seit 1998 als WuW/E DE-R ..., DE-V ... etc.

*c) Anwendung europäischen Rechts durch die nationalen Gerichte*

Nach Art. 6 EG-KartVerfVO sind die einzelstaatlichen **Gerichte** auch für die Anwendung der Art. **101 und 102 AEUV zuständig.** Daraus folgt, dass das Verwaltungshandeln der Kartellbehörden bei der Anwendung europäischen Rechts durch die nationalen Gerichte überwacht wird, und dass auch deren Zuständigkeit für die unmittelbare Anwendung der Art. 101, 102 AEUV im Rahmen privatrechtlicher Kartellrechtsstreitigkeiten gegeben ist (§ 50 I GWB); und entsprechendes gilt für die Zuständigkeit der nationalen Gerichte bei der Anwendung sekundären Gemeinschaftsrechts (europäische Richtlinien und Verordnungen). Art. 267 AEUV über die mögliche und eventuell zwingende Vorlage an den EuGH ist zu beachten.[46]

*d) Kooperation mit der Kommission*

Auch für das Verhältnis zwischen **Kommission** und **nationalen Gerichten** ist eine weitgehende Zusammenarbeit vorgeschrieben (Art. 15 EG-KartVerfVO; § 90a GWB). Soweit es um die Anwendung europäischen Rechts geht, können die Gerichte der Mitgliedstaaten die Kommission um Übermittlung von Informationen oder **Stellungnahmen** bitten. Die Mitgliedstaaten **informieren** umgekehrt die Kommission über alle einschlägigen Urteile. Die Kommission kann sogar aus eigener Initiative nationalen Gerichten schriftliche Stellungnahmen übermitteln und ggf. auch mündlich Stellung nehmen, und zur diesbezüglichen Vorbereitung kann sogar das Gericht ersucht werden, die notwendigen Schriftstücke zu übermitteln.

**Weitreichende Eingriffe** in die **nationale Gerichtsbarkeit** von Seiten der Kommission ergeben sich aus Art. 16 EG-KartVerfVO: Schon wenn die Kommission eine bestimmte Entscheidung beabsichtigt, müssen nationale Gerichte eventuell ein Verfahren aussetzen. Entscheidungen dürfen nicht getroffen werden, wenn sie einer von der Kommission erlassenen Entscheidung zuwiderlaufen würden.[47] Vereinbar mit rechtsstaatlichen Grundsätzen dürfte dieses Verfahren nur im Hinblick auf die Letztzuständigkeit des EuGH sein.

## VI. Entscheidungen, Maßnahmen und Befugnisse der europäischen Kommission

Für die Kommission ist nur europäisches Recht maßgebend, namentlich hinsichtlich der Anwendung der Art. 101, 102 AEUV. Im Einzelnen geht es dabei um Folgendes:

### 1. Entscheidungen und Maßnahmen

*a) Feststellung und Abstellung von Zuwiderhandlungen nach Art. 7 EG-KartVerfVO*

Die Kommission wird dabei entweder auf Beschwerde einer natürlichen oder juristischen Person mit berechtigtem Interesse[48], auf Beschwerde eines Mitgliedstaats oder

---

46 In Kartellsachen waren deutsche Gerichte früher, anders als heute, nicht sehr vorlagefreudig; vgl. immerhin EuGH, Slg. 1991, S. I-935 – *Delimitis* –, auf Vorlage des OLG Frankfurt; BGH ZIP 2001, 807 und WRP 1998, 517 hielten in concreto eine Vorlage für nicht erforderlich.
47 Näher *Schwarze/Weitbrecht*, Grundzüge, 2004, § 11 III.
48 Art. 7 II EG-KartVerfVO Nr. 1/2003; näher dazu *Emmerich*, KartellR, § 12 Rz. 10 ff.

von Amts wegen handeln. Sie kann die beteiligten Unternehmen und Unternehmensvereinigungen durch Entscheidung zur Ergreifung erforderlicher Abhilfemaßnahmen verpflichten.

**Beispiele:** Änderungen von Preisen, Pflicht zur Belieferung; strukturelle Maßnahmen wie etwa der Verkauf von Anteilen dürften dabei unter engen Voraussetzungen angeordnet werden können.

Sie kann darüber hinaus auch eine bereits abgeschlossene Zuwiderhandlung feststellen, falls sie hieran ein besonderes Interesse hat (z.B. im Hinblick auf Sanktionen bei drohenden künftigen Verstößen).

*b) Sanktionen*

379 Als Sanktionen kann die Kommission **Geldbußen** und **Zwangsgelder** verhängen (Art. 23, 24 EG-KartVerfVO); siehe hierzu bereits oben Rz. 361 ff.[49]

Im Falle kumulativer Anwendung europäischen und nationalen Kartellrechts könnte zweifelhaft sein, ob das Verbot der Doppelbestrafung **(ne bis in idem)** gilt. Doch ergibt sich im Hinblick auf die Zuständigkeitsregeln zwischen europäischer Kommission und nationaler Kartellbehörde nach Art. 11 VI EG-KartVerfVO insoweit wohl kein Konflikt; zumindest müsste eine Anrechnung der je verhängten Bußgelder erfolgen. Bei Geldbußen seitens mehrerer nationaler Kartellrechte müsste in entsprechender Weise das Verbot der Doppelbestrafung angewandt werden, soweit es um denselben Sachverhalt geht[50]. Es greift freilich **nicht** im Verhältnis zwischen Unternehmen selbst und einem nach deutschem Recht möglichen Bußgeld gegen Organ**personen**[51]. Im Verhältnis zwischen **Drittstaaten** (z.B. USA oder Kanada) und der EU besteht nach der Judikatur des EuGH kein Verbot der Doppelbestrafung[52]. Zur Bedeutung der Kronzeugen siehe oben Rz. 363.

*c) Einstweilige Maßnahmen nach Art. 8 EG-KartVerfVO*

380 Diese sind grundsätzlich befristet, freilich verlängerbar.

*d) Entgegennahme von Verpflichtungszusagen*

381 Von der Kommission nach Art. 9 EG-KartVerfVO für bindend erklärte **Verpflichtungszusagen** seitens der beteiligten Unternehmen ermöglichen es, bei zunächst seitens der Kommission mitgeteilten Bedenken, einen kartellrechtlichen Konflikt rasch zu beenden.

---

49 Bei Klagen gegen Entscheidungen, mit denen die Kommission eine Geldbuße oder ein Zwangsgeld festgelegt hat, hat der EuGH nach Art. 31 EG-KartVerfVO die Befugnis zur unbeschränkten Nachprüfung der Entscheidung, so dass er die festgesetzte Geldbuße bzw. das Zwangsgeld aufheben, herabsetzen oder auch erhöhen kann.
50 *Schwarze/Weitbrecht*, Grundzüge, 2004, § 7 V; vgl. auch BGHSt 24, 54.
51 *Schwarze/Weitbrecht*, a.a.O.
52 EuGH vom 29. 6. 2006, WuW/E EU-R 1069.

**Fallbeispiel**[53]: Im Rahmen des **Deutschen** Fußballbundes (DFB) sind die lizenzierten Vereine und Kapitalgesellschaften der **Bundesliga** und der 2. Fußballbundesliga Mitglieder des Ligaverbandes (eines e.V.), der seinerseits Mitglied des DFB ist. Der Ligaverband ist nach den Statuten des DFB berechtigt, die vom DFB gepachteten Fußballwettbewerbe der Lizenzliegen zu organisieren und exklusiv unter Ausschluss der Vereine zu organisieren; er ist zugleich alleiniger Gesellschafter der Deutschen Fußball Liga GmbH (DFL), die das operative Geschäft des Ligaverbandes führt. Die zentrale Vermarktung betraf alle Arten von Rundfunkübertragungsrechten.

In einer vorläufigen Beurteilung teilte die Kommission im Juni 2004 dem Ligaverband und der DFL ihre wettbewerbsrechtlichen Bedenken und die Einleitung eines Verfahrens unter dem Blickwinkel des damaligen *Art. 81 EGV* mit. Die Vereine seien schon wegen des Verkaufs von Eintrittskarten und des Spieler-Transfers ein Unternehmen, der Ligaverband eine Unternehmensvereinigung und die DFL wiederum ebenfalls ein Unternehmen. Betroffen seien u.a. die vorgelagerten Programmbeschaffungsmärkte (Fernseh- und Radiobetreiber sowie Sportrechteagenturen) und die nachgelagerten Medien-Verwertungsmärkte (Werbeeinnahmen), in geographischer Hinsicht vor allem der nationale Markt. Durch die Übertragung der Medienrechte und ihre zentrale Vermarktung werde der Wettbewerb beschränkt; insbesondere seien die Vereine nicht mehr in der Lage, Entscheidungen über die Preise zu treffen. Da mögliche Effizienzgewinne die wettbewerbsbeschränkenden Effekte der Zentralvermarktung nicht ausglichen, scheide eine Freistellung über *Art. 81 III EGV* aus (es ist bemerkenswert, dass die Beeinträchtigung des zwischenstaatlichen Handels überhaupt nicht näher angesprochen wurde). – Der Ligaverband gab daraufhin im August 2004 Änderungszusagen i.S. einer Verpflichtungszusage gemäß Art. 9 I EG-KartVerfVO 1/2003 ab, die offensichtlich mit der Kommission abgesprochen waren und die darauf hinausliefen, die Ligarechte in verschiedene jeweils transparent zu vertreibende Pakete aufzuspalten und den Vereinen bestimmte Befugnisse zu belassen. Die Kommission ging offensichtlich davon aus, dass unter diesen Voraussetzungen zumindest eine Freistellung gerechtfertigt sei, erklärte die Verpflichtungszusagen bis Juni 2009 für verbindlich und stellte das Verfahren wegen eines Kartellverstoßes ein.

### e) Feststellung der Nichtanwendbarkeit

Eine förmliche Feststellung der Nichtanwendbarkeit eines Verbots gemäß Art. 10 EG-KartVerfVO seitens der Kommission kommt nur in Betracht, wenn aus Gründen des öffentlichen Interesses der Gemeinschaft eine Streitfrage hinsichtlich der Anwendung der Art. 101, 102 AEUV im ablehnenden Sinne geklärt werden soll. Sie hat mithin **nicht** die Funktion eines zur Gewährleistung von Rechtssicherheit für die betroffenen Unternehmen dienenden Negativattests bzw. Comfort-Letters (wohl ebenso wenig wie das sog. Beratungsschreiben; dazu unten Rz. 384).

**382**

### f) Entzug des Rechtsvorteils in Einzelfällen

Der Entzug des Rechtsvorteils in Einzelfällen nach Art. 29 EG-KartVerfVO durch die Kommission spielt dort eine Rolle, wo an sich aufgrund des Eingreifens einer Gruppenfreistellungsverordnung eine Wettbewerbsbeschränkung erlaubt ist, die Kommission aber in einem bestimmten Fall feststellt, dass Abreden Wirkungen haben, die mit Art. 101 III AEUV unvereinbar sind. Hier geht es mithin um eine Art **Detailsteuerung im Bereich der Gruppenfreistellungsverordnungen** mit Wirkung für die Zukunft.

**383**

---

53 EG-Kommission, 19.1.05, WuW/EU-V 1041 – *Deutsche Bundesliga*.

Wegen einschlägiger Regelungen in den einzelnen Gruppenfreistellungsverordnungen dürfte die Vorschrift nicht allzu bedeutsam sein. – Im Falle eines „gesonderten räumlichen Marktes" kommt eine entsprechende Kompetenz **auch nationalen Kartellbehörden** zu (dazu unten Rz. 392).

*g) Beratungsschreiben*

384 Die informelle Beratung von Unternehmen seitens der Kommission (sog. Beratungsschreiben) ist eine weitere (gesetzlich nicht näher geregelte) Form entscheidungsbezogenen Verhaltens der Kommission[54]. Beratungsschreiben ergehen nur auf der Basis eines feststehenden Sachverhalts und werden veröffentlicht. Sie sind nicht rechtsverbindlich, entfalten aber wohl eine gewisse Selbstbindung seitens der Kommission. Es gibt **keinen Anspruch** auf ein Beratungsschreiben.

Und auch auf sonstige informelle Beratung besteht kein Anspruch[55].

**2. Befugnisse**

*a) Ermittlungsbefugnisse*

385 Als Ermittlungsinstrumente stehen der Kommission das Auskunftsverlangen sowie die Nachprüfung zur Verfügung (Art. 18, 20 EG-KartVerfVO). Voraussetzung ist ein hinreichender konkreter **Anfangsverdacht** bezüglich einzelner Verstöße. Daneben gestattet Art. 17 EG-KartVerfVO die Untersuchung einzelner **Wirtschaftszweige** (z.B. Margarinemarkt) oder bestimmter **Arten von Vereinbarungen** (z.B. Preisempfehlungen) unter erleichterten Voraussetzungen.[56]

*b) Auskunftsverlangen*

386 Ein Auskunftsverlangen richtet sich gegen Unternehmen und ihre Repräsentanten; ihm kann auch in den Räumlichkeiten des Unternehmens durch Befragung Rechnung getragen werden. Die nationalen Behörden sind zu informieren und können die Befragung unterstützen. Falsche oder verweigerte Aussagen können ggf. ein Bußgeld zur Folge haben (Art. 18, 19, 23 I lit. a EG-KartVerfVO).

*c) Nachprüfungsbefugnisse*

387 Nachprüfungsbefugnisse betreffen das räumliche und gegenständliche Substrat des Unternehmens und können bei begründetem Verdacht sogar Privaträume von Managern erfassen. Die Genehmigung eines nationalen Gerichts ist einzuholen (vgl. § 59 IV GWB). Die nationalen Behörden sind zur Unterstützung verpflichtet (Art. 20, 21 EG-KartVerfVO, §§ 50 III, 50a I GWB).

„*Die EU durchsucht deutsche Energiekonzerne*"[57].

---

54 Bekanntmachung der Kommission über informelle Beratung bei neuartigen Fällen zu den *Art. 81 und 82 des EG-Vertrags*, die in Einzelfällen auftreten [Beratungsschreiben], ABl. Nr. C 101 v. 27.4.2004, S. 78 ff., abgedruckt bei *Schwarze/Weitbrecht*, Anhang 8.
55 Näher hierzu *Schwarze/Weitbrecht*, § 6 VI.
56 Hierzu näher *Schwarze/Weitbrecht*, §§ 4, 5.
57 So FAZ vom 13.12.2006, S. 11; die Durchsuchung wegen vermuteter Preisabsprachen erfolgte danach zusammen mit dem BKartA.

### d) Zusammenarbeit mit nationalen Gerichten

Vgl. hierzu § 90a GWB sowie oben Rz. 377.    **388**

### e) Zusammenarbeit mit nationalen Behörden

Nach Art. 22 II EG-KartVerfVO, § 50a GWB kann die Kommission Nachprüfungen im Wege der Amtshilfe durch die nationalen Kartellbehörden erledigen lassen. Zuständig ist für die Kooperation im Übrigen nach § 50 III GWB das BKartA.    **389**

### 3. Verfahrensgrundsätze und Anfechtungsmöglichkeiten

Die Verfahrensgrundsätze und Anfechtungsmöglichkeiten können hier nicht näher dargestellt werden. Dass die Auskunftsverweigerung nicht näher geregelt ist, erscheint problematisch.[58]    **390**

## VII. Entscheidungen, Maßnahmen und Befugnisse der deutschen Kartellbehörden

### 1. Kompetenz zur Anwendung europäischen Rechts

Die nationalen Kartellbehörden **wenden sowohl europäisches als auch nationales Recht an** (§ 50 GWB). Hierbei ist der **Vorrang nach Art. 3 EG-KartVerfVO** zu beachten: Beim Eingreifen eines europäischen Kartellverbots darf nationales Recht zwar angewandt werden, aber immer nur neben dem europäischen Kartellverbot. Das nationale Kartellrecht wird hier zur bloßen Dekoration. **Greift** hingegen bei mehrseitigen Wettbewerbsbeschränkungen ein europäisches Kartellverbot **nicht ein, obwohl eine spürbare Beeinträchtigung des Handels zwischen Mitgliedstaaten** gegeben ist, dann ergibt sich eine **Sperre** gegenüber einem nationalen Kartellverbot.    **391**

Nur dann, wenn es an der **europarechtlichen Zuständigkeit fehlt**, d.h. der Handel zwischen Mitgliedstaaten nicht (spürbar) beeinträchtigt ist, kommt im Bereich von Verhaltensabstimmungen ein **rein nationales** Verbot in Betracht. Gegenüber **einseitigem Unternehmerverhalten** reicht die nationale Kompetenz, wie sich oben insbesondere im Hinblick auf § 20 GWB gezeigt hatte, **weiter** (Art. 3 II 2 EG-KartVerfVO).

### 2. Entscheidungen und Maßnahmen

Vieles läuft parallel zu den bereits besprochenen möglichen Entscheidungen und Maßnahmen der Kommission:    **392**
- Auch die nationale Kartellbehörde kann (nach § 32 GWB) Unternehmen oder Vereinigungen von Unternehmen **verpflichten, eine Zuwiderhandlung** gegen eine Vorschrift des GWB oder gegen Art. 101 oder 102 AEUV **abzustellen**, ihnen entsprechende Maßnahmen aufgeben und ggf. eine nur **feststellende Entscheidung** treffen.

---

58 Näher hierzu *Schwarze/Weitbrecht*, Grundzüge, § 5; *Bechtold/Bosch/Brinker/Hirsbrunner*, EG-Kartellrecht, Art. 18 VO 1/2003 Rz. 9 ff.; *Suwa*, in: Langen/Bunte, Kommentar zum deutschen und europäischen Kartellrecht, Bd. 2, VO Nr. 1/2003 Art. 18 Rz. 14 ff.

– Zuvor wird sie betroffenen Unternehmen eine **Abmahnung** übersenden[59].
– Sie kann **Geldbußen, Zwangsgelder** oder sonstige im innerstaatlichen Recht vorgesehene Sanktionen verhängen (Art. 5 EG-KartVerfVO; §§ 81, 86a S. 2 GWB)[60]. Die besondere **Problematik** einer **Doppelbestrafung** des Unternehmens tritt im Verhältnis nationale Kartellbehörde/Kommission **nicht** auf (s. oben Rz. 362).
– **Die Bonusregelung** des BKartA stellt einer Parallele zur Kronzeugenregelung der Kommission dar.[61] Wegen fehlender Rechtsgrundlage unterliegt die Bonusregelung rechtsstaatlichen Bedenken.
– **Einstweilige Maßnahmen** sind, ebenso wie nach europäischen Recht, nach § 32a GWB möglich.
– Auch das Instrument der **Verpflichtungszusagen** ist ins nationale Recht übernommen und erlaubt hier ebenfalls flexible und pragmatische Verfahrensbeendigung (§ 32b GWB).
– Die Entscheidung gemäß § 32c GWB, es bestehe **kein Anlass zum Tätigwerden**, hat keine Freistellung vom Kartellverbot zum Inhalt (Grundlage in Art. 5 Satz 3 EG-KartVerfVO). Sie soll insbesondere der mittelständischen Wirtschaft in ihrem Bedürfnis nach Rechtssicherheit entgegen kommen[62].
– Soweit Art. 101, 102 AEUV oder ein Verbot nach GWB nach den vorliegenden Erkenntnissen nicht eingreift, kann die Kartellbehörde entscheiden, dass kein Anlass zum Eingreifen besteht, § 32c GWB.
– Wiederum in Parallele zu Art. 29 II EG-KartVerfVO ist schließlich vorgesehen, dass auch eine nationale Kartellbehörde im Falle eines **gesonderten** räumlichen **Marktes** den **Rechtsvorteil der Gruppenfreistellung für dieses Gebiet entziehen** kann (§ 32d GWB).

### 3. Verwaltungsverfahren nach dem GWB

393 Es gelten die §§ 54-62 GWB. Von einer näheren Besprechung wird hier abgesehen.[63]

### 4. Kooperation und Abstimmung

*a) Mit der Europäischen Kommission*

394 Um eine Divergenz zwischen Entscheidungen der Kommission und nationalen Kartellbehörden zu vermeiden, sind einmal weit reichende **Informations- und Kooperationspflichten** normiert (vgl. Art. 11, 12, 22 II EG-KartVerfVO; §§ 50 ff. GWB). Unbeschadet dessen **entfällt** die Zuständigkeit nationaler Kartellbehörden für die

---

59 Hierzu unter Hinweis auf den in § 56 I GWB aufgeführten Grundsatz des rechtlichen Gehörs etwa *Bechtold*, GWB § 56 Rz. 2; Beispiel Mahnschreiben des BKartA an *RWE* wegen Marktmissbrauch durch überhöhte Strompreise (FAZ vom 20.12.2006, S. 12).
60 Vgl. Bußgeldleitlinien des BKartA vom 23.6.2013. Seit der 8. GWB-Novelle von 2013 kann nach § 30 Abs. 2a OWiG eine Geldbuße auch gegen Rechtsnachfolger festgesetzt werden, damit sich gegen Kartellrecht verstoßende Unternehmen nicht durch Umwandlung einer Sanktion entziehen können; überdies regelt § 81a GWB Auskunftspflichten von Unternehmen, wenn gegen diese die Festsetzung einer Geldbuße in Betracht kommt; *Yomere*, WuW 2013, 1187 ff. GWB rügt insoweit rechtsstaatliche Defizite.
61 S. oben Rz. 363.
62 BR-Drucks. 441/04 S. 57.
63 Vgl. *Emmerich*, KartellR, § 42 Rz. 1 ff.

Anwendung der Art. 101, 102 AEUV, sobald die **Kommission** ein **Verfahren eingeleitet** hat (Art. 11 VI 1 EG-KartVerfVO); war zunächst die nationale Kartellbehörde tätig geworden, so konsultiert die Kommission in einem solchen Fall diese vorab (Art. 11 VI 2 EG-KartVerfVO).

*b) Mit nationalen Kartellbehörden anderer Länder*

Die nationalen Kartellbehörden sollen auch untereinander kooperieren (vgl. Art. 22 I EG-KartVerfVO, § 50b GWB). Ist eine nationale Kartellbehörde mit einem Verfahren gemäß Art. 101 oder 10 AEUV befasst, so soll eine andere nationale Kartellbehörde in derselben Sache nicht gleichzeitig tätig werden, sondern ihr Verfahren **aussetzen** (Art. 13 I EG-KartVerfVO).

395

*c) Netzwerk der europäischen Wettbewerbsbehörden*

Hinsichtlich eines umfassenden Informationsaustausches in Kartellrechtssachen zwischen Kommission und nationalen Kartellbehörden hat sich auf der Grundlage des Art. 12 EG-KartVerfVO ein Netzwerk der europäischen Wettbewerbsbehörden gebildet (vgl. auch § 50a GWB).

396

## VIII. Übersichten

| Kartellbehörden | |
|---|---|
| **Anzuwendendes Recht** | |
| **Europäische Ebene** ⇩ | **Deutsche Ebene** ⇩ |
| Europäische Kommission | Bundeskartellamt Landeskartellbehörden |
| • wendet ausschließlich europäisches Recht an (Art. 4 EG-KartVerfVO) | • wenden deutsches Recht an (§ 48 II GWB) und<br>• wenden europäisches Recht an (Art. 5 EG-KartVerfVO, § 50 I GWB)<br><br>(Ministerium für Wirtschaft und Arbeit, Monopolkommission) |
| **Zusammenarbeit** zwischen der Kommission und den nationales Kartellbehörden in einem „Netzwerk der europäischen Wettbewerbsbehörden" (Art. 11–14, 16 II EG-KartVerfVO). | |

397

398

| Gerichte in Kartellsachen | |
|---|---|
| **Europäische Ebene** | **Deutsche Ebene** |
| *Zuständigkeit* | |
| **Gericht (EuG)** <br>• Nichtigkeitsklage gg. Entscheidungen der Kommission (Art. 263 IV AEUV) <br><br>**Europäischer Gerichtshof (EuGH)** <br>• Rechtsmittel gg. Entscheidungen des EuG (Art. 256 II AEUV) <br>• Vorabentscheidungsverfahren bei Zweifeln der nationalen Gerichte über die Auslegung und Gültigkeit des europäischen Rechts (Art. 267 AEUV) | **Landgerichte (LG)** <br>• bürgerliche Rechtsstreitigkeiten (§ 87 GWB) <br><br>**Oberlandesgerichte (OLG)** <br>• Berufung gg. Entscheidungen der Landgerichte in bürgerlichen Rechtsstreitigkeiten <br>• Überprüfung von Verwaltungsentscheidungen der Kartellbehörden im Rahmen der Beschwerde (§ 63 I, IV GWB) <br>• Überprüfung von Bußgeldentscheidungen (§ 83 GWB) <br><br>**Bundesgerichtshof (BGH)** <br>• Revision gg. Urteile in bürgerlichen Rechtsstreitigkeiten <br>• Überprüfung von Entscheidungen des OLG im Rahmen der Rechtsbeschwerde (§ 74 I GWB) <br>• Überprüfung von Bußgeldentscheidungen im Rahmen der Rechtsbeschwerde (§ 84 GWB) |
| *Anzuwendendes Recht* | |
| • europäisches Recht | • deutsches Recht und <br>• auch europäisches Recht (Art. 6 EG-KartVerfVO) |

399

| Zusammenarbeit | | |
|---|---|---|
| der nationalen Gerichte mit der Kommission gem. Art. 15, 16 I EG-KartVerfVO | der nationalen Kartellbehörden mit der Kommission gemäß Art. 11-14, 16 II EG-KartVerfVO | der nationalen Kartellbehörden untereinander Art. 12 EG-KartVerfVO |

Vierter Teil
# Unternehmenszusammenschlüsse

**Literatur zur Vertiefung:** *Klees*, Europäisches Kartellverfahrensrecht und Fusionskontrollverfahren, 2005; *Löffler*, Kommentar zur Europäischen Fusionskontrollverordnung, 2001 (z.T. überholt!); *Schulte*, Handbuch Fusionskontrolle, 2005; vgl. insbesondere die Kommentare im allgemeine Verzeichnis, oben vor § 1 sowie die ergänzenden Hinweise vor den §§ 3, 5 und 7, z.B. *Emmerich*, KartellR, §§ 14-18, 31-36.

## § 8 Fusionskontrolle im europäischen Recht

**Literatur zur Vertiefung:** *Emmerich*, KartellR, §§ 14–18; *Hönn*, Fallsammlung, Fall 15; Auszüge aus wichtigen Entscheidungen von EuGH, EuG und europäischer Kommission bei *Karenfort/ Weitbrecht*, 2010; Hinweise auf einschlägige Leitlinien der europäischen Kommission finden sich etwa bei *Emmerich*, KartellR, § 14 Rz. 6; vgl. weiter die *Lit.* zum 4. Teil (oben).

Zu Begriff und Funktion der wettbewerbsrechtlichen Kontrolle von **Unternehmenszusammenschlüssen**, meist nicht ganz korrekt als Fusionskontrolle bezeichnet, siehe zunächst oben Rz. 58 ff. Unternehmenszusammenschlüsse haben erhebliche praktische Bedeutung, nicht zuletzt im Zuge der Unternehmensübernahmen, die für börsennotierte AG hinsichtlich ihrer gesellschafts- und börsenrechtlichen Seite weitgehend im Wertpapiererwerbs- und Übernahmegesetz. (WpÜG) von 2006 geregelt sind.[1]  **400**

### I. Europarechtlicher Regelungsbereich im Überblick

#### 1. Rechtsgrundlagen

Maßgebend für die Zusammenschlusskontrolle nach europäischem Recht ist allein die **Verordnung (EG) Nr. 139/2004 des Rates vom 20.1.2004** über die Kontrolle von Unternehmenszusammenschlüssen (EG-Fusionskontrollverordnung – „**EG-FKVO**")[2]. Grundsätzlich nicht anwendbar auf Unternehmenszusammenschlüsse ist die EG-KartVerfVO (Art. 21 I EG-FKVO). Die EG-FKVO gilt ab dem 1.5.2004. Rechtsgrundlage sind Art. 103 und 352 AEUV.  **401**

---

1 BGBl. I, 2006, S. 1426; Grundlage der letztgenannten Änderung ist die EG-Übernahmerichtlinie 2004/25/EG vom 21.4.2004, ABl. L 142/12; gesellschaftsrechtlich kommt insoweit auch dem Umwandlungsgesetz von 1994 besondere Bedeutung zu.
2 ABl. L 24/1 vom 29.1.2004; die EG-FKVO stellt die Neufassung der früheren *Verordnung Nr. 4064/89 des Rates* vom 21.12.1989 über die Kontrolle von Unternehmenszusammenschlüssen (ABl. 395/1 vom 30.12.1989, mit späteren Änderungen) dar.

Frühere Versuche der Kommission, eine Zusammenschlusskontrolle auf die damaligen *Art. 81, 82 EGV* zu stützen, hatten sich als wenig effizient erwiesen:

402 **Fallbeispiele:**[3] 1971, als es noch keine speziellen fusionskontrollrechtlichen Bestimmungen europäischen Rechts gab, erwarb das Unternehmen Europemballage Corporation, eine Tochtergesellschaft des amerikanischen Unternehmens **Continental Can**, etwa 80 % der Anteile des niederländischen Konkurrenzunternehmens Thomassen und Drijver (TDV). Die Kommission ging davon aus, dass Continental Can eine beherrschende Stellung auf dem Markt für Leichtverpackungen in Europa habe und durch den Erwerb des Konkurrenzunternehmens der Wettbewerb auf diesem Markt praktisch ausgeschlossen werde. Gegen die Entscheidung der Kommission, Continental Can habe gegen das Verbot des Missbrauchs einer beherrschenden Stellung verstoßen, klagte Continental Can vor dem EuGH. – Letztlich hob der EuGH die Entscheidung auf mit der Begründung, der Markt sei nicht hinreichend abgegrenzt, so dass die beherrschende Stellung nicht nachgewiesen sei.

Wichtig ist aber, dass der EuGH zum Ausdruck brachte, dass der Ausschluss des Wettbewerbs durch einen Firmenerwerb ein Missbrauch einer beherrschenden Stellung sein könne, auch wenn dies nicht schon aus den gesetzlichen Beispielstatbeständen hervorgehe. Aus dem Zusammenhang von Kartellverbot und Verbot des Missbrauchs einer beherrschenden Stellung sowie aus den allgemeinen Zielen des (damaligen) *EWGV* ergebe sich, dass der Ausschluss des Wettbewerbs durch einen Firmenerwerb nicht hingenommen werden könne. Gleichwohl bot das Verbot des Missbrauchs einer beherrschenden Stellung keine angemessene Grundlage für eine Fusionskontrolle. Denn vorausgesetzt ist hier bereits das Bestehen einer beherrschenden Stellung – und damit greift dieses Verbot viel zu spät ein.

Auch das Kartellverbot, das nach seinem Wortlaut auf Unternehmenszusammenschlüsse, die ja letztlich auf Absprachen zurück gehen, an sich anwendbar sein könnte, ist aber keine geeignete Rechtsgrundlage für die Fusionskontrolle. Jedenfalls ist die Kommission 1987 im Fall **Philipp Morris** mit ihrem Versuch, den Erwerb einer Minderheitsbeteiligung mit dem Kartellverbot zu verhindern, gescheitert.[4]

Es bestand hiernach Konsens über die Notwendigkeit eines speziellen europäischen Fusionskontrollrechts. Eine spezielle Rechtsgrundlage fehlt freilich. Daher wird Art. 352 AEUV, der eine wenig präzisierte Auffangregelung enthält, als Art. 103 AEUV notwendig ergänzende Rechtsgrundlage für die europäische Fusionskontrolle (heute EG-FKVO Nr. 139/2004) nunmehr allgemein akzeptiert.

### 2. Abgrenzung zum nationalen Regelungsbereich

403 Im Bereich der Zusammenschlusskontrolle werden europäische Regelungen einerseits und nationale Regelungen andererseits **klar voneinander abgegrenzt**, so dass im Grundsatz nur entweder die europäische oder die nationale Zusammenschlusskontrolle eingreift. Anders als im Bereich der Artikel 101, 102 AEUV finden sich grundsätzlich keine sich überlappenden materiell rechtliche Vorschriften und Zuständigkeiten. Nationale Kartellbehörden sind für die Anwendung der EG-FKVO nicht zuständig, so dass insoweit **allein die Kommission** handeln kann; **nationales Recht** ist im Anwendungsbereich der EG-FKVO überdies **unanwendbar** (Art. 21 II, III EG-FKVO); es gibt allerdings Verweisungsmöglichkeiten.

---

3 EuGH, Slg. 1973, 215 – *Europemballage* bzw. *Continental Can.*
4 EuGH Slg. 1987, S. 4487 – *British-American Tobacco/Reynolds.*

## II. Zusammenschluss von gemeinschaftsweiter Bedeutung als Aufgreiftatbestand

### 1. Aufgreiftatbestand: Anmeldepflicht und Vollzugsverbot

Der **Anwendungsbereich** der europäischen Fusionskontrolle wird durch Art. 1 EG-FKVO i.S. der „**Zusammenschlüsse von gemeinschaftsweiter Bedeutung**" festgelegt. Vor dem Hintergrund der Definition des Zusammenschlusses in Art. 3 und der Berechnung der Umsätze in Art. 5 EG-FKVO bestimmt Art. 1 II und III die Zusammenschlüsse von gemeinschaftsweiter Bedeutung (sog. **Aufgreif**tatbestand) nach bestimmten Umsatzgrößen (näher dazu unten Rz. 413 f.). **404**

Beachten Sie: Es geht hier beim sog. Aufgreiftatbestand zunächst um den **Anwendungsbereich** der Fusionskontrolle. **Ob** ein **Verbot** greift, ist erst später anhand des **Marktmachtkriteriums** eigenständig zu prüfen (zum sog. **Eingreif**tatbestand unten III.)! Im Übrigen kommt es nicht darauf an, ob die Unternehmen ihren Sitz innerhalb oder außerhalb der EU haben; das sog. Auswirkungsprinzip (dazu näher unten Rz. 421) gilt nicht nur für den Verbots-, sondern bereits für den Aufgreiftatbestand.

Beim Vorliegen eines Aufgreiftatbestandes ergeben sich **bußgeldbewehrte Anmeldepflichten**, die bereits **vor dem Vollzug** des Unternehmenszusammenschlusses zu erfüllen sind. (Art. 4, 14 II lit. a EG-FKVO). Und es besteht nach Art. 7 EG-FKVO ein **Vollzugsverbot** bis zur Entscheidung der Kommission, wobei ein Verstoß zur **Unwirksamkeit** verbotswidriger Rechtsgeschäfte führt[5].

### 2. Unternehmen

Es geht stets um Zusammenschlüsse von Unternehmen; zu denen etwa Verbraucherverbände, Gewerkschaften, Arbeitgeberverbände oder der hoheitlich handelnde Staat nicht gehören (siehe zum Unternehmensbegriff bereits oben Rz. 262). **405**

### 3. Zusammenschluss

*a) Zusammenschlusstatbestand*

Ein Zusammenschluss wird nach Art. 3 I EG-FKVO dadurch bewirkt, dass **eine dauerhafte Veränderung der Kontrolle** von Unternehmen in der Weise stattfindet, dass **406**

a) zwei oder mehr bisher voneinander unabhängige Unternehmen oder Unternehmensteile *fusionieren* oder dass **407**
b) eine oder mehrere **Personen, die bereits ein Unternehmen kontrollieren**, oder ein oder mehrere Unternehmen durch den Erwerb von Anteilsrechten oder Vermögenswerten, durch Vertrag oder in sonstiger Weise die unmittelbare oder mittelbare **Kontrolle** über die Gesamtheit oder über Teile eines oder mehrerer *anderer Unternehmen* erwerben.

Der Kontrollerwerb wird in Abs. 2 der genannten Vorschrift eingehend präzisiert. Auf die Möglichkeit, einen **bestimmenden Einfluss** auf die Tätigkeit eines Unternehmens

---

[5] Verpflichtungsgeschäfte sind möglich; im Übrigen kann die Kommission auf Antrag vom Vollzugsverbot befreien; sog. Übernahmen sind nach Art. 7 II EG-FKVO kraft Gesetzes vom Vollzugsverbot befreit; vgl. hierzu *Bechtold/Bosch/Brinker/Hirsbrunner*, FKVO Art. 7 Rz. 2 ff.

auszuüben, kommt es an. **Letztlich** geht es um eine **strukturell gewährleistete einheitliche Kontrolle mehrerer Unternehmenspotentiale**; die Unternehmen werden in ihren Konzernverbünden erfasst. Nur scheinbare Unternehmenszusammenschlüsse wie die vorläufige Anteilsinhaberschaft im Zuge von Emissionen durch Kreditinstitute sind ausdrücklich vom Zusammenschlussbegriff ausgenommen (Art. 3 V EG-FKVO); die Gründung eines Gemeinschaftsunternehmen ist nur dann ein Zusammenschlusstatbestand, wenn ein konzentrativer Zusammenschluss vorliegt, das auf Dauer alle Funktionen einer selbständigen wirtschaftlichen Einheit erfüllt (Art. 3 IV EG-FKVO); dazu unten Rz. 412, 420).

*b) Formen des Zusammenschlusses*

**408** Man unterscheidet horizontale, vertikale und konglomerate (auch „diagonale" genannt) Unternehmenszusammenschlüsse, je nach der Struktur der Marktbetroffenheit[6].

*aa) Horizontale Zusammenschlüsse*

**409** Horizontale Zusammenschlüsse erfassen **Wettbewerber auf demselben Markt** und haben unmittelbare Bedeutung für den Marktanteil. Bei dieser Struktur ist dann auch die Begründung oder Verstärkung einer beherrschenden Stellung (dazu unten Rz. 417 zum Eingreiftatbestand) relativ leicht erkennbar.

**Beispiel**[7]: Zusammenschlussvorhaben der Procter & Gamble GmbH mit der Schickedanz AG; beide Unternehmen vertreiben Haushaltspapiere und Hygieneprodukte

Oder: Zusammenschlussvorhaben im Spirituosenbereich[8].

*bb) Vertikale Zusammenschlüsse*

**410** Vertikale Zusammenschlüsse erfassen vor allem **Lieferanten bzw. Abnehmer** eines Unternehmens und haben primär Bedeutung für den Marktzugang. Insoweit bedarf es für die (unten im Rahmen des Eingreiftatbestandes zu prüfenden) Begründung oder Verstärkung einer beherrschenden Stellung meist besonders eingehender Überlegungen.

**Beispiel**[9]: Gemeinschaftsunternehmen von Getränkehersteller und Abfüller, das dritten Unternehmen den Marktzugang erschwert

Oder[10]: Strukturelles Zusammengehen von Provider AOL und Time Warner (Medienkonzern) mit der Folge einer beherrschenden Stellung.

*cc) Konglomerate Zusammenschlüsse*

**411** Konglomerate Zusammenschlüsse betreffen **sonstige Zusammenschlussvorhaben** mit bedenklichen Auswirkungen im Hinblick auf marktwirksame Zusammenballung von Kapital und unterschiedlichen Marktberührungen. Es geht um die auch in § 18 I Nr. 3,

---

6 Nachfolgende Beispiele bei *Weitbrecht*, Fälle S. 260 ff.
7 Kommission, ABl. EG Nr. L 354/32 v. 31.12.1994; hierzu *Weitbrecht*, S. 261.
8 Kommission, ABl. EG Nr. L 288/24 v. 27.10.1998; hierzu *Weitbrecht*, S. 272.
9 Kommission, ABl. Nr. L 145/41 v. 15.5.1998; hierzu *Weitbrecht*, S. 277.
10 Kommission, ABl. Nr. L 268/28 v. 9.10.2001: nach Eingehung bestimmter Verpflichtungen seitens der Beteiligten wurde Fusion zugelassen; hierzu *Weitbrecht*, S. 280.

III GWB beschriebenen Konstellationen Man spricht auch von „diagonalen" Zusammenschlüssen.

**Beispiel**[11]: Bei einem Zusammenschluss entsteht Marktmacht weniger aufgrund von (nur beschränkter) Überschneidungen der Produktpaletten, sondern aufgrund vielfältiger sonstiger Wechselbeziehungen.

Die Beurteilung derartiger Zusammenschlüsse ist unter dem Blickwinkel des Verbots (dazu unten Rz. 418 f.) außerordentlich schwierig!

c) Gemeinschaftsunternehmen

Gemäß Art. 3 IV EG-FKVO stellt die Gründung eines Gemeinschaftsunternehmens (Joint Venture), das auf Dauer alle Funktionen einer selbständigen wirtschaftlichen Einheit erfüllt (sog. Vollfunktions-Gemeinschaftsunternehmen), einen Zusammenschluss dar. Bei sog. kooperativen Gemeinschaftsunternehmen fehlt es hingegen am Zusammenschluss; freilich kommt dann die Anwendung des Art. 101 AEUV in Beracht (siehe dazu unten Rz. 420); entsprechendes soll für bloße Teilfunktionsgemeinschaftsunternehmen gelten.[12] **412**

### 4. Gemeinschaftsweite Bedeutung qua Umsatzziffer

a) Umsatzziffern

Art. 1 II EG-FKVO besagt insoweit: **413**

*(2) Ein Zusammenschluss hat gemeinschaftsweite Bedeutung, wenn folgende Umsätze erzielt werden:*

*a) ein **weltweiter**[13] Gesamtumsatz aller beteiligten Unternehmen zusammen von **mehr als 5 Mrd. EUR und***

*b) ein **gemeinschaftsweiter** Gesamtumsatz von **mindestens zwei** beteiligten Unternehmen von **jeweils mehr als 250 Mio. EUR**;*

*dies gilt **nicht, wenn** die beteiligten Unternehmen jeweils mehr als **zwei Drittel** ihres gemeinschaftsweiten Gesamtumsatzes in ein und **demselben Mitgliedstaat** erzielen.*[14]

*(3) Ein Zusammenschluss, der die in **Absatz 2** vorgesehenen Schwellen **nicht erreicht**, hat gemeinschaftsweite Bedeutung, wenn*

*a) der weltweite Gesamtumsatz alle beteiligten Unternehmen zusammen mehr als 2,5 Mrd. EUR beträgt,*

*b) der Gesamtumsatz, aller beteiligten Unternehmen in mindestens drei Mitgliedstaaten jeweils 100 Mio. EUR übersteigt,*

*c) in jedem von mindestens drei von Buchstabe b) erfassten Mitgliedstaaten der Gesamtumsatz von mindestens zwei beteiligten Unternehmen jeweils mehr als 25 Mio. EUR beträgt **und***

*d) der gemeinschaftsweite Gesamtumsatz von mindestens zwei beteiligten Unternehmen jeweils 100 Mio. EUR übersteigt;*

*dies gilt nicht, wenn die beteiligten Unternehmen jeweils mehr als zwei Drittel ihres gemeinschaftsweiten Gesamtumsatzes in ein und demselben Mitgliedstaat erzielen.*

---

11 Kommission, ABl. Nr. L 290/35 v. 22.10.1991 – *Tetra Pak/Alfa Laval*; Zusammenschluss wurde letztlich erlaubt; hierzu *Weitbrecht*, S. 289.
12 Näher hierzu *Lettl*, Kartellrecht, § 6 Rz. 22.
13 Hervorhebungen jeweils vom Verfasser.
14 Hinweis des Autors zur Rückausnahme: Ausdruck des Subsidiaritätsprinzips.

### b) Umsatzberechnung

**414** Soweit es für den Anwendungsbereich der europäischen Fusionskontrolle nach Art. 1 II und III EG-FKVO auf Umsatzziffern ankommt, werden die Einzelheiten in **Art. 5 näher bestimmt**. Insoweit geht es grundsätzlich um die **Außenumsätze der beteiligten Unternehmen** (bzw. ihres jeweiligen **Konzernverbundes** (!)), die insoweit bereits als Einheit zugrunde gelegt werden. Für Kredit- und Finanzinstitute sowie für Versicherungsunternehmen gelten Besonderheiten.

## III. Materielles Verbot (Eingreiftatbestand)

### 1. Kriterien

**415** Nach Art. 2 I EG-FKVO **berücksichtigt** die Kommission bei der Prüfung der Zulässigkeit des Zusammenschlusses:

*a) die Notwendigkeit, im Gemeinsamen Markt **wirksamen Wettbewerb aufrechtzuerhalten** und zu entwickeln, insbesondere im Hinblick auf die Struktur aller betroffenen Märkte und den tatsächlichen oder potenziellen Wettbewerb durch innerhalb oder außerhalb der Gemeinschaft ansässige Unternehmen;*
*b) die Marktstellung sowie die wirtschaftliche Macht und die Finanzkraft der beteiligten Unternehmen, die Wahlmöglichkeiten der Lieferanten und Abnehmer, ihren Zugang zu den Beschaffungs- und Absatzmärkten, rechtliche oder tatsächliche Marktzutrittsschranken, die Entwicklung des Angebots und der Nachfrage bei den jeweiligen Erzeugnissen und Dienstleistungen, die Interessen der Zwischen- und Endverbraucher sowie die Entwicklung des technischen und wirtschaftlichen Fortschritts, sofern dieser dem Verbraucher dient und den Wettbewerb nicht behindert.*

### 2. Konkreter Verbotstatbestand des Art. 2 III EG-FKVO

**416** Nach Art. 2 III EG-FKVO sind

*Zusammenschlüsse, durch die **wirksamer Wettbewerb** im Gemeinsamen Markt oder in einem wesentlichen Teil desselben **erheblich behindert** würde, **insbesondere** durch Begründung oder Verstärkung einer **beherrschenden Stellung**, ... für mit dem Gemeinsamen Markt **unvereinbar** zu erklären.*

Die beherrschende Stellung ist grundsätzlich **wie bei Art. 102 AEUV** im Sinne der marktbeherrschenden Stellung zu verstehen.

#### a) Verbotskriterien

**417** Entgegen der Regelung des früheren nationalen deutschen Rechts (vgl. *§ 36 I GWB a.F.*) wird für ein Verbot des Zusammenschlusses nach europäischem Recht nicht primär auf die Begründung oder Verstärkung einer marktbeherrschenden Stellung abgehoben. Vielmehr ist in Art. 2 II EG-FKVO die **erhebliche Behinderung von wirksamem Wettbewerb** im Gemeinsamen Markt oder einem wesentlichen Teil desselben das zentrale Kriterium, und die **Marktbeherrschung stellt** lediglich das (Haupt-)**Beispiel** dar. Die 8. GWB-Novelle von 2013 hat das **deutsche Recht insoweit dem europäischen Recht angepasst** (§ 36 I 1 GWB n.F.). Über die Bedeutung des diesbezüglichen Unterschieds bestehen Kontroversen.

– Die Neuregelung wurde u.a. mit dem Wunsch begründet, schon unterhalb der Marktbeherrschungsschwelle Unternehmenszusammenschlüsse, die Preiserhöhungen erwarten lassen, verbieten zu können; unter diesem Blickwinkel erhält das Effizienzkriterium besondere Bedeutung. Insoweit wurde früher diskutiert, ob der aus dem anglo-amerikanischen Rechtskreis stammende „SLS"-Test (Substantial Lessening of Competition) auch im Rahmen der EU angewandt werden sollte[15]. Man spricht heute vom **SIEC-Test** (Significant **I**mpediment to **E**ffective **C**ompetition), bei dem vor allem empirische Methoden zur Anwendung kommen.[16] Es existieren insoweit Fusions-Leitlinien der Kommission, die freilich für nationale Kartellbehörden und für Gerichte nicht bindend sind. Im Einzelnen ist die Abgrenzung außerordentlich schwierig, und es herrscht beträchtliche Rechtsunsicherheit.
– **Rechtspolitischer Hintergrund** ist, dass man im Zuge der Schaffung der EG-FKVO stärker als bislang den ökonomischen Aspekt der **Effizienz** des Zusammenschlusses in den Vordergrund stellen wollte[17]. Vorbild waren insoweit neuere Regelungen des **amerikanischen Rechts**.

Die Meinungsverschiedenheiten betreffen weniger den Verbotsbereich bei horizontalen Zusammenschlüssen, bei denen man ja im Grundsatz die Marktanteile addieren kann. Und auch bei vertikalen Zusammenschlüssen herrscht zumindest Konsens, dass die Erschwerung des Marktzugangs den Verbotstatbestand erfüllen kann.

*b) Problematik konglomerater Zusammenschlusstatbestände*

Eines der **Hauptprobleme** scheint aber die Bewertung von **konglomeraten Zusammenschlüssen** zu sein, weil hier weder eine einfache Addition von Marktanteilen noch das Kriterium des Marktzugangs eine einfache Lösung versprechen.[18] Und Größe oder Finanzmacht allein rechtfertigen unstreitig noch nicht das Eingreifen eines Fusionsverbots. **418**

**Fallbeispiel:** Das französische Unternehmen *Tetra Laval*[19] war u.a. im Bereich von Kartonverpackungen für Flüssignahrungsmittel tätig und hier weltweit führend; es lieferte Maschinen für das Falten, Befüllen und Verschließen sowie Karton als Verbrauchsmaterial. Das französische Unternehmen *Sidel* wiederum produzierte Verpackungssysteme zur Herstellung von Kunststoffflaschen aus Polyethylen (PET) und war insoweit ebenfalls weltweit führender Hersteller der diesbezüglichen Maschinen. Als Tetra Laval fast sämtliche Aktien von Sidel übernehmen wollte, untersagte dies die Kommission.[20] Sie ging davon aus, dass eine beherrschende Stellung von Tetra Laval auf dem Markt für Maschinen für keimfreie Kartons (80 %) verstärkt und auf dem Markt für PET-Verpackungsanlagen eine beherrschende Stellung begründet werde. Die durch den Zusammenschluss entstehende Einheit werde wegen der engen Nachbarschaft der beiden Märkte die Position von Tetra Laval auf beiden Märkten verstärken und Marktzutrittsschranken zur Folge haben. Dabei stellte die Kommission

---

15 Vgl. hierzu *Böge*, WuW 2004, 138; *Berg*, BB 2004, 561, 562; *Bergmann/Burholt*, EuZW 2004, 161.
16 Vgl. *Pellmann*, Significant Impediment of Effective Competition, 2006; *Hofer/Williams/Wu*, WuW 2005, 155; *Emmerich*, KartellR, § 16 Rz. 20 ff.
17 Hierzu *Christiansen*, WuW 2005, 285; vgl. weiter oben Rz. 41 f.
18 Hierzu etwa *Emmerich*, KartellR, § 16 Rz. 48 ff.; *Satzky*, WuW 2006, 870; *Bartosch*, WuW 2003, 574.
19 Die Firmengruppe war bereits mehrfach mit dem europäischen Kartellrecht in Berührung gekommen; mit Entscheidung vom 19.7.1991 – *Tetra Pak/Alfa Laval* – akzeptierte die Kommission einen Zusammenschluss, und mit Entscheidung vom 24.7.1991 – *Tetra Pak II* – beanstandete die Kommission einen Missbrauch gemäß dem heutigen Art. 102 AEUV, eine Entscheidung, die Bestand hatte; vgl. insoweit näher *Weitbrecht/Karenfort*, 2004, S. 289 ff., 196 ff.
20 Entscheidung vom 30.10.2001, ABl. Nr. L 43/13 vom 13.2.2004 = WuW/EU-V 711 – *Tetra Laval/Sidel*.

u.a. auf eine **Hebelwirkung** („leverage") des Verhaltens von Tetra Laval von dem beherrschten auf den weiteren Markt ab, die dadurch zustande komme, dass Tetra Laval seine Marktmacht im Hinblick auf den Nachbarmarkt missbräuchlich ausüben werde, etwa durch Kampfpreise oder unzulässige Treuerabatte. – Der EuG[21] gab der Nichtigkeitsklage gegen diese Entscheidung statt, weil die Kommission nicht in rechtlich hinreichender Weise dargetan habe, dass die beherrschende Stellung in der von der Kommission angenommenen Weise verstärkt und auf den Nachbarmarkt ausgedehnt werde. Und der von der Kommission angerufene EuGH[22] wies deren Rechtsmittel zurück und bestätigte die Auffassung des EuG, dass eine eingehende Ermittlung des Sachverhalts erforderlich sei, wobei es nicht angängig sei, den Unternehmen für ihr künftiges Verhalten ein rechtswidriges Verhalten zu unterstellen. Später sind weitere Entscheidungen des EuG ergangen, die die restriktive Linie gegenüber der Untersagung konglomerater Fusionen bestätigen.[23]

Angesichts der Komplexität der Beurteilung konglomerater Fusionen hat die Kommission 2008 einschlägige **Leitlinien** veröffentlicht[24]. Ökonomische Kriterien spielen dabei eine große Rolle.

*c) Oligopolwirkungen*

**419** Mit der geschilderten Problematik eng verwandt ist die schwierige Frage, inwieweit für das Zusammenschlussverbot die Auswirkungen eines Oligopols, also die gemeinsame beherrschende Stellung mehrerer Unternehmen, zu berücksichtigen sind. Zwar kann man hier in gewisser Weise Marktanteile zusammenrechnen. Ob aber insoweit von einem wirtschaftlichen Druck hinsichtlich der Anpassung der wechselseitigen Verhaltensweisen ausgegangen werden kann, der allein das Zusammenschlussverbot rechtfertigen könnte, lässt sich nur für jeden Einzelfall beantworten.[25] Hierauf kann nicht näher eingegangen werden[26].

### 3. Problematik von Gemeinschaftsunternehmen

**420** Gemeinschaftsunternehmen, durch deren Bildung mehrere Unternehmen bestimmte Aufgaben gemeinsam durchführen, können zur Gründung eines neuen Unternehmens führen, mit dem die übrigen Unternehmen strukturell eine wirtschaftliche **Einheit** bilden, so dass insoweit ein **Unternehmenszusammenschluss** gegeben ist (oben Rz. 412). Doch kann ein Gemeinschaftsunternehmen **auch** dazu dienen, das Wettbewerbsverhalten unabhängig bleibender Unternehmen zu **koordinieren**. Im letztgenannten Fall geht es um eine Verhaltensabstimmung im Sinne von Art. 101 AEUV, auf die die EG-FKVO nicht anwendbar ist (Art. 2 IV, V EG-FKVO).

---

21 Slg. 2002, S. II-4381 = WuW/EU-R 585 *Tetra Laval BV/Kommission*; *Karenfort/Weitbrecht*, S. 473 ff.; vgl. dazu *Brei*, WuW 2003, 585.
22 Vom 15.2.2005, WuW/EU-R 875 – *Kommission/Tetra Laval*; vgl. hierzu *Satzky*, WuW 2006, 870; *Scheffler*, EuZW 2005, 751.
23 Vgl. etwa EuG, 14.12.2005, WuW/EU-R 977 – *General Electric/Kommission* sowie Parallelentscheidung *Honeywell International*; dazu *von Bonin*, WuW 2006, 466.
24 Leitlinien zur Bewertung nichthorizontaler Zusammenschlüsse, ABl. C 265/6 vom 18.10.2008.
25 Verbot eines Zusammenschlusses im Duopol im Bergbausektor durch EuG, Slg. 1999, S. II-753 – *Genkor* akzeptiert; dargestellt bei *Karenfort/Weitbrecht*, S. 433 ff.; Verbot eines Zusammenschlusses in der Reisebranche durch EuG, Slg. 2002, S. II-2585 – *Airtours* – hingegen aufgehoben; vgl. bei *Karenfort/Weitbrecht*, S. 441 ff.; vgl. auch *Bartosch*, WuW 2003, 574, 575 ff.
26 Vgl. etwa *Emmerich*, KartellR, § 16 Rz. 55 ff.; *Bartosch*, EuZW 2006, 619.

Auch bei der Bildung eines Vollfunktions-Gemeinschaftsunternehmens i.S. von Art. 3 IV EG-FKVO kann aber eine Verhaltensabstimmung der Mütter vorliegen, die gegen Art. 101 AEUV verstößt, mit der Folge, dass das Kartellverbot eingreift. Andernfalls unterliegt die Bildung des Gemeinschaftsunternehmens nur Art. 3 II, III EG-FKVO. Zur Abgrenzung hilft Art. 3 V EG-FKVO. Selbstverständlich setzt das Verbot eine gemeinschaftsweite Bedeutung i.S. von Art. 1 EG-FKVO voraus. Andernfalls kommt wiederum Art. 101 AEUV in Betracht[27].

**4. Auswirkungsprinzip**

Für die Marktbeherrschung auf einem zumindest wesentlichen Teil des Binnenmarktes gilt auch hier das **Auswirkungsprinzip** (s. oben Rz. 92). Es kommt mithin nicht darauf an, dass die betreffenden Unternehmen ihren Sitz innerhalb der EU haben. Aber natürlich gibt es Probleme, wenn die Kommission einen Zusammenschluss von Unternehmen ohne Sitz in der EU verbieten will. 421

**Beispiel**[28]: Das südafrikanische Unternehmen *Genkor* vereinbart mit einem englischem Unternehmen u.a. die gemeinsame Übernahme eines anderen südafrikanischen Unternehmens, was (auch) auf dem europäischen Markt für Platin die Entstehung von Marktbeherrschung befürchten lässt.

## IV. Verfahrensfragen

### 1. Alleinige Zuständigkeit der Kommission

Nach Art. 21 II, III EG-FKVO ist vorbehaltlich der Nachprüfung durch den Gerichtshof ausschließlich die Kommission für die Fusionskontrolle nach europäischem Recht zuständig, und die Mitgliedstaaten wenden ihr nationales Recht nicht auf Zusammenschlüsse von gemeinschaftsweiter Bedeutung an (**"One-Stop-Shop-Prinzip"**). 422

### 2. Verfahren

Die EG-KartVerfVO ist auf Zusammenschlusstatbestände grundsätzlich nicht anwendbar; vielmehr gilt insoweit allein die **EG-FKVO**.[29] Auch nach der EG-FKVO (Art. 11-13) findet eine Kooperation mit den Behörden der Mitgliedstaaten statt. 423

Nach Art. 4 EG-FKVO sind Zusammenschlüsse von gemeinschaftsweiter Bedeutung nach Vertragsabschluss, aber **noch vor ihrem Vollzug** bei der **Kommission anzumelden**; auch vor Vertragsschluss ist eine Anmeldung bereits möglich. Der Zusammenschluss selbst darf **nicht** vor der Anmeldung **vollzogen** werden (und auch nicht nach der Anmeldung, solange nicht eine entsprechende Entscheidung der EG-Kommission, die mit Bedingungen und Auflagen verbunden sein kann, vorliegt). **Rechtsgeschäfte**, die hiergegen verstoßen, können **unwirksam** sein, wobei freilich die Wirksamkeit von Rechtsgeschäften mit Wertpapieren unberührt bleibt.

---

27 Eingehend *Emmerich*, KartellR, § 17 Rz. 28 ff.
28 EuG, Slg. 1999, S. II-753 – *Gencor*.
29 Art. 21 I EG-FKVO; Ausnahme für gewisse Gemeinschaftsunternehmen.

Die Kommission hat bei ihrer Prüfung bestimmte **Fristen** zu beachten. Für das Vorprüfungsverfahren hat sie grundsätzlich 25 Arbeitstage nach Eingang der Anmeldung zur Verfügung (so Art. 10 I 1 EG-FKVO).

Sie kann **einstweilige Maßnahmen** anordnen und kann im Falle eines unzulässigen Vollzugs des Zusammenschlusses den Unternehmen aufgeben, diesen wieder rückgängig zu machen. Zur Erfüllung ihrer Aufgaben hat die Kommission Auskunftsrechte gegenüber den Beteiligten und Nachprüfungsbefugnisse. Sie arbeitet mit den Behörden der Mitgliedstaaten zusammen. Zur Durchsetzung der Maßnahmen der Kommission sind **Zwangsgelder und Geldbußen** vorgesehen.

**424** Zunächst bestehende Bedenken gegen einen Unternehmenszusammenschluss lassen sich häufig durch den Wettbewerb schützende **Zusagen** der Unternehmen ausräumen[30]. Solche Zusagen haben praktisch eine erhebliche Bedeutung. Letztlich erhalten die meisten Zusammenschlussvorhaben **grünes Licht**.

Ihre **Entscheidungen** veröffentlicht die Kommission im **Amtsblatt der** EU (Art. 20 EG-FKVO). Für Klagen gegen Entscheidungen der Kommission ist das EuG nach Art. 256, 263 AEUV zuständig.

Neben den Betroffenen sind unter Umständen auch **Konkurrenten klagebefugt**, die mithin auch eine Freigabeentscheidung anfechten können (Art. 263 IV AEUV).

**Beispiel**[31]**:** Für den Zusammenschluss von *Bertelsmann* Music Group mit *Sony*-Musik hatte die Kommission im Juli 2004 eine Genehmigung erteilt; auf Klage des Verbandes Impala, eines Zusammenschlusses kleinerer Wettbewerber, hat der EuG im Juli 2006 diese Genehmigung aufgehoben.

Wird eine Verbotsentscheidung der Kommission vom EuG aufgehoben, dann kann die EU nach Art. 340 AEUV zum Schadenersatz verpflichtet sein, wenn die Kommission die Verteidigungsrechte der Beteiligten verletzt hatte[32].

Soweit es um die Überprüfung der Festsetzung von Geldbußen oder Zwangsgeld geht, besteht **unbeschränkte Ermessensnachprüfung**, so dass die Geldbuße oder das Zwangsgeld aufgehoben, herabgesetzt oder erhöht werden kann (Art. 16 EG-FKVO).

### 3. Verweisungen zwischen europäischer und nationaler Ebene

*a) Verweisung an die nationalen Kartellbehörden*

**425** Die EG-FKVO sieht partiell eine Verweisung der Prüfungszuständigkeit bei Zusammenschlüssen von gemeinschaftsweiter Bedeutung an die nationalen Kartellbehörden vor. Diese kann einmal nach Art. 4 IV EG-FKVO **auf Antrag der Betroffenen** durch Entscheidung der Kommission erfolgen, wenn der Zusammenschluss den Wettbewerb in einem Markt innerhalb eines Mitgliedstaats, der alle Merkmal eines **gesonderten**

---

30 Vgl. EuG, Slg. 1999, S. II-753 – *Gencor*; bei *Karenfort/Weitbrecht*, S. 504; s. weiter *Emmerich*, KartellR, § 18 Rz. 12 ff.
31 EuG WuW/E EU-R 1091 – *Sony/BMG*; dazu *Frenz*, WuW 2007, 138.
32 EuG WuW/E EU-R 1397 – *Schneider Electric*; hierzu *Klumpp*, ZWeR 2008, 441; *Steinle/Schwartz*, BB 2007, 1741.

**Marktes** aufweist, erheblich beeinträchtigen könnte und er deshalb ganz oder teilweise von diesem Mitgliedstaat geprüft werden sollte und sofern der genannte Mitgliedstaat einer solchen Verweisung nicht widerspricht.

Eine Verweisung ist darüber hinaus nach Art. 9 EG-FKVO (sog. **Deutsche Klausel**) möglich. Wenn ein Mitgliedstaat der Kommission mitteilt, dass ein Zusammenschluss den Wettbewerb auf seinem nationalen Markt, der alle Merkmale eines gesonderten Marktes aufweist, erheblich zu beeinträchtigen droht oder wenn ein Zusammenschluss den Wettbewerb auf einem Markt in diesem Mitgliedstaat beeinträchtigen würde, der alle Merkmale eines gesonderten Marktes aufweist und wenn dieser Markt keinen wesentlichen Teil des gemeinsamen Marktes darstellt, kann auf **Antrag des betroffenen Mitgliedstaats** die Kommission, falls sie nicht selbst entscheiden will, die Sache an die nationale Kartellbehörde verweisen. Diese Klausel war sehr umstritten und ist auf besonderen deutschen Wunsch zustande gekommen.

*b) Verweisung an die Kommission*

Wenn ein Zusammenschluss zwar **noch keine gemeinschaftsweite Bedeutung** im Sinne von Art. 1 EG-FKVO aufweist, er aber nach dem Wettbewerbsrecht mindestens **dreier Mitgliedstaaten** geprüft werden könnte, kann er auf **Antrag der Unternehmen** von Seiten der Kommission geprüft werden, falls keiner der betroffenen Mitgliedstaaten sich dagegen verwahrt; hier führt letztlich der Gesichtspunkt der Einheitlichkeit der Entscheidung zur Konzentration bei der Kommission (Ausdruck des **One-Stop-Shop-Prinzip**; vgl. Art. 4 V EG-FKVO). Ein solcher Antrag kann sich bei unterschiedlicher Prüfungsstrenge verschiedener nationaler Kartellbehörden aus der Sicht eines Unternehmens lohnen.

**426**

Unbeschadet dessen ist auch nach Art. 22 EG-FKVO eine **Verweisung auf Antrag eines oder mehrerer Mitgliedstaaten** möglich, obwohl es an der gemeinschaftsweiten Bedeutung im Sinne des Art. 1 EG-FKVO fehlt, wenn durch den Zusammenschluss der Handel zwischen Mitgliedstaaten beeinträchtigt wird und eine erhebliche Beeinträchtigung des Wettbewerbs im Hoheitsgebiet des bzw. der antragstellenden Mitgliedstaaten droht. Der Zusammenschluss wird dann von der Kommission nach den Regeln der EG-FKVO geprüft, falls die genannten Voraussetzungen nach Auffassung der Kommission gegeben sind. Hier gleicht europäisches Recht eventuelle Defizite des nationalen Kartellrechts aus.

## V. Übersicht

**427**

| Zusammenschlusskontrolle |
|---|
| **Aufgreiftatbestand**<br>• Zuständigkeit der Kommission<br>   – gemeinschaftsweite Bedeutung des Zusammenschlusses (Art. 1 II und III EG-FKVO)<br>   – oder Zuweisung an die Kommission (Art. 4 V und Art. 22 EG-FKVO)<br>   – und keine Zuweisung an Mitgliedstaat (Art. 4 IV und Art. 9 EG-FKVO)<br>• Vorliegen eines Zusammenschlusses<br>   – durch dauerhafte Veränderung der Kontrolle (Art. 3 EG-FKVO)<br>• Konsequenz<br>   – Anmeldepflicht<br>   – Vollzugsverbot<br>**Eingreiftatbestand**<br>• Beurteilungskriterien: Art. 2 I EG-FKVO<br>• Verbotstatbestand: Art. 2 III EG-FKVO |

# § 9 Fusionskontrolle nach deutschem Recht

**Literatur zur Vertiefung:** siehe zu § 8.

## I. Geltungsbereich in Abgrenzung zum europäischen Recht

### 1. Abgrenzung zum europäischen Recht

Das GWB legt den Geltungsbereich der Zusammenschlusskontrolle, ähnlich wie die EG-FKVO, mit relativ einfach bestimmbaren **Umsatzziffern** fest. Die diesbezüglichen Untergrenzen für die **EG-FKVO** (s.o. Rz. 413) sind für die Zusammenschlusskontrolle nach § 35 III GWB **die Obergrenze** der nationalen Fusionskontrolle (oberhalb dieser Grenze gelten grundsätzlich allein die europäischen Vorschriften).

**428**

### 2. Eigenständiger Anwendungsbereich qua Umsatzziffern

§ 35 I GWB bestimmt insoweit zunächst ziffernmäßig die **Untergrenze** für das Eingreifen der Zusammenschlusskontrolle. Der Begriff des Zusammenschlusses wird in § 37 GWB, die Berechnung der Umsatzerlöse in § 38 GWB im Einzelnen geregelt. § 35 II GWB enthält Ausnahmen (Anschlussklausel/kommunale Gebietsreform). Dass die Unternehmen ihren Sitz in Deutschland haben, ist nicht entscheidend (Auswirkungsprinzip i.S. des § 130 II GWB)[1].

**429**

**§ 35 Geltungsbereich der Zusammenschlusskontrolle**
*(1) Die Vorschriften über die Zusammenschlusskontrolle finden Anwendung, wenn im letzten Geschäftsjahr vor dem Zusammenschluss*
*1. die beteiligten Unternehmen **insgesamt** weltweit Umsatzerlöse von **mehr als 500 Millionen Euro** und*[2]
*2. mindestens ein beteiligtes Unternehmen im **Inland** Umsatzerlöse von **mehr als 25 Millionen Euro** und ein anderes beteiligtes Unternehmen Umsatzerlöse von **mehr als 5 Millionen Euro** erzielt haben*[3].

## II. Unternehmenszusammenschluss als Aufgreiftatbestand nach deutschem Recht

### 1. Aufgreiftatbestand: Anmeldepflicht und Vollzugsverbot

Soweit es um das Vorliegen der **Unternehmenseigenschaft**, den **Zusammenschlusstatbestand** und die für den Geltungsbereich relevanten **Umsatzgrößenziffern** geht, spricht man von Aufgreifkriterien. Der Zusammenschluss **ist** dann nach § 39 GWB beim **Bundeskartellamt** (niemals bei den Landeskartellbehörden) als Vorhaben **anzumelden und (!)** nach dem Vollzug **anzuzeigen**.

**430**

---

1 Vgl. zu einem Auslandszusammenschluss im Bereich der Medizintechnik *Hönn*, Klausurenkurs, Fall 15.
2 Hervorhebungen vom Verfasser.
3 Zur Einschränkung des Anwendungsbereichs (zweites Unternehmen im Inland mit 5 Mio. Euro Umsatzerlös) vgl. *von Brevern*, BB 2008, 2195.

Das BKartA bekommt mit der Anmeldung Kenntnis von dem Zusammenschlussvorgang, kann ihn also „aufgreifen". Gemäß §§ 40, 41 GWB besteht für die Dauer eines Monats, bei Einleitung eines Hauptprüfungsverfahrens für die Dauer von vier Monaten ab Anmeldung beim BKartA ein **Vollzugsverbot**, das die Unwirksamkeit verbotswidriger Erfüllungsgeschäfte zur Folge hat; das BKartA kann auf Antrag vom Vollzugsverbot befreien.

Hinsichtlich der **materiell-rechtlichen Verbotskriterien** des § 36 GWB spricht man demgegenüber vom **Eingreif**tatbestand.

### 2. Unternehmen

**431** Unternehmen sind primär die **Gesellschaften** wie AG, GmbH, GmbH & Co, KG, OHG, BGBG etc. Aber auch die wirtschaftliche Tätigkeit (gewerblicher oder beruflicher Art, etwa Anwaltstätigkeit) **natürlicher Personen** konstituiert ein Unternehmen i.S. des Kartellrechts. Nach § 36 III GWB steht die Mehrheitsbeteiligung an einem Unternehmen der Unternehmenseigenschaft gleich (sog. **Flick-Klausel**). Und Länder und sonstige **öffentlich rechtliche** Körperschaften oder Anstalten sind im Bereich ihrer nicht-hoheitlichen Betätigung (z.B. Betrieb Krankenhaus) oder über Beteiligungen an Gesellschaften gleichfalls Unternehmen. Teile eines Unternehmens (vgl. § 37 I Nr. 1 GWB am Ende) werden für den Zusammenschlusstatbestand als Unternehmen angesehen. Vor allem aber ergibt sich über die **Verbundklausel** des § 36 II GWB, dass verbundene Unternehmen (vgl. § 15 AktG, worunter Unternehmen beliebiger Rechtsform fallen) als einheitliche Unternehmen anzusehen sind, wobei durch die sog. Mehrmütterklausel (§ 36 II 2 GWB) der Verbund nochmals zusätzlich ausgeweitet sein kann. Für den Zusammenschluss von Krankenkassen gelten Besonderheiten.[4]

### 3. Zusammenschlusstatbestand

**432** Für den Zusammenschlusstatbestand ist zu beachten, dass ein solcher **mehrfach nacheinander** erfolgen kann, wenn also beispielsweise ein zunächst relativ leichter Zusammenschluss später wesentlich verstärkt wird; das Gesetz geht insoweit von selbstständigen Zusammenschlusstatbeständen aus (§ 37 II GWB).

Im Übrigen führt § 37 I GWB die im Folgenden dargestellten einzelnen Zusammenschlusstatbestände auf. Diese dürften letztlich der Definition des Art. 3 EG-FKVO entsprechen.

*a) Vermögenserwerb*

**433** Erwerb des Vermögens eines anderen Unternehmens ganz oder zum einen wesentlichen Teil (Nr. 1) – sog. Vermögenserwerb:

Hier geht es darum, dass entweder im Wege der Gesamtrechtsnachfolge (Verschmelzung, Abspaltung, Ausgliederung) nach dem Umwandlungsgesetz, durch Vermögensübertragung ohne Gesamtrechtsnachfolge oder durch sonstige Formen der Übertra-

---

4 Vgl. § 172a SGB V.

gung von Unternehmensvermögen das unternehmerische Potential des Erwerbers sich erhöht.

Entscheidend für den „wesentlichen" Teil ist es, dass der diesbezügliche Unternehmensteil tragende Grundlage der Stellung des Veräußerers auf dem Markt ist und dass insoweit eine Übertragung auf den Erwerber in Betracht kommt

**Beispiele:** Erwerb von Warenzeichen[5] oder Erwerb von Grundstücken kann in diesem Sinne ein Zusammenschluss sein, wenn es sich dabei um das wesentliche Vermögen eines Unternehmens handelt[6].

*b) Kontrollerwerb*

Erwerb der unmittelbaren oder mittelbaren Kontrolle einer Unternehmens oder Unternehmensteils durch ein oder mehrere Unternehmen ... (Nr. 2) – sog. Kontrollerwerb: 434

Die Kontrolle kann durch Rechte, Verträge oder andere Mittel begründet werden, und zwar letztlich auf beliebige Art und Weise. Erforderlich ist, dass die Kontrolle die Möglichkeit zu einem **bestimmenden Einfluss** gewährt (vgl. auch § 17 AktG) und auf eine gewisse Dauer angelegt ist.[7] Einflussnahme aufgrund entsprechend ausgestalteter Bedingungen von Gesellschaftsverträgen kommt ebenso in Betracht wie die kapitalmäßige Mehrheitsbeteiligung, die letztlich wohl den wichtigsten Fall darstellen wird. Insoweit kann bei entsprechendem Streubesitz eine Beteiligung weit unterhalb von 50 % genügen. Im Zusammenhang mit weiteren Regelungen kann sogar eine einer Sperrminorität (25 %) vergleichbare Position ausreichend sein, die bei Personengesellschaften bei Geltung des Einstimmigkeitsprinzips ohne Weiteres gegeben ist.[8] Abhängigkeit aufgrund von Lieferbeziehungen reicht in der Regel nicht aus.[9]

Kontrollerwerb durch mehrere Unternehmen führt dazu, dass die Umsätze dieser Unternehmen im Rahmen des § 35 GWB zu berücksichtigen sind; vorausgesetzt ist freilich deren auf Dauer angelegte Interessengleichheit, die eine einheitliche Einflussnahme im Sinne des bestimmenden Einflusses erwarten lässt.[10]

*c) Anteilserwerb*

Erwerb von Anteilen an einem anderen Unternehmen, wenn die Anteile allein oder zusammen mit sonstigen dem Unternehmen bereits gehörenden Anteilen a) 50 % oder b) 25 % des Kapitals **oder** der Stimmrechte des anderen Unternehmens erreichen ... (Nr. 3) – sog. Anteilserwerb; (a) und (b) sind eigenständige Zusammenschlusstatbestände, so dass ggf. zunächst nach (a) und später nach (b) anzumelden ist! 435

**Auch** Anteile an **Personengesellschaften** werden erfasst. Von besonderer Bedeutung ist die **Zurechnungsklausel** (§ 37 I Nr. 3 S. 2 GWB), wonach zu den Anteilen, die dem Unternehmen gehören, auch die Anteile rechnen, die einem anderen für Rechnung

---

5 Vgl. BGHZ 119, 117 – *Warenzeichenerwerb*.
6 Vgl. *Wagener/von und zu Franckenstein*, BB 2006, 1920.
7 *Bechtold*, GWB § 37 Rz. 9, 11.
8 *Emmerich*, KartellR, § 33 Rz. 19.
9 *Emmerich*, KartellR, § 33 Rz. 12.
10 *Bechtold*, GWB § 37 Rz. 12 f., 16 f.

dieses Unternehmens gehören und, wenn der Inhaber des Unternehmens Einzelkaufmann ist, auch die Anteile, die sonstiges Vermögen des Inhabers sind.[11] Insbesondere Treuhandkonstruktionen sind hier relevant.[12]

**436** § 37 I Nr. 3 S. 3 betrifft **Gemeinschaftsunternehmen** und erweitert insoweit den Zusammenschlusstatbestand zusätzlich in der Weise, dass auch noch ein partieller horizontaler Zusammenschlusstatbestand der Muttergesellschaften für den Markt des Gemeinschaftsunternehmens fingiert wird.

**Beispiel:** Erwerben gleichzeitig oder nacheinander die Unternehmen A und B je mindestens 25 bzw. 50 % der Anteile des Unternehmens C (nunmehr Gemeinschaftsunternehmen), so gilt dies nicht nur als Zusammenschluss von A mit C bzw. B mit C, sondern zugleich als Zusammenschluss von A und B für den Markt, auf dem C tätig ist, was Konsequenzen für die für § 35 GWB relevanten Umsätze haben kann.

Das gilt freilich **nicht** zugleich für die materielle Fusionskontrolle, d.h. den Eingreiftatbestand (unten III.).

Die Bildung von Gemeinschaftsunternehmen kann im Übrigen schwierige Fragen der **Konkurrenz zu § 1 GWB** aufwerfen[13].

Falls das obige Unternehmen C Geschäftstätigkeiten von A und B koordiniert, greift § 1 GWB ein; handelt es sich hingegen um ein konzentratives Unternehmen mit eigenständiger Geschäftstätigkeit, scheidet insoweit das Kartellverbot aus, falls nicht A und B ihre Beteiligung am Gemeinschaftsunternehmen C zum Anlass nehmen, ihr eigenes Marktverhalten abzustimmen.[14]

### d) Verbindungen mit wettbewerblich erheblichem Einfluss

**437** Jede sonstige Verbindung von Unternehmen auf gesellschaftsrechtlicher Grundlage, aufgrund derer ein oder mehrere Unternehmen unmittelbar oder mittelbar einen wettbewerblich erheblichen Einfluss auf ein anderes Unternehmen ausüben können (Nr. 4).

Ein Anteilserwerb unter 25 % genügt, wenn zusätzliche Umstände den Einfluss verstärken[15]. Letztlich geht es hierbei um die Absicherung gegen Umgehungstatbestände, die dazu führen würden, dass durch die Verbindung, etwa durch Rücksichtnahmen, Handlungsweisen möglich würden, die an sich nach § 1 GWB verboten sind.

**Beispiel:** Hiernach kann jede Beteiligung an einem Konkurrenten, Abnehmer oder Lieferanten, die keine bloße Finanzanlage ist, diesen Tatbestand erfüllen.[16]

---

11 Unbeschadet dessen greift bei der Beteiligung von Konzernunternehmen für die Berechnung der Anteile auch die **Verbundklausel** des § 36 II GWB ein.
12 Vgl. *Bechtold*, GWB § 37 Rz. 31.
13 Vgl. etwa näher *Emmerich*, KartellR, § 33 Rz. 40 ff.
14 BGHZ, 147, 325 ff. – *Ost-Fleisch* – Rn. 34: „Eine solche Beschränkung des Wettbewerbs ist regelmäßig zu erwarten, wenn die Muttergesellschaften weiterhin auf dem gleichen sachlichen und räumlichen Markt wie das Gemeinschaftsunternehmen tätig bleiben".
15 BGH NJW-RR 2005, 474 – *Deutsche Post/trans-o-flex*.
16 So *Emmerich*, KartellR, § 33 Rz. 53 f.

### e) Ausnahme: Emissionskonsortien

**Herausgenommen** aus dem Zusammenschlusstatbestand ist, wie auch im europäischen Recht, die Tätigkeit von Kredit- und Finanzinstituten sowie Versicherungsunternehmen im Rahmen von **Emissionskonsortien**, d.h. der Unterbringung von Gesellschaftsanteilen auf dem Markt, die natürlich mit einer Innehabung der Anteile für begrenzte Zeit verbunden ist (vgl. § 37 III GWB). **438**

### 4. Umsatzerlöse des § 35 I GWB und ihre Berechnung

Die beteiligten Unternehmen müssen nach § 35 I GWB insgesamt weltweite Umsatzerlöse von **mehr als** 500 Mio. Euro haben, und es muss mindestens ein beteiligtes Unternehmen in Deutschland Umsatzerlöse von mehr als 25 Mio. und ein weiteres Unternehmen mindestens 5 Mio. Euro im letzten Geschäftsjahr vor dem Zusammenschluss gehabt haben. Die **Obergrenze** der Umsatzerlöse für die Zuständigkeit des BKartA ergibt sich aus der die nationale Fusionskontrolle dann ausschließenden EG-FKVO (dazu oben § 8). **439**

Da insoweit bei der Beteiligung von Konzernunternehmen infolge der **Verbundklausel** des § 36 II GWB die Gesamtumsätze des entsprechenden Konzerns relevant sind, soweit es sich nicht um reine Innenumsätze handelt (vgl. § 38 I 2 GWB), werden die genannten Ziffern relativ leicht erreicht.

Zur Berechnung der Umsatzerlöse ist grundsätzlich auf § 277 I HGB abzustellen (§ 38 I GWB). **Innenumsatzerlöse** verbundener Unternehmen **sowie Verbrauchssteuern** bleiben **außer Betracht**. Für den **Warenhandel** sind nach § 38 II GWB nur 75 % der im obigen Sinne ermittelten Umsatzerlöse in Ansatz zu bringen. Für den **Pressesektor** sind diese umgekehrt um das 8-fache[17], für den Rundfunkbereich um das 20-fache zu multiplizieren, weil man hier davon ausgeht, dass bereits relativ geringe Umsatzerlöse erhebliche Machtstellungen auf den einschlägigen Märkten zur Folge haben. Für **Kreditinstitute** etc. gelten, ebenso wie im europäischen Recht, wiederum Besonderheiten. Und soweit Vermögens**teile** erworben werden, ist auch hinsichtlich der Umsatzerlöse lediglich auf diese abzustellen. **440**

> **Fallbeispiel:** Bei dem Zusammenschlussvorhaben *Springer/ProSiebenSat.1* prüfte das BKartA den **Aufgreiftatbestand** (als „formelle Untersagungsvoraussetzungen") wie folgt[18]: Es liegen die Voraussetzungen des Anteilserwerbs und des Kontrollerwerbs vor. Die beteiligten Unternehmen haben – auch ohne Berücksichtigung von § 38 III GWB – weltweit Umsatzerlöse von mehr als 500 Mio. Euro erzielt, und mindestens ein Unternehmen hat mehr als 25 Mio. Euro im Inland erzielt. Die Einschränkungen des § 35 II GWB (dazu sogleich) seien nicht gegeben. Die Aufgreifschwellen der EG-FKVO werden nicht erreicht, da die beteiligten Unternehmen 2005 keinen weltweiten Gesamtumsatz von mehr als 5 Mrd. Euro erzielt hätten und sowohl Springer als auch ProSieben/Sat.1 jeweils mehr als ⅔ ihres gemeinschaftsweiten Gesamtumsatzes in Deutschland erzielt hätten.

---

17 Vor der 8. GWB-Novelle um das 20-fache.
18 Beschluss vom 19.1.2006, WuW/E DE-V 1163, 1165.

## 5. Einschränkungen

§ 35 II GWB schränkt den Geltungsbereich der Fusionskontrolle für bestimmte Zusammenschlusstatbestände ein.

### a) § 35 II 1 GWB: Anschlussklausel

**441** Dies gilt einmal für konzern**unabhängige** Unternehmen, die im letzten Geschäftsjahr weltweit Umsatzerlöse von weniger als 10 Mio. erzielt haben, wenn sie sich mit einem anderen Unternehmen zusammenschließen. Hier will man die Inhaber kleinerer Unternehmen privilegieren, wenn sie etwa altersbedingt die Unabhängigkeit dieses Unternehmens aufgeben müssen.

### b) § 35 II 2 GWB: Zusammenschlüsse im Rahmen einer kommunalen Gebietsreform

**442** Die Zusammenlegung öffentlicher Einrichtungen und Betriebe im Rahmen einer kommunalen Gebietsreform wird ausdrücklich von der Fusionskontrolle ausgenommen.

Einzelne Ausnahmen vom bisherigen Geltungsbereich der Fusionskontrolle wurden durch die 8. GWB-Novelle darüber hinaus in Verbotsausnahmen umgewandelt. Dies gilt etwa für die frühere Bagatellmarktklausel *(§ 35 II Nr. 2 GWB a.F.)*, die von der Ausnahme vom Geltungsbereich zur Verbotsausnahme (§ 36 I 2 Nr. 2 GWB n.F.) umgestaltet wurde. Und auch hinsichtlich des Pressesektors findet sich die frühere Sonderregelung des *§ 35 II 2 GWB a.F.* nunmehr in der Verbotsausnahme des § 36 I 2 Nr. 3 GWB n.F. – inhaltlich modifiziert – wieder; Fusionen im Pressebereich sind bewusst erleichtert worden, um die Wettbewerbsfähigkeit der Presse in der starken Konkurrenz der neuen Medien zu erhöhen.[19]

## III. Verbot des Zusammenschlusses (Eingreiftatbestand des § 36 GWB)

*§ 36 Grundsätze für die Beurteilung von Zusammenschlüssen*

*(1) Ein Zusammenschluss, durch den **wirksamer Wettbewerb erheblich behindert**[20] würde, **insbesondere** von dem zu erwarten ist, dass er eine **marktbeherrschende Stellung begründet oder verstärkt**, ist vom Bundeskartellamt zu untersagen, es sei denn, die beteiligten Unternehmen weisen nach, dass durch den Zusammenschluss auch Verbesserungen der Wettbewerbsbedingungen eintreten und dass diese Verbesserungen die Nachteile der Marktbeherrschung überwiegen. Dies gilt nicht, wenn ….*

*(2) …*

### 1. Anpassung an Art. 2 III EG-FKVO: erhebliche Behinderung wirksamen Wettbewerbs

**443** Die 8. GWB-Novelle von 2013 hat das Zusammenschlussverbot an europäisches Recht angepasst. *§ 36 I GWB a.F.* stellte für den Verbotstatbestand allein auf das Entstehen oder die Verstärkung einer marktbeherrschenden Stellung ab und erlaubte dann den Nachweis von ausnahmsweise überwiegender Verbesserungen der Wettbewerbsbedingungen. Dem gegenüber stellt die Neuregelung von § 36 I 1 GWB ent-

---

19 Vgl. hierzu *Lettl*, WuW 2013, 706, 707.
20 Hervorhebungen vom Verfasser.

sprechend Art. 2 III EG-FKVO nunmehr auf die **erhebliche Behinderung wirksamen Wettbewerbs** ab und macht die bisherige auf die **Marktbeherrschung** bezogene Regelung zum **Beispielsfall**.

Hinsichtlich der erheblichen Behinderung wirksamen Wettbewerbs (SIEC-Test) kann auf die obigen Ausführungen zur europäischen Fusionskontrolle Bezug genommen werden (oben Rz. 416-419); die einschlägige europäische Praxis ist aber für das GWB nicht bindend.

**Inwieweit** die Neufassung des § 36 I GWB die Fusionskontrollpraxis in Deutschland **verändern** wird, ist Gegenstand kontroverser **Diskussion**. Jedenfalls könnte die Frage der Abgrenzung des relevanten Marktes für die Fusionskontrolle an Bedeutung verlieren.[21] Und auch die Betrachtung der Marktanteile mag weniger wichtig werden.[22] Dagegen könnten generell ökonometrische Beurteilungen eine größere Rolle spielen.[23] Insgesamt wird **eher eine Akzentverschiebung als eine grundlegende Veränderung** erwartet[24] – und eine stärkere Orientierung an der europäischen Rechtspraxis.[25]

Da sich die Rechtspraxis in Deutschland aufgrund der Neufassung des materiellen Fusionsverbots nicht grundlegend ändern dürfte, wird nachfolgend nur näher auf die bisherige Praxis unter dem Blickwinkel der (redaktionell) neu geregelten Marktbeherrschung im GWB eingegangen.

**2. Marktbeherrschende Stellung**

Hinsichtlich der marktbeherrschenden Stellung gilt insoweit die bereits oben Rz. 336 besprochene Definition des § 18 GWB: Marktbeherrschend kann ein Monopolist oder Quasimonopolist bzw. ein **Einzelunternehmen**, das **keinem wesentlichen Wettbewerb ausgesetzt** ist **oder** ein Einzelunternehmen mit im Verhältnis zu seinen Wettbewerbern **überragender Marktstellung** sein. Daneben kommen marktbeherrschende Oligopole durch **zwei oder mehr Unternehmen** in Betracht, soweit zwischen ihnen eine bestimmte Art von Waren oder gewerblichen Leistungen (= sachlich und örtlich relevanter Markt) ein wesentlicher Wettbewerb nicht besteht und soweit sie in ihrer Gesamtheit marktbeherrschend sind. Der Sitz der betreffenden Unternehmen ist nicht entscheidend. Nach dem in § 130 II GWB normierten Auswirkungsprinzip komme es nur auf die Beherrschung eines Inlandsmarktes an.

**444**

Die Marktbeherrschungs**vermutung** knüpft für die Marktbeherrschung wegen des Fehlens eines **wesentlichen Wettbewerbs** durch ein Einzelunternehmen an einen Marktanteil von **mindestens 40 %** an und für die Marktbeherrschung durch mehrere Unternehmen an Marktanteile von **50 %** (bei zwei oder drei Unternehmen) oder bei Marktanteilen von ⅔ (bei vier oder fünf Unternehmen) an; der Gegenbeweis, dass im Innenverhältnis zwischen den Oligopolisten Wettbewerb herrscht oder dass es an der Marktbeherrschung im Außenverhältnis fehlt, ist möglich.

---

21 *Zimmer*, WuW 2013, 928 ff.
22 *Johnsen*, WuW 2013, 1177 ff.
23 Vgl. *Körber*, WuW 2014, 250 ff., 259 f., der aber letztlich von einer insgesamt weiterhin kontinuierlichen Entwicklung ausgeht.
24 *Ewald*, WuW 2014, 261 ff., 280.
25 *Barke/Stransky*, WRP 2014, 674 ff., 680.

**Beispiel:** Haben die Unternehmen A und B auf einem bestimmten Markt einen Anteil von insgesamt mehr als 50 %, so greift die Vermutung der Marktbeherrschung gemäß § 18 VI Nr. 1 GWB. Die Unternehmen können dies durch den Nachweis entkräften, dass zwischen ihnen wesentlicher Wettbewerb besteht oder dass auf dem entsprechenden Markt trotz des großen Marktanteils im Verhältnis zu den übrigen Wettbewerbern keine überragende Marktstellung (also keine Marktbeherrschung) gegeben ist (§ 18 VII GWB).

**445** **Fallbeispiel:** In der Entscheidung ***Deutsche Bahn/KVS Saarlouis***[26] betonte der BGH zunächst, das Vorliegen des Aufgreiftatbestandes im Hinblick auf den Fahrgastmarkt ermögliche zugleich die materielle Fusionskontrolle auch auf vor- und nachgelagerten Märkten und damit auch auf dem **Aufgabenträgermarkt** (Konkurrenz um Berechtigung zur Durchführung des ÖSPV) als sachlich relevantem Markt. Nur dieser Markt kam für die Beurteilung des Erreichens oder der Verstärkung einer marktbeherrschenden Stellung in Betracht, da auf dem Fahrgastmarkt notwendigerweise ein Bündel von Monopolstellungen vorlag. Als örtlich relevanten Aufgabenträgermarkt betrachtete der BGH das Saarland. Auf diesem ergaben sich, nach Nutzwagen-Kilometern bemessen, Marktanteile von 40-50 % von RWS (= Deutsche Bahn), von KVS von 5-15 %, der Saarbahn-AG von 20-30 % und der Neunkircher Verkehrs-AG von 5-10 %. Damit war der Vermutungstatbestand des *§ 19 III 1 GWB a.F.* sowohl mit einem Drittel für RWS und als auch von 65 % für die drei größten Unternehmen gegeben (RSV, KVS und Saarbahn mit mindestens 65 %). Da sich nach den getroffenen Feststellungen für neu zu vergebende Linienverkehrsgenehmigungen bundesweit konkurrierende Anbieter praktisch nicht beteiligten und eine Änderung dieser Situation auch nicht in Sicht war, ging der BGH zu Recht von einer Verstärkung der marktbeherrschenden Stellung auf dem Aufgabenträgermarkt durch den geplanten Beteiligungserwerb seitens RWS aus und bestätigte damit die vom BKartA getroffene Verbotsentscheidung.

Für die **überragende Marktstellung** des § 18 I Nr. 3 GWB gibt es in § 18 III GWB zwar eine Interpretationshilfe, aber keine Vermutung[27]. Der Nachweis ist schwierig zu führen.

### 3. Nachweis und Prognose

*a) Horizontale Zusammenschlüsse*

**446** Für eine Prognose der Begründung oder Verstärkung einer marktbeherrschenden Stellung sind die gesamten Umstände zu betrachten. Soweit es um horizontale Zusammenschlüsse (zwischen Wettbewerbern) geht, werden primär die aufsummierten Marktanteile zu beurteilen sein, wobei aber zu berücksichtigen ist, dass infolge des Zusammenschlusses möglicherweise die einzelnen Marktanteile sich nicht in vollem Umfang aufsummieren. Die gesetzlichen Vermutungen erleichtern die Rechtsanwendung.

*b) Vertikale und konglomerate Zusammenschlüsse*

**447** Schwieriger zu beurteilen sind **vertikale** Zusammenschlüsse, also etwa zwischen Produzent und Rohstofflieferant bzw. Produzent und Händler. Hier kommt es maßgebend auf die Kriterien des § 18 III GWB für eine überragende Marktstellung an: Verände-

---

26 WuW/E DE-R 1797.
27 Anders noch *§ 23a GWB i.d.F. von 1990*, der insoweit eine Vermutung für vertikale und konglomerate Zusammenschlüsse vorsah.

rung von Finanzkraft, Zugang zu Beschaffungs- oder Absatzmärkten, Verflechtungen mit anderen Unternehmen, rechtliche oder tatsächliche Schranken für den Marktzutritt anderer Unternehmen etc. Entsprechendes gilt auch für sog. **konglomerate (synonym „diagonale") Zusammenschlüsse**. Finanzmacht als solche wird kartellrechtlich nicht beanstandet; sie kann aber eine vorhandene Marktstellung dadurch verstärken, dass etwa der Eintritt neuer Wettbewerber auf dem Markt durch das entsprechende Drohpotential erschwert wird. Entscheidendes Kriterium ist jedenfalls, dass eine marktbeherrschende Stellung begründet oder verstärkt wird.

Der diesbezügliche Nachweis ist, nicht zuletzt wegen des Fehlens einer gesetzlichen Vermutung, außerordentlich schwierig. Die näheren Einzelheiten können hier nicht dargestellt werden[28]. Generell lässt sich sagen, dass BKartA und BGH früher möglicherweise weniger strenge Voraussetzungen für das Eingreifen des Fusionsverbots stellten als europäische Kommission und EuGH.[29]

**Fallbeispiel:**[30] Die Axel *Springer* AG in Berlin (AS) will die Holding-Gesellschaft *Pro SiebenSat. 1* übernehmen, die die privaten Fernsehsender Sat. 1, ProSieben, N24 und Kabel 1 betreibt. Der Aufgreiftatbestand der §§ 35 ff. GWB war gegeben. Hinsichtlich der sachlich-gegenständlichen und räumlich relevanten Märkte betonte das BKartA, es komme zwar nicht zu Marktanteilsadditionen. Springer als Deutschlands größter **Zeitungsverlag** und auch international führendes Medienunternehmen und ProSiebenSat. 1 als führendes deutsches (privates) **TV-Unternehmen** seien weitgehend nicht auf dem gleichen Markt tätig. Der Zusammenschluss führe aber aufgrund marktübergreifender Effekte 1. zu einer Verstärkung einer kollektiven Marktbeherrschung auf dem Fernsehwerbemarkt, 2. zur Verstärkung der marktbeherrschenden Stellung von Springer auf dem bundesweiten Lesermarkt für Straßenverkaufszeitungen und 3. auf dem bundesweiten Anzeigenmarkt für Tageszeitungen. Mit dieser (hier nur skizzierten) Begründung untersagte das BKartA das Zusammenschlussvorhaben. – Der Beschluss gibt nähere Anhaltspunkte dazu, unter welchen Voraussetzungen das Fehlen von Binnenwettbewerb im engen Oligopol angenommen werden kann. Überdies geht er ausdrücklich davon aus, dass konglomerate Wirkungen eines Zusammenschlusses im Rahmen einer Gesamtschau zur Verstärkung einer schon bestehenden marktbeherrschenden Stellung führen können.

**448**

### 4. Rechtfertigung des Zusammenschlusses

*a) Überwiegende Verbesserung der Wettbewerbsbedingungen* (§ 36 I 2 Nr. 1 GWB n.F.)

Trotz erheblicher Behinderung wirksamen Wettbewerbs oder Erreichung oder Verstärkung einer marktbeherrschenden Stellung kann der Zusammenschluss aber auch dadurch **gerechtfertigt** werden, dass die Unternehmen nachweisen, dass durch den Zusammenschluss auch eine **Verbesserungen der Wettbewerbsbedingungen** eintreten und dass diese Verbesserungen die Behinderung des Wettbewerbs überwiegen *(vgl.*

**449**

---

28 Vgl. etwa *Emmerich*, KartellR, § 34 Rz. 39 ff.; *Bechtold*, GWB § 36.
29 Hierzu etwa *Satzky*, WuW 2006, 870, 873, u.a. unter Hinweis auf die Verbotsentscheidung des BKartA vom 19.1.2006, WuW/E DE-V 1163 ff. – *Springer/ProSiebenSat 1*.
30 BKartA, Beschluss vom 19.1.2006, WuW/E DE-V 1163 ff. – *Springer/Pro7Sat. 1*; wie der Presse zu entnehmen ist, wurde ProSiebenSat. 1 später von einem Finanzinvestor und einer Beteiligungsgesellschaft übernommen, die eine Expansion von ProSiebenSat. 1 im europäischen Raum planten (FAZ vom 16.12.2006, S. 17).

*auch § 36 I Hs. 2 GWB a.F)*. Allgemeine **Effizienzvorteile reichen** nach der bisherigen deutschen Judikatur zur Rechtfertigung eines an sich unter das Verbot fallenden Zusammenschlusses **nicht** aus; nach europäischem Recht ist das nicht so sicher (s. § 8 III 2). Auch der Hinweis auf die Sicherung von **Arbeitsplätzen genügt nicht**. Vielmehr müsste zur Rechtfertigung vorgetragen werden, dass sich gerade Wettbewerbsbedingungen erheblich verbessern. Dies kann sowohl auf beherrschten als auch auf dritten Märkten geschehen. Denkbar ist beispielsweise eine Rechtfertigung bei Sanierungsfusionen oder bei der wesentlichen Verbesserung der Bedingungen auf anderen Märkten.

**Beispiele:** So lag in dem Zusammenschluss zweier norddeutscher Zeitungen zwecks Sanierung insoweit eine Verbesserung der Marktstruktur, als sich ohne die Sanierung die Marktstruktur noch weiter verschlechtert hätte[31].

Der Aufbau von Substitutionskonkurrenz (Elektrizität- und Gasversorgung) in der Nachbarschaft des vermachteten Ölmarktes durch Bildung eines Gemeinschaftsunternehmens kann die Wettbewerbsbedingungen verbessern[32].

*b) Bagatellmarkt* (§ 36 I 2 Nr. 2 GWB n.F.)

**450** Durch die sog. **Bagatellmarktklausel** (*in § 35 II 1 Nr. 2 GWB a.F.* als Ausnahme vom Geltungsbereich formuliert) werden Zusammenschlüsse auf solchen Märkten gerechtfertigt, die, obwohl sie schon einige Zeit bestehen, offensichtlich für die Gesamtwirtschaft von marginaler Bedeutung sind. Als Kriterium gelten **15 Mio. Euro** Jahresumsatz.

*aa) Bündeltheorie*

Soweit freilich Unternehmen bewusst kleine Marktsegmente schaffen oder nutzen, um auf diesem Wege an sich verbotene Zusammenschlüsse praktizieren zu können, versucht das BKartA, im Wege einer **Bündeltheorie** gegenzusteuern.

> **Fallbeispiel:**[33] Die *Deutsche Bahn* (DB) erbringt über Konzernunternehmen auch Verkehrsleistungen im Öffentlichen Straßen-Personennah-Verkehr (ÖSPV), u.a. über das Konzernunternehmen RSW, die im Saarland 10 Regionalbuslinien betreibt. Die RSW möchte eine 30%ige Beteiligung an der *KVS Saarlouis* erwerben, die ihrerseits über 25 Linienverkehrsgenehmigungen verfügt und im Raum Saarlouis tätig ist. Darin läge ein Zusammenschluss nach § 37 I Nr. 2 und 3 GWB. Wegen der Zurechnung der Umsätze der DB waren die Voraussetzungen des § 35 I GWB ohne Weiteres gegeben (§ 36 II GWB). Die Frage war, ob die Bagatellmarktklausel hier eingriff, und hierfür kam es auf die Bestimmung des betroffenen Marktes an. Die Umsatzerlöse von RSW und KSV lagen deutlich über der Grenze des *§ 35 II Nr. 2 GWB a.F.* von 15 Mio. Euro.
>
> Das Zusammenschlussvorhaben betraf einmal den sog. **Aufgabenträgermarkt** für den ÖSPV im Saarland (= „Bedarfsmarkt" für die Interessenten am Betrieb des saarländischen ÖSPV

---

31 So KG AG 1990, 163 – *Flensburger Tageblatt/SH Landeszeitung* –, zitiert von *Emmerich*, KartellR, § 34 Rz. 65, der darauf hinweist, dass die Sanierungsfunktion in der Regel keine Verbesserung der Wettbewerbsbedingungen auf dem jeweiligen Markt zur Folge hat.
32 So BGHZ 73, 65, 78 f., zitiert von *Emmerich* a.a.O. Rz. 64.
33 Nach BGH WuW/E DE-R 1797 = WM 2006, 1969 – *Deutsche Bahn/KVS Saarlouis* (Bestätigung einer Verbotsverfügung des BKartA).

zum Erhalt der hierfür erforderlichen Berechtigungen durch die Kommunen), auf dem neben RSW und KSV noch einige weitere Verkehrsunternehmen um Berechtigungen für den ÖPSV konkurrierten. Da die Vorinstanz insoweit keine näheren Informationen über die Umsatzziffern auf diesem Aufgabenträgermarkt eingeholt hatte, betrachtete der BGH den **Fahrgastmarkt** ( = Bedarfsmarkt für Fahrgäste), und hier stellte sich die Frage, ob man die **einzelnen Buslinien** als eigenständige Fahrgastmärkte betrachten und dadurch in den Anwendungsbereich der Bagatellmarktklausel gelangen konnte. Hierzu bemerkt der BGH zutreffend, dass nach Sinn und Zweck der Bagatellmarktklausel, bei der es um gesamtwirtschaftlich unbedeutende Märkte geht, diese nicht eingreift, wenn ein Zusammenschlussvorhaben mehrere räumlich nebeneinander liegende gleichartige Märkte betrifft, auf denen insgesamt mehr als 15 Mio. Euro/Jahr umgesetzt werden. Diese **Bündeltheorie** hat vor allem insoweit beträchtliche Bedeutung, als sie verhindert, dass Märkte künstlich aufgespalten werden, um in den Anwendungsbereich der Bagatellmarktklausel zu gelangen.[34] Das war hier zwar nicht der Fall. Nach Sinn und Zweck der Bagatellmarktklausel sah aber der BGH hier gleichwohl einen Anwendungsfall der Bündeltheorie.

*bb) Aber keine Berücksichtigung der Auslandsumsätze*

Darüber hinaus stellt sich die Frage, ob das 15 Mio. Euro-Kriterium den relevanten Markt schlechthin, also unter Einbeziehung der **Auslandsumsätze** auf dem Markt betrifft oder nur den diesbezüglichen Umsatz in Deutschland meint. Bei Einbeziehung der Auslandsumsätze gibt es natürlich weniger Bagatellmärkte mit weniger als 15 Mio. Euro Umsatz, und die Ausnahme vom Zusammenschlussverbot des GWB wird eher eingeschränkt.

**451**

**Fallbeispiel:**[35] Das amerikanische Unternehmen *duPont* hatte im Oktober 2005 ein Zusammenschlussvorhaben beim BKartA angemeldet, durch das duPont einen wesentlichen Teil der deutschen Firma *Pedex* mit Sitz in Wald-Michelbach, für die kurz zuvor das Insolvenzverfahren eingeleitet worden war, erworben hatte. DuPont ist ein weltweit tätiges Chemieunternehmen mit einem konsolidierten Weltumsatz von etwa 22 Mrd. Euro. Pedex war Teil der ebenfalls insolventen Coronet-Gruppe, mit einem so geringen Umsatz, dass die Umsatzkriterien von Art. 1 EG-FKVO nicht erfüllt waren. Das BKartA sah als sachlich relevanten Markt für eine eventuelle Untersagung den Markt für Zahnbürstenfilamente („Oral-Care-Markt") an. Als räumlich-relevanten Markt nahm das BKartA den europäischen Markt an; der sachlich-relevante Markt sei räumlich nicht auf Deutschland beschränkt. Für die Jahre 2004 und 2005 ermittelte das BKartA Marktanteile für duPont von über 50 %, für Pedex von über 20 %. Demzufolge lagen die Verbotsvoraussetzung des § 36 I GWB insoweit vor.

Freilich betrugen die Umsätze von duPont, Pedex und weiterer unbedeutender Wettbewerber auf dem deutschen Markt für Oral Care weniger als 15 Mio. Euro im Jahr. Daher stellte sich die Frage, ob nicht die Bagatellmarktklausel eingreift. Die Bagatellmarktklausel war relevant, weil bei ihrem Eingreifen das Verbot aus § 36 I GWB nicht anwendbar war. Es kam mithin darauf an, ob der europaweite Umsatz auf dem Oral Care-Markt, der deutlich über der Schwelle von 15 Mio. Euro lag, das Eingreifen der Bagatellmarktklausel ausschloss. Das BKartA vertrat diese Auffassung. Der Beschluss des BKartA wurde aber vom OLG Düsseldorf mit der Begründung aufgehoben, nach dem Zweck der Bagatellmarktklausel

---

34 Vgl. näher zur Problematik *Emmerich*, KartellR, § 32 Rz. 29.
35 BKartA, Beschluss vom 15.3.2006, WuW/E DE-V 1247 – *duPont/Pedex*; aufgehoben durch das OLG Düsseldorf, WuWE DE-R 1881.

komme es auf die marginale Bedeutung für die Tätigkeit des BKartA an, und insoweit sei nur auf den **Inlandsmarkt abzustellen**[36]. Hier lag der Umsatz unter 15 Mio. Euro/Jahr. Also war die Bagatellmarktklausel anwendbar.

*c) Sonderregelung für den Pressebereich* (§ 36 I 2 Nr. 3 GWB n.F.)

Für den Pressebereich gelten Besonderheiten (früher *§ 35 II 2 GWB a.F.*), die hier nicht näher dargestellt werden; letztlich geht es um die Privilegierung eines Zusammenschlusses, für den eine wettbewerbskonforme Lösung nicht möglich ist und ohne den das übernommene Unternehmen in seiner Existenz gefährdet wäre.

*d)* Lässt sich der marktbeherrschende Zusammenschluss nicht rechtfertigen, so wird er vom BKartA nach **§ 36 I 1 GWB** untersagt.

### 5. Praktische Lösung von Zusammenschlussproblemen

452 Da das Tatbestandsmerkmal der erhebliche Behinderung des wirksamen Wettbewerbs durch einen Zusammenschluss und insbesondere auch der Begriff der Marktbeherrschung in der Regel an **Einzelmärkte anknüpft**, Unternehmen aber meist auf verschiedenen Märkten tätig sind, wird es häufig vorkommen, dass durch den Zusammenschluss zwar die Erreichung oder Verstärkung einer beherrschenden Stellung auf einem Markt bzw. die erhebliche Behinderung wirksamen Wettbewerbs zu erwarten ist, dass aber der Zusammenschluss im Übrigen nicht die Eingreifkriterien erfüllt. In einem solchen Fall kann man als Unternehmen gegebenenfalls **pragmatisch verfahren** und den zu beanstandenden Marktsektor aus dem Zusammenschlusstatbestand herausnehmen. Dann kann, eventuell unter entsprechenden Bedingungen oder Auflagen, vom Ausspruch eines Zusammenschlussverbots abgesehen werden.

### 6. Auswirkungsprinzip des § 130 II GWB

453 Nach dem auch im deutschen Recht geltenden Auswirkungsprinzip können auch reine Auslandszusammenschlüsse untersagt werden, wenn sie auf dem deutschen Markt den Wettbewerb behindern bzw. eine marktbeherrschende Stellung herbeiführen oder verstärken. Natürlich stellen sich dabei kollisionsrechtliche und eventuell auch völkerrechtliche Fragen, und es bestehen besondere Probleme bei der Rechtsdurchsetzung.

**Beispiel:** Eine amerikanische Firma erwirbt einen bestimmten Sektor der Medizintechnik eines Schweizer Unternehmens mit der Folge, dass eine marktbeherrschende Stellung in Deutschland entsteht.[37]

---

36 OLG Düsseldorf, WuW/E DE-R 1881; ebenso später auch BGHZ 174, 12 – *Sulzer/Kelmix*, unter Hinweis auf das Auswirkungsprinzip des § 130 II GWB.
37 BKartA WuW/E DE-V 931 und dazu *Hönn*, Klausurenkurs, Fall 15.

## IV. Verfahrensfragen

### 1. Zuständige Behörde: BKartA

Zuständig ist allein das **BKartA** (vgl. §§ 36, 39 ff. GWB); Landeskartellbehörden haben im Bereich der Zusammenschlusskontrolle keine Zuständigkeit.

Zu den Verweisungsmöglichkeiten hinsichtlich der Anwendung der europäischen bzw. nationalen Fusionskontrolle siehe oben Rz. 425 f.

### 2. Anmeldeerfordernis, Prüfverfahren und Freigabe

Die betreffenden Unternehmen sind nach § 39 I GWB verpflichtet, einen Zusammenschluss bereits **vor dem Vollzug** beim BKartA **anzumelden**. Einzelheiten hinsichtlich der zur Anmeldung Verpflichteten sowie des Inhalts der Anmeldung sind in § 39 II-V GWB geregelt; das BKartA besitzt Auskunftsrechte gegenüber dem Unternehmen. Ein späterer **Vollzug** des Zusammenschlusses ist **nochmals gesondert anzuzeigen** (§ 39 VI GWB).

Das **Tätigwerden des BKartA** unterliegt nach Eingang der Anmeldung bestimmten **Fristen**. Im sog. **Vorprüfungsverfahren** wird man dabei auf eine möglichst informelle Bereinigung möglicher Schwierigkeiten hinwirken. Hält das BKartA eine weitere Prüfung des Zusammenschlusses für erforderlich, so findet ein **Hauptprüfverfahren** statt; das BKartA muss dies aber den Beteiligten **spätestens binnen eines Monats** nach Eingang der Anmeldung mitteilen. Das Hauptprüfungsverfahren muss grundsätzlich binnen **4 Monaten** nach Anmeldung abgeschlossen sein.

Gegebenenfalls kann eine **Freigabe des Zusammenschlusses mit Bedingungen und Auflagen** verbunden werden; eine **laufende Verhaltenskontrolle wäre aber unzulässig** (§ 40 III 2 GWB). Hier bestehen erhebliche Einflussmöglichkeiten für die beteiligten Unternehmen, einen zunächst bedenklichen Zusammenschlusstatbestand in Absprache mit dem BKartA zu modifizieren und zulässig zu machen.

### 3. Vollzugsverbot und eventuelle Entflechtung

Ehe das BKartA den Zusammenschluss freigegeben hat bzw. vor Ablauf der Monatsfrist hinsichtlich der eventuellen Einleitung eines Hauptprüfverfahrens **darf** der Zusammenschluss **nicht vollzogen werden**, es sei denn, das BKartA erteilt Befreiung gemäß § 41 II GWB[38]. Gegen das Vollzugsverbot verstoßende **Rechtsgeschäfte** sind (vorbehaltlich gewisser Ausnahmen) **unwirksam** (vgl. § 41 Abs. 1 und 1a GWB). Eventuell pflichtwidrig vollzogene Zusammenschlüsse können nach § 41 III GWB entflochten werden. Eine allzu große praktische Bedeutung hat diese Vorschrift bisher nicht erlangt. Generell hat die Kartellbehörde die Möglichkeit, ihre Anordnungen durch **Zwangsgeld** oder in sonstiger Weise durchzusetzen. Daneben kommt die Festsetzung von **Bußgeld** wegen Ordnungswidrigkeiten in Betracht.

---

38 Keine Befreiung durch vorläufigen Rechtsschutz; so OLG Düsseldorf, WuW/E DE-R 2069.

## 4. Rechtsmittel

**457** Gegen Verfügungen der Kartellbehörde, hier also allein des BKartA mit Sitz in Bonn (§ 51 GWB) ist nach § 63 I GWB **Beschwerde** an das zuständige Oberlandesgericht, hier also an das **OLG Düsseldorf**, möglich; aufschiebende Wirkung kommt ihr in Angelegenheiten der Fusionskontrolle gemäß § 64 GWB grundsätzlich nicht zu.

Hat das BKartA das Zusammenschlussvorhaben durch seine Verfügung freigegeben, so kommt auch hiergegen die Beschwerde in Betracht, wobei **beschwerdeberechtigt** diejenigen sind, deren Interessen durch die Entscheidung erheblich berührt werden und die das BKartA deshalb auf ihren Antrag zum Verfahren beigeladen hatte (§§ 63 II, 54 II GWB); dies dürften vor allem Wettbewerber sein. Doch soll eine Beschwerde gegen eine Freigabeentscheidung nach dem BGH keine aufschiebende Wirkung haben, weil es an dem für § 65 III 4 GWB erforderlichem subjektiven Recht fehle[39].

Gegen die Entscheidung des Beschwerdegerichts gibt es unter bestimmten Voraussetzungen die **Rechtsbeschwerde** an den **BGH** nach § 74 GWB. Eine Vorlage an den EuGH im Hinblick auf Artikel 267 AEUV hat bislang im Rahmen der nationalen Fusionskontrolle keine größere Rolle gespielt.[40]

## 5. Ministererlaubnis

**458** Binnen eines Monats nach Zustellung der Untersagungsverfügung (falls sie nicht angefochten wird) bzw. nachdem die Untersagung unanfechtbar geworden ist, kann an den Bundesminister für Wirtschaft und Arbeit ein Antrag auf Ministererlaubnis gestellt werden. Vor der Erlaubnis soll der Minister eine **Stellungnahme** der **Monopolkommission** einholen. Erteilt werden soll die Erlaubnis im Übrigen nur dann, wenn im Einzelfall die Wettbewerbsbeschränkung von **gesamtwirtschaftlichen Vorteilen** des Zusammenschlusses aufgewogen wird oder wenn der Zusammenschluss durch ein **überragendes Interesse der Allgemeinheit gerechtfertigt** ist. Die marktwirtschaftliche Ordnung darf nicht gefährdet werden. In der bisherigen Praxis ist man mit dieser Ministererlaubnis verhältnismäßig **großzügig** verfahren.

## 6. Verweisungen im Verhältnis zur Kommission

**459** S. hierzu oben Rz. 425 f.

---

[39] BGH EWiR 2006, 439 m. krit. Anm. *Schiemann/Schmitz-DuMont*.
[40] Vgl. freilich die Vorlage von BGH WRP 2014, 78 ff. – *Calciumcarbidkartell* – anhängig beim EuGH, betreffend interne Verteilung einer von der Kommission gegen Gesamtschuldner wegen Kartellverstoß verhängte Geldbuße; LG Düsseldorf WuW/E DE-R 3922 ff. – *LTE-Standard* –, anhängig beim EuGH, betreffend Auslegung des Art. 102 AEUV bei einer Patentstreitigkeit.

## V. Übersicht

| Zusammenschlusskontrolle | 460 |
|---|---|

**Aufgreiftatbestand**
- Geltungsbereich des GWB in Abgrenzung zum europäischen Recht; Kriterium: Umsatzziffern
  - Obergrenze: § 35 III GWB, EG-FKVO (Art. 1 II, III; 4 IV, V; 9; 22)
  - Untergrenze: § 35 I GWB
  - Ausnahmen: § 35 II GWB
  - Berechnung der Umsätze: § 38 GWB
- Unternehmenseigenschaft
  - Handelsgesellschaften, wirtschaftliche Tätigkeit natürlicher Personen oder der öffentlichen Hand
  - Sonderfälle § 36 II, III GWB
- Zusammenschlusstatbestand
  - § 37 I GWB: Vermögenserwerb, Kontrollerwerb, Anteilserwerb, sonstige Verbindungen mit wettbewerblich erheblichem Einfluss
  - Ausnahmen: § 37 III GWB
- Konsequenz
  - Anmeldepflicht
  - Vollzugsverbot

**Eingreiftatbestand**
- Untersagungstatbestand: § 36 I GWB
  - erhebliche Behinderung wirksamen Wettbewerbs, insbesondere durch Begründung oder Verstärkung einer marktbeherrschenden Stellung
  - Prognoseentscheidung
- Rechtfertigung: § 36 I 2 Nr. 1-3 GWB

Fünfter Teil

# Vergaberecht und Recht der Beihilfen

**Literatur zur Vertiefung:** *Bunte*, Kartellrecht, mit neuem Vergaberecht, 3. Aufl. 2014; *Glöckner*, Kartellrecht – Recht gegen Wettbewerbsbeschränkungen, 2012; *Hönn,* Klausurenkurs im Wettbewerbs- und Kartellrecht, 6. Aufl. 2013, Fall 17; *jurisPK*-Vergaberecht, 4. Aufl. 2013; *Ch. König/ K. Schreiber*, Europäisches Wettbewerbsrecht (mit Vergaberecht), 2010; *Müller-Wrede*, GWB-Vergaberecht, 2009.

## § 10 Vergaberecht

### I. Bedeutung des Vergaberechts

#### 1. Umfang des öffentlichen Auftragswesens

461 Man schätzt, dass das öffentliche Auftragswesen in der EU jährlich einen Gesamtumfang von 1,5 Billionen Euro und in Deutschland von 200-250 Milliarden Euro hat[1]. Die privatwirtschaftliche Tätigkeit des Staates (Bund, Länder, Kommunen und entsprechende Verbände) als Nachfrager ist daher von ganz beträchtlicher Bedeutung für die Wirtschaft insgesamt und für die auf dem Markt tätigen privaten Anbieter.

#### 2. Haushaltsrecht und Kartell-Vergaberecht

462 In der Marktwirtschaft werden Nachfrager typischerweise zwecks Optimierung ihres wirtschaftlichen Erfolges von sich aus Wert darauf legen, dass sie mit dem günstigsten Anbieter ins Geschäft kommen und erforderlichenfalls von sich aus eine Ausschreibung zur Markterkundung vornehmen. Dieser auf den Marktmechanismus und auf Gewinn bzw. Kostenreduzierung abstellende Selbstregulierungsmechanismus funktioniert aber nicht in gleicher Weise, wenn der Staat bzw. Kommunen oder von diesen betriebene Unternehmen Aufträge erteilen, weil der **Gewinnerzielungsanreiz hier fehlt** (zumindest nicht im egoistischen Sinne verfolgt werden darf) und weil das Postulat **sparsamer Mittelverwendung sich nicht von selbst** durchsetzt. Unter diesem Blickwinkel hat sich im Inland schon lange eine Pflicht zur Ausschreibung öffentlicher Aufträge etabliert, die eine sparsame Mittelverwendung bei der Vergabe öffentlicher Aufträge gewährleisten und zugleich einen Beitrag zur Eindämmung von Vetternwirtschaft und Korruption leisten soll. Schutzobjekt waren und sind insoweit die öffentlichen Finanzen. Vergaberecht ist insoweit staatliches bzw. kommunales **Haushaltsrecht**.

---

[1] Nähere Hin- und Nachweise bei *Bungenberg*, in: Loewenheim/Meessen/Riesenkampff, Vor §§ 97 ff. GWB Rn. 2

Mit der sich verstärkenden Sicht auf die Schutzwürdigkeit des Wettbewerbs und speziell den Binnenmarkt geriet die **Schutzwürdigkeit der am Markt tätigen Anbieter** und der diesbezüglichen **Marktverhältnisse** selbst verstärkt ins Blickfeld. Deren Schutz gegenüber öffentlichen Nachfragern wird nicht zureichend durch den Marktmechanismus gewährleistet, weil der Anreiz der Kostenminimierung nicht greift. Ihre Marktchancen sind daher vermindert, weil sie möglicherweise erst gar nicht von der geplanten Auftragsvergabe erfahren oder ihre objektiv günstigeren Angebote aus sachwidrigen Gründen nicht zum Zuge kommen. Will man unter diesem Blickwinkel mit einer Ausschreibungspflicht die Chancen der Anbieter verbessern, stehen sie bzw. die Marktverhältnisse im Vordergrund. Vergaberecht wird Wettbewerbsrecht und insoweit **funktionale Ergänzung des Kartellrechts.**

**463**

Das **Binnenmarktkonzept** verstärkte die Notwendigkeit eines wettbewerbsrechtlich orientierten Vergaberechts mit Ausschreibungspflicht. Denn dass öffentliche Auftraggeber die ihnen national oder regional näher stehenden Anbieter häufig begünstigen und fremde Anbieter eher zögerlich beauftragen werden, liegt auf der Hand, ist aber unter dem Blickwinkel des Binnenmarktes nicht gerechtfertigt. Von daher wundert es nicht, dass in den letzten Jahren von allem das europäische Recht wichtige Anstöße zum Ausbau eines wettbewerblich verstandenen Vergaberechts gegeben hat.

## II. Rechtliche Struktur des Kartell-Vergaberechts

### 1. Europäisches Primär- und Sekundärrecht

Die **Vergabe** von Aufträgen durch die öffentliche Hand unterliegt zunächst allgemein als wirtschaftlich relevantes Verhalten grundsätzlich in vollem Umfang dem europäischen **Primärrecht**. Im Zentrum der primärrechtlichen Vorschriften stehen die Bestimmungen über die sog. Grundfreiheiten, insbesondere der **freie Waren- und Dienstleistungsverkehr und das Diskriminierungsverbot**. Art. 18 AEUV verbietet jede Diskriminierung aus Gründen der Staatsangehörigkeit, Art. 28 AEUV schützt den freien Warenverkehr zwischen den Mitgliedstaaten, und die Art. 49 ff., 56 ff. AEUV gewährleisten die Niederlassungs- und Dienstleistungsfreiheit. Und die Mitgliedstaaten sind nach Art. 4 III EUV grundsätzlich verpflichtet, geeignete Maßnahmen zur Erfüllung dieser Verpflichtungen zu ergreifen; diese laufen vor allem auf die Gewährleistung von **Transparenz** hinaus.[2] Eine allgemeine Verpflichtung zur öffentlichen Ausschreibung findet sich im Primärrecht aber nicht.

**464**

Weil das Primärrecht daher als allein nicht ausreichend für eine europarechtlich befriedigende Regelung der Vergabe öffentlicher Aufträge erschien, wurde seit 1971

**465**

---

2 EuGH WuW/E Verg 1119 ff. betreffend Gasversorgung; EuGH WuW/E Verg 1155 ff. betreffend Dienstleistungskonzession für Parkplatz; die Europäische Kommission hat insoweit 2006 eine besondere Mitteilung über Grundanforderungen für die Vergabe von Aufträgen mit Binnenmarktrelevanz veröffentlicht (ABl. C 179/ vom 1.8.2006; bestätigt durch EuG ABl. 2010, Nr. C 179, S. 32-33).

eine Vielzahl **einschlägiger Richtlinien** für das Verfahren bei der Vergabe öffentlicher Aufträge erlassen. Dadurch wurde mit den Mitteln des Sekundärrechts ein **einheitlichen Vergaberecht in der Europäischen Union** geschaffen. Voraussetzung für dessen Eingreifen (neben dem Primärrecht) ist ein Mindestumfang des jeweils vergebenen Auftrags, wobei die Abgrenzung durch **Schwellenwerte** erfolgt.

Der aktuelle Stand[3] stellt sich wie folgt dar:

Grundlage ist die **RL 2004/18/EG** des Europäischen Parlaments und des Rates vom 31.3.2004 über die Koordinierung der Verfahren zur Vergabe öffentlicher Bauaufträge, Lieferaufträge und Dienstleistungsaufträge – sog. **Vergabekoordinationsrichtlinie**.[4] Die RL enthält zunächst Definitionen und den Grundsatz, dass öffentliche Auftraggeber bei der Vergabe von Aufträgen alle Wirtschaftsteilnehmer gleich und nichtdiskriminierend zu behandeln und in transparenter Weise vorzugehen haben. Sie enthält weiter eingehende Vorschriften für die Vergabe öffentlicher Aufträge und bestimmt den Anwendungsbereich durch nach Art der Aufträge gestaffelte Schwellenwerte (Art. 7 ff.).

Diese Schwellenwerte liegen derzeit zwischen 130 000 Euro bei öffentlichen Liefer- und Dienstleistungsaufträgen des Bundes, 200 000 Euro bei sonstigen Liefer- und Dienstleistungsaufträgen und 5 Mio. Euro bei öffentlichen Bauaufträgen.

Daneben gibt es spezielle Regelungen:

**RL 2004/17/EG, Sektorenvergabekoordinationsrichtlinie** (betrifft Wasser-, Energie- und Verkehrsversorgung sowie der Postdienste). Hierauf wird nachfolgend nicht näher eingegangen.

**RL 2007/66/EG, Rechtsmittelrichtlinie**. Hier finden sich die Grundlagen des Vergaberechtsschutzes.

Dabei differenzieren die Richtlinien hinsichtlich ihres Anwendungsbereiches einmal (sozusagen horizontal) nach dem Gegenstand des zu vergebenden Auftrags (RL 2004/17/EG bzw. RL 2004/18/EG) und zugleich (sozusagen vertikal) nach dem Auftragswert durch den Schwellenwert (Regelung durch RL oder nur durch Primärrecht). Die RL 2004/17/EG, Sektorenvergabekoordinationsrichtlinie und ihre Umsetzung in nationales Recht wird jedoch nachfolgend weitgehend außer Betracht gelassen.

### 2. Nationales Kartell-Vergaberecht

**466** Die Richtlinien sind in Deutschland umgesetzt. Oberhalb der Schwellenwerte gilt daher umgesetztes Richtlinienrecht. Europäisches Primärrecht spielt oberhalb der Schwellenwerte keine größere Rolle, weil es im Richtlinienrecht bereits berücksichtigt ist. Die nationale Regelung findet sich heute im **vierten Teil des GWB in den §§ 97-129 GWB** und enthält das materielles Kartell-Vergaberecht sowie spezielle Verfahrensvorschriften. Ergänzend gilt die Verordnung über die Vergabe öffentlicher

---

3 Vgl. auch *Byok*, NJW 2014, 1492 ff.
4 ABl. L 134 v. 30.4.2004, S. 114.

Auftrage – **Vergabeverordnung (VgV)**.[5] Die §§ 4-6 VgV verweisen weiter auf spezielle nicht-gesetzliche Vergabe- und Vertragsordnungen, wie etwa die **VOL/A**[6], die kraft der Verweisung praktisch Rechtsqualität besitzen und weitere Einzelheiten des Verfahrens regeln. – Unterhalb der Schwellenwerte gelten nur Haushaltsrecht und die vom Haushaltsrecht in Bezug genommenen Regelungen, wie etwa VOL/A. Im Hinblick auf die unterschiedlichen untereinander differenzierenden Regelungen spricht man vom **Kaskadenprinzip** im Vergaberecht.

Die grundlegenden Prinzipien des Kartell-Vergaberechts sind nach § 97 I, II GWG **Wettbewerb, Transparenz und Gleichbehandlung**. Die Unternehmen haben einen **Anspruch** auf die Einhaltung der Verfahrensbestimmungen (§ 97 VII GWB).

Ob und inwieweit die Vorschriften des Kartell-Vergaberechts wegen ihrer konkreten Ausgestaltung Einfluss auf aktuelle Probleme bei den derzeitigen staatlichen Bauvorhaben in Deutschland besitzen, ist streitig.[7]

## III. Anwendungsbereich der Vergabeverfahren

### 1. Öffentliche Auftraggeber und öffentliche Aufträge

§ 98 GWB definiert die **öffentlichen Auftraggeber**[8]; dazu gehören neben

**467**

– Gebietskörperschaften vor allem auch
– juristische Personen des Privatrechts (!), die zur Erfüllung von im Allgemeininteresse liegende Aufgaben gegründet wurden oder solche Aufgaben wahrnehmen(!) bei Einfluss oder Finanzierung (!) durch den Staat
– *lesen Sie § 98 GWB!*

Begriff der **öffentlichen Aufträge** gemäß § 99 I GWB umfasst
– entgeltlichen Verträge
– von öffentlichen Auftraggebern
– mit Unternehmen
– über die Beschaffung von Leistungen, die Liefer-, Bau- oder Dienstleistungen zum Gegenstand haben, Baukonzessionen und Auslobungsverfahren, die zu Dienstleistungsaufträgen führen sollen.

Das Vergabeverfahren führt in der Regel, aber nicht stets, zur Ausschreibungspflicht (vgl. § 101 GWB).

---

5 Derzeit in der Fassung von 2013.
6 So verweist § 4 I VgV auf die Bestimmungen des zweiten Abschnitts der Vergabe- und Vertragsordnung für Leistungen (VOL/A) in der Fassung der Bekanntmachung vom 20. November 2009 (BAnz. Nr. 196a vom 29. Dezember 2009; BAnz. 2010 S. 755; daneben spielen für Bauleistungen die VOB/A und für freiberufliche Leistungen die VOF eine Rolle. Die Vergabe- und Vertragsordnungen gibt es jeweils in verschiedenen Fassungen; sie sind jeweils bei juris unter „weitere Vorschriften" abrufbar.
7 Vgl. FAZ vom 5.8.2013, S. 20: Bau und Politik auf der Suche nach Wahrhaftigkeit.
8 Die öffentlichen Auftraggeber werden bestimmt durch die Wahrnehmung von im Allgemeininteresse liegenden Aufgaben nicht gewerblicher Art (vgl. Art. 1 IX RL 2004/18/EG).

## 2. Schwellenwerte, Teillose und Fachlose

**468** Voraussetzung für die Anwendung des Kartell-Vergaberechts ist, dass der geschätzte Auftragswert des Auftrags (ohne Umsatzsteuer) die in **Art. 7 der RL 2004/18/EG in der jeweiligen Fassung** festgelegten EU-Schwellenwerte erreicht oder überschreitet (§§ 100 I GWB, 2 VgV). Es handelt sich um eine **dynamische Verweisung**; unbeschadet dessen werden die jeweils geltenden Schwellenwerte nach Veröffentlichung im Amtsblatt der EU jeweils vom Bundeswirtschaftsminister im Bundesanzeiger bekannt gemacht (§ 2 I 3 VgV).

Seit dem 1.1.2014 beträgt der **Schwellenwert** für Bauaufträge **5 186 000 Euro**, für Dienstleistungs- und Lieferaufträge **207 000 Euro**, für Sektoren-Dienst- und Lieferleistungen **414 000 Euro**.[9]

Damit mittelständische Unternehmen eher zum Zuge kommen können, sind gemäß § 97 III GWB die Aufträge nach Menge aufgeteilt als **Teillose** und nach Art und Fachgebiet aufgeteilt als **Fachlose** zu vergeben. Zum Mittelstand (Klein- und mittelständische Unternehmen – KMU) rechnet man etwa Unternehmen mit bis unter 500 Mitarbeitern und 50 Mio. Euro. Jahresumsatz. Für die Ermittlung des **Schwellenwertes** werden die Lose **addiert**.

## 3. Einschränkung des Vergaberechts

**469** § 100 III-VIII GWB schränkt die Anwendbarkeit des Vergaberechts ausdrücklich ein, u.a. für Arbeitsverträge, den Grundstückserwerb und sicherheitsrelevante Auftragsvergaben.

Eine **immanente Beschränkung des Vergaberechts** liegt bei den praktisch besonders wichtigen sog. **In-House-Geschäften** vor. Wenn die benötigten Güter oder Dienstleistungen bereits innerhalb der staatlichen Organisation beschafft werden können, werden die Interessen von Anbietern am Markt nämlich nicht beeinträchtigt. Der EuGH sieht diese Voraussetzung in dem *Teckal*-Urteil als gegeben an, wenn
– die Gebietskörperschaft über die rechtlich von ihr verschiedene Person eine Kontrolle ausübt wie über ihre eigenen Dienststellen und
– wenn diese Person ihre Tätigkeit im Wesentlichen für die Gebietskörperschaft oder die Gebietskörperschaften verrichtet, die ihre Anteile innehaben[10].

Die Voraussetzungen für ein zulässiges In-House-Geschäft werden sehr streng interpretiert. Wird zu Unrecht auf die Ausschreibung verzichtet, folgen daraus gravierende Verzögerungen eines Projekts (dazu unten). Eine **kommunale Zusammenarbeit** ist insoweit ohne Beachtung des formellen Vergaberechts möglich, muss aber bestimmte Grenzen beachten[11].

---

9 VO(EU) Nr. 1336/2013, ABl. L 335 vom 14.12.2013, S. 17 f.
10 EuGH vom 18.11.1999 WuW/E Verg 311-315 – *Teckal*.
11 EuGH vom 9.6.2009 VergabeR 2009, 738; EuGH vom 19.12.2012 VergabeR 2013, 195; EuGH vom 13.6.2013 VergabeR 2013, 686.

**Fallbesprechung:**[12] **Landkreis G** möchte Nutzungsrechte an einer bestimmten **Software erwerben**. G ist zugleich Gesellschafter einer aus 49 kommunalen Gebietskörperschaften bestehenden **kommunalen Datenverarbeitungszentrale (KDS)**. G möchte eine bestimmte Software einführen und ließ sich von der KDS ein Angebot unterbreiten (Kosten einschließlich Einführung und Betreuung für 4 Jahre 480 000 Euro). Die dynamische Firma A hat aber offensichtlich ebenfalls ein Interesse an einem derartigen Auftrag. Handelt es sich um ein In-House-Geschäft oder muss ein Vergabeverfahren stattfinden, schon weil andernfalls mit einer Beanstandung durch A zu rechnen ist? Für die Beantwortung der Frage kommt es vor allem darauf an, ob die KDS neben ihrer Tätigkeit für die Kommunen ihre Leistungen auch in wesentlichem Umfang auf dem Markt anbietet.

## IV. Vergabegrundsätze und Vergabekriterien

### 1. Wettbewerb, Transparenz und Gleichbehandlung (§ 97 I, II GWB)

Diese Grundsätze sind die zentralen Bezugspunkte des Kartellvergaberechts    **470**

### 2. Eignungskriterien: fachkundige, leistungsfähig, gesetzestreue und zuverlässige Unternehmen (§ 97 IV 1 GWB)

Unter den Unternehmen, die sich um einen Auftrag bewerben, ist zunächst eine Vor- **471** auswahl zu treffen. Nur solche Unternehmen, die unter dem Blickwinkel des zu vergebenden Auftrags **fachkundig, leistungsfähig, gesetzestreu und zuverlässig** sind, kommen für die Auftragsvergabe in Betracht (Eignungskriterium).

Der Auftraggeber hat insoweit zu prüfen, ob die Unternehmen, die sich als potentielle Vertragspartner vorstellen, mit ihrer personellen, sachlichen und finanziellen Ausstattung die Gewähr für eine fachgerechte und reibungslose Abwicklung des Auftrages bieten und ob man sich auf sie verlassen kann.[13] Gesetzestreue ist im Sinne von Zuverlässigkeit zu verstehen und schließt die Beachtung **arbeitsrechtlicher Vorschriften** einschließlich des gesetzlichen Mindestlohnes und geltender bzw. für allgemeinverbindlich erklärter Tarifverträge im Rahmen der Tarifbindung ein.[14] Verstöße eines Unternehmens gegen kartellrechtliche Vorschriften dürften wohl nicht ohne weiteres als fehlende Gesetzestreue im Sinne des Vergaberechts anzusehen sein.

Als **zusätzliche** Anforderungen für die Auftrags**ausführung** kommen insbesondere **soziale, umweltbezogene** oder innovative Aspekte in Betracht, die im Zusammenhang mit dem Auftragsgegenstand stehen und über die vorab informiert werden muss, wobei andere und weiter gehende Anforderungen nur bei gesetzlicher Zulassung möglich sind (§ 97 IV 2, 3 GWB).

---

12 Vgl. OLG Celle NZBau 2007 126 und VergabeR 2007, 86; als Fallbeispiel zum Vergaberecht aus der Praxis bei *Hönn*, Klausurenkurs, 6. Aufl. 2013, Fall 17.
13 So *Summa*, in: jurisPK-Vergaberecht, 2013⁴, § 97 GWB Rn. 121 unter Hinweis auf *Gröning*, VergabeR 2008, 721 f.
14 *Summa*, in: jurisPK-Vergaberecht, 2013⁴, § 97 GWB Rn. 120, 125; OLG Düsseldorf v. 20.1.2010 – VII-Verg1/10.

**Beispiel:** Auf Kriterien der Nachhaltigkeit der Einkäufe und gesellschaftlich verantwortungsvolles Verhalten abzustellen, ist freilich aus der Sicht des EuGH zu unbestimmt; doch könnten einschlägige **Gütezeichen** in Betracht kommen.[15]

Ein **Tariftreuegesetz**, das vorsieht, dass Aufträge für Bauleistungen nur an solche Unternehmen zu vergeben sind, die sich bei der Angebotslage schriftlich verpflichten, ihren Arbeitnehmern bei der Ausführung dieser Leistungen mindestens das am Ort der Ausführung tarifvertraglich vorgesehene Entgelte zu zahlen, hat der EuGH beanstandet, soweit der betreffende Tarifvertrag nicht als allgemein verbindlich eingestuft werden kann, und zwar wegen Verstoßes gegen die Vorschriften über die Dienstleistungsfreiheit.[16] Die Beachtung rechtlich verbindlicher Regelungen (deklaratorische Tariftreueregelungen) kann hiernach aber ohne weiteres zur Voraussetzung einer Zuschlagserteilung im Vergaberecht gemacht werden. Kritisch sind konstitutive Tariftreueregelungen.

Die in den einzelnen deutschen Bundesländern bestehenden Tariftreuegesetze müssen sich an den diesbezüglichen Kriterien des Europarechts messen lassen.

**Beispiel:** Ein saarländisches Tariftreue- und Vergabegesetz ist seit dem 22. März 2013 in Kraft[17]; es soll eines der „wirksamsten" Tariftreuegesetze in Deutschland sein.

Die mögliche Einrichtung von Präqualifikationssystemen (§ 97 IVa GWB) soll die Feststellung der Eignung eines Unternehmens vorab für eine Mehrzahl von Vergaben realisieren und damit erleichtern.

### 3. Zuschlagskriterium (§ 97 V GWB)

**472** Nur die nach § 97 IV GWG geeigneten Unternehmen kommen für den Zuschlag in Betracht. Nur sie sollen also den Vertrag mit dem öffentlichen Auftraggeber über den öffentlichen Auftrag schließen. Dieser **Zuschlag** wird gemäß § 97 V GWB auf das **„wirtschaftlichste Angebot"** erteilt. Darunter ist nicht das Angebot mit dem niedrigsten Preis zu verstehen, sondern das Angebot, das für den Auftraggeber am günstigsten ist, wobei der Preis ein wesentlicher Aspekt ist, aber andere Umstände hinzu kommen können.[18] Eventuell können auch die Organisation, die Qualifikation und die Erfahrung des bei der Durchführung des betreffenden Auftrags eingesetzten Personals im Rahmen der Zuschlagskriterien berücksichtigt werden.[19] Die für den Zuschlag relevanten Aspekte und ihre **Gewichtung** muss der Auftraggeber aber zur Gewährleistung von Transparenz **von vornherein angeben**.

---

15 EuGH vom 10.5.2012 – C-368/10 – EuZW 2012, 592 – *Fair Trade*; zur aktuellen Entwicklung, die auf eine Verstärkung der Zulässigkeit umweltbezogener Kriterien hinausläuft, vgl. *Jauch*, jurisPR-UmwR 7/2014 Anm. 1.
16 EuGH vom 3.4.2008 – C-346/06 – NJW 2008, 3485 – *Rüffert*.
17 Amtsblatt Nr. 7 vom 21. März 2013, Seite 84.
18 *Summa* in: jurisPK-Vergaberecht, 2013[4], § 97 GWB Rn. 269 nennt insoweit u.a. Qualität, technischer Wert, Ästhetik, Zweckmäßigkeit, Umwelteigenschaften, Betriebskosten, Rentabilität, Kundendienst, Lieferzeitpunkt und Lieferungs- oder Ausführungsfrist.
19 § 4 II 2 VgV.

## V. Arten der Vergabe und Ablauf des Vergabeverfahrens

### 1. Arten der Vergabe

Betrachten wir nunmehr den Ablauf des Vergabeverfahrens. Dieser Ablauf hängt mit der in § 101 GWB geregelten Art der Vergabe zusammen, wobei das Gesetz zwischen dem offenen Verfahren, dem nicht offenen Verfahren, dem Verhandlungsverfahren und dem wettbewerblichen Dialog unterscheidet.

**473**

Die Regel ist das **offene Verfahren**, in denen eine unbeschränkte Anzahl von Unternehmen öffentlich zur Abgabe von Angeboten aufgefordert wird (§ 101 II GWB). Dies entspricht der **öffentlichen (europaweiten) Ausschreibung**.[20] Die sonstigen Verfahrensarten betreffen besondere Konstellationen, auf die hier nicht näher eingegangen wird.

### 2. Ablauf des Vergabeverfahrens bei offenem Verfahren

Stichwortartig lässt sich der Ablauf des Vergabeverfahrens oberhalb der Schwellenwerte nach den §§ 97 ff. GWB folgendermaßen beschreiben.
- Herstellung der Ausschreibungsreife (interne Vorklärung)
- Auswahl der richtigen Vergabeverfahrensart (vgl. § 101 GWB)
- Fertigstellung der Vergabeunterlagen
- Durchführung des Vergabeverfahrens, beginnend mit Bekanntmachung im Supplement des Amtsblatt der EU
- Auswahl zwischen den eingegangenen Angeboten nach Eignungskriterium
- Auswahl nach Zuschlagskriterium
- Information der Beteiligten über den geplanten Zuschlag mit Wartefrist
- Beendigung des Vergabeverfahrens durch Zuschlag (vgl. § 114 II GWB) oder durch Aufhebung des Verfahrens.

**474**

Charakteristisch für das Offene Verfahren sind dabei:
- europaweite Veröffentlichung der Ausschreibung,
- eindeutige und erschöpfende Leistungsbeschreibung,
- unbeschränkte Teilnahmemöglichkeit,
- Bindung an bestimmte Mindestfristen,
- Geheimhaltung der Angebote und
- Nachverhandlungsverbot.[21]

Mit der Erteilung des Zuschlags, d.h. mit der Zustimmung des Auftraggebers zum Angebot des Bieters, also mit dem Vertragsschluss über den öffentlichen Auftrag, ist das Verfahren abgeschlossen. Ein wirksam erteilter **Zuschlag kann** im Rahmen des

---

20 § 4 I, II Nr. 1 in Verbindung mit § 15 EG VOL/A 2009 (bei juris abrufbar unter „weitere Vorschriften" und „VOLA2 2009" – „**EG**-VOL/A **2009**" weist auf die Geltung der VOL/A für Vergaben oberhalb des Schwellenbereiches bzw. auf die jeweilige Fassung hin) und § 14 II VgV.

21 Vgl. Horn, in: jurisPK-Vergaberecht, 2013⁴, § 101 GWB Rn. 10; Näheres in § 4 Vergabeverordnung (VgV) unter Hinweis auf den zweiten Abschnitt der VOL/A (§§ 3 ff. EG VOL/A, bei Juris unter „weitere Vorschriften" unter „VOLA2 2009").

Nachprüfungsverfahrens **nicht aufgehoben werden** (§ 114 II 1 GWB). Wichtig ist insoweit, dass der Zuschlag wirksam ist (dazu sogleich).

475 **Informations- und Wartepflichten vor Erteilung des Zuschlags** (§ 101a GWB) sollen verhindern, dass das Verfahren vorzeitig durch Zuschlag beendet wird und ein Bieter damit seinen Primärrechtsschutz im Nachprüfungsverfahren nach den §§ 102 ff. GWB verliert. Deswegen muss der Auftraggeber vor Erteilung des Zuschlags die betroffenen Bieter, deren Angebote nicht berücksichtigt werden sollen, über den Namen des Unternehmens, dessen Angebot angenommen werden soll, zunächst unter Angabe von Gründen informieren. Und erst nach Ablauf einer Wartefrist darf der Zuschlag erteilt werden; andernfalls ist der Zuschlag nicht bestandskräftig.

## VI. Primärrechtsschutz des Bieters

### 1. Nachprüfungsverfahren

476 Bei der Beteiligung an einem Vergabeverfahren (oberhalb der Schwellenwerte) haben die Unternehmen nach § 97 VII GWB ein Recht auf Einhaltung der Bestimmungen des Vergabeverfahrens. Der Rechtsschutz ist in den **§§ 107 ff. GWB** eingehend geregelt. Man spricht von Primärrechtsschutz, weil er durch spezielle Vergabekammern und damit vor dem Rechtsschutz nach allgemeinen Vorschriften des BGB erfolgt; den Rechtsschutz aufgrund letzterer bezeichnet man als Sekundärrechtsschutz.

Das Nachprüfungsverfahren beginnt mit einem **Antrag des Bieters** an die Vergabekammer; **rechtzeitige Rüge** von Vergaberechtsverstößen durch den Antragsteller ist Voraussetzung (§ 107 GWB). Damit diese erfolgen kann, ist ein erfolglos gebliebener Bieter vom Auftraggeber rechtzeitig vor der Zuschlag (Vertragsschluss) zu informieren (§ 101a GWB).

Damit das Nachprüfungsverfahren nicht durch Unterlassung rechtzeitiger Information des erfolglos gebliebenen Bieters unterlaufen werden kann, normiert § 101b GWB die **Unwirksamkeit des Zuschlags**[22] bei **Verletzung** der genannten Informations- und Wartepflicht sowie bei einer Vergabe ohne an sich erforderliche Ausschreibung (de-facto-Vergabe). Allerdings setzt dies die Feststellung des Verstoßes in einem Nachprüfungsverfahren voraus, das insoweit dann weiter möglich bleibt, allerdings nur unter der zusätzlichen Voraussetzung einer Antragstellung binnen 30 Tagen ab Kenntnis vom Verstoß.

Ist ein Zuschlag **wirksam** erteilt worden, d.h. der Vertrag mit dem erfolgreichen Bieter abgeschlossen, kommt das Nachprüfungsverfahren an sich nicht mehr in Betracht (§ 114 II 1 GWB), und der Bieter kann allenfalls noch den Weg des Sekundärrechtsschutzes einschlagen (vgl. § 104 III GWB) und dabei vor dem zuständigen Zivilgericht

---

22 Dies Unwirksamkeit gilt allerdings nur zugunsten des geschützten übergangenen Bieters, so dass etwa der favorisierte Bieter hieraus keine Einwände gegen einen Gewährleistungsanspruch des Auftraggebers herleiten kann; so *Zeiss*, in: jurisPK-Vergaberecht, 2013⁴, § 101b Rz. 70 f.

geltend machen, dass ihm ein nach allgemeinen Vorschriften zu ersetzender Schaden entstanden ist.

**2. Bedeutung der Vergabekammern**

Die Vergabe öffentlicher Aufträge unterliegt der Nachprüfung durch die Vergabekammern (§ 102 GWB). Diese werden auf Bundes- und Landesebene eingerichtet (vgl. §§ 104–106a GWB). Die Rechte aus § 97 VII GWB sowie sonstige **Ansprüche im Rahmen des Vergabeverfahrens** können **nur vor den Vergabekammern** und dem (deren Entscheidungen kontrollierenden) Beschwerdegericht[23] geltend gemacht werden; wobei aber die ordentlichen Gerichte im Rahmen des Sekundärrechtsschutzes für Schadenersatzklagen zuständig und die Befugnisse der Kartellbehörden nach den §§ 19 und 20 GWB unberührt bleiben (§ 104 II, III GWB). 477

Die Vergabekammer trifft im Falle eines von ihr festgestellten Rechtsverstoßes die **„geeigneten Maßnahmen"**, und zwar durch **Verwaltungsakt** (§ 114 I, III GWB). Praktisch dürfte dies meist auf eine erzwungene **Durchführung bzw. korrekte Wiederholung der Ausschreibung** hinaus laufen. Fehler im Vergabeverfahren führen also vor allem zu Zeitverlust und den sich daraus ergebenden weiteren Schäden für den Auftraggeber.

## VII. Sekundärrechtsschutz des Bieters

Nach den allgemeinen Vorschriften und außerhalb des Vergabeverfahrens besteht die Möglichkeit, dass Unternehmen ihre im Zuge eines fehlerhaften oder zu Unrecht unterbliebenen Vergabeverfahrens entstandenen Schäden oder Kosten (etwa für anwaltliche Beratung) gegenüber dem öffentlichen Auftraggeber vor den ordentlichen Gerichten als Schadenersatz wegen fehlender Rücksichtnahme bzw. Missachtung von Vergabevorschriften (vgl. §§ 311 II, 241 II, 280, 823 II, 826 BGB, 125, 126 GWB) geltend machen können.[24] Insoweit spricht man von Sekundärrechtsschutz.[25] Die Durchsetzung eines Anspruchs auf Erstattung des entgangenen Gewinnes wegen eines entgangenen Auftrags dürfte aber schwierig sein. 478

## VIII. Rechtsschutz unterhalb der Schwellenwerte

Unterhalb der Schwellenwerte gilt zwar auch das europäische Primärrecht (siehe oben Rz. 464).[26] Doch fehlt eine spezielle gesetzliche Regelung zum Schutz der Bieter im Vergabeverfahren. Die Bieter genießen zunächst nur eine Art Reflexschutz, der sich aus der Pflicht der öffentlichen Anbieter zur Beachtung haushaltsrechtlicher Vor- 479

---

23 Nach § 116 III GWB das zuständige Oberlandesgericht.
24 So etwa BGH v. 9.6.2011 – X ZR 143/10 – BGHZ 190, 89 – *Rettungsdienstleistungen II*.
25 Zur Verbindung mit dem Primärrechtsschutz vgl. § 124 GWB.
26 Die Europäische Kommission hat insoweit 2006 eine besondere Mitteilung über Grundanforderungen für die Vergabe von Aufträgen mit Binnenmarktrelevanz veröffentlich (ABl. C 179/ vom 1.8.2006; bestätigt durch EuG ABl. 2010, Nr. C 179, S. 32-33.

schriften ergibt. In diesem Rahmen spielen dann auch die VOB/A und VOL/A eine Rolle. Es gibt kein Nachprüfungsverfahren im Sinne der §§ 102 ff. GWB. Dies wurde in den letzten Jahren zunehmend als unbefriedigend empfunden. Eine gesetzliche Regelung wird für dringlich gehalten und ist wohl geplant. Derzeit herrscht in der Praxis der Gerichte beträchtliche Unsicherheit.

Nach längerem Streit in der Judikatur hatte das Bundesverwaltungsgericht aber entschieden, dass ein Streit über die Korrektheit der Vergabe (auch) unterhalb der Schwellenwerte wegen des letztlich abzuschließenden privatrechtlichen Vertrages vor die Zivilgerichte gehört.[27] Um einen Zuschlag zu verhindern, müsste ein Bieter versuchen, die Erteilung des Zuschlags durch einstweilige Verfügung (§§ 935, 940 ZPO) verbieten zu lassen. Das setzt freilich einen Anspruch des Bieters auf Einhaltung der Regeln voraus, der ja an sich fehlt, sowie den Nachweis, dass er an sich den Zuschlag erhalten müsste. Für die Begründung eines solchen Anspruchs werden derzeit vielfältige rechtliche Anknüpfungspunkte diskutiert: Verschulden bei Vertragsschluss, Art. 3 sowie 19 IV GG und Selbstbindung der Verwaltung, bei grenzüberschreitender Bedeutung Grundfreiheiten der EU.[28]

## IX. Übersicht

480

**Vergabe von öffentlichen Aufträgen (ohne Sektorenbereich wie Wasser etc.)**

Für Aufträge **oberhalb** der Schwellenwerte
- §§ 97 ff. GWB, VgV
- VOB/A 2009, VOL/A 2009 oder VOF
- europäisches Primärrecht: Art. 18, 28, 49 ff., 56 ff. AEUV; 4 III EUV
- RL 2004/18/EG (VergabekoordinationsRL)
- RL 2007/66/EG (RechtsmittelRL)
- → dabei Primärrechtsschutz für Bieter durch Nachprüfungsverfahren vor der Vergabekammer – sofortige Beschwerde an OLG
- → Sekundärrechtsschutz vor den Zivilgerichten nach allgemeinen Vorschriften; Geltung des Kartellrechts.

Für Aufträge **unterhalb** der Schwellenwerte
- Pflicht zur Ausschreibung je nach Haushaltsrecht (vgl. § 55 BHO) in Verbindung mit VOB/A bzw. VOL/A
- europäisches Primärrecht: Art. 18, 28, 49 ff., 56 ff. AEUV; 4 III EUV in Verbindung mit Kommissionsmitteilung von 2006
- → kein spezieller Primärrechtsschutz; es gelten die allgemeinen Vorschriften; eventuell einstweilige Verfügung.

---

27 BVerwG NJW 2007, 2275 Rn. 5 ff.
28 Näheres bei *Bungenberg*, WuW 2010, 1242 ff.; *Zeiss* in: jurisPK-Vergaberecht, 2013[4], Einleitung VergR Rn. 106 ff.; vgl. auch OLG Saarbrücken NZBau 2012, 654 sowie *Byok*, NJW 2013, 1488, 1491.

# § 11 Hinweis auf das Recht der Beihilfen

Europaweit sollen die national vergebenen Beihilfen eine Größenordnung von 50 Mrd. Euro pro Jahr, die Subventionen und Zuwendungen in Deutschland fast 20 Mrd. Euro pro Jahr erreicht haben.[1] **481**

Staatliche oder aus staatlichen Mitteln gewährte Beihilfen, gleich welcher Art[2], die durch die Begünstigung bestimmter Unternehmen oder Produktionszweige den Wettbewerb verfälschen oder zu verfälschen drohen, sind, soweit sie den **Handel zwischen Mitgliedstaaten** beeinträchtigen, nach Art. 107 I AEUV mit dem Binnenmarkt unvereinbar. Ein unmittelbares Verbot diesbezüglicher **Subventionen** ist insoweit nach dem Gesetzeswortlaut nicht ausgesprochen; vielmehr ist nach Maßgabe von Art. 108 AEUV eine **Beihilfeaufsicht** der Europäischen Kommission vorgesehen,[3] die von dem betreffenden Mitgliedstaat eine Aufhebung oder Umgestaltung der diesbezüglichen Beihilfen verlangen kann. Eine Pflicht zur Unterrichtung der Kommission vor Gewährung der Beihilfe sichert die Regelung ab. Sie ermöglicht der Kommission letztlich ein flexibles Vorgehen.

**Ausnahmen** vom Verbot enthält zunächst Art. 107 II AEUV für Beihilfen aus **sozialen und umweltbezogenen** Gründen und im Hinblick auf die Wiedervereinigung Deutschlands, die jeweils als mit dem Binnenmarkt vereinbar gelten. Ferner fallen Beihilfen, soweit sie als Ausgleich für die Erfüllung **gemeinwirtschaftlicher Verpflichtungen** anzusehen sind, ebenfalls nicht unter Art. 107 I AEUV, da sie insoweit durch Art. 106 II gerechtfertigt sind.[4] **De-minimis-Beihilfen** sind freigestellt und unterliegen auch nicht der Anmeldepflicht.[5] **482**

Als Beihilfen, die als mit dem Binnenmarkt **vereinbar angesehen werden können**, führt Art. 107 III AEUV Beihilfen zur Förderung der Kultur und bestimmter wirtschaftlicher Entwicklungen auf sowie Beihilfen, die der Rat auf Vorschlag der Kommission bestimmt. Hinsichtlich der Einzelheiten gibt es eine allgemeine Gruppenfreistellungsverordnung[6] sowie weitere spezielle Gruppenfreistellungsverordnungen und einschlägige Leitlinien.

> **Fallbesprechung:** Nach einer Pressemeldung vom 22.2.2012 prüft die EU-Kommission die Rechtmäßigkeit der staatlichen Zuschüsse u.a. für die **Flughäfen Saarbrücken** und Zweibrücken, die 39 km auseinander liegen. Der Flughafen SB werde über die Verkehrsholding Saarland finanziert, die wiederum Kapital vom Land erhält. SB hatte 2011 insgesamt 465 000, ZB 223 000 Passagiere. Das jährliche Defizit von SB soll bei 9-10 Mio., von ZB bei 4 Mio.

---

1 Wikipedia, Beihilfe (EU), 12.7.2014.
2 Wikipedia, Beihilfe (EU), 12.7.2014, zählt folgende Formen auf: verlorene Zuschüsse, Darlehen, Bürgschaften, Realförderung, Steuersubvention, andere Subvention, Übernahme externer Kosten.
3 Näher hierzu VO (EG) Nr. 659/1999.
4 EuGH vom 24.7.2003 – C 280/00 – *Altmark* – LS 3.
5 Art. 2 I, II VO (EG) 1998/2006: z.B. staatliche Beihilfe an ein Unternehmen für die Dauer von drei Steuerjahren bis insgesamt 200 000 Euro, auf dem Straßentransportsektor bis 100 000 Euro.
6 VO (EG) Nr. 800/2008; verlängert durch VO (EU) Nr. 1224/2013.

> Euro liegen.[7] – Die Zuschüsse sind staatliche Beihilfen; der zwischenstaatliche Handel dürfte betroffen sein (Flughäfen Straßburg und Luxemburg); Verfälschung des Wettbewerbs, da ein privater Investor unter den gleichen Bedingungen wohl keine entsprechenden Zahlungen leisten würde; aber gerechtfertigt durch Gemeinwohlaspekt? Nach Art. 107 III AEUV? Flexible Vorgehensweise der Kommission sicher sinnvoll.

Es bestehen insoweit neue Leitlinien von 4.4.2014 über die Zulässigkeit von Beihilfen für Flughäfen.[8] Nach Angaben der saarländischen Landesregierung[9] wird eine 10-jährige Übergangszeit zur vollständigen Abschaffung von Beihilfen angestrebt.

**483** Nicht vorab angemeldete unzulässige Beihilfen müssen **auf Beschluss der Kommission** grundsätzlich **von dem Mitgliedstaat zurückgefordert werden**. Der staatliche Rückzahlungsanspruch kann über § 48 VwVfG geltend gemacht werden[10], wobei der Vertrauensschutz eingeschränkt sein kann.[11] Ein privatrechtlicher Vertrag, durch den eine unzulässige Beihilfe gewährt wird, ist nach § 134 BGB nichtig.[12] Die Rückforderung unzulässiger Subventionen spielt praktisch eine beträchtliche Rolle.

> **Fortsetzung Fallbesprechung:** Nachdem die Kommission eine für Zweibrücken negative Entscheidung angekündigt hatte, rechnet der Verkehrsminister von Rheinland-Pfalz mit einer Rückforderung von Beihilfen im Umfang von 56 Mio. Euro. Am 24.7.2014 hat der Geschäftsführer der Flughafen Zweibrücken GmbH Insolvenz angemeldet.[13]

---

7 Die Zahlen gehen auf *Google* zurück und sind nicht gesichert.
8 ABl. Nr. C 99 v. 4.4.2014, S. 3.
9 Landtag des Saarlandes, Drucksache 15/947 (15/852).
10 Vgl. *Ehlers*, DVBl 2014, 1 ff.
11 EuGH NJW 1998, 47 ff. – *Alcan Deutschland*; BVerfGE 75, 223.
12 BGH WM 2004, 468 ff. Rn. 17; bestätigt durch BGHZ 196, 254 – *CEPS-Pipeline*.
13 SRonline.de (24.8.2014).

Sechster Teil

# Kenntnis- und Verständnisfragen
(mit Antworten)

## I. Zum Lauterkeitsrecht

**Aufgaben/Fragen:**

1. Was verstehen Sie unter Wettbewerbsrecht im weiteren Sinne?
2. Erläutern Sie bitte die Abgrenzung zwischen dem gewerblichen Rechtsschutz, dem Kartellrecht und dem Recht gegen den unlauteren Wettbewerb.
3. Welche Bedeutung hat die EU im Hinblick auf das Recht gegen unlauteren Wettbewerb?
4. Wie ist das UWG systematisch aufgebaut?
5. Was ist ein psychologischer Kaufzwang?
6. Ist die sog. Wertreklame zulässig?
7. Führen Gesetzesverstöße stets zur Unlauterkeit i.S. von § 3 UWG?
8. Wann gibt es über das UWG einen sog. ergänzenden Leistungsschutz?
9. Inwiefern ist die Behinderung der Mitbewerber unlauter?
10. Inwieweit darf man Arbeitnehmer anderer Unternehmen abwerben? Wo liegen die Grenzen?
11. Welches Verbraucherleitbild gilt im Lauterkeitsrecht, und welches ist seine Bedeutung?
12. Warum wird der Begriff der Irreführung situationsbezogen verstanden?
13. Erklären Sie die Begriffe „Werbung" und „Irreführung"
14. Wie wird die vergleichende Werbung beurteilt?
15. Welche Umstände können vergleichende Werbung unlauter erscheinen lassen?
16. Können Sie erläutern, wann Werbung als Belästigung unlauter ist (vgl. § 7 UWG)?
17. Inwieweit ist Werbung gegenüber Verbrauchern durch elektronische Medien zulässig?
18. Ist Laienwerbung zulässig?
19. Welche Regelungen ergänzen das UWG in bestimmten Bereichen?
20. Welche Regelungen ohne Rechtscharakter sind für Werbung bedeutsam?
21. Nennen Sie bitte die möglichen Rechtsfolgen einer unlauteren geschäftlichen Handlung
22. Was sind die subjektiven Voraussetzungen eines Schadenersatzanspruchs nach den §§ 9, 3, 7 UWG?
23. Wie wird der Schaden berechnet?
24. Welche Bedeutung haben Beseitigungs- und Unterlassungsansprüche? Welche Unterschiede bestehen zwischen dem Beseitigungs- und dem Unterlassungsanspruch?
25. Wann kommt eine Leistungsklage, wann eine Feststellungsklage in Betracht?

26. Was kann der Kläger tun, wenn bei der Unterlassungsklage nach Prozessbeginn bzw. Antragsstellung die Begehungs- oder Wiederholungsgefahr entfällt?
27. Warum ist die einstweilige Verfügung in Wettbewerbssachen wichtig?
28. Welche Voraussetzungen sind für den Antrag auf Erlass einer einstweiligen Verfügung zu prüfen?
29. Was ist das sog. Abschlussschreiben?
30. Was ist die Konsequenz einer ungerechtfertigten einstweiligen Verfügung?
31. Warum ist eine Abmahnung wichtig?
32. Welche wichtigen Änderungen haben sich durch die 1. UWG-Novelle 2008 mit Wirkung vom 30.12.2008 ergeben?
33. Welche Reihenfolge empfiehlt sich bei der Prüfung der Unlauterkeit?
34. Inwieweit spielt die Vollharmonisierung eine Rolle?

**Antworten:**

1. Wettbewerbsrecht beinhaltet als Oberbegriff sowohl das Kartellrecht wie auch das Recht gegen den unlauteren Wettbewerb.
2. Der gewerbliche Rechtsschutz gibt eine gewisse Monopolberechtigung an immateriellen gewerblichen Leistungen (z.B. Patent, Marke, Design).
   Das Kartellrecht soll den Wettbewerb als Institution vor wettbewerbsbeschränkenden Vereinbarungen und der Ausnutzung von Marktstärke schützen.
   Das Recht gegen unlauteren Wettbewerb dagegen soll vor unlauteren geschäftliche Handlungen schützen. Es soll ein Mindestmaß an fairem Verhalten von Unternehmen im Wettbewerb garantieren und dabei besonders Verbraucher schützen.
3. Die EU hat über Richtlinien Einfluss auf das nationale Lauterkeitsrecht. Eine generelle Vereinheitlichung besteht für den Bereich der von Unternehmern gegenüber Verbrauchern vorgenommenen unlauteren Geschäftspraktiken. Daneben spielt das Binnenmarktrecht eine Rolle. Und das Verbraucherleitbild ist heute europäisch liberal im Sinne eines Durchschnittsverbrauchers, der angemessen gut unterrichtet und angemessen aufmerksam und kritisch ist.
4. § 1 formuliert Ziele;
   § 2 enthält Definitionen;
   §§ 3 und 7 I regeln als Generalklausel, dass unlautere bzw. unzumutbar belästigende geschäftliche Handlungen verboten sind, wobei sich im Falle der Betroffenheit von Verbrauchern Verschärfungen ergeben und Anlage zu § 3 III insoweit eine schwarze Liste enthält;
   §§ 4–7 ergänzen die Generalklausel durch Beispielstatbestände;
   §§ 8–15 regeln Rechtsfolgen und enthalten Verfahrensvorschriften.
   Daneben gibt es einige Strafbestimmungen; vgl. auch §§ 298 ff. StGB.
5. § 4 Nr. 6 UWG erklärt die Verknüpfung von Preisausschreiben mit einem Kaufakt für grundsätzlich unlauter. Soweit eine solche Verknüpfung nur mittelbar über psychischen Druck erfolgt, spricht man von psychologischem (besser: psychischem) Kaufzwang. Er ist könnte nach § 4 Nr. 1 UWG unlauter sein.
6. Grundsätzlich ist die Wertreklame bei entsprechender Transparenz zulässig (vgl. § 4 Nr. 1, 4 UWG).

7. Gesetzesverstöße führen vor allem dann zur Unlauterkeit, wenn die diesbezüglichen Gesetze auch dazu bestimmt sind, im Interesse der Marktteilnehmer das Marktverhalten zu regeln (vgl. § 4 Nr. 11 UWG). Verstöße gegen das GWB führen allein nicht zur Anwendung des UWG (lex specialis).
8. Ein ergänzender Leistungsschutz kommt vor allem bei dem Nachbau von Ersatzteilen und Zubehör in Betracht (vgl. § 4 Nr. 9 UWG). Er setzt voraus, dass über die Nachahmung hinaus ein spezifischer Unrechtsgehalt des Handelns vorliegt.
9. Der Tatbestand des § 4 Nr. 10 UWG bezieht sich auf die gezielte individuelle Mitbewerberbehinderung. Die weite, generalklauselartige Fassung gewährleistet, dass alle Erscheinungsformen des Behinderungswettbewerbs einbezogen werden, auch der Boykott, der Vernichtungswettbewerb und der Missbrauch der Nachfragemacht. Die allgemeine Marktbehinderung wird nicht erfasst, kann aber unter die Generalklausel fallen; ggf. besteht Konkurrenz mit den §§ 19, 20 GWB.
10. Grundsätzlich ist die Abwerbung eines Arbeitnehmers eines anderen Unternehmens unbedenklich.
Unzulässig ist die Abwerbung, wenn sie zum Rechtsbruch anstiftet oder wenn der Abzuwerbende gerade an seinem Arbeitsplatz beeinflusst wird; doch hat die Judikatur einen kurzen Anruf eines sog. Headhunter am Arbeitsplatz als noch zulässig angesehen.
11. Der EuGH stellt auf das Kriterium des „durchschnittlich informierten, aufmerksamen und verständigen Durchschnittsverbrauchers" ab. Der BGH hat dieses gemeinschaftsrechtliche Verbraucherleitbild mit einer geringfügigen situationsbezogenen Ergänzung übernommen.
Das Verbraucherleitbild ist in § 3 II UWG geregelt und insbesondere bedeutsam für die Frage, wann Werbung irreführend ist (vgl. § 5 UWG).
12. Der Begriff der Irreführung, wird deshalb situationsbezogen verstanden, weil der Grad der Aufmerksamkeit des Adressaten und damit die Frage der Irreführung von der Situation abhängen kann, in der die Werbung dem Adressaten begegnet.
13. Werbung: Aussagen zu wirtschaftlich Zwecken, die objektiv geeignet und subjektiv dazu bestimmt sind, eigenen oder fremden Wettbewerb zu fördern.
Irreführung: Hervorrufen eines Eindrucks bei den Werbeadressaten, der mit der Realität nicht übereinstimmt.
14. Die vergleichende Werbung wird heute weitestgehend als zulässig erachtet. Trotzdem können Fallkonstellationen entstehen, wo vergleichende Werbung als unlauter anzusehen ist.
**§ 6 II UWG** enthält Beispiele für die Unlauterkeit vergleichender Werbung, wobei sich diese Beispiele auf gerade beim Werbevergleich typischerweise vorkommende unlautere Verhaltensweisen beziehen. Soweit ein konkreter Werbevergleich einen Beispielstatbestand aus den §§ 4, 5 oder 7 UWG erfüllt, liegt naturgemäß ebenfalls Unlauterkeit vor. § 6 II UWG ist in dem Sinne **abschließend**, dass vergleichende Werbung **als solche nur** nach den diesbezüglichen Kriterien **beanstandet werden darf**.
15. – Irreführung auch im weiteren Sinne (Vergleich von „Äpfeln mit Birnen")
– Rufausbeutung
– Herabsetzung oder Verunglimpfung

16. Es geht darum, dass Handlungen zu beanstanden sind, die bereits **wegen** der **Art und Weise** unabhängig von ihrem Inhalt als **Belästigung** empfunden werden, weil die Wettbewerbshandlung den Empfängern **aufgedrängt** wird. Mit Unzumutbarkeit ist gemeint, dass nicht schon jede geringfügige Belästigung genügt. Die Belästigung muss sich zu einer solchen **Intensität** verdichtet haben, dass sie von einem großen Teil der Verbraucher als **unerträglich** empfunden wird.
17. Im Verhältnis zum Verbraucher wurde die sog. **Opt-in**-Lösung (Adressat muss vorab zustimmen) gewählt. Für die Werbung unter Verwendung automatischer Anrufgeräten, von Faxgeräten oder elektronischer Post bedarf es generell der **vorherigen Einwilligung** des Adressaten; die Verteilung von elektronischem Informations- und Werbemüll ist unlauter.
18. Laienwerbung als solche ist zulässig. Unzulässig nach § 16 II UWG sind aber Kettenbriefsysteme und Schneeballsysteme, die als progressive Kundenwerbung bezeichnet werden. Hier entstehen erhebliche Gefahren für die Verbraucher.
19. Z.B. Arzneimittelgesetz; Heilmittelwerbegesetz; Lebensmittel-, Bedarfsgegenstände und Futtermittelgesetz (LFGB); Ladenschlussgesetz; Unterlassungsklagengesetz; Staatsverträge über den Schutz der Menschenwürde und den Jugendschutz in Rundfunk und Telemedien; Staatsvertrag über Mediendienste; gesetzliche Informationspflichten, § 161 AktG. Verstöße führen in der Regel zur Unlauterkeit nach § 4 Nr. 11 UWG.
20. Von generell indizieller Bedeutung sind die sog. Wettbewerbsregeln i.S. der §§ 24 ff. GWB. Darüber hinaus gibt es auf nationaler und internationaler Ebene eine beträchtliche Zahl einschlägiger Regelwerke, denen zum Teil der Charakter von sog. Soft-Law zukommt. Sie binden die Gerichte nicht.
21. – Anspruch auf Beseitigung und Unterlassung nach den §§ 8, 3, 7 UWG
    – Schadenersatzanspruch nach den §§ 9, 3, 7 UWG
    – Gewinnabschöpfungsanspruch nach den §§ 10, 3, 7 UWG
    – Evtl. Strafrechtliche Konsequenzen nach den §§ 16 ff. UWG
22. Für einen Schadenersatzanspruchs nach den §§ 9, 3, 7 UWG sind Vorsatz oder Fahrlässigkeit erforderlich. Vorsatz setzt das Bewusstsein der Unlauterkeit voraus. Bei vorsätzlicher unlauterer Wettbewerbshandlung wird in der Regel zugleich eine vorsätzliche sittenwidrige Schädigung i.S. von § 826 BGB gegeben sein; in diesem Fall gilt nicht die 6-monatige Verjährungsfrist des § 11 UWG, sondern die 3-jährige des § 195 BGB.
23. Hinsichtlich des Inhalts von Ersatzansprüchen gelten grundsätzlich die §§ 249 ff. BGB. Es kann sich dabei um einen Marktverwirrungsschaden, den entgangener Gewinn und/oder einen Anspruch auf Auskunft handeln.
    Bei der Verletzung bestimmter absolut geschützter Rechtspositionen (Patente, Urheberrechte etc.) besteht die Möglichkeit der sog. dreifachen Schadensberechnung in Form a) der Berechnung des konkreten Schadens entsprechend dem entgangenen Gewinn des Verletz**ten** (§ 252 BGB) **oder** b) eine Berechnung in Lizenzanalogie (was hätte der Verletzer für eine entsprechende Lizenz als Gegenleistung zahlen müssen?) **oder** c) Herausgabe des Verletz**er**gewinns nach den §§ 687 II 1, 681 S. 2, 667 BGB.

24. Die Beseitigungs- und Unterlassungsansprüche sind neben dem Schadenersatzanspruch die in der Praxis wichtigsten Ansprüche im Falle einer unlauteren geschäftlichen Handlung.
   Während bei unlauteren geschäftlichen Handlungen unter den Voraussetzungen der §§ 3 oder 7 UWG bei fortwirkender Störung der Beseitigungsanspruch ohne Weiteres gegeben ist, bedarf es für den **Unterlassungsanspruch** insoweit der **Wiederholungs-** bzw. der **Begehungsgefahr** im Hinblick auf eine erst in der Zukunft liegende Handlung. Mangels eines bereits erfolgten Verstoßes muss eine Erstbegehungsgefahr unmittelbar bevorstehen und insoweit auch bewiesen werden. Ist ein Verstoß bereits erfolgt, so wird die **Wiederholungsgefahr** in Wettbewerbssachen **vermutet**.
25. Für den Anspruch auf Beseitigung, Unterlassung oder Schadenersatz kommt zunächst die **Leistungsklage** in Betracht; es bedarf hierfür eines für die Vollstreckung geeigneten **Antrags**.
   Soweit es um Schäden geht, die erst in der Zukunft entstehen, kommt die **Feststellungsklage** (auf Bestehen der Ersatzpflicht) nach § 256 ZPO in Betracht. Die Judikatur lässt die Feststellungsklage auch dann zu, wenn bereits eingetretene Schäden **schwer bezifferbar** sind.
26. Der Kläger kann den Prozess für erledigt erklären.
27. Unlautere geschäftliche Handlungen können sich sehr rasch zum Nachteil des Geschädigten auswirken. Insbesondere bei unzutreffenden Werbeangaben könnte der Werbende sein Ziel schon nach kurzer Zeit erreicht haben. Bis zur vorläufigen Vollstreckbarkeit eines Unterlassungsurteils im ordentlichen Verfahren oder gar bis zum Eintritt der Rechtskraft desselben vergeht ein beträchtlicher Zeitraum, so dass diesbezügliche Maßnahmen zu spät kämen. Darum liegt es im Interesse des Geschädigten, dass unlautere geschäftliche Handlungen schnell beendet werden.
28. Neben den üblichen Prozessvoraussetzungen, müssen ein Verfügungs**anspruch** (= materiellrechtlicher Anspruch) und ein Verfügungs**grund** (= Eilbedürftigkeit) bestehen. Die Eilbedürftigkeit wird dabei vermutet, kann aber natürlich widerlegt werden.
29. Falls die Beteiligten den Rechtsstreit nicht i.S. einer grundsätzlichen Klärung der Rechtslage, ggf. durch alle Instanzen, mit beträchtlichem Kostenaufwand durchführen wollen, insbesondere also, wenn der Verletzer seine Unterlassungsverpflichtung akzeptiert, empfiehlt sich zur **Kostenersparnis** das sog. Abschlussverfahren. Durch dieses wird die zunächst vorläufige Regelung des Verfügungsverfahrens durch Parteivereinbarung zur **endgültigen Beseitigung des Streites**.
30. Erweist sich die einstweilige Verfügung als von Anfang an ungerechtfertigt oder wird sie mangels Klageerhebung in der Hauptsache aufgehoben, so ist derjenige, der die einstweilige Verfügung erwirkt hatte, nach § 945 ZPO zum Schadenersatz verpflichtet.
31. Die in § 12 I 1 UWG geregelte Abmahnung ist zwar keine Prozessvoraussetzung für die Geltendmachung eines Unterlassungsanspruchs. Gleichwohl empfiehlt sich die Abmahnung des Verletzers vor Erhebung einer Klage aus kostenrechtlichen Gründen.

32. – Statt Wettbewerbshandlungen ist der Begriff der geschäftlichen Handlungen der Zentralbegriff; er erfasst auch ein Verhalten nach Vertragsschluss.
    – Nicht nur § 3 UWG, sondern auch § 7 UWG ist Generalklausel.
    – Bei Handlungen gegenüber Verbrauchern verschärft sich das Verbot.
    – Mit § 3 III Anlage UWG existiert eine schwarze Liste.
33. § 3 III Anlage UWG – §§ 3 I, 7 I 1 UWG mit allgemeinen Beispielen der §§ 4-7 UWG – spezielle Verbrauchertatbestände – Kontrollüberlegung zur Richtlinie.
34. Bei unlauteren geschäftlichen Handlungen gegenüber Verbrauchern ist die RL 2005/29/EG zu beachten, die insoweit abschließend ist; das UWG darf hier weder mehr noch weniger verbieten.

## II. Zum Kartellrecht

### 1. Europäisches Kartellrecht

**Aufgaben/Fragen:**

1. Welches sind die Adressaten des Art. 101 AEUV? – Sind öffentliche Unternehmen zugleich Unternehmen i.S. dieser Vorschrift?
2. Das GWB kannte vor der 7. Novelle eigenständige Regelungen über wettbewerbsbeschränkende Empfehlungen. Wie werden diese im europäischen Recht behandelt?
3. Das Merkmal der Spürbarkeit ist im Rahmen des Art. 101 AEUV zweifach relevant. Erläutern Sie dies.
4. Unabhängig von der Legalausnahme des Abs. 3 kennt man beim Kartellverbot des Art. 101 AEUV auch immanente Grenzen. Welche sind dies?
5. Weshalb hat die Zwischenstaatlichkeitsklausel auch für die Anwendung des nationalen Kartellrechts des GWB Bedeutung? – Wodurch wird die damit zusammenhängende Problematik entschärft?
6. Eine Vereinbarung, die die Voraussetzungen des Art. 101 I AEUV erfüllt und von keiner immanenten Ausnahme gedeckt ist, kann dennoch zulässig sein. Wieso?
7. Im Zusammenhang mit den Gruppenfreistellungsverordnungen wird von „schwarzen Klauseln" gesprochen. Was bedeutet dies?
8. Was versteht man unter einem selektiven Vertriebssystem?
9. Kann neben Art. 102 AEUV auch Art. 101 AEUV erfüllt sein?
10. Will man eine marktbeherrschende Stellung eines Unternehmens feststellen, muss zuvor der relevante Markt bestimmt werden. In welcher Hinsicht hat dies zu geschehen?
11. Welches sind die Rechtsfolgen, die ein Unternehmen bei einem Verstoß gegen Art. 101 bzw. 102 AEUV zu befürchten hat?
12. Was heißt „more economic approach"?

**Antworten:**

1. Unternehmen i.S. des Art. 101 AEUV sind alle am Markt tätigen Wirtschaftssubjekte. Auch öffentlich-rechtlich organisierte Unternehmen sowie Unterneh-

men in öffentlicher Hand unterfallen dem Kartellverbot, wenn sie nicht hoheitlich tätig werden.
2. Im europäischen Recht werden wettbewerbsbeschränkende Empfehlungen als eventuelle **Verhaltensabstimmungen** erfasst. Nicht erfasst werden Empfehlungen, die nur in eine Richtung gehen und kein kooperatives Moment zum Inhalt haben.
3. Das Merkmal der Spürbarkeit bezieht sich zum einen auf das Tatbestandsmerkmal der **Wettbewerbsbeschränkung**. Zum andern muss auch die Beschränkung des Handels zwischen den Mitgliedstaaten **(Zwischenstaatlichkeitsklausel)** eine gewisse Spürbarkeit entfalten.
4. Immanente Ausnahmen gibt es dort, wo durch Arbeitsgemeinschaften **Wettbewerb** mit der Zusammenarbeit der Unternehmen **erst geschaffen** wird, dort wo es um Absprachen zwischen Geschäftsinhaber und **Handelsvertreter** bzw. Kommissionär geht (wenn und soweit der Geschäftsherr/Kommittent das Unternehmensrisiko trägt), dort wo ein Wettbewerbsverbot erforderlich ist, um ein **Unternehmen zu übertragen**, und dort wo ein Wettbewerbsverbot für die Bildung einer Gesellschaft von **unternehmerisch tätigen Gesellschaftern** erforderlich ist.
5. Die Zwischenstaatlichkeitsklausel hat auch für die Anwendung des nationalen Kartellrechts Bedeutung, weil das nationale Kartellverbot bei Verhaltensabstimmung nur dann eine eigenständige Regelung entfalten kann, wenn die Zwischenstaatlichkeitsklausel nicht erfüllt ist (vgl. **Art. 3 II 1 EG-KartVerfVO**).
Der Frage, ob die Zwischenstaatlichkeitsklausel erfüllt ist, wird ihre Schärfe dadurch genommen, dass die Regeln des Art. 101 AEUV und der §§ 1 und 2 GWB **inhaltlich angeglichen** wurden.
6. Dem Kartellverbot des Art. 101 I AEUV unterfallende Vereinbarungen können dann zulässig sein, wenn
– sie die Voraussetzungen der Legalausnahme des Art. 101 III AEUV erfüllen
– sie die Voraussetzungen einer Gruppenfreistellungsverordnung erfüllen.
In beiden Fällen ist die Vereinbarung zulässig, ohne dass es einer behördlichen Entscheidung bedürfte.
7. Die „schwarzen Klauseln" finden sich u.a. in Art. 4 der Vertikalgruppenfreistellungsverordnung. Soweit eine Vereinbarung eine schwarze Klausel einer GFVO enthält, entfällt die Freistellung zugleich für andere Wettbewerbsbeschränkungen derselben Vereinbarung, auch wenn sie an sich freistellungsfähig wären, d.h. die GFVO ist für die gesamte Vereinbarung nicht mehr anwendbar; soweit die Vereinbarung sonstige, nicht wettbewerbsbeschränkende Inhalte enthält, gilt § 139 BGB. Im Gegensatz dazu stehen die „roten (oder grauen) Klauseln" (etwa) des Art. 5 der Vertikalgruppenfreistellungsverordnung. Verstößt eine einzelne Abrede innerhalb einer vertikalen Vereinbarung nur gegen eine der dort genannten Klauseln, ist lediglich diese einzelne Abrede nichtig. Die Vereinbarung im Übrigen bleibt entsprechend der GFVO wirksam, sofern nicht aus § 139 BGB etwas anderes folgt.
8. Durch selektive Vertriebsvereinbarungen werden die Anzahl der anerkannten Händler und deren Weiterverkaufsmöglichkeiten beschränkt. Die Auswahl der einzelnen Händler hängt in erster Linie mit der Beschaffenheit des Produktes zusammen (Markenprodukte). Vgl. auch Art. 1 I lit. e Vertikal-GFVO.

9. Ja, die beiden Vorschriften sind nebeneinander anwendbar.
   Strengere Maßnahmen im Rahmen der §§ 19 und 20 GWB sind auch dann ausgeschlossen, wenn neben Art. 102 auch 101 AEUV anwendbar ist (vgl. Art. 3 II 2 EG-KartVerfVO).
10. Der relevante Markt muss in **sachlicher** und **räumlicher** Hinsicht bestimmt werden. In Ausnahmefällen ist auch eine zeitliche Bestimmung des relevanten Marktes notwendig.
11. Vereinbarungen, die gegen Art. 101 oder 102 AEUV verstoßen, sind gemäß Art. 101 II AEUV bzw. § 134 BGB **nichtig**.
    Ein Verstoß gegen die genannten Vorschriften kann überdies über § 33 GWB zu **Unterlassungs- und Beseitigungsansprüchen** und – im Falle eines vorsätzlichen oder fahrlässigen Verstoßes – **Schadensersatzansprüchen** führen.
    Überdies können über Art. 23 und 24 der EG-KartVerfVO **Geldbußen und Zwangsgelder** verhängt werden.
12. Es geht um eine verstärkte Berücksichtigung ökonomischer Aspekte, insbesondere der **Effizienz** bei der Anwendung des Kartellrechts, anstelle einer Orientierung allein am Schutz des Wettbewerbs. Der „more economic approach" wird vor allem in den USA und von der Kommission befürwortet. Bedenken: Tendenz, kurzfristige Effizienzvorteile zu Lasten der wettbewerblichen Marktstruktur, die sich langfristig positiv auswirkt, zu privilegieren.

## 2. Nationales Kartellrecht

**Aufgaben/Fragen:**

1. In welchen Bereichen besteht im Kartellrecht noch Freiraum für eine eigene Rechtsgestaltung durch den deutschen Gesetzgeber? Hat er diesen Freiraum im Sinne einer eigenen Regelung wirklich ausgeschöpft?
2. Grenzen Sie die Begriffe der Marktbeherrschung und der lediglich relativen bzw. überlegenen Marktmacht voneinander ab.
3. Was versteht man unter einer „überragenden Marktstellung"?
4. § 20 I und II GWB erweitern den Anwendungsbereich des Behinderungs- und Diskriminierungsverbotes des § 19 I, II Nr. 1, 5 GWB (Behinderungs-, Diskriminierungsverbot und Verbot passiver Diskriminierung) auf Unternehmen mit relativer oder überlegener Marktmacht, also auf nicht unbedingt marktbeherrschende Unternehmen, von denen kleine oder mittlere Unternehmen abhängig sind. Über welche Fallgruppen der Abhängigkeit wird diese Marktmacht bestimmt?
5. Welche Rechtsfolgen kann ein Verstoß gegen die §§ 1, 19 und 20 GWB haben?
6. Aus kartellrechtlichen Normen kann sich unter Umständen auch ein Kontrahierungszwang und damit verbunden eine Lieferpflicht ergeben. Ist dazu ein Verschulden nötig?

**Antworten:**

1. Freiraum für nationale Regelungen für **wettbewerbsbeschränkende Vereinbarungen** besteht nur noch dann, wenn der zwischenstaatliche Handel nicht tangiert

wird. Zu Gunsten einer einheitlichen Regelung hat der deutsche Gesetzgeber aber auch unterhalb der Zwischenstaatlichkeitsschwelle insoweit eine Angleichung an das europäische Recht eingeführt, als er in § 2 I GWB die Legalausnahme des Art. 101 AEUV übernommen und in § 2 II 2 GWB einen dynamischen Verweis auf die Gruppenfreistellungsverordnungen eingefügt hat.

Im Bereich der Kontrolle **missbräuchlicher Verhaltensweisen marktbeherrschender und marktstarker Unternehmen** bleibt dem deutschen Gesetzgeber Freiraum, soweit es um strengere nationale Regelungen bezüglich einseitiger Handlungen geht.

2. Die **Marktbeherrschung** ist in **§ 18 GWB** definiert und liegt dann vor, wenn ein Unternehmen ein (Teil-)Monopol oder mehrere Unternehmen ein marktbeherrschendes Oligopol innehaben oder wenn ein Unternehmen eine überragende Marktstellung hat; für letztere sind die Kriterien des § 18 III GWB wichtig. § 18 IV-VII GWB enthält Vermutungsregeln für das Vorliegen einer marktbeherrschenden Stellung.

   **§ 20 I, III GWB** legt die Kriterien für das Vorliegen der **relativen oder überlegenen Marktmacht** fest. Sie ist **keine Marktbeherrschung** und liegt dann vor, wenn kleinere oder mittlere Unternehmen von anderen in bestimmter Weise abhängig sind.

3. Die überragende Marktstellung ist nach § 18 I Nr. 3 GWB eine **Form der Marktbeherrschung** (nicht nur von relativer oder überlegener Marktmacht!), die weniger durch Marktanteile und mehr durch sonstige strukturelle Elemente geprägt ist, die in § 18 III GWB beispielhaft angegeben sind. Die Tatbestände von § 18 I Nr. 2 und 3 GWB überschneiden sich.

4. Üblicherweise werden folgende Fallgruppen genannt:
   – sortimentsbedingte Abhängigkeit des Nachfragers
   – mangelbedingte Abhängigkeit des Nachfragers
   – unternehmensbedingte Abhängigkeit des Nachfragers
   – nachfragebedingte Abhängigkeit des **Anbieters**

5. Ein Verstoß gegen die genannten Vorschriften des GWB zieht grundsätzlich die **Nichtigkeit** der betreffenden Absprachen oder Vereinbarungen nach § 134 BGB nach sich.

   § 33 GWB gewährt Betroffenen **Unterlassungs-, Beseitigungs-** und – im Falle eines vorsätzlichen oder fahrlässigen Verstoßes – **Schadensersatzansprüche**.

   Darüber hinaus können gem. § 81 GWB im Falle vorsätzlicher Verstöße gegen das Kartellverbot **Bußgelder** verhängt werden.

6. Man könnte auf einen (Verschulden voraussetzenden) Anspruch auf **Schadensersatz** abstellen, der über den Grundsatz der Naturalrestitution (§ 249 BGB) zu einem Kontrahierungszwang führen würde.

   Es geht jedoch darum, dass eine für die Zukunft wirkende Lieferpflicht festgestellt werden soll; diese ist unabhängig vom eventuellen Verschulden bezüglich einer in der Vergangenheit liegenden Lieferverweigerung. Deswegen ist es konsequent, dass der in § 33 I GWB normierte **Unterlassungsanspruch**, der kein Verschulden voraussetzt, Grundlage des Kontrahierungszwanges ist.

## III. Fusionskontrolle

### 1. Europäische Fusionskontrolle

**Aufgaben/Fragen:**

1. Im Kartellrecht erfolgt die Abgrenzung zwischen europäischem und nationalem Recht anhand der Zwischenstaatlichkeitsklausel. Wie ist dies im Bereich der Fusionskontrolle?
2. Die Abgrenzung zwischen europäischem und deutschem Recht erfolgt grundsätzlich danach, ob ein Zusammenschluss gemeinschaftsweite Bedeutung hat. Gibt es Ausnahmen von diesem Grundsatz?
3. Welche Arten von Zusammenschlüssen kann man unterscheiden?
4. Wenn die Voraussetzungen des „Aufgreiftatbestandes" vorliegen, besteht eine Anmeldepflicht, und es wird die Zulässigkeit des Zusammenschlusses geprüft. Anhand welchen Kriteriums erfolgt diese Prüfung?
5. Im Bereich des Kartellrechts sind Vereinbarungen, die sowohl die Voraussetzungen des Abs. 1 als auch der Legalausnahme des Abs. 3 von Art. 101 AEUV (eventuell qua GFVO) erfüllen, ohne Anmeldung zulässig. Wie ist dies im Bereich der Zusammenschlusskontrolle?
6. Inwieweit werden **Gemeinschaftsunternehmen** von der europäischen Zusammenschlusskontrolle erfasst?

**Antworten:**

1. Im Bereich der Fusionskontrolle erfolgt die Abgrenzung danach, ob ein Zusammenschluss **gemeinschaftsweite Bedeutung** hat. Die gemeinschaftsweite Bedeutung ist genauer in Art. 1 der EG-FKVO geregelt. Kriterium sind die **Umsatzziffern** weltweit und auf dem Gemeinsamen Markt, wobei Konzerne als Einheit gelten. Eine Ausnahme von einer sich daraus ergebenden gemeinschaftsweiten Bedeutung ergibt sich dann, wenn 2/3 des gemeinschaftsweiten Umsatzes in ein und demselben Mitgliedstaat erzielt wird.
2. Ausnahmsweise kann gemäß Art. 4 IV und 9 EG-FKVO die Überprüfung eines geplanten Zusammenschlusses an die nationalen Behörden verwiesen werden. Dies kommt etwa dann in Betracht, wenn der Zusammenschluss zwar gemeinschaftsweite Bedeutung hat, aber den Wettbewerb auf einem Markt in einem Mitgliedstaat, der alle Merkmale eines **gesonderten Marktes** aufweist, erheblich zu beeinträchtigen droht. Umgekehrt kann auch dann ein Zusammenschluss von der Kommission bearbeitet werden, wenn der Aufgreiftatbestand des Art. 1 EG-FKVO nicht vorliegt. Dies kann gemäß Art. 4 V EG-FKVO dann der Fall sein, wenn der Zusammenschluss nach dem Wettbewerbsrecht mindestens dreier Mitgliedstaaten geprüft werden könnte.
3. Man unterscheidet:
   – horizontale Zusammenschlüsse zwischen Wettbewerbern auf demselben Markt,
   – vertikale Zusammenschlüsse, insbes. zwischen Lieferanten und Abnehmern

- und konglomerate (auch „diagonal" genannte) Zusammenschlüsse, also Zusammenschlüsse in beliebiger sonstiger Konstellation, die die Marktverhältnisse beeinträchtigen.

Die Art des Zusammenschlusses ist von Bedeutung für die Ermittlung des Verbotstatbestandes von Art. 2 III EG-FKVO.
4. Maßgebliches Kriterium für die Unzulässigkeit eines Zusammenschlusses nach europäischem Recht ist die erhebliche Behinderung wirksamen Wettbewerbs. Als Beispiel hierfür gibt Art. 2 III EG-FKVO die Begründung oder Verstärkung einer beherrschenden Stellung auf dem Markt an. Seit der 8. GWB-Novelle von 2013 stellt § 36 I 1 GWB auf die gleichen Kriterien ab. Nach *§ 36 I GWB a.F.* kam es noch allein auf das Entstehen oder die Verstärkung einer marktbeherrschenden Stellung an. Man spricht hinsichtlich dieser materiellen Verbote jeweils vom „Eingreiftatbestand".
5. Den Aufgreiftatbestand erfüllende Zusammenschlussvorhaben sind vor ihrem Vollzug bei der Kommission anzumelden (Art. 4 EG-FKVO). Rechtsgeschäfte, die gegen dieses Anmeldeerfordernis verstoßen, sind grundsätzlich nichtig.
6. Man unterscheidet **konzentrative** und **kooperative** Zusammenschlüsse. Ein konzentrativer Zusammenschluss liegt vor, wenn strukturell eine **vollfunktionsfähige** Unternehmenseinheit geschaffen wird: dieser Zusammenschluss unterfällt der Zusammenschlusskontrolle. Kooperative Zusammenschlüsse, bei denen das Wettbewerbsverhalten unabhängig bleibender Unternehmen lediglich koordiniert wird, unterfallen der Regelung des Art. 101 AEUV.

## 2. Fusionskontrolle nach GWB

**Aufgaben/Fragen:**

1. Man unterscheidet im Bereich der Zusammenschlusskontrolle Aufgreif- und Eingreifkriterien. Was versteht man hierunter?
2. Welche Arten von Zusammenschlüssen werden im GWB unterschieden?
3. Ab welcher Beteiligung ist der Anteilserwerb als Zusammenschluss zu werten? – Kommt es auch auf schon dem Erwerber gehörende Anteile an?
4. Sobald Aufgreif- und Eingreiftatbestand gegeben sind, hat das BKartA den Zusammenschluss zu untersagen. Gilt dies immer bzw. gibt es Einschränkungen des Eingreiftatbestandes?
5. Im Bereich des Kartellrechts sind Vereinbarungen, die sowohl die Voraussetzungen des § 1 GWB als auch der Legalausnahme des § 2 GWB erfüllen, ohne Anmeldung bei der Kartellbehörde zulässig. Wie ist dies im Bereich der Zusammenschlusskontrolle?
6. Wie kann das BKartA auf ein angezeigtes Zusammenschlussvorhaben, das die Aufgreifkriterien des GWB erfüllt, reagieren?
7. Stellen Sie sich vor, das BKartA hat ein Zusammenschlussvorhaben zweier Unternehmen untersagt. Wie können diese reagieren, wenn sie nach wie vor von der Zulässigkeit ihres Vorhabens überzeugt sind?

**Antworten:**

1. An Hand der **Aufgreifkriterien** wird beurteilt, ob das BKartA überhaupt in einer Zusammenschlusssache tätig wird. Zu ihnen gehören der Abgrenzungstatbestand zum europäischen Zusammenschlussrecht, die Eigenschaft der Betroffenen als Unternehmen, die Erreichung entsprechender Umsatzziffern und schließlich die Frage, ob überhaupt ein Zusammenschluss i.S. des GWB vorliegt. Ausnahmen enthält § 35 II GWB (Anschlussklausel, kommunale Gebietsreform).
   An Hand der **Eingreifkriterien**, die sich im Wesentlichen daran orientieren, dass wirksamer Wettbewerb erheblich behindert wird, insbesondere durch Schaffung oder Verstärkung einer marktbeherrschenden Stellung (auch hier gibt es nach § 36 I GWB Ausnahmen), wird beurteilt, ob der Zusammenschluss gestattet, mit Auflagen gestattet oder untersagt wird.
2. Das GWB unterscheidet in seinem § 37 I folgende Arten von Zusammenschlüssen:
   – Vermögenserwerb
   – Kontrollerwerb
   – Anteilserwerb und
   – sonstige Verbindungen, durch die erheblicher Einfluss genommen werden kann.
3. Gemäß § 37 I Nr. 3 Satz 1 GWB ist schon ab einer Beteiligung von 25 % der Zusammenschlusstatbestand erfüllt. Dabei werden neu erworbene und dem Erwerber schon gehörende Anteile zusammengezählt.
4. Nach § 36 I 2 GWB kann ein Zusammenschluss dadurch gerechtfertigt werden,
   – dass die Unternehmen nachweisen, dass durch den Zusammenschluss eine Verbesserung der Wettbewerbsbedingungen eintritt und diese die Nachteile die Behinderung des Wettbewerbs überwiegen. Dazu muss vorgetragen werden, dass sich gerade Wettbewerbsbedingungen erheblich verbessern; sich lediglich ergebende Effizienzgewinne oder aber die Sicherung von Arbeitsplätzen reicht nicht für eine Rechtfertigung aus.
   – dass es um einen Bagatellmarkt geht oder
   – dass der Pressesektor betroffen ist, für den Besonderheiten gelten.
   Bei der europäischen Fusionskontrolle gelten nicht genau dieselben Kriterien.
5. Zusammenschlussvorhaben sind vor ihrem Vollzug beim BKartA anzu**melden** (§ 39 I GWB). Außerdem besteht ein An**zeige**erfordernis, nachdem der Zusammenschluss vollzogen wurde, § 39 VI GWB.
6. Das BKartA kann den Zusammenschluss untersagen oder ihn freigeben. Außerdem hat es die Möglichkeit, eine Freigabe unter Bedingungen und Auflagen auszusprechen (§ 40 III GWB).
   Während des Verfahrens besteht ein Vollzugsverbot. Wird gegen dieses verstoßen, kann das BKartA, wenn der Zusammenschluss nicht freigegeben wird, eine Entflechtung anordnen sowie Buß- und Zwangsgelder verhängen.
7. Sie können gegen Verfügungen der Kartellbehörde nach § 63 I GWB **Beschwerde** an das zuständige Oberlandesgericht (Düsseldorf) einlegen. Gegen die Entscheidung des Beschwerdegerichts gibt es unter bestimmten Voraussetzungen die **Rechtsbeschwerde** an den BGH nach § 74 GWB.

Wenn im Einzelfall die Wettbewerbsbeschränkung von gesamtwirtschaftlichen Vorteilen aufgewogen wird oder ein überragendes Interesse der Allgemeinheit besteht, können sie eine **Ministererlaubnis** gem. § 42 GWB beantragen.

## IV. Vergaberecht

**Aufgaben/Fragen:**

1. Was versteht man unter einem öffentlichen Auftraggeber, und wo wird der Begriff im europäischen und im deutschen Recht definiert?
2. Welche Bedeutung haben die sog. Schwellenwerte im Vergaberecht, und wo sind sie geregelt?
3. Man spricht im Vergaberecht vom Kaskadenprinzip. Können Sie sich darunter etwas vorstellen?
4. Welche Vorschriften sind bei der Auftragsvergabe eines öffentlichen Auftraggebers bei einem unterhalb der Schwellenwerte liegenden Auftrag zu beachten, wenn der Auftrag auch für ausländische Anbieter von Interesse sein kann?
   Was gilt bei einer kommunalen GmbH, bei der die Kommune die Mehrheit der Geschäftsanteile hat?
5. Was versteht man unter Primär- und Sekundärrechts<u>schutz</u> im Vergaberecht, und worum geht es generell beim europäischen Primär- und Sekundär<u>recht</u>?
6. Was versteht man im Vergaberecht unter einer In-House-Vergabe?

**Antworten:**

1. Ein öffentlicher Auftraggeber im Sinne des Vergaberechts ist durch die im Allgemeininteresse liegende Wahrnehmung von Aufgaben nicht gewerblicher Art definiert.
   Eine allgemeine Beschreibung findet sich vor allem in Art. 1 IX und Anhang III der RL 2004/18/EG (Vergabekoordinations-RL) bzw. in Art. 2 und Anhängen der RL 2004/17/EG (Sektorenvergabekoordinations-RL). Für das deutsche Recht bestimmt § 98 GWB den Kreis der öffentlichen Auftraggeber.
2. Sie grenzen den Bereich öffentlicher Aufträge ab, für den das Kartell-Vergaberecht und damit die §§ 97 ff. GWB gelten.
   Geregelt sind die Schwellenwerte in den einschlägigen europäischen Richtlinien (RL 2004/18/EG und RL 2004/17/EG). Der deutsche Gesetzgeber hat auf sie in der VgV und der SektorenVO verwiesen.
3. Es geht darum, dass für die Auftragsvergabe je nach der Art oder dem Wirtschaftssektor oder der Größe des Auftrags verschiedene rechtliche Regelungen gelten.
   – Je nach der Art der Aufträge kommen die VOB/A, die VOL/A oder die VOF in Betracht,
   – je nach Wirtschaftssektor das allgemeine Vergaberecht oder das Sektorenvergaberecht,
   – je nach der Größe des Auftrags europäisches (Kartell-)Vergaberecht (mit GWB und VgV bzw. SektorenVO) oder nationales Vergaberecht, also Haushaltsrecht.

**Sechster Teil** *Kenntnis- und Verständnisfragen*

4. Je nach Art des Auftrags sind die VOL/A oder die VOB/A zu beachten, wenn dies durch Erlass einer Behörde für den jeweiligen öffentlichen Auftraggeber angeordnet wurde, was prinzipiell der Fall ist (vgl. § 55 BHO). Daneben gilt europäisches Primärrecht mit der Folge, dass die Vergabe transparent erfolgt und ausländische Interessenten nicht diskriminiert werden dürfen. Die §§ 97 ff. GWB, die VgV und die SektorenVO gelten aber nicht.
Bei der kommunalen GmbH muss die Kommune ihre Einflussmöglichkeiten im Sinne der Beachtung der genannten Vorschriften nutzen.
5. Primärrechtsschutz im Vergaberecht erfolgt vor den Vergabestellen durch das Nachprüfungsverfahren nach den §§ 102 ff. GWB, ist aber nach Erteilung des Zuschlags grundsätzlich ausgeschlossen. Danach ist aber immer noch die Geltendmachung des Vertrauensschadens gegenüber dem Auftraggeber nach § 126 GWB möglich, und insoweit spricht man von Sekundärrechtsschutz. Ein einmal wirksam erteilter Zuschlag bleibt grundsätzlich gültig; manche Vergabefehler verhindern aber die Wirksamkeit des Zuschlags.
Europäisches Primärrecht stellen die Bestimmungen des AEUV und des EUV dar. Europäische Richtlinien und Verordnungen sind europäisches Sekundärrecht.
6. Es geht um eine ohne Ausschreibung zulässige Vergabe eines öffentlichen Auftrags durch einen öffentlichen Auftraggeber. Die Ausschreibung ist dann entbehrlich, wenn die Auftragsvergabe an einen anderen öffentlichen Auftraggeber erfolgt. Der EuGH hat dafür im *Teckal*-Urteil enge Voraussetzungen aufgestellt. Über den zu Beauftragenden muss die staatliche Stelle:
   – eine Kontrolle wie über eine eigene Dienststelle ausüben können,
   – und der zu Beauftragende muss seine Tätigkeit im Wesentlichen für den öffentlichen Auftraggeber verrichten.
Die In-House-Vergabe ist vor allem für die interkommunale Zusammenarbeit wichtig.

# Sachverzeichnis

Die Zahlen verweisen auf die Randnummern des Buches.

Abhängigkeit
– des Anbieters 344
– des Nachfragers 341 ff.
– horizontale 345
– mangelbedingte 432
– sortimentsbedingte 341
– unternehmensbedingte 343
Abmahnung 227 f.
Abschlussschreiben 253
Aktivlegitimation 211 ff.
– des Verbrauchers 213
Alleinbelieferung 304
Alleinvertrieb 55, 300
Anhang UWG 112, 114, 182
Änderung von Sach- oder Rechtslage 239
Angaben (UWG) 158
Anmeldepflicht 404, 455
Anmeldung und Anzeige 455
Anschlussklausel 429, 441
Anspruchsgrundlage (UWG) 116
Anteilserwerb 435
Arbeitsmarkt 13
Arbeitsplätze 449
Aufbrauchfrist 217, 255
Aufgreiftatbestand 404, 430
Auflagen 455
Auftrag, öffentlicher 467
Auftraggeber, öffentlicher 467
Auskunftsanspruch 234
Auslandsumsätze 451
Ausschreibung, öffentliche 473 f.
Auswirkungsprinzip 92, 266, 421, 453

Bagatellmarktklausel 442
Bedarfsmarktkonzept 325
Beeinträchtigung von Interessen 133
Beherrschende Stellung 325 ff.
Behinderung und GWB 347
Behinderung und UWG 151 ff.
Behinderungsmissbrauch 331
Behinderungsverbot
  s. *Diskriminierungsverbot* 339 ff.
Beihilfen, Recht der 481 ff.
– und Handel zwischen Mitgliedstaaten 481
– und Rückforderung 483
– Verbotsausnahme 482

Belästigung 183 ff.
Benetton-Urteil 143
Beratungsschreiben 384
Beschwerde Dritter 457
Beseitigungsanspruch 204
Bestimmungslandprinzip 83
Betriebsspionage 191
Beweisfragen 236, 367
Billigkeitskontrolle 354
Binnenmarkt 80 f., 106 ff.
– und Kartellvergaberecht 463
Bonusregelung 363, 365
Bündeltheorie 271, 278, 450
Bußgeld 361 ff., 365
– und Konzern 361

Cassis-Urteil 106
Constanze-Fall 176
Cournot'scher Punkt 40

Dassonville-Urteil 81, 106
Deregulierung 30
Deutsche Klausel 320, 425
Diskriminierungsverbot 337, 339 ff., 347 ff.
Doppelfunktion § 3 UWG 120, 130
Dynamische Verweisung 289

Effizienzvorteile 42 f., 417, 449
EG-FKVO 79, 400 ff.
– Rechtsgrundlage 401
EG-KartVerfVO 78, 368 ff.
Eigentumsfreiheit 8
Eingreiftatbestand 404, 415 ff., 443 ff.
– Effizienzvorteile 43 f., 417, 449
– Verbotskriterien 415 ff.
Einigungsstelle 225
Einstweilige Verfügung 245 ff.
– Vollziehung 252
Einzelfreistellung 279 ff.
Emissionskonsortium 438
Empfehlung 265
Energiewirtschaft 350
Entflechtung 456
Entzug des Rechtsvorteils 383, 392
Ersatzansprüche (GWB) und BGH 359
Essential-facilities-Doktrin 331
EU 72

217

*Sachverzeichnis*

EuGH
- als gesetzlicher Richter  77
- und EuG  373
Europafreundliche Anwendung  312
Europarecht  22 ff.
EWG  72

Fachliche Sorgfalt  178
„Fehlerhafte Gesellschaft"  354
Feststellung Nichtanwendbarkeit  382
Finanz- und Wirtschaftskrise  15 f., 75
Finanzmarkt-/Kapitalmarktrecht  35
Follow-on-Klagen  333, 337
Forschung und Entwicklung  293
Franchising  303
Fusionskontrolle  58 ff., 79, 400 ff.
- europ.  400 ff.
- europ./nat.  403, 428
- nationale  428 ff.
- Verfahren  423 ff., 454 ff.
- Verweisungen  425 f.
- Zuständigkeit  403, 454
Fusionsverbot  *s. Eingreiftatbestand*

Gefühlsbetonte Werbung  143
Geldbußen und Zwangsgeld
- BKartA  365
- Kommission  361 ff., 379
Gemeinschaftsunternehmen  412, 420, 436
Gemeinschaftsweite Bedeutung  413
Gerichte
- nationale in Kartellsachen  374 ff.
- EuGH und EuG  373
Geschäftliche Handlung  112 ff.
Gewerblicher Rechtsschutz  33, 89, 149, 194, 332
Gewinnabschöpfung
- und GWB  366
- und UWG  223
GFVO (Gruppenfreistellungsverordnung)  283 ff.
- Geltungsvoraussetzungen  285
- Rechtsgrundlagen  283
Gleichartige Unternehmen bei § 20 GWB  341
Globalisierung  26
Grenzkosten  3, 40
Grundgesetz  17 ff.
Gruppenfreistellung  *s. GFVO*

Haftung (UWG)
- Mitarbeiter/Beauftragte  209
- Störer  209

Handel zwischen Mitgliedstaaten  74
 *s. Zwischenstaatlichkeitsklausel*
Hard-Core-Kartell  365
Harmonisierung  90, 97
Haushaltsrecht und Kartellvergaberecht  462
Hebel  418
Herkunftslandprinzip  83

In-House-Vergabe  469
Inter-brand/intra-brand  56
Internationale Abkommen  22
Internationales Wettbewerbsrecht  91 ff.
Irreführung  157 ff.
- Adressatenleitbild  165
- durch Unterlassen  164
Immanente Grenzen des Kartellverbots  272 ff.

JointVenture  *s. Gemeinschaftsunternehmen*

Kapitalmarktrecht  35
Kartellbehörden  370 ff.
- nationale und EG-Recht  371 f., 391 ff.
- Netzwerk  372, 396
Kartellrecht  53 ff., 78, 256 ff.
- Ansprüche  357 ff.
- keine Anmeldepflicht  369
- nationales  307 ff.
- Nichtigkeit  354 ff.
- öffentliches Recht  66
- Privatrecht  67 f.
- Rechtsfolgen  314
- Regelungsmuster  259
- Verhaltensabstimmung  54 ff., 260 ff., 263 ff.
- Vorrang europ. Rechts  76 f., 257 ff.
- Zivilrechtsweg  68
- *s. auch Wettbewerbsrecht*
Kartellverbot  73
- § 1 GWB  274
- Art. 101 AEUV  260 ff.
- dynamische Verweisung  289
- Einzelfreistellung  279 ff.
- immanente Grenzen  272 ff.
Kartellvergaberecht  *s. Vergaberecht*
Kaufzwang (UWG)  144, 147
Kernbeschränkungen  286 ff.
- und de-minimis  270
Kinder  182
Klage
- Feststellungs-  232
- Stufen-  233

Klagebefugnis 116
Kollisionsrecht 91 ff.
Kommission
– allgemeine Befugnisse 378 ff., 385 ff.
– Entscheidungen 378
– und Gerichte 377
Konkurrentenklage 424
Kontrollerwerb 434
Koppelung 144, 305
Kosten 244
Kronzeuge 360, 363, 365
– Einsichtsrecht in Aussage 360

Lauterkeitsrecht 80 ff., 96 ff.
– Anspruchsgrundlagen 204 ff.
– Binnenmarkt 106 ff.
– Entwicklung 96 f.
– Gegenstandsbereich 98 f.
– Geltungsbereich 100 ff.
– Judikatur 116
– Klagebefugnis 112
– Legaldefinitionen 114
– Regelungsstruktur 111 ff.
– Richtlinien 103 ff.
– Schutzweck 110 ff.
– *s. auch Wettbewerbsrecht bzw. UWG*
Lebensmittel 349
Leistungsschutz 149 f.
Leitlinien 284, 290
– horizontal 291 ff.
– vertikal 298 ff.
Leniency *s. Kronzeuge*
Leverage *s. Hebel*
Lockvogelwerbung 163
Lose, Teil- und Fach- 468

Markt 1 ff.
– Angebot und Nachfrage 3
– Preismechanismus 4
– Regelkreis 3
– relevanter 325
Marktbeherrschung 327, 336, 444 ff.
– Vermutung 445
Marktformen 41
Marktmacht 57
– relative 340 ff.
– überlegene 340, 349
Marktort 100 f.
Marktstörung, allgemeine 134
Markttransparenzstelle 371
Marktversagen 12
Marktwirtschaft 1 ff., 16
Maßnahme gleicher Wirkung 81

Ministererlaubnis 458
Missbrauch
– Beispielskatalog 330, 337 f.
– Immaterialgüterrecht 332
– von Ansprüchen 215 f.
– von Marktmacht 57, 318 ff.
Missbrauchsverbot
– §§ 19, 20 GWB 336 ff.
– Art. 102 AEUV 318 ff., 324 ff.
– einseitige Handlungen 320 ff.
– Freiraum nat. Rechts 320 ff.
– Funktion 317
– Tatbestände 318, 330 ff.
– Vorrang europ. Rechts 319
Mitbewerber 114
Mittelstandskartell 308
Mondpreiswerbung 163
Monopol 41
Monopolkommission 371, 458
More economic approach 43 ff.

Nationale Kartellbehörden 86
Nationales Recht 85 ff.
Ne bis in idem 362
Neoliberal 13, 15, 42
Netzwerk der europ. Kartellbehörden 372, 396
Nichtigkeit 354

Öffentliche Unternehmen 84
Offenes Verfahren 473
Oligopol 41, 419
One-Stop-Shop 422
Ordo-Liberalismus 42

Passing-on-Defense 359
Polypol 41
Preisausschreiben 146 f.
Preisbindung 56, 287, 311, 355
Preisempfehlung 287, 311
Preisvergleich 162 f., 169
Pressebereich 442, 451
Privatautonomie 6 ff.
Private Enforcement, Konflikt mit Kronzeugen 360, 363
Produktpiraterie 197 f.
Progressive Kundenwerbung 190
Prüfzeichen-Urteil 214

Rechtsangleichung *s. Harmonisierung*
Rechtsfolgen von Kartellrechtsverstößen 314, 334, 351, 354 ff.
Rechtsordnung als Rahmen 5 ff.

# Sachverzeichnis

Rechtsverstoß und Unlauterkeit   154 ff.
Reichsgericht   62
Richtlinie   80, 103 ff.
- unlautere Geschäftspraktiken   82 f.
- richtlinienkonforme Auslegung   170
Rom II-VO   92, 100 f.

Sachlicher Grund bei § 20 GWB   348
Sammelklage   358
Schadenersatz   218 ff., 357 ff.
- Entwurf einer RL   360
Schadensberechnung, dreifache   221 f.
Schleichwerbung   146
Schmähkritik   148
Schockwerbung   143
Schutzschrift   229
Schwarze Klauseln (Kartellrecht)   270 ff.
Schwarze Liste   *s. Anhang UWG*
Schwellenwerte   465, 468
- Rechtsschutz unterhalb der   479
Selbstkosten   3, 40
Selektiver Vertrieb   302
SIEC-Test   417
Solange II-Urteil des BVerfG   77
Soziale Marktwirtschaft   14, 28
Sozialschutz, kein - durch GWB   67
Spürbarkeit   136, 270, 277
SSNIP-Test   325
Staatliche Maßnahmen   50, 84, 106 ff.
Störer   209
Straftatbestände   189
Streuschäden   199
Subjektive Voraussetzungen   132, 219
Subventionen   *s. Beihilfen*

Tariftreue bei Vergabe   471
Teckal-Urteil des EuGH   469
Telefonanrufe als Belästigung   187

Überragende Marktstellung   336
UGP-Richtlinie   97, 104, 172 ff.
Umsatzberechnung   413 f., 439
Umsatzerlöse   413, 439
Unbilligkeit bei § 20 GWB   348
Unlauterer Wettbewerb   60
Unlauterkeit   128 ff.
- Beispielskatalog   129 ff., 139 ff.
- Belästigung   183 ff.
- Entscheidungsfreiheit   140, 177 ff.
- Generalklauseln   111, 119, 173, 183
- Gesetzesverstoß   145 f., 195 f.
Unterlassungsanspruch   205

Unternehmen
- Unternehmensbegriff   115, 261 f., 369, 431
- kleine und mittlere   346
Unternehmenszusammenschluss
  *s. Zusammenschluss*
Unterlassungsverpflichtung, strafbewehrte   378, 397, 404
UWG
- Änderung von Sach-/Rechtslage   239 ff.
- Beweisfragen   236
- einstweilige Verfügung   245 ff.
- Feststellungsklage   232
- Generalklauseln   *s. Unlauterkeit*
- Gesetzesverstoß   145 f., 195 ff.
- kein Verbotsgesetz   138
- Kosten   244
- Leistungsklage   231
- Rechtsfolgen   203 ff.
- Rechtsschutzinteresse   235 ff.
- Schadenersatz   218 ff.
- UWG-Novelle 2008   97
- Verfahren   225 ff.
- Verjährung   224

Verbände und Kammern   212
Verbotsgesetz   128
Verbraucher
- begriff   115, 176
- leitbild   82, 109, 180
- leitbild und Irreführung   165
Verbraucherschutz   60, 111 ff., 172 ff., 181
Verfahren   225 ff., 368, 422
Verfügungsanspruch   246
Verfügungsgrund   246 f.
Vergabe
- Arten der   473
- Grundsätze   470
- Vergabekoordinationsrichtlinie   465
Vergabekriterien
- soziale und umweltbezogene Aspekte   471
Vergaberecht   34, 69, 461 ff.
- Bedeutung   461
- Binnenmarkt   463
- Eignungskriterien   471
- Einschränkungen   469
- europäisches   465
- europäisches Primärrecht   464
- europäisches Sekundärrecht   464 f.
- In-House-Vergabe   469
- kommunale Zusammenarbeit   469
- Nachprüfungsverfahren   476
- nationales   466

*Sachverzeichnis*

- Schwellenwerte 465
- Sektorenbereich 465, 480
- und Haushaltsrecht 462
- Zuschlagskriterien 472

Vergabeverfahren 474
- Nachprüfungsverfahren 476
- Primärrechtsschutz 476
- Sekundärrechtsschutz 478
- Vergabekammer 70, 477
- Zuschlag 474 ff.

Vergleichende Werbung 166 ff.
Verhaltensabstimmung 54 ff., 260 ff., 263 ff.
Verhaltenskontrolle 455
Verjährung 224
Verkehrspflicht 210
Vermögenserwerb 433
Verpflichtungszusagen 381, 392
Vertragsfreiheit 7
Vertragsstrafe 227
Verweisungen bei Fusionskontrolle 425 ff.
Vollharmonisierung 97, 186
Vollstreckung Unterlassungsanspruch 238
Vollzugsverbot 404, 456
Vorrang des europäischen Rechts 76 f., , 257 ff.
Vorteilsabschöpfung
- GWB 366
- UWG 223

Vorteilsausgleich 359

Warentest 127
Weißbuch 360
Werbung 166
Wertreklame 174
Wesentlicher Teil des Binnenmarktes 326
Wettbewerb 40 ff.
- als Entdeckungsverfahren 48
- Beeinträchtigung 49 ff.
- Formen der Beeinträchtigung 50 ff.
- Funktionen 46 f.
- Leitbilder 42 ff.
- Schutzwürdigkeit 62 f.

Wettbewerblich erheblicher Einfluss 437
Wettbewerbsbeschränkung 267 f.
- horizontale 54, 274
- vertikale 55 f., 274
- mehrseitige 256 ff.
- Recht gegen 256 ff.
  *s. auch Kartellrecht*
- und Markt 266 ff.
- Verbot 256 ff.

Wettbewerbshandlung 97, 122
Wettbewerbsrecht
- und Lauterkeitsrecht 62 ff.
- und Privatrecht 64, 67 ff.
- und öffentliches Recht 66, 70
- *s. auch Kartellrecht*
- *s. auch Lauterkeitsrecht*

Wettbewerbsregeln 200
Wettbewerbsschutz und StGB 193
Wettbewerbstheorien 42 ff.
Wirtschaftsordnung 12 f.
Wirtschaftsrecht 27 ff.
- als Marktrecht 29 ff.
- Europäisierung 71 ff.
- Internationalisierung 71 ff.

Wirtschaftsverfassung 37 ff.
Workable competition 42

Zentrale gegen Unlauteren Wettbewerb 212
Zentralverwaltungswirtschaft 1
Zivilrechtsweg 68
Zusammenschluss 58 f., 406 ff., 432 ff.
- diagonal 411, 447
- horizontal 409, 446
- konglomerat 411, 418, 447
- Rechtfertigung 449
- vertikal 410, 447

Zusammenschlusskontrolle
  *s. Fusionskontrolle*
Zuschlag 474 ff.
Zwangsgeld 364 f.
Zwischenstaatlichkeitsklausel 74, 275 ff., 313, 333

221

# Fälle mustergültig lösen

## Die Reihe „Schwerpunkte Klausurenkurs"

- Einführung in die Technik des Klausurenschreibens
- Musterklausuren exemplarisch gelöst
- realistische Prüfungsanforderungen als Maßstab

Prof. Dr. Günther Hönn
**Klausurenkurs im Wettbewerbs- und Kartellrecht**
Ein Fallbuch zur Wiederholung und Vertiefung
6. Auflage 2013. € 22,99

Alle Bände der Reihe und weitere Infos unter: **www.cfmueller-campus.de/klausurenkurs**

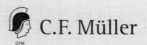

Jura auf den gebracht